北京地铁基坑工程设计与施工

Design and Construction for Foundation Excavation of Beijing Metro Engineering

刘 军 丁振明 章良兵 编著

北京市属高等学校创新团队建设与教师职业发展计划项目（The Project of Construction of Innovative Teams and Teacher Career Development for Universities and Colleges Under Beijing Municipality：IDHT20130512）、北京节能减排关键技术协同创新中心资助

中国建筑工业出版社

图书在版编目（CIP）数据

北京地铁基坑工程设计与施工/刘军，丁振明，章良兵编著. —北京：中国建筑工业出版社，2016.6
ISBN 978-7-112-19388-2

Ⅰ.①北… Ⅱ.①刘… ②丁… ③章… Ⅲ.①地铁隧道-基坑工程-设计-北京市②地铁隧道-基坑工程-工程施工-北京市 Ⅳ.①U231

中国版本图书馆 CIP 数据核字（2016）第 087061 号

责任编辑：田启铭　李玲洁
责任设计：李志立
责任校对：陈晶晶　张　颖

北京地铁基坑工程设计与施工
刘　军　丁振明　章良兵　编著

*

中国建筑工业出版社出版、发行（北京西郊百万庄）
各地新华书店、建筑书店经销
霸州市顺浩图文科技发展有限公司制版
北京云浩印刷有限责任公司印刷

*

开本：787×1092 毫米　1/16　印张：17¾　字数：441 千字
2016 年 7 月第一版　2016 年 7 月第一次印刷
定价：58.00 元
ISBN 978-7-112-19388-2
（28610）

版权所有　翻印必究
如有印装质量问题，可寄本社退换
（邮政编码 100037）

前　言

　　基坑工程是土木工程领域中一个古老的传统课题，同时又是一个综合性的岩土工程问题，既涉及土力学中典型的强度、稳定与变形问题，又涉及土与支护结构的共同作用问题。地铁基坑工程一般位于城市中，地质条件和周边环境条件复杂，有密集的建筑物、构筑物、管线等，且人口众多、交通拥挤，施工场地狭小，因此对基坑稳定和位移控制的要求很严，一旦失事就会造成生命和财产的重大损失。笔者在地铁工程领域做了大量研究工作与工程实践，本书依据近期颁布的国家标准和北京市地方标准，介绍了常用的支护形式的设计、施工与监测，如土钉墙、悬臂结构、排桩式、地下连续墙以及地下水的控制，具有较强的理论性、实践性以及较高的参考价值。

　　限于编者水平，书中难免存在一定的疏漏和错误，敬请广大读者和同行批评指正。

目 录

第1章 基坑工程概述 ·· 1
1.1 北京地区工程条件 ·· 2
1.2 地铁基坑支护结构特点 ·· 5
1.3 工程建设环境 ·· 7

第2章 基坑支护结构设计要点 ·· 9
2.1 基坑支护结构分类 ·· 9
2.2 基坑支护结构安全等级 ·· 10
2.3 基坑支护结构选型 ·· 12
2.4 水平荷载计算 ·· 14
2.5 支护结构计算 ·· 18
2.6 内支撑设计 ··· 27
2.7 双排桩设计 ··· 42
2.8 稳定性验算 ··· 45

第3章 土钉墙支护施工技术 ·· 51
3.1 概述 ·· 51
3.2 土钉墙特点与应用 ·· 53
3.3 土钉墙作用机理与工作性能 ·· 55
3.4 土钉墙支护设计 ··· 57
3.5 土钉墙支护施工 ··· 62

第4章 拉锚施工技术 ·· 70
4.1 概述 ·· 70
4.2 锚杆围护体系的设计 ·· 75
4.3 锚杆的施工 ··· 78

第5章 排桩及内支撑施工 ··· 90
5.1 概述 ·· 90
5.2 灌注桩施工 ··· 92
5.3 SMW 工法施工 ·· 116
5.4 内支撑施工要点 ··· 125

第6章 地下连续墙施工 ·· 134
6.1 施工设备 ·· 134
6.2 施工工艺 ·· 143
6.3 复合墙及双层墙施工 ·· 154
6.4 墙底灌浆与墙后接缝压浆 ·· 155

6.5	质量控制	158
6.6	事故处理及预防	159

第7章 土方工程 … 161

7.1	概述	161
7.2	土方量计算	163
7.3	土方开挖工艺与方式	167
7.4	人工开挖	172
7.5	土方机械开挖	173
7.6	基地处理与封底	190
7.7	土方开挖中应注意的问题	190

第8章 地下水控制 … 194

8.1	概述	194
8.2	水文地质勘察	196
8.3	降水	200
8.4	截水	218
8.5	地下水回灌	228

第9章 监控量测 … 232

9.1	监控量测重要性	232
9.2	监控量测内容	233
9.3	监控量测标准	238
9.4	变形监控量测	244
9.5	受力监控量测	255
9.6	地下水监测	263
9.7	测点布置与监测频率	267
9.8	监控量测信息处理与反馈	275

参考文献 … 278

第1章　基坑工程概述

基坑工程是土力学基础工程中一个古老而又传统的课题，同时又是一个综合性很强的岩土工程问题，既涉及土力学中典型的强度、稳定与变形问题，同时还涉及土与支护结构的共同作用问题。

随着基坑的开挖越来越深、面积越来越大，基坑围护结构的设计和施工越来越复杂，所需要的理论和技术越来越高，需要解决一些理论计算和设计问题，由此逐步形成了一门独立的学科分支——基坑工程。基坑工程是随着我国建设事业的发展而出现的一种较新类型的岩土工程，发展至今，量多面广的基坑工程已经成为城市岩土工程的主要内容之一。

一般来讲，基坑工程是指由地面向下开挖的一个地下空间（基坑），开挖中应保证基坑施工和主体地下结构的安全以及周围环境不受损害，包括土方开挖、支护结构、降水和回填等。基坑工程涉及岩土工程、结构工程、环境工程以及施工技术等众多学科领域，影响因素多，设计计算理论还不成熟，在一定程度上仍然依赖工程实践经验。

基坑土方开挖的施工工艺一般有两种：放坡开挖（无支护开挖）和在支护体系保护下的开挖（有支护开挖）。前者既简单又经济，但需具备放坡开挖的条件，即基坑不太深而且基坑平面之外有足够的空间供放坡使用。因此，在空旷地区或周围环境允许放坡而又能保证边坡稳定条件下应优先选用。

基坑工程一般具有如下特点：

（1）基坑支护是临时性工程，造价较高，一般不愿投入较多资金；可是，一旦出现事故，处理十分困难，造成的经济损失和社会影响往往十分严重。

（2）基坑工程技术复杂，涉及范围广，与岩土性质密切相关，变化因素多，事故频繁，是建筑工程中最具有挑战性的技术难点。岩土性质千变万化，地质埋藏条件和水文地质条件的复杂性、不均匀性，往往造成勘察所得的数据离散性很大，难以代表土层的总体情况，并且精确度较低，给基坑支护工程的设计和施工增加了难度。如在软土、高地下水位及其他复杂场地条件下开挖基坑，很容易产生土体滑移、基坑失稳、桩体变位、坑底隆起、支挡结构严重漏水、流土以致破损等病害，对周边建筑物、地下构筑物及管线的安全造成很大威胁。

（3）基坑工程正向大深度、大面积方向发展，有的长度和宽度均超过百余米，深度超过20余米，工程规模日益增大。

（4）基坑工程施工周期长，从开挖到完成地面以下的全部隐蔽工程，常需经历多次降雨、周边堆载、振动、施工不当等许多不利条件，其安全度的随机性较大，事故的发生往往具有突发性。

基坑工程包含挡土、挖土、支护、防水、降水等许多紧密联系的环节，其中的某一环节失效将会导致整个工程的失败。工程实践证明，要做好基坑支护工程，必须包括整个开挖支护的全过程，它包括勘察、设计、施工和监测工作等整个系列，因而强调要精心做好每个环节的工作。

1.1 北京地区工程条件

1.1.1 地貌成因特征

北京位于华北平原西北缘，西侧以西山与山西高原相连，北侧以燕山与内蒙古高原相连，东南面向开阔的华北平原区，距离渤海西岸约 150km，可以划分为以下几个地貌带：山区、丘陵、盆地和平原区。北京山地一般海拔 1000～1500m，与河北交界的东灵山海拔 2303m，为北京市最高峰，两山在南口关沟相交，形成一个向东南展开的半圆形大山弯，人们称之为"北京弯"，它所围绕的小平原即为北京小平原。东南方向是缓缓向渤海倾斜的大平原，境内贯穿五大河，主要是东部的潮白河、北运河，西部的永定河和拒马河。

从地质构造上讲，北京位于新华夏系构造带、阴山纬向构造带及贺兰山字形构造东翼反射弧三者交会部位，为华北地台中部——燕山沉降带的西段。在漫长的地质构造运动发展中形成复杂的地质格局，褶皱构造比较发育，断裂构造也相当发育，通过北京市区的主要断裂有三组：北北东、北东向张性断裂和北西向断裂。后者活动性更强，使得地震分布、地貌格局、河流流向及演变等都受其控制。其中北北东、北东向张性断裂有：八宝山断裂、黄庄—高丽营断裂、良乡—顺义断裂（通过市区丰台、朝阳、仙桥一带），南苑—通县断裂。北西向断裂有：南口—孙河断裂以及推测的永定河断裂。

北京地区除震旦系、奥陶系上统至石炭系下统及白垩系上统、古新统地层外，从太古界古老变质岩系至第四纪都有出露。出露最古老的地层——太古界，主要分布于密云、怀柔两地区。新生界广泛分布于北京平原和大水系河谷地带及山间盆地之中。

北京的地势是西北高、东南低。北京平原的海拔高度为 20～60m，也就是人类工程建设活动的主要场所。北京市区主要由第四系更新统和全新统地层组成，第四纪地层总趋势从西向东由薄变厚、至建国门附近厚达 100m。

北京市区除石景山、海淀一带为京西北隆起带外，整个市区都处于北京凹陷带之中。在凹陷带中沉积的第四纪沉积物的物质组成和地貌形态，就是第四纪地貌环境综合体中起决定性作用的构造运动的具体体现。北京平原按地貌单位、形态、成因和物质组成可划分四种类型：

（1）山前台地——主要如山前洪坡积台地、黄土台地。地形高差显著，坡度较大，其物质组成以黏性土、含卵砾石、碎石为主。北京市区连接石景山—海淀低山丘陵大片地区；

（2）洪冲积台地——主要由大小河流的洪冲积物堆积而成，地面坡度小于 1%，主要为原层黏性土，局部下层为卵砾石层，分布于永定河、温榆河两岸的大片地区；

（3）冲积平原——如北京地区最低处，是水流汇集场所，古河道极为发育，以结构性较差的黏性土及粉土细砂为主。分布于永定河等各大河流的中、下游；

（4）永定河决口、改道及沙丘地——北京平原地区，自全新世纪以来，由于受构造运动的影响，几条规模较大的河流都曾发生过变迁和改道。

1.1.2 工程地质条件

北京位于华北地震活动区，自公元438年以来共发生有记载的地震168次。1976年7月28日发生在唐山的7.8级地震也波及北京，北京市区地震烈度达8度。地震多发生在构造线附近、构造线转折处、二条构造线交汇处。对工程有一定影响的活动断裂是贯穿市区西北部的黄庄—高丽营断裂。当发生强震时，永定河以东，朝阳以西、海淀以南，南苑以北的大片市区中人工填土地基可能产生局部震害，而南苑、海淀一带松软地基可能产生震陷。

北京平原区第四系岩相分布由山地到平原具有明显的过渡现象。在平原与山地交界地带多分布有卵石、圆砾、黄土或黄土混碎石构成的洪积扇、坡积群。自山前至平原区的总岩相变化特征为：

（1）各大河流冲洪积扇顶部及上部以厚层砂土和卵、砾石地层为主；

（2）冲洪积扇中部的地层过渡为黏性土、粉土和砂土、卵砾石土互层；

（3）冲洪积扇中下部以及冲积平原区以厚层黏性土、粉土为主，层中分布有砂土层。

由此可见北京地区东西向工程地质特点为：西部以碎石类土为主，向东则逐渐形成黏性土、粉土与砂土、碎石类土的交互沉积，第四系覆盖层的厚度也由数米增加到数百米；北京地区南北向的工程地质特点为：北部以黏性土、粉土为主，局部会有卵石土的互层，随着向南的移动，会出现大量的卵砾石层且砾径较大。西南区域受古地形影响较为明显，以第三纪沉积的砾岩与黏土岩交互层为主的基岩顶板埋藏较浅，一般为20m以内。

与北京地铁施工相关的地层为第四系，主要物理力学指标参考值见表1-1：

1.1.3 水文地质条件

北京地区属于暖温带半湿润半干旱大陆季风气候区。春季干旱多风，夏季炎热多雨，秋天秋高气爽，四季分明，热量丰富，日照充足。本地区年平均气温为11～12℃，年极端高气温为40℃，年极端低气温为－20℃。7月气温最高，月平均温度为26℃；1月最冷，月平均气温为－4℃，冬季形成冻土深度为600～800mm。

北京多年（1991～2006年）年平均降水量约500mm，降水季节性变化很大，年降水量80%以上集中在汛期（6～9月），7～8月尤其集中，多年年平均水面蒸发量为1843.8mm。

北京市区第四系土层分布是非常复杂的，这就决定了地下水的赋存、运动的复杂性。北京平原发育五大水系：西部大清河及永定河水系、中部温榆河—北运河水系、东部潮白河水系及蓟运河水系。除中部水系发源于本市境内，其他为过境河流。北京属于永定河洪冲积扇的中上部地段，由于河流频繁改道形成多级洪冲积扇地，并且第四系土层分布复杂，因此，决定了地下水的赋存、运动的复杂性。在海淀镇—西直门—西单—沙子口—大红门一线的西南侧主要为砂卵砾石沉积，为单一含水层，深部为砂卵石与粉土、黏性土的互层沉积，形成多个含水层，甚至多层承压水。并且地层条件还受到古河道变迁控制，也形成和地貌特征密切相关的地下水，如分布于北部及东部地层中的台地潜水，分布于清河和温榆河故道中的阶地潜水。

北京影响地铁工程建设的地下水主要有上层滞水、潜水和承压水：

表 1-1 北京地区土层的主要物理力学指标参考值

土层名称	土的湿度	天然含水量(%)	平均密度(t/m³)	天然密度(kN·m⁻³) 松散	天然密度 中密	天然密度 密实	侧压力系数 ζ	变形模量 E_0 (MPa)	黏聚力 c(kPa)	内摩擦角 φ(°) 松散	内摩擦角 中密	内摩擦角 密实
卵石层(碎石土)	稍湿	<9	2.65~2.80	18~20	20~22	20.5~22.5	0.14~0.20	54~65 碎石土 29~65	—	30~33	33~37	37~40
	潮湿	9~24										
	饱和	>24										
砾石土	稍湿	<9	2.65~2.80	18~20	20~22	20.5~22.5	0.14~0.20	14~42	—	25~30	30~35	35~40
	潮湿	9~24										
	饱和	>24										
砾砂混粗砂	稍湿	<9.5	2.66	18.5~19.0	19~20	20~21	0.35~0.42	36~43	—	33~36	35~38	37~42
	潮湿	9~21		19.5~20	20~21	21~21.5				28~30	30~33	33~35
	饱和	>21		20~21	21~22	22~22.5						
中砂	稍湿	<9.5	2.66	16~17	17~18	18~19.5	0.35~0.42	31~42	—	30~33	33~36	36~38
	潮湿	9~21		17~18.5	18.5~19.5	19.5~20.5				28~30	30~33	33~35
	饱和	>21		19~20	20~20.5	20.5~21.5				26~28	28~30	30~33
细砂	稍湿	<9.5	2.66	15~16	16~17.5	17.5~19	0.35~0.42	25~36	—	27~30	30~34	33~36
	潮湿	9~21		16.5~17.5	17.5~19	19~20		19~31		24~26	26~28	28~30
	饱和	>21		18.5~19	19~20	20~21				22~24	24~26	26~28
粉砂土	稍湿	<9.5	2.66	15~16	16~18	18~20	0.35~0.42	17.5~21	5	27~28	30~32	32~34
	潮湿	9~24		17~18	18~20	19~20.5		14~17.5	2	21~23	24~26	26~28
	饱和	>24		18.5~19	19~20	20~21		9~14	0~1	17~19	19~21	21~23
黏砂土	半干硬	<12.5	2.70	15~16	16~18	18~20	0.5~0.7	12.5~16	10~20	22~26	24~28	26~30
	可塑	9~19.5		17~18	18~20	19~20.5		5~12.5	2~15	18~21	20~23	22~25
	流塑	>16		≤18~19	—	—				≤14	—	—
砂黏土	半干硬	<18.5	2.71	15~17	17~19	19~20	0.5~0.7	16~39	25~60	19~22	21~24	23~26
	可塑	15.5~33.5		17~18	18~20	20~21		4~16	5~40	13~18	17~20	19~22
	流塑	>32.5		<18	—	—			<5	≤10	—	—
黏土	半干硬	<26.5	2.74	17~18	18~20	20~21	0.7~0.75	16~59	60~100	16~19	18~21	20~23
	可塑	22.5~86.5		18~19	19~20.5	20.5~21.5		4~16	10~60	8~15	14~17	16~19
	流塑	>52.5		<18	—	—		—	<5	≤6	—	—

(1) 上层滞水——主要分布在城区 10m 深度范围内的粉土、砂土和人工填土层中；

(2) 潜水——呈普遍分布，根据具体地貌特征和埋藏条件可细分为：台地潜水、一级阶地潜水、层间潜水和西郊潜水；

(3) 承压水——主要分布于北京东郊及北郊。

地下水的补给来源主要是大气降水入渗、地表水体渗漏和山前侧向径流补给，东郊和西郊部分地区有灌溉入渗补给和人工地下水补给。

具体补给方式如下：

(1) 台地潜水、上层滞水和一级阶地潜水的补给来源为大气降水和径流；

(2) 西郊潜水主要接收侧向径流、大气降水和地表水补给；

(3) 层间潜水一般以越流、地下水侧向径流和"天窗"渗漏补给为主；

(4) 潜水—承压水和深层承压水的补给方式均为侧向径流和越流。

受北京市地形地貌影响，地下水径流方向总体上为自西向东，局部地段发生一定的偏移。其中，最近发生的地下水径流的偏移主要是受人工开采的影响造成的，东郊地下水长期过量开采形成的降落漏斗，改变了地下水的天然径流流向，致使地下水向漏斗中心汇集。

随着地下水的过量开采，地下水位迅速下降，甚至部分地区潜水出现输干现象，并且承压水的过量开采，引起周边的承压水与潜水的越流补给量增大，周边的地下水位下降，由于地下水开采量远远超过地下水天然补给量，含水层的地下水静储量减少。目前，北京市地下水累计亏损达 40 亿 m^3 之多，地下水位明显下降：西郊地下水位平均下降了 14m；东郊地下水位下降了约 20m，特别在漏斗中心区，水位下降超过 30m。

根据目前的水文地质条件，北京平原的大部分地区 12m 深度范围内的地下工程应考虑上层滞水的作用，可不考虑潜水地下水的作用。但是靠近水系周边的地下工程应根据实际情况进行考虑。

1.2 地铁基坑支护结构特点

地铁基坑工程一般位于城市中，地质条件和周边环境条件复杂，有密集的建筑物、构筑物、管线等，且人口众多、交通拥挤，施工场地狭小，因此对基坑稳定和位移控制的要求很严，一旦失事就会造成生命和财产的重大损失。

1.2.1 支护结构时效特点

一般情况下，地铁线路的建设周期为 3～5 年，其中包括初步设计、施工图设计、施工、试运行；但不包括前期评估与论证工作。在施工阶段包含了土建施工、装饰工程、线路工程、设备工程。因此，整个土建工程占用建设周期近 2/3 的时间，基坑施工则仅占用土建工程 1/4 时间。

大多数的基坑支护结构是临时措施，地下室主体施工完成时围护体系即完成任务，一般情况下北京地区临时性基坑支护结构的设计考虑时效为 1 年。与永久性的结构相比，临时结构的安全储备要求小一些，如果出现工期上的延长，对支护结构安全与否也将存有一定的疑问，带来一定的风险。因此，应充分考虑到建设工程的总体建设周期，分析各个节点的时间表，合理进行工期计划。

1.2.2 理论综合性强

有的基坑工程土压力引起围护结构的稳定性是主要矛盾，有的土中渗流引起流土破坏是主要矛盾，有的基坑周围地面变形量是主要矛盾。基坑工程涉及土力学中稳定、变形和渗流三个基本课题，三者混杂在一起，需要综合处理。这三个基本课题的研究本身就值得深入探讨，稳定理论常常应用理想的弹性状态下静力学理论，变形理论最近由于有限元的研究深入得到一定发展，土体的渗流研究没有形成明显成果。

针对支护结构设计中的土压力理论还很不完善，静止土压力按经验确定或按半经验公式计算；主动土压力和被动土压力按库仑（1776年）土压力理论或朗肯（1857年）土压力理论计算，这些都出现在Terzaghi有效应力原理问世之前。

在考虑地下水对土压力的影响时，是采用水土压力分算，还是水土压力合算较符合实际情况，在学术界和工程界认识还不一致，各地制定的技术标准中规定也有差异。

目前，针对基坑支护结构的理论研究较为少，大多根据以往的经验进行设计与施工，并结合现场的监测与检测进行评价与验证。

1.2.3 施工经验性高

由于理论研究的相对缺乏，20世纪末期之前，大多对基坑支护结构的设计并不明确，主要由施工单位根据经验进行基坑支护结构组织施工，通过方案论证会的形式进行确定。

21世纪初，设计单位开始明确对基坑支护结构进行设计。同时，设计以较为保守的理论进行验算，自然影响到实际施工过程中的操作过程。基坑支护结构施工和主体结构施工的过程不同，因为结构设计主要按照结构的强度要求进行设计，由于土体是弹塑性体，并且地质勘查工作的结果仅是以点代面，真正的工程情况是基坑开挖过程中才能体现的性质表现，并且设计大多考虑到允许变形来控制支护结构刚度的大小。因此，基坑支护结构的施工是方案优化与工程施工的同步过程。

这就需要在基坑支护结构施工过程中，必须参考大量的类似工程实例，结合类似工程的特点，在基坑支护结构施工中根据实际情况进行合理调整与优化，尤其是某些细节的施工点上。比如，复合支护结构的支护结构形式发生转换时的衔接施工工艺、地质条件改变状态下的施工调整缺乏依据等。都是需要根据以往施工经验在现场应立即解决的问题。

1.2.4 具有很强区域性

岩土工程区域性强，岩土工程中的基坑工程区域性更强。如软黏土地基、砂土地基、黄土地基等工程地质和水文地质条件不同的地基中基坑工程差异性很大。同一城市不同区域也有差异。基坑工程的支护体系设计与施工和土方开挖都要因地制宜，根据本地情况进行，外地的经验可以借鉴，但不能简单搬用。

北京地区的工程地质条件存在一定差异，这种差异构成了不同的工程地质分区，每个分区的工程经验仍存在一定的差异。因此，首先应对区域工程地质条件进行详细了解，才能在施工中真正把握关键。

基坑工程的支护结构设计与施工和土方开挖不仅与工程地质和水文地质条件有关，还与基坑相邻建筑物、构筑物、市政地下管线的位置、抵御变形的能力、重要性以及周围场地条件等有关。有时，保护相邻建（构）筑物和市政设设施的安全是基坑工程设计与施工的关键。这就决定了基坑工程具有很强的区域特殊性。因此，在基坑支护结构施工中更应该重视其特殊性带来的相应问题，做到具体问题具体分析，顺利解决问题。

1.2.5 系统工程

基坑工程是系统工程，它既是一个技术实现过程，也是一个管理目标的实现过程。它包含了区域地质工程调查、支护结构设计与论证、施工过程和优化及土方开挖等内容。涵盖了组织协调、工程技术、施工管理、风险控制和专家系统等方面要求。

技术上的环环相扣作用更加有力地证明了这一点，技术上如果存在脱节，就会发生一定问题，应重点把握关键技术的落实。例如，各方面土方开挖的施工组织是否合理将对围护体系是否成功产生重要影响，不合理的土方开挖方式、步骤和速度可能导致主体结构桩基变位，围护结构过大的变形，甚至引起围护体系失稳导致破坏。基坑开挖势必引起周围地基中地下水位的变化和应力场的改变，导致周围地基土体的变形，对相邻建筑物、构筑物及地下管线产生影响。影响严重的将危及相邻建筑物、构筑物及地下管线的安全及正常使用。

同时大量土方运输也将对生活环境、交通环境产生巨大影响，对这些问题应首先从组织协调上优先进行考虑，并且加强施工中的管理力度，应对基坑工程的环境效应给予重视。

为了有效控制基坑工程的风险，在基坑支护结构施工过程中应加强支护结构及周边环境的监测工作，及时分析监测结果，反馈信息，力求实行信息化施工，并利用专家系统进行跟踪。

1.3 工程建设环境

1.3.1 空间环境要求

按照《北京市限建区规划（2006～2020年）》，北京市市域土地将按照生态条件不同，划分为禁建区、限建区和适建区三大类。用寸土寸金来形容北京这个城市一点儿也不过分，今后更是如此。

《北京市限建区规划（2006～2020年）》将北京$16410km^2$市域划分为三大类，按所有限制建设的要求分为近30万个"斑块"。划分建设限制分区主要是从水、绿、文、地、环五大建设限制要素，依据自然灾害易发的风险、资源环境保护的价值、污染源防护的影响等差异来划定的。五大要素分别为："水要素"包括河湖湿地、水源保护、地下水超采、超标洪水风险；"绿要素"包括绿化保护、城镇绿化隔离、农地保护；"文要素"包括文物保护、地质遗迹保护；"地要素"包括平原区工程地质条件、地震风险、水土流失与地质灾害防治；"环要素"则包括污染物集中处理处置设施防护、电磁辐射设施（民用）防护以及噪声污染防护。根据《北京市限建区规划（2006～2020年）》，北京 55.5km² 的绝对禁建区不允许建任何房屋，这部分面积占了全市总面积的 0.3%；相对禁建区域划了 7130.1km²，占全市总面积的 43.4%。此外，全市还有 4819.2km² 的严格限建区，占全市总面积的 29.4% 以及 3878.2km² 的一般限建区，占全市总面积的 23.6%。

北京市可用于建设的面积已被严格控制，这促进了地下空间的开发和利用，加大了地铁工程建设，并且对于轨道交通的建设力度主要任务之一便是解决城区现有的交通现状，形成交通立体网络。所以，地铁建设仍是重点的基础工程之一，同时也带来客观的建设难度。尤其是城区地铁车站基本位于商业、政务与教育的中心，既有建筑物状态十分复杂，给地铁基坑的建设带来极高的空间难度，即通过十分有限的地表空间，来开发更大的地下空间，在地表平面上的限制条件，自然只能通过纵向深度的充分利用，为基坑安全开挖的设计、施工等带来难度。

1.3.2 人文环境要求

由于北京是全国的政治、经济、文化中心，是世人瞩目的焦点，并且政府提出和谐社会建设目标，将人文精神观念加入到社会主义精神文明建设中。

以人为本的社会主义，首先需要的是和谐社会的发展，保障人民井然有序的生活状态。北京地铁建设是造福于民的工程，但是，以往地铁工程中出现的工程事故，使得公共交通改线、人民财产损失等，大大地影响了首都人民的生活。

因此，保证施工过程中小范围的人文环境，就是保证整个社会的人文环境。首先，要做到少扰民，尽可能地减少拆迁工程；其次，确保工程与周边环境的安全，杜绝安全事故；进而，协调与周边居民的关系，减少噪声、垃圾等污染，必要时需要建设临时措施减少矛盾。

第 2 章 基坑支护结构设计要点

2.1 基坑支护结构分类

2.1.1 开挖方式及内容

基坑工程根据场地条件、施工、开挖方法,可以分为无支护(放坡)开挖与有支护开挖,如图 2-1 所示。

无支护开挖方式既简单又经济,适合具有较大空间的放坡空间,在空旷地区或周围环境允许时能保证边坡稳定条件下应优先选用。可以结合周边的具体工程环境,配合土体加固技术减少土方开挖量,不进行基坑侧壁的支护结构施作,直接进行基坑开挖。

但是在北京中心城区地带、建筑物稠密地区,往往不具备放坡开挖的条件,仅在地铁出入口位置可能存在放坡开挖的条件。城区缺乏放坡开挖需要的足够空间,并且现有城市空间内存在邻近建(构)筑物基础、地下管线、运输道路等,尤其地下管线埋深较浅,在平面分布上很广,新建建筑红线范围有限。因此,基坑开挖大多数采用在支护结构保护下进行垂直开挖的施工方法。

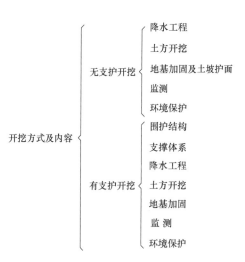

图 2-1 基坑开挖方式及内容

2.1.2 支护结构特点

根据支护结构的刚度要求进行支护的特点不同,支护结构可分为全刚性支护、刚柔性支护方式。

全刚性支护主要是依靠支护结构的绝对刚度抵抗基坑侧壁的压力,设计时是以不允许支护结构发生变形作为出发点,交通工程的边坡支护设计中经常应用全刚性支护结构,交通工程边坡首先是进行放坡,利用全刚性支护结构确保边坡稳定。在不允许放坡的城区基坑工程中全刚性支护结构造价很高,并且针对支护结构不允许变形这一点,往往需要通过对基坑周围土体加固作用才能实现。目前,基本不应用全刚性支护结构。首先,是经济成本的增加,土体加固与结构要求都需要高成本的投入;其次,也增加了对近基坑土体的扰动；再则，针对不变形这点难以实现。

城市基坑支护结构设计往往根据现场需要，在保证工程安全的状态下，允许支护结构周边土体发生一定变形，并通过一定的支护结构刚度来控制变形，允许支护结构通过变形进行协调，即利用支护结构自身刚度与土体自身的稳定能力来共同实现基坑侧壁的稳定，这种支护结构为刚柔性支护结构。

刚柔性支护结构设计可根据工程的特殊性选择适合的支护结构：当具有一定放坡空间或允许土体变形较大时，刚度小柔性强的支护是较为经济的选择，例如土钉墙、钢板桩、土钉墙复合预应力锚索等；当放坡空间较小和土体变形较为严格时，刚度大柔性弱的支护是较为合理的选择，例如灌注桩、SMW桩；对于深度较深的基坑可根据需要选择复合支护结构，一般上部分用刚度小柔性强的支护，下部分用刚度大柔性弱的支护，例如土钉墙＋桩＋支撑（或锚固），顶部作放坡消减坡脚角度，减小顶部荷载的作用，同时减小桩的长度，节省成本。

2.1.3 施工作业特点

传统的道路边坡支护工程存在放坡空间，施工顺序：首先，将边坡开挖至底部；然后，自下而上地进行支护结构的施工。根据施工顺序称之为顺作法支护结构。

城市基坑工程由于施工空间存在限制，基坑开挖只能由上至下开挖进行，同时支护结构也要由上至下进行施作，称之为逆作法支护结构。对于悬臂结构则是在基坑开挖之前，预先将支护结构的主体施作完成，支护结构的作用是在基坑开挖中体现出来。也可称之为逆作法支护结构，最为典型的逆作法支护结构是土钉墙，随着开挖一步一步由上往下进行施作。对于大多数的复合支护结构，应先将支护桩施作完成，而后根据基坑开挖过程进行内支撑体系的施工。因此，复合支护结构也可认为是逆作法支护结构。

2.2 基坑支护结构安全等级

《建筑基坑支护技术规程》JGJ 120—2012 规定，基坑侧壁的安全等级分为三级，不同等级采用相应的重要性系数 γ_0。基坑侧壁的安全等级如表 2-1 所示。

支护结构的安全等级 　　　　　　　　　　　　表 2-1

安全等级	破坏后果
一级	支护结构失效、土体过大变形对基坑周边环境或主体结构施工安全的影响很严重
二级	支护结构失效、土体过大变形对基坑周边环境或主体结构施工安全的影响严重
三级	支护结构失效、土体过大变形对基坑周边环境或主体结构施工安全的影响不严重

支护结构设计，应考虑其结构水平变形、地下水的变化，对周边环境的水平与竖向变形的影响。对于安全等级为一级的和对周边环境变形有限定要求的二级建筑基坑侧壁，应根据周边环境的重要性，对变形适应能力和土的性质等因素，确定支护结构的水平变形限值。

当地下水位较高时，应根据基坑及周边区域的工程地质条件、水文地质条件、周边环境情况和支护结构形式等因素，确定地下水的控制方法。当基坑周围有地表水汇流、排泄或地下水管渗漏时，应妥善对基坑采取保护措施。

北京市地方标准《建筑基坑支护技术规程》DB 11/489—2007 针对北京市的基坑进行了详细的基坑侧壁安全等级分级（表2-2）。

根据基坑的开挖深度 h、邻近建（构）筑物及管线与坑边的相对距离比 a 和工程地质、水文地质条件，按破坏后果的严重程度将基坑侧壁的安全等级细分为三级，支护结构设计中应根据不同的安全等级选用重要性系数：一级，$\gamma_0=1.10$；二级，$\gamma_0=1.00$；三级，$\gamma_0=0.90$。

基坑侧壁安全等级划分　　表 2-2

开挖深度 h(m)	环境条件与工程地质、水文地质条件								
	$a<0.5$			$0.5 \leqslant a \leqslant 1.0$			$a>1.0$		
	Ⅰ	Ⅱ	Ⅲ	Ⅰ	Ⅱ	Ⅲ	Ⅰ	Ⅱ	Ⅲ
$h>15$	一级			一级			一级		
$10<h\leqslant15$	一级			一级		二级	一级		二级
$h\leqslant10$	一级	二级		二级		三级	二级		三级

注：1. h——基坑开挖深度。
2. a——相对距离比 $a=x/(ha)$。为管线、邻近建（构）筑物基础边缘（桩基础桩端）离坑口内壁的水平距离与基础底面距基坑底垂直距离的比值，见图 2-2。
3. 工程地质、水文地质条件分类：
Ⅰ 复杂——土质差、地下水对基坑工程有重大影响；
Ⅱ 较复杂——土质较差，基坑侧壁有易于流失的粉土、粉砂层，地下水对基坑工程有一定影响；
Ⅲ 简单——土质好，且地下水对基坑工程影响轻微。
坑壁为多层土时可经过分析按不利情况考虑。
4. 如邻近建（构）筑物为价值不高的、待拆除的或临时性的，管线为非重要干线，一旦破坏没有危险且易于修复，则 a 值可提高一个范围；对变形特别敏感的邻近建（构）筑物或重点保护的古建筑物等有特殊要求的建（构）筑物时，对二级及三级基坑侧壁则应提高一级安全等级；当既有基础（或桩基础桩端）埋深大于基坑深度时，应根据基础距基坑底的相对距离、附加荷载、桩基础形式以及上部结构对变形的敏感程度等因素综合确定 a 值范围及安全等级。
5. 同一基坑周边条件不同可分别划分为不同的安全等级。

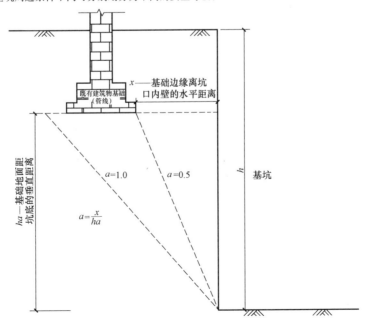

图 2-2　相对距离比示意图

在计算水泥土围护结构的安全系数、计算板式支护体系的抗隆起稳定性安全系数、抗倾覆稳定安全系数等取值时，都与基坑工程的等级有关。

因此，在进行基坑工程设计和施工之前，首先要确定其等级，然后分别按不同的要求进行设计和施工。

2.3 基坑支护结构选型

2.3.1 设计原则

基坑支护结构工程的设计原则为：

（1）安全可靠——满足支护结构本身强度、稳定性以及变形的要求，确保周围环境的安全；

（2）经济合理性——在支护结构安全可靠的前提下，要从工期、材料、设备、人工以及环境保护等方面综合确定具有明显技术经济效果的方案；

（3）施工便利并保证工期——在安全可靠经济合理的原则下，最大限度地满足方便施工（如合理的支撑布置，便于挖土施工），缩短工期，除有特殊要求外，均应按保证安全和正常使用一年的临时性结构进行设计。

2.3.2 支护结构极限状态

根据北京市地方标准《建筑基坑支护技术规程》DB 11/489—2007 的规定，基坑支护结构应采用分项系数表示的极限状态设计方法进行设计。

基坑支护结构的极限状态，可以分为下列两类：

（1）承载能力极限状态：当出现下列状态之一时，应判定为达到了承载能力极限状态：

1）支护结构构件或连接因超过材料强度而破坏，或因过度变形而不适于继续承载；

2）结构转变为机动体系，结构或结构构件丧失稳定，结构因局部破坏而发生连续倒塌；

3）支护体或土体因土中剪应力达到其抗剪强度而发生滑动、隆起、推移、倾覆、滑移；

4）地下水渗流引起土体渗透破坏。

（2）正常使用极限状态：当出现下列状态时，应判定为达到了正常使用极限状态，即支护结构的变形或地下水的状态已妨碍地下结构施工或影响基坑周边环境的正常使用功能。

基坑支护结构均应进行承载力能力极限状态的计算，对于安全等级为一级及对支护结构变形有限定的二级建筑基坑侧壁，尚应对基坑周边环境及支护结构变形进行验算。

2.3.3 支护结构选型

支护结构方案的选择应根据基坑周边环境限制、开挖深度、工程地质与水文地质条件、施工工艺及设备条件、周边相近条件基坑的成功经验、施工工期及施工季节等条件，选择排桩、地下连续墙、土钉墙、原状土放坡及组合形式等经济合理的支护结构形式，北京市地方标准《建筑基坑支护技术规程》DB 11/489—2007规定的常用支护结构形式如表2-3所示。

各类支护结构的适用条件　　　　　　　　　　　　　　　　　　表 2-3

结构类型		安全等级	适用条件	
			基坑深度、环境条件、土类和地下水条件	
支挡式结构	锚拉式结构	一级 二级 三级	适用于较深的基坑	1. 排桩适用于地下水位以上、可降水或结合截水帷幕的基坑； 2. 地下连续墙宜同时用作主体地下结构外墙，可同时用于截水； 3. 锚杆不宜用在软弱土层和含有高水头地下水的碎石土、砂土层中； 4. 当邻近基坑有建筑物地下室、地下构筑物等，锚杆的有效锚固长度不足时，不应采用锚杆； 5. 当锚杆施工会造成基坑周边建(构)筑物的损害或违反城市地下空间规划等规定时，不应采用锚杆
	支撑式结构		适用于较深的基坑	
	悬臂式结构		适用于较浅的基坑	
	双排桩		适用的基坑深度大于悬臂桩，但占用较大场地。当锚拉式、支撑式和悬臂式结构不适用时，可考虑采用双排桩	
	逆作法		适用于不宜采用临时支护结构构件或主体结构地上、地下同步施工的场合	
土钉墙	单一土钉墙	二级 三级	适用于地下水位以上或可实施降水的基坑，但基坑深度不宜大于 10m	当基坑潜在滑动面内有建筑物、重要地下管线时，不宜采用土钉墙
	预应力锚杆复合土钉墙		适用于地下水位以上或可实施降水的基坑，但基坑深度不宜大于 15m	
	水泥土桩垂直复合土钉墙		基坑深度不宜大于 12m 且不宜用在含有高水头地下水的碎石土、砂土、粉土层中	
	微型桩垂直复合土钉墙		适用于地下水位以上或可实施降水的基坑，基坑深度不宜大于 12m	
放坡		三级	1. 具有放坡的场地条件； 2. 可与上述支护结构形式结合	

注：1. 当基坑不同部位的周边环境条件、土层性状、基坑深度等不同时，可在不同部位分别采用不同的支护形式；
　　2. 支护结构可采用上、下部以不同结构类型组合的形式。

支护结构选型应考虑结构的空间效应和受力特点，采用有利支护结构材料受力特性的形式。同时，结合北京地层物理力学性质较好的特点，基坑支护结构一般应用土钉墙、排桩复合支撑体系的支护结构形式，针对具有禁止降水要求的基坑应采用排桩加截水帷幕。在没有特殊要求的基坑，一般不采用地下连续墙支护结构。并且，由于普遍存在砂卵石地层、地层侧摩阻系数高，不利于打入桩施工方式，因此，排桩也多采用灌注桩或人工挖孔桩。

2.4 水平荷载计算

2.4.1 水平荷载计算原则

基坑支护结构的受力主要为支护结构后的侧壁土压力,支护结构设计正是为了消除该侧壁土压力的水平破坏作用进行的支护结构刚度大小、支撑体系作用的大小的确定,因此,设计水平荷载的确定是支护结构合不合理的关键。

北京市地方标准《建筑基坑支护技术规程》DB 11/489—2007 对荷载效应组合、设计水平荷载作了详细阐述,支护结构设计时,所采用的荷载效应最不利组合与相应的抗力限值应按下列规定:

(1) 支护结构构件承载力计算时,按承载能力极限状态下的荷载效应基本组合。当支护结构作为永久或临时支护时,其作用基本组合的综合分项系数分别不应小于1.35及1.25;

(2) 支护结构整体稳定性计算时,按承载能力极限状态下荷载效应的基本组合,但其分项系数取1;

(3) 支护结构水平位移及周边地面沉降计算时,按正常使用极限状态下荷载效应的标准组合。

支护结构作为分析对象时,作用在支护结构上的力或间接作用为荷载。除土体直接作用在支护结构上形成土压力之外,周边建筑物、施工材料、设备、车辆等荷载虽未直接作用在支护结构上,但其作用通过土体传递到支护结构上,也对支护结构上土压力的大小产生影响。另外,土的冻胀、温度变化也会使土压力发生改变。因此计算作用在支护结构上的水平荷载时,应考虑下列因素:

(1) 基坑内外土的自重(包括地下水);
(2) 基坑周边既有和在建的建(构)筑物荷载;
(3) 基坑周边施工材料和设备荷载;
(4) 基坑周边车辆荷载;
(5) 冻胀、温度变化等产生的作用。

2.4.2 土压力标准值计算

支护结构上的土压力计算是个比较复杂的问题,从土力学这门学科的土压力理论上讲,根据不同的计算理论和假定,得出了多种土压力计算方法,其中有代表性的经典理论如朗肯土压力、库仑土压力。土压力的计算应考虑:土的物理力学性质(主要指土的重力密度、抗剪强度)、地面超载和邻近基础荷载以及地下水位及其变化等因素。《建

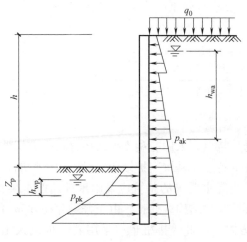

图 2-3 土压力计算

筑基坑支护技术规程》JGJ 120—2012、DB 11/489—2007 规定：按朗肯土压力计算时，作用在支护结构上主动、被动土压力标准值可按下列公式计算（图 2-3）：

(1) 对地下水位以上或水土合算的土层

$$p_{ak} = \sigma_{ak} K_{a,i} - 2c_i \sqrt{K_{a,i}} \tag{2-1}$$

$$K_{a,i} = \tan^2\left(45° - \frac{\varphi_i}{2}\right) \tag{2-2}$$

$$p_{pk} = \sigma_{pk} K_{p,i} + 2c_i \sqrt{K_{p,i}} \tag{2-3}$$

$$K_{p,i} = \tan^2\left(45° + \frac{\varphi_i}{2}\right) \tag{2-4}$$

式中 p_{ak}——支护结构外侧，第 i 层土中计算点的主动土压力标准值，kPa；当 $p_{ak} < 0$ 时，应取 $p_{ak} = 0$；

σ_{ak}，σ_{pk}——分别为支护结构外侧、内侧计算点的土中竖向应力标准值，kPa，按公式 (2-9)、(2-10) 计算；

$K_{a,i}$、$K_{p,i}$——分别为第 i 层土的主动土压力系数、被动土压力系数；

c_i、φ_i——第 i 层土的黏聚力，kPa、内摩擦角，°；

p_{pk}——支护结构内侧，第 i 层土中计算点的被动土压力标准值，kPa。

(2) 对水土分算的土层

$$p_{ak} = (\sigma_{ak} - u_a) K_{a,i} - 2c_i \sqrt{K_{a,i}} + u_a \tag{2-5}$$

$$p_{pk} = (\sigma_{pk} - u_p) K_{p,i} + 2c_i \sqrt{K_{p,i}} + u_p \tag{2-6}$$

式中 u_a，u_p——分别为支护结构外侧、内侧计算点的水压力，kPa；当采用悬挂式截水帷幕时，应考虑地下水沿支护结构向基坑面的渗流对水压力的影响。

(3) 静止地下水的水压力可按下列公式计算：

$$u_a = \gamma_w h_{wa} \tag{2-7}$$

$$u_p = \gamma_w h_{wp} \tag{2-8}$$

式中 γ_w——地下水的重力密度，kN/m³，取 $\gamma_w = 10$ kN/m³；

h_{wa}——基坑外侧地下水位至主动土压力计算点的垂直距离，m；对承压水，地下水位取测压管水位；当有多个含水层时，应以计算点所在含水层的地下水位为准；

h_{wp}——基坑内侧地下水位至被动土压力计算点的垂直距离，m；对承压水，地下水位取测压管水位。

2.4.3 竖向应力标准值计算

在计算竖向应力标准值时，应考虑土体的自重应力和支护结构外侧地面荷载、建筑物荷载等产生的竖向附加应力，即：

$$\sigma_{ak} = \sigma_{ac} + \sum \Delta\sigma_{k,j} \tag{2-9}$$

$$\sigma_{pk} = \sigma_{pc} \tag{2-10}$$

式中 σ_{ac}——支护结构外侧计算点，由土的自重产生的竖向总应力，kPa；

σ_{pc}——支护结构内侧计算点，由土的自重产生的竖向总应力，kPa；

$\Delta\sigma_{k,j}$——支护结构外侧第 j 个附加荷载作用下计算点的土中附加竖向应力标准值，kPa。

竖向附加应力标准值 $\Delta\sigma_{k,j}$ 可按荷载形式不同作用形式进行计算，主要可分为均布荷载、条形荷载、特殊荷载式。

1. 均布荷载

当支护结构外侧地面考虑施工材料堆放、设备荷载及行车等荷载时，应按满布的均布荷载计算，计算深度处的竖向附加应力标准值 $\Delta\sigma_{k,j}$ 可按下式计算（图 2-4）：

$$\Delta\sigma_{k,j} = q_0 \tag{2-11}$$

式中 q_0——均布荷载。

2. 局部附加荷载

当支护结构外侧存在既有和在建的建（构）筑物等附加荷载时，应按条形荷载或矩形荷载计算。

（1）条形荷载

对条形基础下的附加荷载，计算深度处的竖向附加应力标准值 $\Delta\sigma_{k,j}$ 可按下式计算（图 2-5（a））：

当 $d + a/\tan\theta \leqslant z_a \leqslant d + (3a+b)/\tan\theta$ 时

$$\Delta\sigma_{k,j} = \frac{p_0 b}{b + 2a} \tag{2-12}$$

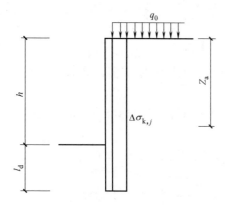

图 2-4 半无限均布荷载附加竖向应力计算简图

式中 p_0——基础底面附加压力标准值，kPa；
$\quad\quad d$——基础埋置深度，m；
$\quad\quad b$——基础宽度，m；
$\quad\quad a$——支护结构外边缘至基础的水平距离，m；
$\quad\quad \theta$——附加荷载的扩散角，宜取 $\theta = 45°$；
$\quad\quad z_a$——支护结构顶面至土中附加竖向应力计算点的竖向距离。

当 $z_a < d + a/\tan\theta$ 或 $z_a > d + (3a+b)/\tan\theta$ 时，取 $\Delta\sigma_{k,j} = 0$。

（2）矩形荷载

对条形基础下的附加荷载，计算深度处的竖向附加应力标准值 $\Delta\sigma_{k,j}$ 可按下式计算（图 2-5（a））：

当 $d + a/\tan\theta \leqslant z_a \leqslant d + (3a+b)/\tan\theta$ 时

$$\Delta\sigma_{k,j} = \frac{p_0 b l}{(b+2a)(l+2a)} \tag{2-13}$$

式中 b——与基坑边垂直方向上的基础尺寸，m；
$\quad\quad l$——与基坑边平行方向上的基础尺寸，m。

p_0、a 同式（2-12）。

当 $z_a < d + a/\tan\theta$ 或 $z_a > d + (3a+b)/\tan\theta$ 时，取 $\Delta\sigma_{k,j} = 0$。

$$\sigma_k = (p - \gamma d) \frac{bl}{(b+2b_1)(l+2b_1)} \tag{2-14}$$

对作用在地面的条形、矩形附加荷载，计算土中附加竖向应力标准值 $\Delta\sigma_{k,j}$ 时，取 $d = 0$（图 2-5（b））。

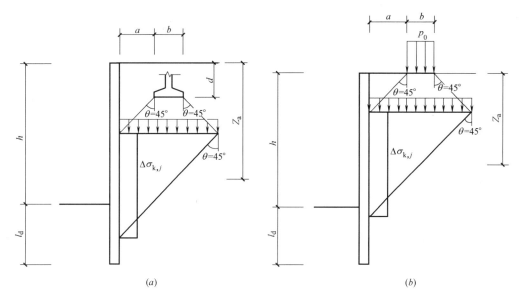

图 2-5 局部附加荷载作用下的土中附加竖向应力计算
(a) 条形或矩形基础；(b) 作用在地面的条形或矩形附加荷载

(3) 特殊荷载

当临近基坑的建筑物基础低于基坑底面时（如图 2-6 所示），根据结构水平净距与计算点深度进行计算，且外墙距支护结构净距 b 符合下式：

$$b < h \times \tan(45° - \varphi_k/2) \tag{2-15}$$

根据地层含水状态，可按下列方法计算有限宽度土体作用在支护结构上的土压力标准值 p_{ak}（图 2-6）：

1) 当计算点深度 $z \leqslant b \times c\tan(45° - \varphi_k/2)$，或 $z \geqslant b \times c\tan(45° - \varphi_k/2) + d_h$ 时，按本规程第 3.4.3 条～3.4.6 条的规定计算；

2) 当计算点深度 $b \times c\tan(45° - \varphi_k/2) < z < b \times c\tan(45° - \varphi_k/2) + d_h$ 时：

① 对于黏性土、粉土和地下水位以上的砂土、碎石土：

$$p_{ak} = (2 - n_b) n_b \cdot \sigma_{ak} K_{a,i} - 2c_i \cdot n_b \sqrt{K_{a,i}} \tag{2-16}$$

② 对于地下水位以下的砂土、碎石土：

$$p_{ak} = (2 - n_b) n_b \cdot \sigma_{ak} \cdot K_{a,i} - 2c_i \cdot n_b \sqrt{K_{a,i}} + u_a(1 - K_{a,i}) \tag{2-17}$$

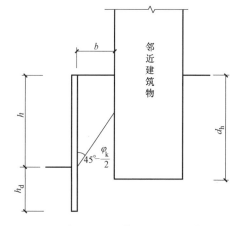

图 2-6 有限范围土体的土压力计算简图

式中 h——基坑深度；

z——计算点深度；

d_h——邻近建筑物基础埋置深度；

n_b——系数，$n_b = b/h\tan(45° - \varphi_k/2)$。

2.5 支护结构计算

2.5.1 支护结构计算理论

近年来，随着岩土力学理论的发展和各国专家学者的努力，提出了多种计算理论和方法，归纳起来，其基本方法大致可分为三类：极限平衡法、弹性抗力法、数值模拟法。

1. 极限平衡法

极限平衡法在基坑设计的早期即开始使用，常采用的有静力平衡法、太沙基法、等值梁法、1/2分割法、H. Blum法、残余力矩法等等。极限平衡法假定作用在围护墙前后的土压力分别达到被动土压力和主动土压力，在此基础上再作某些力学上的假设，把超静定问题简化为静定问题求解。它未考虑围护墙位移对土压力的影响，也不能反映支护结构的变形情况，尤其是对有支撑或锚杆的支护结构采用等值梁法设计时，对支点力的计算假定与支点刚度系数无关。以下只介绍静力平衡法、太沙基法、等值梁法。

（1）静力平衡法

古典板桩计算理论认为，悬臂式围护结构在主动土压力作用下，将趋于绕围护结构上的某一点发生转动，从而使土压力的分布发生变化。在图2-7的支点b处，围护结构背面承受的土压力又主动土压力转到被动土压力，而前面承受的土压力则由被动土压力转到主动土压力。在计算b点以下的主动及被动土压力时，可方便地把该点以上的土体当作超载来考虑。假定围护结构底端不承受弯矩和剪力，即可由静力平衡条件，通过求解插入深度的四次方程得到围护结构旋转点的位置、插入深度及内力。

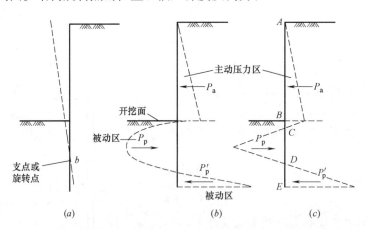

图2-7 悬臂式围护结构的土压力分布（所示为砂性土并无水）
(a) 假设弹性线；(b) 土压力定量分布；(c) 计算土压力

上述方程求解四次方程时，往往需通过试算，计算量较大。因此还可根据Blum理论采用简化方法，将旋转点以下的被动土压力近似地在其重心C处用一个集中力P_R代替（图2-8）。图2-8(a) 中的t_0可用x来表示，它必须满足绕C点的静力平衡条件，由此即可求出围护结构的最小插入深度和内力。简化后采用$\sum M=0$ 计算得到的插入深度是偏小的,因此 Blum 建议按图 2-8（b）计算出 x 后,把 x 增加 20% 作为插入深度。

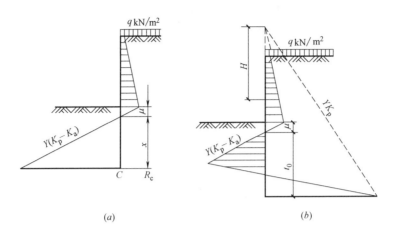

图 2-8 简化计算方法
（a）简化前的土压力分布；（b）简化后的土压力分布

(2) 太沙基法

太沙基法假定墙体在横撑（第一道撑除外）支点及开挖底面处形成塑性铰,该法横撑轴向力相差不大,但弯矩则主要为开挖侧的正弯矩。

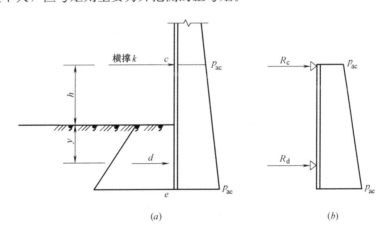

图 2-9 横撑 k 与虚支点间荷载
（a）结构计算图；（b）支点力计算图

用太沙基法,可估算横撑轴向力及墙身弯矩,按以下假定及步骤进行：

① 如图 2-9（a）所示,假定每次开挖最下一道支撑 k 的支点 c 为铰结,应用土压力对 c 点弯矩平衡条件,求出维持土压力平衡所需深度 x；

② 计算出墙前被动土压力合力的作用点 d 距坑底的深度 y,设 d 点为虚支点；

③ 将图 2-9（b）实线所示的墙身作为支承于 c 点及 d 点的简支梁,按简支梁以墙后主动土压力及水压力为荷载,计算出 c 点的反力（亦即 k 道支撑轴向力 N_k）及墙身最大弯矩。

(3) 等值梁法

等值梁法是一种用以计算围护结构内力的方法，适用于带支撑的围护结构。由于该方法较为简便，在实际工作中运用十分广泛。但等值梁法是一种不考虑土与机构变形的近似计算方法，适用于环境条件较好的二类基坑。

等值梁法可以分成整体等值梁法和分段等值梁法。所谓整体等值梁法就是把基坑底面下桩底土压力零点与桩顶之间的部分当作多跨连续梁，锚（支撑）点位置为连续梁的支点，采用结构力学中力矩分配法计算连续梁的方法计算支点反力；所谓分段等值梁法，就是基坑逐层开挖过程中支撑或拉锚力不变的等值梁法，这种方法应根据土方开挖和支撑或拉锚的设置顺序分段计算。在每一阶段，可将该阶段开挖面上的支撑（或拉锚）点和开挖面下的土压力零点之间的支挡结构作为简支梁对待，然后把计算出的支点反力保持不变，并作为外力计算下一段梁的支点反力。在分阶段计算多支撑结构内力时，引入了三点基本假设：不考虑设支撑前墙体已产生的位移；假定支撑为不动铰支座；下层支撑设置后，上层支撑的支撑力不变。

应用等值梁法计算板桩，首先要知道正负弯矩转折点的位置。由于板桩地面下，土压力等于零点的位置很接近正负弯矩的转折点，所以为简化计算，就用土压力等于零点的位置来代替它。这样，板桩就相当于一根简支梁，很容易求出其支点反力，然后即可求出入土深度和最大弯矩。

等值梁法的基本原理如图 2-10 所示：图中 ab 梁一端固定，另一端简支，弯矩图的正负弯矩在 c 点转折。若将梁 ab 在 c 点切断，并于点 c 置一自由支承，形成 ac 梁，则 ac 梁上的弯矩将保持不变，即称 ac 梁为 ab 梁的等值梁。

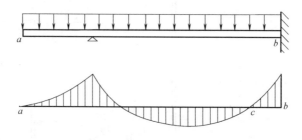

图 2-10　等值梁作用力分布图

等值梁法的计算方法如下（图 2-11）：

① 基坑面以下支护结构的反弯点取在土压力为零的 c 点，并视为等值梁的一个铰支点；

② 第一层支撑设置后的支护结构计算，基坑深度 h_1 取第二层支撑设置时的开挖深度。按式（2-18）计算第一层支撑的支撑力 T_1：

$$T_1 = E_{a_1} \cdot a_1 / a_{T_1} \tag{2-18}$$

式中　E_{a_1} 为基坑开挖至 h_1 深度时，主动土压力的合力（kN）；a_1 为 E_{a_1} 对反弯点的力臂（m）；a_{T_1} 为第一层支撑的支撑力对反弯点的力臂（m）。

第 k 层支撑设置后的支护结构计算，基坑深度 h_k，取第 $k+1$ 层支撑设置时的开挖深度，第一层至第 $k-1$ 层支撑的支撑力为已知；第 k 层支撑的支撑力 T_k 按下式计算：

$$T_k = (E_{a_k} \cdot a_k - \sum T_A \cdot a_{T_A}) / a_{T_k} \tag{2-19}$$

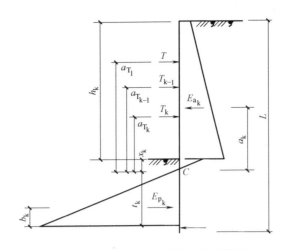

图 2-11 锚撑式结构等值梁法计算简图

式中 E_{a_k}——基坑开挖至 h_k 深度时,主动土压力的合力,kN;
a_k—— E_{a_k} 对反弯点的力臂,m;
T_A——第 1 层至第 $k-1$ 层支撑的支撑力,kN;
a_{T_A}——第 1 层至第 $k-1$ 层支撑的支撑力对反弯点的力臂,m;
a_{T_k}——第 k 层支撑的支撑力对反弯点的力臂,m。

第 k 层支撑设置后,基坑开挖至 h_k 深度时支护结构的嵌固深度 t_k 应满足下式:

$$t_k \geqslant E_{p_k} \cdot b_k / Q_k \tag{2-20}$$

式中 E_{p_k}——基坑开挖至 h_k 深度时,被动土压力的合力,kN;
b_k—— E_{p_k} 对支护墙下端的力臂,m;
Q_k——反弯点处支护结构单位宽度的剪力,按下式计算:

$$Q_k = E_{a_k} - \sum T_A \tag{2-21}$$

2. 弹性抗力法

弹性抗力法根据不同场合又称为基床系数法、地基反力法和弹性地基梁法。弹性抗力法在一定程度上考虑了支护结构与土体的相互作用,基坑开挖和回填过程中的基本因素对支护结构的影响,是我国规范较推荐的方法,在工程应用中比较广泛。其概念是由于挡墙位移有控制要求,内侧不可能达到完全的被动状态,实际上仍处在弹性抗力阶段,因此,引用承受水平荷载桩的横向抗力概念,将外侧主动土压力作为施加在墙体上的水平荷载,用弹性地基梁的方法计算挡墙的变形与内力,土对墙体的水平向支撑用弹性抗力系数来模拟,支锚结构也用弹簧模拟。

弹性抗力法在基坑支护设计计算中,常将支护结构前后土体视为由水平向的弹簧组成的计算模型,通过挠曲线的近似方程来计算挡土结构墙体的弯矩、剪力和变形。按 Winkler 假定,每一点的水平向的反力与这点的弹性变形成正比,一般适用于锚拉式平面结构或受力对称的内支撑式平面结构。

3. 数值模拟法

随着计算机技术的提高,有限元和数值分析法在支护结构分析中得到了广泛的应用,提供了一种理论上更为合理的设计计算方法。它将土体和支护结构分别划分为有限单元进行计算，其优点是可以考虑土体与支护结构的相互作用，可以从整体上分析支护结构及周围土体的应力和位移，而且还可求得基坑的隆起量、地表的沉降量和土中的塑性区范围及发展过程。数值模拟法可分为杆系有限元法和有限单元法。

(1) 杆系有限元法

杆系有限元法将围护结构离散成若干个有限单元，基坑底面以上的围护结构采用梁单元，基坑底面以下部分的围护结构采用弹性地基梁单元，支撑为弹性支撑杆单元，荷载为主动土压力和水压力。然后按照常规杆系有限单元法的方法即可求得各结点的位移和各单元的结点力。具体而言如下：

已知弹性地基梁挠曲微分方程为：

$$EI\frac{\mathrm{d}^4 y}{\mathrm{d}z^4}=q(z,y) \tag{2-22}$$

式中　　E——支挡结构的弹性模量；

　　　　I——支挡结构的截面惯性矩；

　　　　z——地面或开挖面以下的深度；

$q(z,y)$——梁上荷载强度，包括地基反力、锚撑力和其他外荷载。

通常式 (2-22) 仅对简单外荷载分布模式才能求得解析解，而对设有锚撑、支挡结构前后作用荷载分布模式比较复杂的情况，无法求得解析解，但可以凭借弹性杆系有限单元数值计算方法进行求解。

弹性杆系有限单元法分析挡土结构内力和变形的过程如下：

① 结构理想化。把挡土结构的各个组成部分，根据其结构受力特性，理想化为杆系单元，即：基底以上部分挡土结构简化为两端嵌固的梁单元、基底以下部分简化为 Winkler 弹性地基梁单元、锚杆 (索) 简化为二力杆单元。

② 结构离散化。把挡土结构沿竖向划分成有限个单元，每隔 2m 划分一个单元。为计算方便，尽可能将节点布置在挡土结构的截面、荷载突变处、弹性地基反力系数变化段及锚杆 (索) 的作用点处，各单元以边界上的节点相连接。

③ 建立结构平衡方程。将各个单元的单元刚度矩阵经矩阵变换得到结构总刚度矩阵，作用在结构节点上的荷载和节点位移之间的关系以结构总刚度矩阵来联系，结构平衡方程为

$$[K]\{\delta\}=\{R\} \tag{2-23}$$

式中　　$[K]$——结构纵刚度矩阵；

　　　　$\{\delta\}$——结构节点位移列阵；

　　　　$\{R\}$——为结构节点荷载列阵。

梁单元、winkler 弹性地基梁单元和杆单元的单元刚度矩阵可查阅徐芝纶主编的《弹性力学》。

④ 求解上述平衡方程式，可求得结构节点位移，进而可求得单元内力。弹性地基梁的地基反力可按式 (2-22) 由结构位移乘以水平地基反力系数求得。

(2) 有限单元法

由于基坑开挖工程的复杂性以及有限元分析的广泛适用性，许多学者都采用了有限单元法来分析基坑开挖问题。有限单元法是数值计算方法的一种，通过支护结构和土体的协

同作用进行计算和分析。它是根据物理近似，把连续体用网格划分为有限数目具有特定几何形态的单元体，单元体通过结点相互铰接，形成离散结构，代替原来连续体结构。各结点通过自身几何杆件传递各种力作用，作为结点首要满足三个条件：相邻单元间变形的相容条件；作用于力上的平衡条件；各单元的位移与单元材料的力学性质相对应（应力—应变关系）。

在满足这三个条件的前提之下，通过结点将荷载移置作用于离散结构结点上，成为结点荷载。应力应变关系表示为如下式中：

$$\{\delta\} = [D]\{\varepsilon\} \tag{2-24}$$

式中　$\{\delta\}$——单元的应力；
　　　$[D]$——弹性矩阵；
　　　$\{\varepsilon\}$——单元的形变。

由虚位移原理和应力应变关系，建立结点荷载与结点位移之间关系，即结点平衡方程组：

$$[K]\{\delta\} = \{R\} \tag{2-25}$$

式中，$[K]$、$\{\delta\}$、$\{R\}$ 分别为劲度矩阵、结点荷载和结点位移列阵。求解方程组可以得到位移场，通过位移场进而可推出应变 $\{\varepsilon\}$ 和应力 $\{\delta\}$ 的分布。

以上就是有限元法的基本思路，它实际上是微分方程的一种数值解法。它的具体应用过程需要以下几步：

① 将实际的连续介质体离散化为理想的有限元的集合；

② 选择适当函数表示介质位移，建立起符合实际工程的矩阵，通过矩阵建立结点间力和位移关系式；

③ 将各单元所受荷载，按静力等效原则移置到结点上，建立荷载列阵。通过已知结点的结果建立未知结点位移相应的平衡方程式，将所有结点的平衡方程集合得到整个介质体的平衡方程组；

④ 利用实际介质几何方程，计算应力矩阵中的各元素的值，得出结果。

有限元法在材料力学中应用十分广泛，岩土力学中将各类土层看作材料进行简化，应用有限元法求解前后应力—应变之间的变化。它可以进行侧限状态下的计算，即可以进行三维的模拟计算。

在岩土工程中较为常见的有限元计算应用软件有我国上海同济大学开发的"启明星"系列软件——FRWS，国外软件有 ANSYS、FLAC3D、2D-σ 及 3D-σ 等，它们在物理建模上取得了发展，但在岩土本构模型的选取上仍存在很大的空间，目前，在选取合理的土层和支护结构的本构模型与计算参数、变形范围与稳定性之间的定量关系仍依靠经验确定。

采用有限元法可获得整个地基的位移场合应力长随基坑开挖的变化过程，由此可得到围护结构的内力、变形以及基坑周围地表沉降量等，因此越来越多的人们采用有限元法分析基坑问题。过去多按二维平面问题求解，目前已开始采用三维有限元来考虑基坑开挖的空间效应。另外，基坑开挖的时间效应也引起了人们的重视。

虽然采用有限元法分析基坑问题可获得大量的数据，但由于基坑工程的复杂性和土体材料本构关系的不确定性，目前采用有限元法分析基坑问题还很难获得满意的结果，其计算精度有待于进一步提高。

2.5.2 规范推荐的计算方法

《建筑基坑支护技术规程》JGJ 120—2012 推荐采用弹性抗力法，其计算简图如图 2-12 所示。

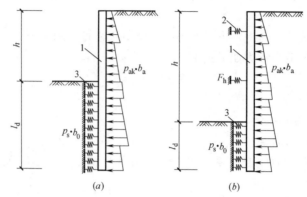

图 2-12 弹性抗力法计算简图
(a) 悬臂式支护结构；(b) 拉锚式或支撑式支护结构

(1) 挡土结构采用排桩且取单根支护桩进行分析时：
① 排桩外侧土压力计算宽度 b_a 应取排桩间距；
② 主动土压力强度标准值 p_{ak} 可按 2.4.2 节规定计算；
③ 作用在挡土构件上的分布土反力 p_s，按公式确定：

$$p_s = k_s v + p_{s0} \tag{2-26}$$

挡土构件嵌固段上的基坑内侧分布土反力应符合下列条件：

$$P_s \leqslant E_p \tag{2-27}$$

式中 p_s——分布土反力，kPa；

k_s——土的水平反力系数，kN/m³，按 2-28 计算；

v——挡土构件在分布土反力计算点的水平位移值，m；

p_{s0}——初始土反力强度，kPa；作用在挡土构件嵌固段上的基坑内侧初始土压力强度，但应将公式中的 p_{ak} 用 p_{s0} 代替、σ_{ak} 用 σ_{pk}、u_a 用 u_p 代替，且不计（$2c_i \sqrt{K_{a,i}}$）项；

P_s——作用在挡土构件嵌固段上的基坑内侧土反力合力，kN，可按式（2-26）计算的分布土反力 p_s 得出；

E_p——作用挡土构件嵌固段上的被动土压力合力，kN。

挡土构件内侧嵌固段上土的水平反力系数可按下列公式计算：

$$k_s = m(z - h) \tag{2-28}$$

式中 m——土的水平反力系数的比例系数，kN/m⁴，按式（2-29）；

z——计算点距地面的深度，m；

h——计算工况下的基坑开挖深度，m。

土的水平反力系数的比例系数 m 宜按桩的水平荷载试验及地区经验取值，缺少试验和经验时，可按下列经验公式计算：

$$m = \frac{0.2\varphi^2 - \varphi + c}{v_b} \tag{2-29}$$

式中 m——土的水平反力系数的比例系数，MN/m^4；

c，φ——土的黏聚力，kPa，内摩擦角，°，对多层土，按不同土层分别取值；

v_b——挡土构件在坑底处的水平位移量，mm，当此处的水平位移不大于 10mm 时，可取 10mm。

当不符合公式（2-27）的计算条件时，应增加挡土构件的嵌固长度或取 $p_s = E_p$ 时的分布土反力。

④ 排桩嵌固段上的土反力 p_s 和初始土反力 p_{s0} 的计算宽度 b_0 取值按下列规定计算：

对于圆形桩

$$b_0 = 0.9(1.5d + 0.5) \quad (d \leqslant 1m) \tag{2-30}$$

$$b_0 = 0.9(d + 1) \quad (d > 1m) \tag{2-31}$$

对于矩形桩或工字形桩

$$b_0 = 1.5b + 0.5 \quad (d \leqslant 1m) \tag{2-32}$$

$$b_0 = b + 1 \quad (d > 1m) \tag{2-33}$$

式中 b_0——单桩土反力计算宽度，m；当按式（2-30）～式（2-33）计算的 b_0 大于排桩间距时，取 b_0 等于排桩间距；

d——桩的直径，m；

b——矩形桩或工字形桩的宽度，m。

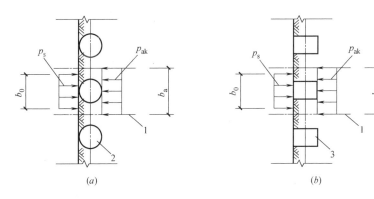

图 2-13 排桩计算宽度
(a) 圆形截面排桩计算宽度；(b) 矩形或工字形截面排桩计算宽度
1—排桩对称中心线；2—圆形桩；3—矩形桩或工字形桩

(2) 挡土结构采用地下连续墙且取单幅墙进行分析时，相关计算应符合下列规定：

① 地下连续墙外侧土压力计算宽度 b_a 应取包括接头的单幅墙宽度；

② 主动土压力强度标准值 p_{ak} 可按 2.4.2 节规定计算；

③ 地下连续墙嵌固段上的土反力 p_s 和初始土反力 p_{s0} 的计算宽度 b_0 取包括接头的单幅墙宽度；

④ 土反力 p_s 和初始土反力 p_{s0} 可按式（2-26）及式（2-30）确定；

(3) 锚杆和内支撑对挡土构件的约束作用应按弹性支座考虑，其边界条件应按下式确定：

$$F_h = k_R(v_R - v_{R0}) + P_h \tag{2-34}$$

式中 F_h——挡土构件计算宽度内的弹性支点水平反力，kN；

k_R——计算宽度内弹性支点刚度系数，kN/m，取值参见式（2-35）～式（2-38）；

v_R——挡土构件在支点处的水平位移值，m；

v_{R0}——设置支点时，支点的初始水平位移值，m；

P_h——挡土构件计算宽度内的法向预加力，kN；采用锚杆或竖向斜撑时，取 $P_h = P \cdot \cos\alpha \cdot b_a/s$，采用水平对撑时，取 $P_h = P \cdot b_a/s$；对不预加轴向压力的支撑，取 $P_h = 0$；锚杆的预加轴向拉力 P 宜取 $0.75N_k \sim 0.9 N_k$，支撑的预加轴向压力 P 宜取 $0.5N_k \sim 0.8N_k$，此处，P 为锚杆预加轴向拉力值或支撑的预加轴向压力值，α 为锚杆倾角或支撑仰角，b_a 为结构计算宽度，s 为锚杆或支撑的水平间距，N_k 为锚杆轴向拉力标准值或支撑轴向压力标准值。

1）采用锚杆时

锚拉式支挡结构的弹性支点刚度系数按式（2-35）计算：

$$k_R = \frac{(Q_2 - Q_1)b_a}{(s_2 - s_1)s} \tag{2-35}$$

式中 Q_1、Q_2——锚杆循环加载或逐级加载试验中 Q-s 曲线上对应锚杆锁定值与轴向拉力标准值的荷载值 kN；其应取在相当于预张拉荷载的加载量下卸载后的再加载曲线上的荷载值；

s_1、s_2——Q-s 曲线上对应于 Q_1、Q_2 的锚头位移值；

b_a——结构计算宽度，m；

s——锚杆水平间距，m。

拉伸型钢绞线锚杆或普通钢筋锚杆，在缺少试验时，弹性支点刚度系数按下式计算：

$$k_R = \frac{3E_s E_c A_p A b_a}{(3E_c a l_f + E_s A_p l_a)s} \tag{2-36}$$

$$E_c = \frac{E_s A_p + E_m(A - A_p)}{A} \tag{2-37}$$

式中 E_s——锚杆杆体的弹性模量，kPa；

E_c——锚杆的复合体弹性模量，kPa；

A_p——锚杆杆体的弹性模量，m²；

A——锚杆固结体的截面棉结，m²；

l_f——锚杆自由段长度，m；

l_a——锚杆的锚固段长度，m；

E_m——锚杆固结体的弹性模量，kPa。

2）采用内支撑体系时

支撑式支挡结构的弹性支点刚度系数宜通过对内支撑结构整体进行线弹性结构分析得出的支点力与水平位移的关系确定，对于水平对撑，当支撑腰梁或冠梁的挠度可忽略不计时，计算宽度内弹性支点刚度系数可按下式取值：

$$k_R = \frac{\alpha_R E A b_a}{\lambda l_0 s} \tag{2-38}$$

式中 λ——支撑不动点调整系数：支撑两对边基坑的土性、深度、周边荷载等条件相近，且分层开挖时，取 $\lambda=0.5$；支撑两对边基坑的土性、深度、周边荷载等条件或开挖时间有差异时，对土压力较大的一侧，取 $\lambda=0.5\sim1.0$，且差异大时取大值，反之取小值，对土压力较小或后开挖的一侧取 $1\sim\lambda$；当基坑一侧取 $\lambda=1$ 时，基坑另一侧应按固定支座考虑；对竖向斜撑构件，取 $\lambda=1$；

α_R——支撑松弛系数，对混凝土支撑和预加轴向压力的钢支撑，取 $\alpha_R=1.0$，对不预加支撑轴向压力的钢支撑，取 $\alpha_R=0.8\sim1.0$；

E——支撑材料的弹性模量，kPa；

A——支撑的截面面积，m^2；

l_0——受压支撑构件的长度，m；

s——支撑水平间距，m。

(4) 在进行支护结构设计时，对计算参数取值和计算分析结果，应根据工程经验分析判断其合理性。

2.6 内支撑设计

内支撑适用于采用墙式围护结构和桩式围护结构的基坑支护工程，其设计工况应遵循"纵向分段、竖向分层、先撑后挖、先换后拆、严禁超挖、动态设计"的原则，并考虑中拉槽土方开挖工况，提出中拉槽试挖规格、监测项目、控制指标及验收要求。

内支撑结构设计时，应考虑由于地质条件的复杂性和基坑开挖步序的变化而出现的偶然状况，并应在设计上采取必要的防范措施。其结构宜采用超静定结构；在复杂环境或软弱土质中，应选用平面或空间的超静定结构，并应考虑支护结构个别构件的提前失效而导致土压力作用位置的转移，并宜设置必要的冗余支撑。

内支撑布置应在安全可靠的前提下，满足土方开挖和主体结构的施工要求。其常用的材料可以采用钢材、混凝土或钢材和混凝土组合。并且支撑构件上的施工机械或堆放材料等荷载不得超过设计允许条件。

2.6.1 内支撑结构特点

1. 主要优点

基坑支撑系统能增大围护结构的刚度，改善围护结构的受力条件，满足基坑整体受力性能和稳定性的要求。内撑式围护结构由于其受力特点，往往又称为内撑式支护结构，它的含义可以用"外护内支"四个字表述。"外护"是指用围护构建对外挡住边坡土体、防止地下水渗漏，"内支"是指利用内支撑系统为维护构件的稳定提供足够的支撑力。内撑式围护结构的主要优点：

(1) 施工质量较易控制

本章所述的支护形式无论是支撑构件还是围护构件，最常见的是钢筋混凝土，也有钢构件。因其工艺本身要保证施工人员与监督人员较易于控制质量，其质量的稳定程度较高。即或是木构件，其质量也较易于检验和控制，成品的质量稳定性相应地也较高。

(2) 充分发挥材料在性质上的优点，达到经济的目的

作为支撑构件，不论是多道钢管交叉支撑还是钢筋混凝土对撑和角撑，在受水平力时基本上是受压构件。近年来采用渐多的钢筋混凝土内支撑正符合混凝土材料抗压能力高而抗拉能力低的特点。

(3) 尤其适合于在软土地基中采用

在深厚软土地基中土压力较大，对于内撑式支护的支撑结构来说，仅要相应地加大断面以提高其承载力。而对锚拉式结构来说，除荷载加大之外，还因为土质软，要数量更多、要求更高的锚杆才能达到支护的目的。从这意义来说内撑式支护尤其适合软土基坑使用。

(4) 在一定的条件下具备缩短工期的潜力

支撑构件可以一次性开挖浇注成形。当各种条件具备时，可以实行机械化开挖，包括支撑下方的土体在内。如能加厚开挖分层，施工占用的工期是很短的。

2. 内撑式围护结构的缺点和局限性

(1) 形成内撑并令其具备必要的强度，需占用一定的工期。由于深基坑工程（包括地下室）往往应抢在旱季施工完毕，因此工期是非常宝贵的；

(2) 内支撑的存在有时对大规模机械化开挖不利；

(3) 四周围护后当开挖深度大时机械进出基坑不甚方便。尤其是开挖最后阶段挖土机械退出基坑得整体或解体吊出时。

由于工程问题的复杂性其影响因素是多方面的，难以一一完全列举。对于一些特殊问题只能由设计、施工人员因时、因地制宜地逐一加以解决。

3. 内撑式围护结构应用范围

从地质条件上看，这种形式可适用于各种地质条件下的基坑工程，而最能发挥其优越性的是软土地基中的基坑工程，在软土地基中单根土锚所能提供拉力很有限，因而很难是经济的。而内撑式支护构件自身的承载能力只与构件的强度、截面尺寸及型式有关，而不受周围土质的制约。

从开挖深度上看，这种围护型式适用的基坑深度不受限制。至于多大的开挖深度、出现多大的土压力适宜采用内撑，则应通过技术和经济的比较决定。

从基坑的平面尺寸来看，这种围护型式适用于平面尺寸不太大的基坑。过大的基坑必然导致内支撑的长度与断面太大，以至于可能出现经济上不合理的情况。而采用锚拉结构时，每延长米基坑所需要的锚拉力与平面尺寸大小无关。从围护平面布置来看，内撑式一般适用于周圈围护或对边围护，这样才能在支撑杆件中形成对称的轴力。否则要满足静力平衡条件，还要进行一些特殊处理。

2.6.2 设计要点

内支撑结构可选用钢支撑、混凝土支撑、钢与混凝土的混合支撑。内支撑结构选型宜采用受力明确、连接可靠、施工方便，对称平衡性、整体性强的结构形式，并与主体地下结构的结构形式、施工顺序协调，以便于主体结构施工，此外还应利于基坑土方开挖和运输。需要时，考虑内支撑结构作为施工平台。内支撑结构应综合考虑基坑平面的形状、尺寸、开挖深度、周边环境条件、主体结构的形式等因素，选用水平对撑或斜撑、正交或斜

交的平面杆系支撑、环形杆系或板系支撑和竖向斜撑。

内支撑结构设计时，应考虑地质条件的复杂性和基坑开挖步序的变化而出现的偶然状况，并应在设计上采取必要的防范措施。内支撑结构宜采用超静定结构；在复杂环境或软弱土质中，应选用平面或空间的超静定结构。内支撑结构，应考虑支护结构个别构件的提前失效而导致土压力作用位置的转移，并宜设置必要的赘余支撑。内支撑结构分析时，应考虑由挡土构件传至内支撑结构的水平荷载、支撑结构自重、施工荷载、温度应力及支撑立柱与挡土构件之间差异沉降产生的作用。内支撑结构分析应符合下列原则：

（1）水平对撑与水平斜撑，应按偏心受压构件进行计算；支撑的轴向压力应取支撑间距内挡土构件的支点力之和；腰梁或冠梁应按以支撑为支座的多跨连续梁计算，计算跨度可取相邻支撑点的中心距；

（2）矩形平面形状的正交支撑，可分解为纵横两个方向的结构单元，并分别按偏心受压构件进行计算；

（3）不规则平面形状的平面杆系支撑、环形杆系或环形板系支撑，可按平面杆系结构采用平面有限元法进行计算；对环形支撑结构，计算时应考虑基坑不同方向上的荷载不均匀性；当基坑各边的土压力相差较大时，在简化为平面杆系时，尚应考虑基坑各边土压力的差异产生的土体被动变形的约束作用。此时，可在水平位移最小的角点设置水平约束支座，在基坑阳角处不宜设置支座；

（4）在竖向荷载作用下内支撑结构宜按空间框架计算，当作用在内支撑结构上的施工荷载较小时，可按连续梁计算，计算跨度可取相邻柱的中心距；

（5）竖向斜撑应按偏心受压杆件进行计算；

（6）当有可靠经验时，宜采用三维结构分析方法，对支撑、腰梁与冠梁、挡土构件进行整体分析。

内支撑布置一般应注意以下几点：

（1）水平支撑层数根据基坑开挖深度、地质条件、地下室层数、标高等条件结合选用的围护构件和支撑系统决定，另外还应满足结构的变形控制要求，以控制对周围环境影响；

（2）设置支撑标高以不妨碍主体工程地下结构各层构件的施工为标准，一般情况下，支撑构件底与主体结构面之间的净距不宜小于 500mm；

（3）各层支撑的走向应尽量一致，即上、下层水平支撑轴线在投影上应尽量接近，并力求避开主体结构的柱、墙位置；

（4）支撑水平净空以大为好，方便施工；立柱布置在纵横向支撑交点处或桁架式支撑的节点位置上，并力求避开主体工程梁、柱及结构墙位置，间距尽量拉大，但必须保证水平支撑稳定且足以承担水平支撑传来的竖向荷载。

作用在支撑结构上的水平力应通过静力计算确定，计算时应考虑由水、土压力和坑外地面荷载引起的侧压力、支撑预加压力、温度变化等引起的内力；竖向荷载应包括支撑结构的自重和作用在支撑结构上的施工活荷载，施工活载不宜大于 0.5kN/m。

确定支撑结构的计算模型时可采用下列假定：

（1）计算模型的尺寸取支撑构件的中心距；

（2）钢筋混凝土支撑的抗弯刚度可适当折减，折减系数 0.8~0.9。钢筋混凝土腰梁的抗弯刚度可适当折减，折减系数 0.6~0.7；

(3) 钢腰梁采取分段拼装时，拼接点的构造不能满足截面的等强连接要求，则应把拼接点作为铰接考虑。

形状比较规则的基坑，并采用相互正交的支撑体系时，支撑构件的内力和变形可按下列方法确定：

(1) 支撑轴力按腰梁长度方向分布的水平反力乘以支撑中心距，当支撑与腰梁斜交时，水平反力应取沿腰梁长度方向水平反力及垂直方向水平反力的合力；

(2) 在垂直荷载作用下，支撑的内力和变形可近似按单跨或多跨梁分析，其计算跨度取相邻立柱中心距；

(3) 立柱的轴向力可取纵横向支撑的支座反力之和；

(4) 在水平荷载作用下，现浇混凝土腰梁的内力与变形可按多跨连续梁计算。计算跨度取相邻水平支撑之间的中心距离；

(5) 当水平支撑与腰梁斜交时，尚应计算支撑轴力在腰梁长度方向所引起的轴向力。

较为复杂的平面支撑体系，宜按空间杆系模型计算，计算模型的边界可按下列原则确定：

(1) 在水平支撑与腰梁或立柱的交点处，以及腰梁的转角处分别设置竖向铰支座或弹簧；

(2) 基坑四周与腰梁长度方向正交的水平荷载不是均匀分布或支撑结构布置不对称时，可在适当位置上设置防止模型整体平移或转动的水平约束。

支撑构件的截面承载力应根据围护结构在各施工阶段荷载作用效应的包络图进行计算，其承载力表达式为：

$$\gamma_0 F \leqslant R \tag{2-39}$$

式中 γ_0——围护结构的重要性系数，对于安全等级为一级、二级和三级的基坑支撑构件，应分别取 1.10、1.00、0.90；

F——支撑构件内力的组合设计值，其荷载综合分项系数不应小于 1.25，各项荷载作用下的内力组合系数均取 1.0；

R——按现行国家的有关结构设计规范确定的截面承载力设计值。

当支撑平面轴线走向难以避开主体结构的柱、墙位置时，可采取以下措施：将柱、墙伸出主筋弯折或在支撑混凝土中预埋小口径套管，套管的平面位置同柱、墙的主筋位置。这样可将主体结构中的主筋通过套管插入下部结构混凝土内，保证主体结构主筋到位。虽然这样会给支撑结构施工带来许多麻烦，但都要满足主体结构的设计要求。

2.6.3 支撑材料选择

内支撑材料主要有木材、钢材和钢筋混凝土等材料，除了一些小型基坑有时采用木支撑外，一般基坑中都采用钢结构或钢筋混凝土结构体系，有时候在一个基坑中也存在将钢和混凝土支撑混用的情况。不同材料的支撑体系，其支撑结构形式不同，支撑的布置也不相同，设计计算内容也有差异，施工侧重点也有所不同。表 2-4 给出了钢支撑和钢筋混凝土支撑在变形特性、适应条件、节点的特点和施工方法等方面的区别。

2.6.4 支撑体系结构形式

支撑系统的结构形式种类繁多，它取决于基坑所处的地质及环境条件、平面尺寸、深度和基坑内结构物的层高尺寸和施工要求等诸多因素，常见的有以下几种形式：

钢支撑和钢筋混凝土支撑的主要区别 表 2-4

	钢支撑	钢筋混凝土支撑
材料	采用钢管或型钢	钢筋混凝土
施工方法	预制后现场拼装	现场浇筑
节点	焊接或螺旋连接	一次浇筑而成
适应性	适用于对撑布置方案,平面布置变化受限制;只能受压,不能受拉,不宜用作深基坑的第一道支撑	易于通过调整断面尺寸和平面布置形式为施工留出较大的挖土空间,既能受压,又能受拉,亦经得起施工设备的撞击
对布置的限制	荷载水平低,支撑在竖向和水平向的间距都比较小	荷载水平高,布置不受限制,可放大截面尺寸以满足较大间距的要求
支撑的形成	安装结束时即已形成支撑作用,还可以用千斤顶施加轴力以调整围护结构的变形	混凝土硬以后才能整体形成支撑作用,混凝土收缩变形大,影响支撑内力的增长
重复使用的可能性	在等宽度的沟渠开挖时可做成工具式重复使用,但在建筑基坑中因尺寸各异难以实现重复使用的要求	无法重复使用
支撑的利用或拆除	拆除方便,但无法在永久性结构中使用	在围护结构兼作永久性结构的一部分时钢筋混凝土支撑可以作为永久性结构的构件;但如不作为永久性构件,则拆除工作量比较大
支撑体系的刚度与变形	刚度小,整体变形大	刚度大,整体变形小
支撑体系的稳定性	稳定性取决于现场拼装的质量,包括节点轴线的对中精度、杆件受力的偏心程度以及节点连接的可靠性,个别节点的失稳会引起整体破坏	现浇的钢筋混凝土体系节点牢固,支撑体系的稳定性可靠

1. 单跨压杆式支撑

当基坑平面呈窄长条状、短边的长度不很大时,所用的支撑杆件在该长度下的极限承载力尚能满足围护系统的需要,则采用这个形式具有受力特点明确,设计简洁,施工安装灵活方便等优点(图 2-14)。

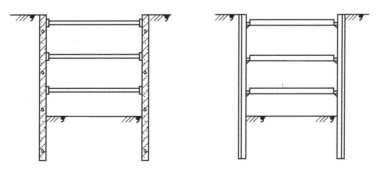

图 2-14 单跨压杆式支撑

2. 多跨压杆式支撑

当基坑平面尺寸较大,支撑杆件在基坑短边长度下的极限承载力尚不能满足围护系统的要求时,就需要在支撑杆件中部设置若干支点,就组成了多跨压杆式支撑系统(图 2-15),它与围护系统的连接节点如图 2-16 所示,这种形式支撑受力也较明确,施工安装较单跨压杆式来得复杂。

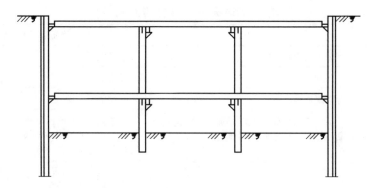

图 2-15　多跨压杆式支撑

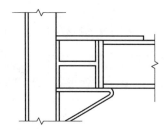

图 2-16　支撑与围护系统的连接节点

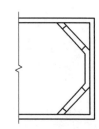

图 2-17　搭角斜撑

多跨压杆式支撑系统与单跨压杆式支撑系统均存在着短边方向两个侧面围护系统如何支撑问题，对于短边长度较小基坑，可采用搭角斜撑方法（图 2-17），但如果短边长度较大，则这两个支撑系统就暴露出它们明显的缺陷，要解决短边侧面的支撑，必须在与长边平行的方向上也建立框架支撑系统。

3. 对撑式双向多跨压杆式支撑

当基坑平面长、宽尺寸很大而又对坑周土体位移有较严格控制要求时，为了对四边的围护系统迅速加以支撑以减少墙体无支撑暴露时间，必须在基坑内建立对撑式可施加预加支撑轴力空间钢结构杆件系统，这个空间结构对各个节点的安装、焊接都有较高的要求（图 2-18），两方向上支撑连接节点如图 2-19 所示。

该种形式的钢筋混凝土支撑系统适用于分层分部开挖施工工艺，但要根据地质条件和具体基坑变形控制要求，必要时在围护墙被动区进行地基加固。

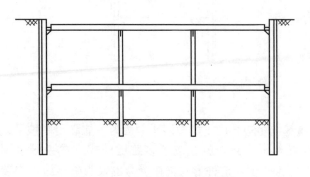

图 2-18　双向多跨压杆式钢支撑

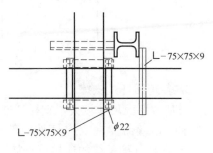

图 2-19　连接节点

4. 水平封闭框架支撑

围护结构在开挖支撑施工中，允许较长的无支撑暴露时间时，基坑中采用钢筋混凝土水平封闭框架支撑结构，现浇钢筋混凝土封闭桁架达到强度后，可具有较高的整体刚度和稳定性，由于基坑支撑是一种临时结构，在满足强度，刚度和稳定性的前提下，可以尽可能地优化支撑结构形式，以求节省投资，方便开挖施工的目的。钢筋混凝土水平框架支撑结构的平面布置和它与围护壁之间的连接节点如图 2-20 所示。

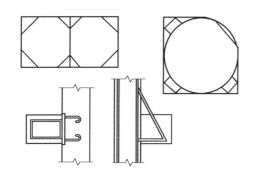

图 2-20　水平框架支撑和节点详图　　　　图 2-21　水平桁架支撑结构布置

5. 水平桁架支撑结构

由于现在深基坑施工中、基坑平面形状复杂、面积大，给传统支撑结构布置带来了一定的困难，所以为了满足大型基坑对支撑的强度、刚度和稳定性要求，同时又能方便基坑施工，采用钢筋混凝土桁架或钢筋混凝土与钢结构混合的水平桁架结构，用桁架结构作围檩，增大了围檩的跨度和刚度，扩大了施工空间，并能有效地控制基坑的变形（图 2-21）。

2.6.5　内支撑选型和布置

内支撑体系的选型和布置应根据下列因素综合考虑确定：基坑使用要求、平面的形状、尺寸和开挖深度；基坑周围环境保护和邻近地下工程的施工情况；场地工程地质和水文地质条件；围护结构形式；主体工程地下结构布置，土方工程和地下结构工程施工顺序和施工方法；地区工程经验和材料供应情况。一般情况下，支撑结构的形式有平面支撑体系和竖向斜撑体系。

1. 平面支撑体系

平面支撑体系整体性好，水平力传递可靠，平面刚度较大，适合于大小深浅不同的各种基坑。平面支撑体系由腰梁（或围檩）、水平支撑和立柱组成（图 2-22（a）），可以分为：贯通基坑全长或全宽的对撑或对撑桁架；位于基坑角部两邻边之间的斜角撑或斜撑桁架；位于对撑或对撑桁架端部的八字撑；由围檩和靠近基坑边对撑为弦杆的边桁架；支撑之间的连系杆等（图 2-22（b））。平面支撑体系直接平衡支撑两端围护墙上所受到的部分侧压力，且构造简单，受力明确，适用范围较广。但当构件长度较大时，应考虑弹性压缩对基坑位移的影响。

2. 平面布置

支撑布置要注意不妨碍主体工程施工，通常支撑轴线平面位置应避开主体工程的柱网

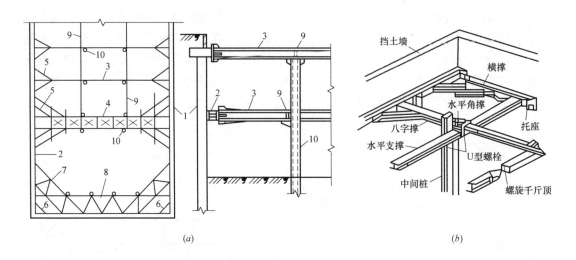

图 2-22 平面支撑体系
1—围护墙；2—围檩；3—对撑；4—对撑桁架；5—八字撑；
6—斜角撑；7—斜撑桁架；8—边桁架；9—连系杆；10—立柱

轴线，相邻支撑间水平间距不宜小于4m，采用机械挖土时不宜小于8m。各层支撑端部与围护墙之间一般设置腰梁。当为地下连续墙时，如果每个槽段墙体上有不少于两个支撑点，可用在墙体内的暗梁代替腰梁。

(1) 钢结构支撑平面布置

钢腰梁和围护墙之间的水平力传递性能较差，不宜采用斜角撑或斜撑桁架为主体的体系，应优先采用相互正交、均匀布置的对撑或对撑桁架体系。后者可以为土方开挖留出较大作业空间。对于宽度不大长条形基坑，可以采用单向布置对支撑体系。当相邻支撑间水平距离较大时，为减少腰梁计算跨度，可在支撑端部设置八字撑，八字撑应左右对称，长度不大于9m，与腰梁夹角以60°为宜，沿腰梁长度方向上支撑点（包括八字撑）间距不宜大于4m，以减少腰梁截面尺寸。

(2) 混凝土支撑平面布置

混凝土支撑可以采用钢支撑的布置方式外，根据具体情况还可以采取以下布置方式：①平面形状比较复杂的基坑可采用边桁架和对撑或斜角撑组成的平面支撑体系，边桁架的矢高不宜大于12m，在其两端支座处应设置对撑或斜角撑加强；在基坑平面中需要留设较大作业空间时，可采用边桁架和对称桁架或斜撑桁架组成的平面支撑体系；②对于规则基坑可采用布置在基坑四角的斜撑桁架所组成的平面支撑体系，布置对撑桁架或斜撑桁架时，要注意避免使支撑两端受到相差悬殊的侧压力。

3. 竖向布置

在基坑垂直平面内，根据需要可以设置一道或多道支撑。具体数量应根据开挖深度、地质条件和环境保护要求等因素由计算确定。在地下水位较高的软土地区，基坑深度小于8m时，可设置1道支撑；基坑深度为10~16m时，可设置2~4道竖向支撑。支护结构水平支撑数量可参考表2-5。

水平支撑数量参考表　　　　表 2-5

基坑开挖深度(m)	水平支撑数量(道)	
	软土地区	一般地区
≤8	1～2	1
8～12	2～3	1～2
12～15	3～4	2～3
15～18	4～5	3～4

当有多道支撑时，上、下各层水平支撑轴线应尽量布置在同一竖向平面内，竖向相邻支撑净距离不能小于3m，采用机械挖土时不能小于4m。

各层水平支撑通过立柱形成空间结构，加强了水平支撑的刚度，对控制支护结构的位移起有效作用。立柱布置在纵横向支撑交点处或桁架式支撑节点位置上，避开主体工程梁、柱及混凝土承重墙位置。立柱间距应根据支撑构件的稳定要求和竖向荷载的大小确定，一般情况下不宜小于15m。但由于立柱下沉或坑底土回弹，以及相邻立柱间差异沉降等因素，导致水平支撑产生次应力，同时削弱支护结构刚度，因此立柱应有足够的埋入深度。通常应尽可能结合主体结构工程桩设置，并与工程桩整体连接。

一般情况下应用围护墙顶圈梁作为第一道支撑腰梁，当第一道支撑标高低于墙顶圈梁时，应另设腰梁，不宜低于自然地面以下4m。在不影响地下室底板施工的情况下，最下面一道支撑尽可能降低，以改善支护结构受力性能。为了不妨碍主体工程结构施工，支撑顶面与地下室楼盖梁底面或楼板底面之间的净距离不宜小于300mm，当支撑和腰梁位于地下室竖向承重构件（如柱子或混凝土墙）垂直平面时，净距离不应小于600mm。

4. 竖向斜撑体系

竖向斜撑体系通常应由斜撑、腰梁和斜撑基础等构件组成（图2-23）。竖向斜撑体系要求土方采取"盆形"开挖，即先开挖中部土方，沿四周围护墙预留土坡，待斜撑安装后，再挖除四周土坡。基坑变形受到土坡和斜撑基础变形的影响，一般适用于环境保护要求不高，开挖深度不大的基坑。对于平面尺寸较大，形状复杂的基坑，采用竖向斜撑方案可以获得较好的经济效果。

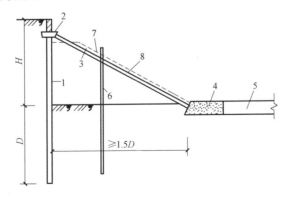

图 2-23　竖向斜撑体系
1—围护墙；2—檩条；3—斜撑；4—斜撑基础；5—基础压杆；
6—立柱；7—土坡；8—连系杆

斜撑宜采用型钢或组合型钢截面，斜撑坡度应与土坡稳定边坡一致，斜撑与基坑底面之间夹角一般不宜大于35°，地下水位较高的软土地区不宜大于26°。为防止开挖面以下土体被动抗力受到斜撑基础上水平作用力影响而降低，斜撑基础边缘与围护墙内侧之间距离不小于墙体在开挖面以下埋入深度的1.5倍。斜撑应尽可能沿腰梁长度方向均匀对称布置，水平方向间距不宜大于6m。在基坑的角部可辅以布置水平支撑。斜撑长度超过15m时，应在斜撑中部设置立柱，并在立柱与斜撑的节点上设置纵向连系杆。斜撑与腰梁、斜撑与基础以及腰梁与围护墙之间连接应满足斜撑水平分力和垂直分力的传递要求。

5. 混合支撑体系

利用两种基本支撑体系，可以演变成其他支撑形式，如"中心岛"，类似竖向斜撑方案。施工基坑中部主体结构，利用完成的主体结构安装水平支撑或斜撑。在特殊情况下，同一个基坑里也可同时布置两种支撑形式，如图2-24所示。

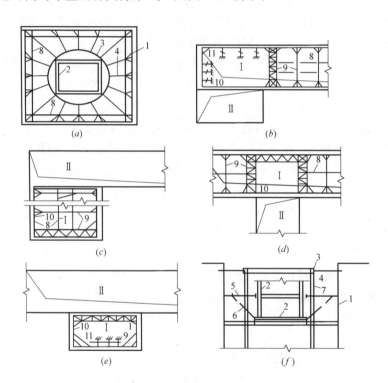

图2-24 混合支撑形式

Ⅰ—深坑部位；Ⅱ—浅坑部位（或原有地下工程）
1—围护墙；2—主体工程的芯部结构；3—环形支撑；4—环形支撑的径向支撑；
5—借助主体结构的水平支撑；6—预留土坡（待支撑5安装后挖除）；
7—立柱；8—连系杆；9—水平支撑或桁架；10—腰梁；11—竖向斜撑

2.6.6 内支撑结构组成及设计

1. 基本构成

内支撑结构一般分为两部分，竖向围护结构体系和内支撑体系（图2-25）。围护结构体系常采用钢筋混凝土排桩墙和地下连续墙形式，内撑体系可采用水平支撑和斜支撑（图2-26），根据不同开挖深度又可采用单层水平支撑、二层水平支撑及多层水平支撑。

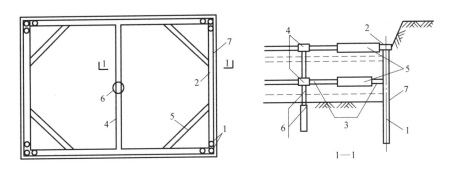

图 2-25 内撑式围护结构的组成
1—围护桩；2、3—环梁；4—对撑；5—角撑；6—立柱；7—止水帷幕

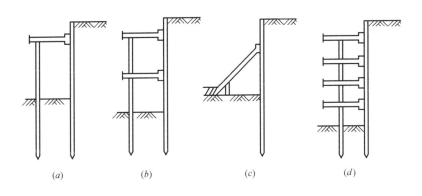

图 2-26 内撑式围护结构示意图
(a) 单道水平支撑；(b) 双道水平支撑；(c) 斜撑；(d) 四道水平支撑

围护桩：各种类型的桩、板桩或墙，均可视为下部插入土中、承受水平荷载的竖向梁。

环梁：一般为钢筋混凝土结构，桩顶那一道环梁有人称为锁口梁，也有人称为压顶梁。

对撑：系平行边间传递水平力的构件，尚应承受自重荷载以及其他各种可能出现的荷载。

角撑：系转角邻边间传递水平力的构件，同时承受自重荷载。

立柱：主要作用是减少支撑构件作为承受竖向荷载的梁的跨度，立柱除了自身受压，还应具有起码的抗侧力能力。

止水帷幕：不允许降水或降水费用高昂的情况下，当坑侧存在透水土层、地下水补给较充分或坑底下不深处埋藏水头较大的承压水层时，必须设置。在材料选择、工艺措施与工序安排上应充分慎重，务求止水帷幕与围护构件间密切啮合，不留明显的渗水通道。

2. 水平支撑截面设计

支撑构件设计方法基本上与普通构件类似，其承载力验算根据在各工况下计算内力包络图进行，水平支撑按偏心受压构件计算，其承载力的计算应符合下列条件：

（1）支撑应按偏心受压构件计算。截面的偏心弯矩除由竖向荷载产生的弯矩外，尚应考虑轴向力对构件初始偏心距的附加弯矩。构件截面的初始偏心距可取支撑计算长度的2‰～3‰，混凝土支撑不宜小于20mm，对于钢支撑不宜小于40mm。

（2）支撑的受压计算长度在竖向平面内取相邻立柱的中心距，在水平面内取与计算支撑相交的相邻横向水平支撑的中心距。对于钢支撑，当纵横向支撑不在同一标高上相交时，其平面内的受压计算长度应取与计算支撑相交的相邻横向水平支撑中心距的1.5～2.0倍。

（3）当纵横向水平支撑交点处未设置立柱时，支撑的受压计算长度按下列规定确定：在竖向平面内，现浇混凝土支撑取支撑全长，钢支撑取支撑全长的1.2倍；在水平面内取与计算支撑相交的相邻横向水平支撑或连系杆中心距的1.0～1.2倍。

（4）斜撑和八字撑的受压计算长度在两个平面内均取支撑全长。当斜撑中间设有立柱或水平连系杆时，其受压计算长度规定同对撑。

（5）现浇混凝土支撑在竖向平面内的支座弯矩可以乘以0.8～0.9的调幅系数，但跨中弯矩需相应增加。

（6）支撑结构内力分析未计温度变化或支撑预压力的影响时，截面验算的轴向力宜分别乘以1.1～1.2增大系数。

钢支撑可采用钢管、工字钢、槽钢或用角钢焊成，组合格构柱，支撑断面最简单是矩形，为满足受力要求或施工需要也可以做成其他形式（图2-27）。

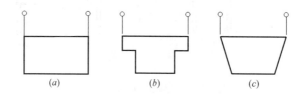

图2-27 钢筋混凝土支撑梁断面
(a) 矩形；(b) T形；(c) 梯形

钢支撑连接主要采用焊接或高强螺栓连接，钢构件拼接点强度不应低于构件自身的截面强度，对于格构式组合构件应采用型钢或扁钢，不得采用钢筋。钢管与钢管的连接一般以法兰盘形式连接和内衬套管焊接，如图2-28、图2-29所示。当不同直径钢管连接时，采用锥形过渡（图2-30），钢管与钢管在同一平面相交时采用破口焊连接，如图2-31、图2-32所示。

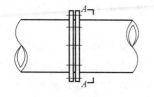  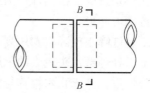

图2-28 钢管法兰盘连接图　　　　图2-29 钢管内套管连接图

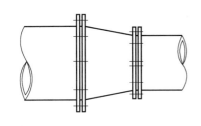 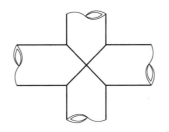 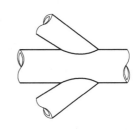

图 2-30　大小钢管连接图　　图 2-31　钢管十字连接图　　图 2-32　钢管斜交连接图

钢管或型钢于混凝土构件相连处须在混凝土内预埋连接钢板及安装螺栓，如图 2-33，当钢管或型钢支撑于混凝土构件斜交时混凝土构件宜浇成与支撑轴线垂直的支座面，如图 2-34。

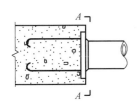 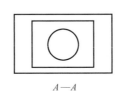 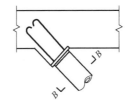 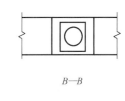

图 2-33　钢管支撑与混凝土构件连接图　　　　图 2-34　钢管支撑与混凝土构件斜交连接图

3. 压顶梁与腰梁设计

由基坑外侧水、土及地面荷载所产生的对竖向围护构件的水平作用力通过压顶梁和腰梁传给支撑，压顶梁和腰梁可使原来各自独立的竖向围护构件形成一个闭合的连续的整体，提高了整体刚度。压顶梁通常采用现浇钢筋混凝土结构，以保证有较好的连续性和整体性，腰梁可用型钢或钢筋混凝土结构。压顶梁和腰梁是水平方向受弯的多跨连续梁，采用扁宽形截面效果更好。

压顶梁及腰梁宜按水平方向的受弯构件计算。当腰梁与水平支撑斜交，或腰梁作为边桁架的弦杆时，应按偏心受压构件进行验算。腰梁的受压计算长度可取相邻支撑点的中心距。钢腰梁拼接点按铰接设计时，其受压计算长度取相邻支撑点中心距的 1.5 倍。现浇混凝土腰梁的支座弯矩，可乘以 0.8~0.9 的调幅系数，但跨中弯矩需相应增加。它们的轴向力为另一方向梁端传来的压力、水平支撑轴向力分力、桁架弦轴向力、弧形梁环向压力。当弧形压顶梁和腰梁为纯圆形梁且不产生弯矩时，则可按中心受压构件验算。压顶梁断面宽度要大于竖向围护结构件横向外包尺寸（每侧外伸至少 100mm），且可在内侧面向下作一反边（图 2-35）。

压顶梁与竖向围护构件连接必须可靠，不致造成"脱帽"，要求混凝土围护桩主筋锚入压顶梁内，锚固长度不小于 30~35d（d 为钢筋直径/mm）。压顶梁与支撑杆件均为钢筋混凝土结构最好同时施工，当支撑采用钢结构时，应在压顶梁支撑节点位置预埋铁件或设必要混凝土支座，以确保支撑传力合理正确（图 2-36）。

钢腰梁可以采用 H 型钢、槽钢或组合构件，钢腰梁预制分段长度不应小于支撑间距的 1/3，拼接点尽量设在支撑点附近并不超过支撑点间距的三分点，拼装节点宜用高强螺栓或焊接，拼接强度不得低于构件本身截面强度。

腰梁随基坑挖土达到设计标高时施工，它附贴于竖向围护构件内侧，与压顶梁相似，腰梁主要承担水平方向弯矩和剪力，在水平方向的刚度要大一些。腰梁通常搁支在竖向围护构件牛腿上，在竖向围护构件设置牛腿的位置预埋铁件，此预埋铁件与竖向围护构件的钢筋笼固定在一起，预埋铁件要足以承担腰梁传来的竖向剪力和弯矩，腰梁与竖向围护构件间缝隙用细石混凝土填实（混凝土强度等级不低于C20），以保证腰梁与竖向围护构件之间的传力。

腰梁与竖向围护构件均为混凝土结构连接方法：将腰梁一侧嵌入竖向围护构件内50mm，另一侧用钢筋吊杆来保持腰梁平衡，钢筋用$\phi16 \sim \phi22$，间距200mm左右（图2-37）。

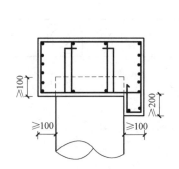

图2-35 压梁顶示意图

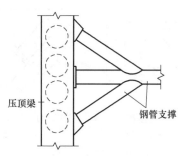

图2-36 压顶梁与支撑连接节点图

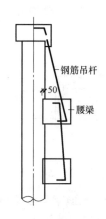

图2-37 腰梁挂靠图

4. 支撑立柱设计

当支撑跨越空间尺度较大时均应设置支撑的立柱或支托，以缩短水平支撑的跨度和受压杆的计算长度，从而减少因竖向荷载所引起的支撑弯矩，也有利于避免出现水平荷载作用下的压屈效应，从而保证支撑的强度和稳定。

立柱应按偏心受压构件计算。开挖面以下立柱的竖向和水平承载力可按单桩承载力验算。立柱截面上的弯矩应包括竖向荷载对立柱截面形心的偏心弯矩、支撑轴向力的1/50作为横向水平力对立柱产生的弯矩、土方开挖时，作用在立柱上的不平衡单向土压力引起的弯矩。其受压计算长度取竖向相邻水平支撑中心距，最下一层支撑以下的立柱取该层支撑中心线至开挖面以下5倍立柱直径（或边长）处的距离。

设置立柱应考虑以下问题：设置立柱不能影响主体施工，要力求避开主体框架梁、柱、剪力墙等位置，尽量利用工程桩；立柱要均匀布置，且数量尽量少；立柱穿板处要考虑防渗；保证立柱强度和稳定；有其他办法时尽量不设立柱或在施工底板时能去掉立柱，如采用吊挂或空间桁架、拱等形式来代替立柱。

立柱多用挖（钻）孔灌注桩等接以各类型钢及型钢组合格构柱，钢柱埋入混凝土内长度不小于钢柱边长的2倍，且不小于灌注桩1倍直径，一般取1/3柱高。立柱底部桩身应穿过软弱土层，对单桩承载力进行验算，保证能承担支撑传来的竖向荷载。立柱布置宜紧靠支撑交汇点，当水平支撑为现浇钢筋混凝土结构时，立柱宜布置于支撑交叉点的中心。

立柱受压计算长度取竖向相邻二层水平支撑的中心距，最下一层支撑以下的立柱计算长度宜取该层支撑中心线至开挖面以下 5 倍立柱直径（或边长）处之间的距离，立柱的长细比不宜大于 25。当立柱按偏心受压杆件验算时，立柱截面的弯矩由以下几项合成：竖向荷载对立柱截面形心的偏心弯矩、水平支撑对立柱验算截面所产生的弯矩、土方开挖时作用于立柱的单向土压力对验算截面的弯矩。当立柱按中心受压构件设计时，立柱轴向力可按下式计算：

$$N_z = N_{zl} + \sum_{i=1}^{n} 0.1 N_i \qquad (2\text{-}40)$$

式中　N_{zl}——水平支撑及立柱字中产生的轴力；

　　　N_i——第 i 层支撑交汇于本立柱的最大受力杆件的轴力；

　　　n——支撑层数。

5. 斜撑设计

当基坑的平面尺寸较大、形状不规则而深度差不大，在符合下列条件时，可以采用竖向斜支撑体系。

（1）基坑深度≤8m（在地下水位较高的软土地区基坑深度≤6m）；

（2）场地周边没有对沉降特别敏感的建筑物、构筑物、重要地下管网或其他市政设施；

（3）预留土坡在斜撑安装前能满足边坡稳定条件；

（4）坑底中心部分有条件形成可靠的斜撑传力基础。

坑底遇有以下情况之一者可认为较适合采用斜撑传力：主体采用群桩基础，基础底设整体现浇的混凝土垫层，且混凝土垫层厚≥200mm，混凝土强度等级不低于 C15；基坑底层为中风化岩、微风化岩或其他坚实岩土层；在两个相对应斜撑底之间可以设置水平平衡压杆；允许利用主体工程地下室桩基承台和底板兼作斜撑基础。

斜撑构件常规采用型钢或组合型钢截面，必要时也可采用钢筋混凝土结构。当基坑较浅，支撑受力不大时可用圆木作为斜撑材料，斜撑的水平投影长度 s 应大于基坑的深度 D。当斜撑水平投影长度大于 15m 或斜撑截面的长细比大于 75 时，宜在跨中设置竖向立柱或做成组合式斜撑（图 2-38）。

斜撑杆件按偏心受压杆计算，轴向平面内的计算陡度取相邻节点的距离，轴向平面外取斜向平面内二支点之间的距离。斜撑设计中要考虑斜撑与压顶梁、腰梁，斜撑与斜撑基础以及压顶梁、腰梁与竖向围护构件之间的连接部都要有足够的承载能力，以承受斜撑的水平分力和垂直分力，同时构造上能抵抗一定的弯矩作用。

斜撑上下支座面宜与斜撑的纵向轴线相垂直，支座设计不但要考虑承压和抵抗滑动，而且还要承受一定的弯矩，因此在斜撑的上下节点处要有可靠的锚固。

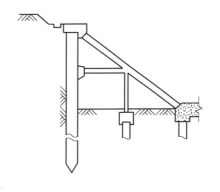

图 2-38　组合斜撑

斜撑底部基础一般有以下结构：1）承台——在斜撑底部设计专用承台，也可利用工程桩基承台，两边对应的斜撑承台间，应改用毛石混凝土填实或另设压杆以抵抗斜撑底部的水平分力；2）钢筋混凝土基础——在斜撑底部将垫层改为钢筋混凝土基础，并适当加强，作为两对边基础之间传递斜撑水平分力的"杆件"。

6. 变形及稳定性验算

支撑构件的变形应符合下列规定：

（1）支撑构件的变形可根据构件刚度按结构力学的方法计算。

（2）支撑在竖向平面内的挠度宜小于其计算跨度的 1/600～1/800。

（3）腰梁、边桁架及主支撑构件的水平挠度宜小于其计算跨度的 1/1000～1/1500。

此外，腰梁应进行截面抗弯强度验算和截面抗剪强度验算；钢立柱应按压弯构件进行变形、稳定和截面承载力验算。钢支撑构件及混凝土构件的强度和稳定性分别按《钢结构设计规范》和《混凝土结构设计规范》相关规定进行验算。

2.7 双排桩设计

双排桩支护结构时指在地基土中设置两排平行桩体呈矩形或梅花形布置，在两排桩桩顶用刚性冠梁将两排桩连接，沿坑壁平行方向，形成门字形空间结构，这种结构具有较大的侧向刚度，可以有效的限制基坑的变形，一般情况下，两排支护桩呈悬臂式。

2.7.1 双排桩的特点

双排桩与单排桩相比具有如下特点：

（1）双排桩支护结构因由刚性冠梁与前后排桩组成一个空间超静定结构，整体刚度大，加上前后排桩形成与侧压力反向作用的力偶，使得双排桩支护结构的位移明显减小，同时桩身的内力也显著下降，可与支撑比但排桩更深的基坑而不需要设置内支撑，可以用较小桩径的桩代替单桩中较大直径的桩，降低成本。

（2）双排桩支护结构为超静定结构，在复杂多变的外荷载作用下能自动调整结构本身的内力，使之适应复杂而又难以预计的荷载条件。

（3）双排桩支护结构与拉锚结构相比，占据场地小，对环境要求低，在建筑密集区更有优势。

（4）在同样采用锚杆（或支撑）的情况下，锚杆（支撑）双排桩比锚杆（支撑）但排桩要经济得多，并且支护深度更大，所用支护桩直径更小。

（5）双排钢板桩支护结构和用水泥土填充或用水泥土搅拌加固的双排钢筋混凝土桩结构，均具有防渗功能，可用于围堰、防波堤和码头的建设中。用水泥土填充的双排钢板桩具有双重防渗功能，在对防渗有严格要求的建筑物中具有广泛的应用前景。

2.7.2 双排桩平面布置

双排桩常用的集中平面布置形式如图 2-39 所示。

双排桩的前后排桩可采用等长和非等长布置，也可采用不同桩顶标高，形成不等高的双排桩形式，如图 2-40 所示。

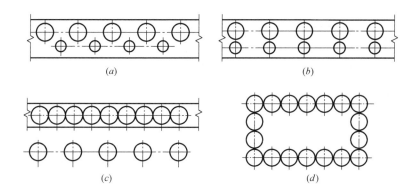

图 2-39 双排桩常见的平面布置形式
(a) 前后排梅花形交错布置；(b) 前后排矩形对齐布置；
(c) 前后排不等桩距布置；(d) 前后排格栅形布置

2.7.3 双排桩的受力与变形特点

（1）双排桩前后排桩的位移基本一致，弯矩分布大体一致，但有一定差异，总体趋势是上部分弯矩和下部分弯矩方向刚好相反，并且反弯点在基坑底面附近。

（2）双排桩两桩顶与连梁的连接处理对受力性能和变形有很大的影响，这也是施工中必须要注意的问题。当横梁与前后排桩顶的连接视为刚性节点，桩梁之间不能相互转动，可以抵抗弯矩，当下部约束较强时可按固定支座考虑，此时双排桩成为一个三次超静定结构。

（3）双排桩之间的桩顶连梁形成门式刚架结构，前后排的排距是影响双排桩内力与变形性状的重要因素。一般而言，前桩身中下部的位移是随着排距增大而增大，后排桩桩身中下部的位移时随排距的增大而减小。桩体中上部的位移在排距变化时，变化较大。

双排桩在不增加桩体数量的情况下，可减少基坑支护结构的位移近 50% 以上，并且能很好地改善桩身受力与变形，使之更加趋于合理，由此可以减少配筋、降低工程造价，达到降低工程造价的同时减小对周围环境的影响。

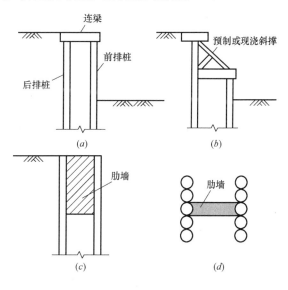

图 2-40 双排桩常见的平面布置形式
(a) 前后排桩等高双排桩；(b) 前后排桩不等高双排桩；
(c) 前后排桩现浇肋墙连接；(d) 前后排桩肋墙连接剖面图

2.7.4 双排桩设计

双排桩结构可采用图 2-41、图 2-42 所示的平面刚架结构模型进行计算。

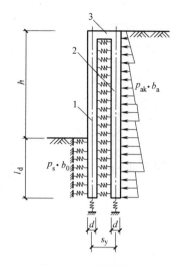
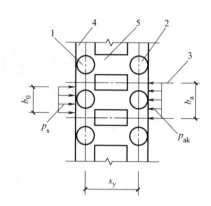

图 2-41　双排桩计算
1—前排桩；2—后排桩；3—刚架梁

图 2-42　双排桩桩顶连梁及计算宽度
1—前排桩；2—后排桩；3—排桩对称中心线；
4—桩顶冠梁；5—刚架梁

作用在后排桩上的主动土压力按 2.4 节相关内容计算，前、后排桩的撞见土体对桩侧的压力可按下式计算：

$$p'_s = k'_s \Delta v + p'_{s0} \quad (2-41)$$

式中　p'_s——前后排桩间土体对桩侧的压力，kPa；可按作用在前、后排桩上的压力相等考虑；
　　　k'_s——桩间土的水平刚度系数，kN/m³，可按式（2-42）计算；
　　　Δv——前、后排桩水平位移的差值，m；当其相对位移减小为正值；当其相对位移增加时，取 $\Delta v = 0$；
　　　p'_{s0}——前、后排桩间土体对桩侧的初始压力（kPa），可按式（2-43）及式（2-44）计算。

桩间土的水平刚度系数按下式计算：

$$k'_s = \frac{E_s}{s_y - d} \quad (2-42)$$

式中　E_s——计算深度，前、后排桩间土体的压缩性，kPa；当为成层土时，应按计算点的深度分别取相应土层的压缩模量；
　　　s_y——双排桩的排距，m；
　　　d——桩的直径，m。

前、后排桩间土体对桩侧的初始压力可按下式计算：

$$p'_{s0} = (2\alpha - \alpha^2) p_{ak} \quad (2-43)$$

$$\alpha = \frac{s_y - d}{h \tan(45 - \varphi_m/2)} \quad (2-44)$$

式中　p_{ak}——支撑结构外侧，第 i 层土中计算点的主动土压力强度标准值，kPa；
　　　h——基坑深度，m；
　　　φ_m——基坑底面以上各土层按土层厚度加权的内摩擦角平均值，°；
　　　α——计算系数，当计算的 α 大于 1 时，取 1。

双排桩结构的嵌固稳定性应符合下式规定,计算简图如图 2-43 所示。

$$\frac{E_{\mathrm{pk}}z_{\mathrm{p}}+G_{z\mathrm{G}}}{E_{\mathrm{ak}}z_{\mathrm{a}}}\geqslant K_{\mathrm{em}} \tag{2-45}$$

式中 K_{em}——嵌固稳定安全系数;安全等级为一级、二级、三级的支挡结构,K_{em} 分别不应小于 1.25、1.2、1.15;

E_{ak}、E_{pk}——基坑外侧主动土压力、基坑内侧被动土压力的标准值,kN;

z_{a}、z_{p}——分别是基坑外侧主动土压力、基坑内侧被动土压力的合力作用点至挡土构件底端的距离,m;

G——排桩、桩顶连梁和桩间土的自重之和,kN;

z_{G}——双排桩、桩间连梁和桩间土的重心至前排桩边缘的水平距离,m。

双排桩排距宜取 2～5 倍的直径,刚架梁的宽度不应小于一杯直径,高度不宜小于 0.8 倍桩径,刚架梁高度与双排桩排距的比值宜取 1/6～1/3。

双排桩结构的嵌固深度,对淤泥质土,不宜小于基坑深度;对淤泥,不宜小于 1.2 倍基坑深度;对一般黏性土、砂土,不宜小于 0.6 倍基坑深度。前排桩桩端宜处于桩端阻力较高的土层。采用泥浆护壁灌注桩时,施工时的孔底沉渣厚度不应大于 50mm,或应采用桩底后注浆加固沉渣。

双排桩应按偏心受压、偏心受拉构件进行截面承载力计算,刚架梁应根据其跨高比按普通受弯构件或深受弯构件进行截面承载力计算。双排桩结构的截面承载力和构造应符合现行国家标准《混凝土结构设计规范》GB 50010—2010 的有关规定。

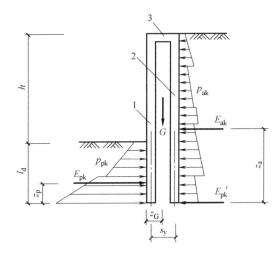

图 2-43 双排桩抗倾覆稳定性验算
1—前排桩;2—后排桩;3—刚架梁

双排桩与桩刚架梁节点处,桩与刚架梁受拉钢筋的搭接长度不应小于受拉钢筋的锚固长度的 1.5 倍。其节点构造尚应符合现行国家标准《混凝土结构设计规范》GB 50010—2010 对框架顶层端节点的有关规定。

2.8 稳定性验算

2.8.1 嵌固稳定性验算

(1) 悬臂式支挡结构的嵌固深度稳定性要求,如图 2-44 所示:

$$\frac{E_{\mathrm{pk}}z_{\mathrm{p1}}}{E_{\mathrm{ak}}z_{\mathrm{a1}}}\geqslant K_{\mathrm{em}} \tag{2-46}$$

式中 K_{em}——嵌固稳定安全系数;安全等级为一级、二级、三级的悬臂式结构,K_{em}分别不应小于1.25、1.2、1.15;

E_{ak}、E_{ap}——基坑外侧主动土压力、基坑内侧被动土压力合力的标准值 kN;

z_{a1}、z_{p1}——基坑外侧主动土压力、基坑内侧被动土压力合力作用点至挡土构件底端的距离,m。

(2) 对于单层锚杆和单层支撑的支挡式结构的嵌固深度应符合下列嵌固稳定性的要求,如图2-45所示:

$$\frac{E_{pk}z_{p2}}{E_{ak}z_{a2}} \geqslant K_{em} \quad (2-47)$$

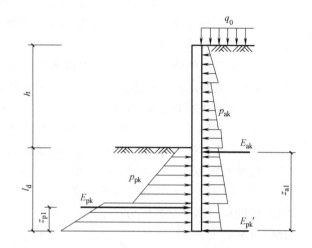

图2-44 悬臂式结构嵌固稳定性验算

式中 K_{em}——嵌固稳定安全系数;安全等级为一级、二级、三级的锚拉式支挡结构和支撑式支挡结构,K_{em}分别不应小于1.25、1.2、1.15;

z_{a2}、z_{p2}——基坑外侧主动土压力、基坑内侧被动土压力合力作用点至支点的距离,m。

挡土构件的嵌固深度除应满足上述要求外,对悬臂式结构,尚不宜小于$0.8h$;对单点支挡结构,尚不宜小于$0.3h$;对多支点支挡结构,尚不宜小于$0.2h$;其中h为基坑深度。

2.8.2 整体稳定性验算

锚拉式、悬臂视和双排桩支挡结构应进行整体稳定性验算。其中锚杆式支挡结构的整体稳定性可采用圆弧滑动条分法进行验算,当采用圆弧滑动条分时,其整体稳定性应按下式计算:

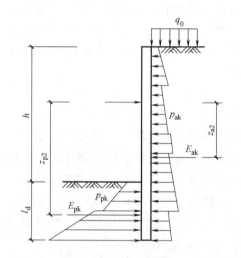

图2-45 单支点锚拉式支挡结构和支撑式支挡结构的嵌固稳定性验算

$$\min\{K_{s,1}, K_{s,2}, \cdots K_{s,i}, \cdots\} \geqslant K_s \quad (2-48)$$

$$K_{s,i} = \frac{\sum\{c_j l_j + [(q_j l_j + \Delta G_j)\cos\theta_j - u_j l_j]\tan\varphi_j\} + \sum R'_{k,k}[\cos(\theta + \alpha_k) + \psi_v]/s_{x,k}}{\sum(q_j b_j + \Delta G_j)\sin\theta_j}$$

(2-49)

式中 K_s——圆弧滑动整体稳定性安全系数;安全等级为一级、二级、三级的锚拉式支挡结构K_s分别不应小于1.35;1.3、1.25;

$K_{s,i}$——第 i 个滑动圆弧的抗滑力矩与滑动力矩的比值;抗滑力矩与滑动力矩之比的最小值宜通过搜索不同圆心及半斤的所有潜在滑动圆弧确定;

c_j,φ_j——第 j 土条滑弧面处土的黏聚力,kPa,内摩擦角,°;

b_j——第 j 土条的宽度,m;

θ_j——第 j 土条滑弧面中点处的法线与垂直面的夹角,°;

l_j——第 j 土条滑弧面长度,m,取 $l_j=b_j/\cos\theta_j$;

q_j——作用在第 j 土条上的附加分布荷载标准值,kPa;

ΔG_j——第 j 土条的自重,kN,按天然重度计算;

u_j——第 j 土条在滑弧面上的孔隙水压力,kPa;基坑采用落地式截水帷幕时,对地下水位以下的砂土、碎石土、粉土,在基坑外侧,可取 $u_j=\gamma_w h_{wa,j}$,在基坑内侧,可取 $u_j=\gamma_w h_{wp,j}$;在地下水位以上或对地下水位以下的黏性土,取 $u_j=0$;

γ_w——地下水重度,kN/m³;

$h_{wa,j}$——基坑内地下水位至第 j 土条滑弧面中点的垂直距离,m;

$h_{wp,j}$——基坑内地下水位至第 j 土条滑弧面中点的垂直距离,m;

$R'_{k,k}$——第 k 层锚杆对圆弧滑动体的极限拉力值,kN;应取锚杆在滑动面以外的毛固体极限抗拔承载力标准值与锚杆杆体受拉承载力标准值($f_{ptk}A_p$ 或 $f_{yk}A_s$)的较小值;锚固段应取滑动面以外的长度;

α_k——第 k 层锚杆的倾角,°;

$s_{x,k}$——第 k 层锚杆的水平间距 m;

ψ_v——计算系数,可按 $\psi_v=0.5\sin(\theta_k+\alpha_k)\tan\varphi$ 取值,此处,φ 为第 k 层锚杆与滑弧交点处土的内摩擦角。

上述公式中,对于悬臂式、双排桩支挡结构,采用(2-49)时,不考虑 $\sum R'_{k,k}[\cos(\theta+\alpha_k)+\psi_v]/s_{x,k}$ 项。当挡土构件底端以下存在软弱下卧土层时,整体稳定性验算滑动面中尚应包括由圆弧与软弱土层层面组成的复合滑动面,如图 2-46 所示。

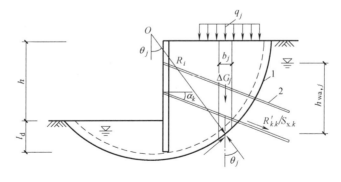

图 2-46 圆弧滑动条分法整体稳定性验算
1—任意圆弧滑动面;2—锚杆

2.8.3 抗隆起稳定性验算

锚拉式支挡结构和支撑式支挡结构,其嵌固深度应满足坑底隆起稳定性要求。抗隆起稳定性按下式计算，如图 2-47 所示：

$$\frac{\gamma_{m2}DN_q+cN_c}{\gamma_{m1}(h+D)+q_0}\geqslant K_{he} \tag{2-50}$$

$$N_q=\tan^2\left(45°+\frac{\varphi}{2}\right)e^{\pi\tan\varphi} \tag{2-51}$$

$$N_c=(N_q-1)/\tan\varphi \tag{2-52}$$

式中 K_{he}——抗隆起安全系数；安全等级为一级、二级、三级的支护结构，K_{he} 分别不应小于 1.8、1.6、1.4；

γ_{m1}——基坑外挡土构件地面以上土的重度，kN/m^3；对地下水位一下的砂土、碎石土、粉土取浮重度；对多层土取各层土按厚度加权的平均重度；

γ_{m2}——基坑内挡土构件底面以上土的重度，kN/m^3；对地下水位以下的砂土、碎石土、粉土取浮重度；对多层土取各层土按厚度加权的平均重度；

D——基坑底面至挡土构件底面的土层厚度，m；

h——基坑深度，m；

q_0——底面均布荷载，kPa；

N_c、N_q——承载力系数；

c，φ——挡土构件底面以下土的黏聚力，kPa，内摩擦角，°。

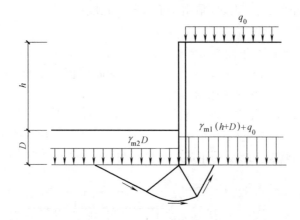

图 2-47 挡土构件底端平面下土的抗隆起稳定性验算

当挡土构件底面以下有软弱下卧层时，挡土构件底面土的抗隆起稳定性验算的部位尚应包括软弱下卧层，公式（2-50）中的 γ_{m1}、γ_{m2} 应取软弱下卧层顶面以上土的重度（图 2-48），D 应取基坑底面至软弱下卧层顶面的土层厚度。对于悬臂式支挡结构可不进行抗隆起稳定性验算。

对于锚拉式支挡结构和支撑式支挡结构，当坑底以下为软土时，应按图 2-49 所示的以最下层支点为转动轴心的圆弧滑动模式，并按下式验算抗隆起稳定性：

$$\frac{\sum[c_jl_j+(q_jb_j+\Delta G_j)\cos\theta_j\tan\varphi_j]}{\sum(q_jb_j+\Delta G_j)\sin\theta_j}\geqslant K_{RL} \tag{2-53}$$

式中 K_{RL}——以最下层支点为轴心的圆弧滑动稳定安全系数；安全等级为一级、二级、三级的支挡式结构，K_{RL} 分别不应小于 2.2、1.9、1.7；

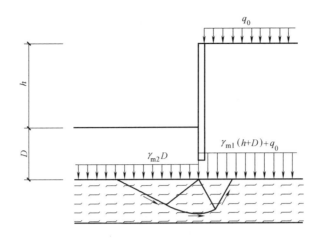

图 2-48 软弱下卧层的抗隆起稳定性验算

c_j、φ_j——第 j 土条在滑弧面处土的黏聚力，kPa、内摩擦角，°；

l_j——第 j 土条的滑弧段长度，m，取 $l_j = b_j/\cos\theta_j$；

q_j——作用在第 j 土条上的附加分布荷载标准值，kPa；

b_j——第 j 土条的宽度，m；

θ_j——第 j 土条滑弧面中点处的法线与垂直面的夹角，°；

ΔG_j——第 j 土条的自重，kN，按天然重度计算。

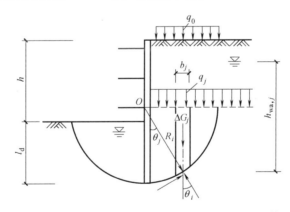

图 2-49 以最下层支点为轴心的圆弧滑动稳定性验算

2.8.4 地下水渗透稳定性验算

坑底以下有水头高于坑底的承压水含水层，且未用截水帷幕隔断其基坑内外的水力联系时，承压水作用下的坑底突涌稳定性应符合下式规定，如图 2-50 所示：

$$\frac{D\gamma}{(\Delta h + D)\gamma_w} \geqslant K_{ty} \tag{2-54}$$

式中 K_{ty}——突涌稳定性安全系数，K_{ty} 不应小于 1.1；

D——承压含水层顶面至坑底的土层厚度，m；

γ——承压含水层顶面至坑底土层的天然重度，kN/m³；对成层土，取按土层厚度加权的平均天然重度；

Δh——基坑内外的水头差，m；

γ_w——水的重度，kN/m³。

对于悬挂式截水帷幕底端位于碎石土、砂土或粉土含水层时，对均质含水层，地下水渗流的流土稳定性应按下式计算，如图 2-51 所示：

$$\frac{(2D+0.8D_1)\gamma'}{\Delta h \gamma_w} \geqslant K_{se} \quad (2-55)$$

式中 K_{se}——流土稳定性安全系数；安全等级为一、二、三级的支护结构，K_{se} 分别不应小于 1.6、1.5、1.4；

D——截水帷幕底面至坑底的土层厚度，m；

D_1——潜水水面或承压水含水层顶面至基坑底面的土层厚度，m；

γ'——土的浮重度，kN/m³；

Δh——基坑内外水头差，m；

γ_w——水的重度，kN/m³。

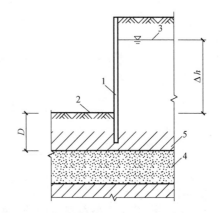

图 2-50 坑底土体的突涌稳定性验算
1—截水帷幕；2—基底；3—承压水测管水位；
4—承压水含水层；5—隔水层

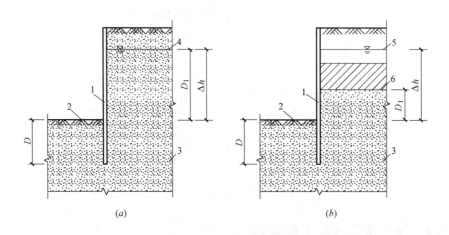

(a) (b)

图 2-51 采用悬挂式帷幕截水时的流土稳定性验算
(a) 潜水；(b) 承压水
1—截水帷幕；2—基坑底面；3—含水层；4—潜水水位；
5—承压水测水管水位；6—承压含水层顶面

对渗透系数不同的非均值含水层，宜采用数值方法进行渗流稳定性分析。此外坑底以下为级配不连续的不均匀砂土、碎石土含水层时，应进行土的管涌可能性判别。

第3章 土钉墙支护施工技术

3.1 概 述

3.1.1 土钉墙概念

土钉墙是近年来发展起来用于土体开挖和边坡稳定的一种挡土结构。它由被加固体、放置于原位土体的细长金属杆件（土钉）及附着于坡面的混凝土面板组成，形成一个类似重力式墙的挡土墙，以此来抵抗墙后传来的土压力和其他作用力，从而使开挖坡面稳定。

从整体上看，土钉墙有些类似加筋土挡土墙，但又与加筋土挡土墙有所不同。首先，土钉是一种原位加筋加固技术，土钉体的设置过程较大限度地减小了对土体的扰动；其次，从施工角度上讲，土钉墙是随着从上到下的土方开挖过程而将土钉体设置到土体中，可以与挖方同步施工。

土钉一般是通过钻孔、插筋、注浆来设置的，但也可通过直接打入较粗的钢筋或型钢形成土钉。土钉沿通长与其周围土体接触，依靠接触界面上的粘结摩阻力，与周围土体形成复合土体，土钉在土体发生变形的条件下被动受力，并主要通过其受拉工作对土体进行加固。而土钉间土体变形则通过面板予以约束。其典型结构如图3-1所示。

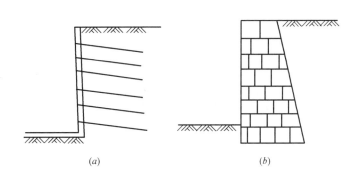

图 3-1　土钉墙与重力式挡土墙
（a）土钉墙；(b) 重力式挡土墙

3.1.2 土钉墙发展

现代土钉技术是从20世纪70年代出现的。德国、法国和美国几乎在同一时期各自独立地开始了土钉墙的研究与应用。出现这种情况并非偶然，因为土钉在许多方面与隧道新奥法施工类似，可视为新奥法概念的延伸。20 世纪 60 年代初期出现的新奥法，采用喷射混凝土和粘结型锚杆相结合的方法，能迅速控制隧道变形并使之稳定。特别是在 20 世纪 70 年代稍后的时间内，先后在德国法兰克福及纽伦堡地铁的土体开挖工程中应用获得成功，对土钉墙的出现给予了积极影响。此外，20 世纪 60 年代发展起来的加筋土技术对土钉墙技术的萌生也有一定的推动作用。

1972 年，法国首先在工程中应用土钉墙技术。该工程为凡尔赛附近的一处铁路路堑的边坡开挖工程（图 3-2），边坡坡度为 70°，长 965m，最大坡高 21.6m，采用厚 50～80mm 的喷射混凝土面层荷载土体中设置长度为 4m 和 6m 的土钉作为临时支护，共采用了 25000 根土钉。现场土体为黏性砂土，摩擦角 $\varphi=33°\sim40°$。黏聚力 $c=20kN/m^2$。

据 1992 年的调查，法国土钉墙支护每年仅用于公用工程就有 10 万 m^2。此外，尚有数以百计的小型建筑工程采用土钉墙技术。

德国于 1979 年首先在 Stuttgart 建造了第一个永久性土钉工程，并进行了长达 10 年的工程测量，获得了许多有价值的数据。至 1992 年，德国已建成了 500 个土钉工程。为了减少支护变形对附近建筑物设施造成的影响，德国工程师们认为上排土钉宜加长或改用锚杆，他们曾在一个 28m 的边坡开挖中，用 10 排长 15m 的土钉，上排加用两排 30m 长的锚杆（图 3-3）。

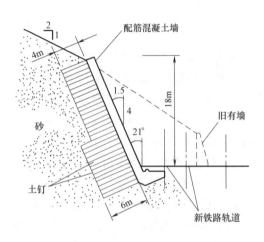

图 3-2 法国凡尔赛附近的铁路路堑工程

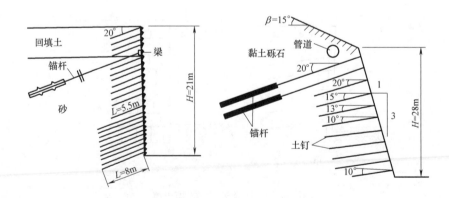

图 3-3 土钉与锚杆的联合应用

美国最早应用土钉墙在 1974 年。使用中一项有名的土钉工程是匹茨堡 PPG 工业总部的深基坑开挖。由于其紧挨已有建筑物，所以开挖时对土体进行了注浆处理，并对土钉区内已有建筑物基础用微型桩作了托换。

法国、德国、美国、英国等国还十分重视土钉墙的工作性能的实验研究，包括程序开发和分析方法，大型足尺试验和模型试验，离心机试验，实际工程长时间的土钉内力实测与支护变形实测等，获得了许多宝贵资料，并编制了有关土钉墙的技术文件，包括设计和施工监理手册。

我国应用土钉的首例工程是1980年将土钉用于山西柳眉湾煤矿的边坡稳定。近年来，冶金部建筑研究总院、北京工业大学、清华大学、广州军区建筑工程设计院等单位，在土钉墙的研究开发应用方面作了不少工作。北京、深圳、广州、长沙、武汉、石家庄、成都等地的基坑工程已开始广泛地应用土钉墙支护。国内冶金部建筑研究总院、清华大学等单位还编制了土钉墙稳定性分析及设计计算程序。

与国外相比，我国在土钉墙技术上也有一些独特的成就。如土钉墙与土层预应力锚杆结合，成功解决了深达17m的垂直开挖工程的稳定性；发展了洛阳铲成孔这种简单、经济的施工方法；对软弱土层地下水以下的基坑工程，进行了土钉墙支护的探索，并取得了初步经验。

3.1.3 土钉墙分类

土钉主要可分为钻孔注浆土钉与打入式土钉两类。

钻孔注浆土钉，是最常用的土钉类型。即先在土钉中钻孔，置入钢筋，然后沿全长注浆，为使土钉钢筋处于孔的中心位置，有足够的浆体保护层，需沿钉长每隔2～3m设对中架。土钉外露端宜做成螺纹并通过螺母、钢垫板与钢筋喷射混凝土面层相连，在注浆体硬结后用扳手拧紧螺母使钉中产生约为土钉设计拉力10％左右的预应力。

打入土钉，是在土体中直接打入角钢、圆钢或钢筋等，不再注浆。由于打入式土钉与土体间的粘结摩阻强度低，钉长又受限制，所以布置较密，可用人力或振动冲击钻、液压锤等机具打入。打入钉的优点是不需预先钻孔，施工速度快但不适用于砾石土和密实胶结土，也不适用于服务年限大于2年的永久支护工程。

今年来，国内开发了一种打入注浆式土钉，它是直接将带孔的钢管打入土中，然后高压注浆形成土钉，这种土钉特别适合于成孔困难的砂层和软弱土层，具有广阔的应用前景。

3.2 土钉墙特点与应用

3.2.1 土钉墙特点

与其他支护相比，土钉墙具有以下特点或优点：
(1) 能合理利用土体的自承能力，将土体作为支护结构不可分割的一部分；
(2) 结构轻，柔性大，有较大的抗震性和延性；
(3) 施工设备简单，土钉的制作与成孔不需要复杂的技术和大型机具，土钉施工道的所有作业对周围环境干扰小；

（4）施工不需要单独占用场地，对于施工场地狭小，放坡困难，有相邻底层建筑或堆放材料，大型湖泊施工设备不能进场，该技术显示了独特的优越性；

（5）有利于根据现场监测的变形数据，及时调整土钉长度和间距。一旦发现异常不良情况，能立即采取相应加固措施，避免出现大的事故，因此能提高工程的安全可靠性；

（6）工程造价低，据国内外资料分析，土钉墙的工程造价是其他类型工程造价的1/2～1/3左右；

（7）防腐性能好。土钉由低强度钢材制作，与永久性锚杆相比，大大减少了防腐的麻烦。

3.2.2 土钉墙应用领域及一般规定

土钉墙不仅用于临时构筑物，而且也用于永久构筑物。当用于永久构筑物时，宜增加喷射混凝土层厚度和敷设预制板，并有必要考虑外观的美观。

目前土钉墙的应用领域主要有（图3-4）：

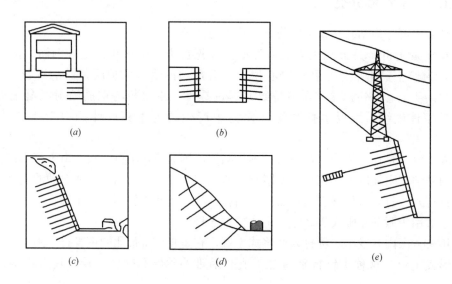

图3-4 土钉墙的应用领域

(a) 托换基础；(b) 基坑的挡墙；(c) 斜面的挡土墙；(d) 斜坡面稳定；(e) 和锚杆并用的斜面防护

（1）托换基础；

（2）基坑或竖井的支挡；

（3）斜坡面的挡土墙，如地铁出入口位置、埋深较浅的明挖隧道；

（4）斜坡面的稳定；

（5）与锚杆结合作斜面的防护。

采用土钉墙结构支护时，要遵守以下规定：

（1）采用土钉支护的基坑，深度不宜超过15m，使用期限不宜超过18个月；

（2）土钉住户工程的设计、施工与检测宜统一由具有一定资质和经验的支护工程施工单位负责，以便及时根据现场测试与检测结果进行反馈设计；

(3) 土钉支护可适用于可塑、硬塑或坚硬的黏性土，胶结或弱胶结的砂土、粉土和角砾、填土、风化岩层等；

(4) 在松散砂土和夹有局部软塑、流塑黏性土的土层中采用土钉支护时，应在开挖前预先对开挖面上的土体进行加固，如采用注浆或微型桩托换等；

(5) 土钉支护的设计与施工宜建立在有一定的原位试验及测试的基础上；

(6) 在有地下水的土层中，土钉支护应该在充分降、排水的前提下采用；

(7) 每段土坡开挖完成后，土钉支护施工要及时迅速地完成；

(8) 应慎重考虑土钉墙的变形对环境的影响；

(9) 要严格控制基坑挖方的每层挖深及每段长度，严禁超挖；

(10) 上一层支护未完成，不得进行下一层土方的开挖；

(11) 对土钉支护的基坑应加强监测与现场巡查工作。

北京市地方标准《建筑基坑支护技术规程》DB 11/489—2007 规定：

(1) 当基坑潜在滑动面内有建筑物、重要地下管线时，不宜采用土钉墙；

(2) 单一土钉墙，适用于地下水位以上或可实施降水的基坑，但基坑深度不宜大于 10m；

(3) 预应力锚杆复合土钉墙，适用于地下水位以上或可实施降水的基坑，但基坑深度不宜大于 15m；

(4) 水泥土桩垂直复合土钉墙，基坑深度不宜大于 12m 且不宜用在含有高水头地下水的碎石土、砂土、粉土层中；

(5) 微型桩垂直复合土钉墙，适用于地下水位以上或可实施降水的基坑，基坑深度不宜大于 12m。

3.3 土钉墙作用机理与工作性能

3.3.1 土钉墙作用机理

土体的抗剪强度较低，抗拉强度几乎可以忽略，但土体有一定的结构整体性，当开挖基坑时，土体存在使边坡保持直立的临界高度，当超过这一深度或者在地面超载及其他因素作用下，将发生突发性整体破坏。所采用的传统支挡结构均基于被动制约机制，即以支挡结构自身的强度和刚度，承受其后的侧向土压力，防止土体整体稳定性破坏。

土钉墙则是由在土体内放置一定长度和密度的土钉体构成的，土钉与土共同工作，形成能大大提高原状图强度和刚度的复合体，土钉的作用是基于这种主动加固机制。土钉与土的相互作用，还能改变土坡的变形和破坏形态，显著提高了土坡的整体稳定性。

试验表明：直立的土钉墙在坡顶的承载能力约比素土墙提高一倍以上（见图 3-5），更为重要的是，土钉墙在受荷载过程中不会发生素土边坡那样的滑坍（见图 3-6）。它不仅推迟了塑性变形发展阶段，而且明显地呈现出渐进变形与开裂破坏并存且逐步扩展的现象，直至丧失承受更大荷载能力，仍不会发生整体滑坍。

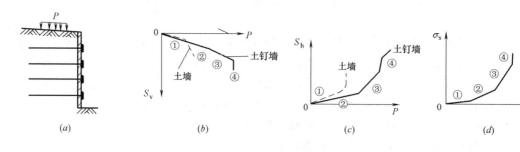

图 3-5 土钉墙试验模型及试验结果
(a) 土钉墙试验模型；(b) 荷载 P 与垂直位移 S_v 的关系；
(c) 荷载 P 与水平位移 S_h 的关系；(d) 荷载 P 与土钉钢筋应力 σ_s 的关系
①—弹性阶段；②—塑性阶段；③—开裂变形阶段；④—破坏阶段

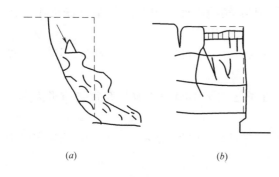

图 3-6 土钉墙与素土边坡破坏形成
(a) 素土墙；(b) 土钉墙

土钉在复合土体中的作用可概括为以下几点：

(1) 箍束骨架作用

该作用是由土钉本身的刚度和强度以及它在土体内的分布空间所决定的，它具有制约土体变形的作用，并使复合土体构成一个整体。

(2) 分担作用

在复合体内，土钉与土体共同承担外部荷载和土体自重应力，由于土钉具有较高的抗拉、抗剪强度以及土体无法比拟的抗弯刚度，所以当土体进入塑性状态后，应力逐渐向土钉转移。当土体开裂时，土钉分担作用更为突出，这时土钉内出现弯剪、拉剪灯复合应力，从而导致土钉体中浆体碎裂，钢筋屈服。复合体塑性变形延迟及渐进性开列变形的出现与土钉分担作用密切相关。

(3) 应力传递与扩散作用

在同等荷载作用下，由土钉加固的土体内的应力水平相比素土边坡内的应力水平大大降低，从而推迟了开裂的形成和发展。

(4) 坡面变形的约束作用

在坡面上设置的与土钉连成一体的钢筋混凝土面板是发挥土钉有效作用的重要组成部分，坡面膨胀能起到削弱内部塑性变形，加强边界约束作用，这时土体开裂变形阶段尤为重要。

3.3.2 土钉墙工作性能

通过对国内外实际土钉墙工程的测试资料及大型模拟工程的实验结果的分析，可以将土钉墙的工作性能归纳为以下几点：

(1) 土钉墙的变形较小，最大水平位移发生于墙体顶部，越往下水平位移越小。最大水平位移与开挖高度之一一般不大于3‰。这种位移值不会影响工程的适用性和长期稳定性,它对整个土钉墙来说,不构成控制设计的主要因素。土钉墙体内的水平位移随离开墙面距离增大而减小;

(2) 土钉内的拉力分布是不均匀的,一般呈现中间大、两端小的规律,即最大拉力出现在临近破裂面处。土体产生微小变位才能使土钉受力,在面板附近土钉受力不大,这表明土钉已将其所受的大部分力传递到土体中去了。土钉墙位置越往下,土钉最大受力电越往面板处移;

(3) 采用密集土钉加固的土钉墙能类似重力式挡墙。破坏时明显地带有平移和转动的性质,故设计时除验算土钉墙的内部稳定性,以保证他们有足够的钉长、钉径及合理间距外,还必须验算其整体稳定性,即验算土钉墙的抗滑和抗倾覆安全性;

(4) 根据大型足尺试验结果看,在土钉墙整体破坏以前,并未发现喷射混凝土面板和顶头产生破坏现象。在实际工程中,也未见钉头有任何破坏现象,故设计中不作特殊设计,仅满足结构的构造要求即可;

(5) 墙面后土压力分布接近三角形,在坡脚处土压力减少,其合力为库仑土压力的70%,这种土压力减少可能是土钉连结成一个整体而造成的,经过多次勘查测量,发现其土钉压力值至少降低库仑压力值的30%~40%。

3.4 土钉墙支护设计

3.4.1 基本内容

土钉墙的工程设计应包括以下内容:
(1) 确定土钉墙的结构尺寸及分段施工的长度与高度;
(2) 设计土钉的长度、直径、打设角度、间距及布置方式;
(3) 设计土钉钢筋或钢管的类型、直径和构造;
(4) 设计土钉与面层的连接构造;
(5) 进行稳定性分析验算;
(6) 进行构造设计和制定质量控制要求、监控量测要求。

3.4.2 土钉墙结构尺寸

土钉墙适用于地下水位以上或经过人工降水后的填土、黏性土、粉土、砂土、卵砾石等土层的基坑支护,基坑深度不宜超过12m,所以在初步设计时,先根据基坑的环境条件和工程地质资料,决定土钉墙的适用性,然后确定土钉墙的结构尺寸,土钉墙高度由工程开挖深度决定,开挖坡面可取1:0.2~1:0.5,在条件许可时,尽可能降低坡面坡度。当场地土质不均匀、开挖深度深、周边建(构)筑物变形控制要求严时,宜采用土钉墙与预应力锚杆、支护桩、超前微型桩等联合支护。

土钉墙均是分层分段施工,每层开挖的最大高度取决于该土体可以站立而不破坏的能力。在砂性土中,每层开挖高度一般为0.5~2.0m,在黏性土中可以增大一些,常用

1.0～1.5m；每层开挖纵向深度，取决于土体维持稳定最长时间和施工流程相互衔接，一般多用10m。

3.4.3 土钉墙参数设计

根据土钉墙结构尺寸和工程地质条件，进行土钉的主要参数设计，包括土钉长度、间距及布置、孔径和钢筋直径等，一般按照有关标准和施工经验进行确定。

1. 土钉长度

在实际工程中，土钉长度一般不超过土坡的垂直高度，试验表明，对高度小于12m的土坡采用相同的施工工艺，在同类土质条件下，当土钉长度达到垂直高度时，再增加其插入长度对承载力的提高不明显；另外，土钉越长，施工难度越大，单位长度费用越高，所以选择土钉长度是综合考虑技术、经济和施工难易程度的结果。

2. 土钉直径及间距布置

土钉直径 D 可根据成孔方法确定。人工成孔时，孔径一般约为70～120mm；机械成孔时，孔径一般为100～150mm。

土钉间距包括水平间距和垂直间距，对钻孔注浆型土钉，可按6～12倍土钉直径 D 选定土钉行距和列距，且满足：

$$S_x S_y = KDL \tag{3-1}$$

式中 K——注浆工艺参数，对一次压力注浆工艺，取1.5～2.5；

D——土钉直径，m；

L——土钉长度，m；

S_x、S_y——土钉水平间距和垂直间距，m。

3. 土钉钢筋直径

为了增强土钉钢筋与砂浆的握裹力和抗拉强度，土钉钢筋一般采用Ⅱ级以上变形钢筋，钢筋直径一般为$\phi16$～$\phi32$，土钉钢筋直径也可按下式估算：

$$d = (20 \sim 25) \times 10^{-3} (S_x \cdot S_y)^{1/2} \tag{3-2}$$

3.4.4 土钉及土钉墙稳定性验算

1. 单根土钉计算

北京市地方标准《建筑基坑支护技术规程》DB 11/489—2007要求，单根土钉极限抗拔承载力 R_{nj} 计算应按下列公式计算：

$$K_t \leqslant \frac{R_{nj}}{N_{jk}} \tag{3-3}$$

式中 K_t——土钉抗拔安全系数；基坑侧壁安全等级为二、三级的土钉墙，K_t 分别不应小于1.6、1.4；

N_{jk}——第 j 根土钉受拉荷载标准值，按式（3-4）计算；

R_{nj}——第 j 根土钉极限抗拔承载力标准值，按式（3-7）计算。

$$N_{jk} = \zeta \eta_j p_{ajk} s_{xj} s_{zj} / \cos\alpha_j \tag{3-4}$$

式中 ζ——荷载折减系数，按照式（3-5）计算；

η_j——土钉轴向拉力调整系数，按照式（3-6）计算；

p_{ajk}——第 j 个土钉位置处的基坑水平荷载标准值；
s_{xj}、s_{zj}——第 j 根土钉与相邻土钉的平均水平、垂直间距；
α_j——第 j 根土钉与水平面的夹角。

$$\zeta = \tan\frac{\beta-\varphi_k}{2}\left[\frac{1}{\tan\frac{\beta+\varphi_k}{2}} - \frac{1}{\tan\beta}\right]/\tan^2\left(45°-\frac{\varphi_k}{2}\right) \quad (3\text{-}5)$$

式中 β——土钉墙坡面与水平面的夹角。

$$\eta_j = \eta_a - (\eta_a - \eta_b)\frac{z_j}{h} \quad (3\text{-}6)$$

$$\eta_a = \frac{\sum_{i=1}^{n}(h-\eta_b z_j)\Delta E_{aj}}{\sum_{i=1}^{n}(h-z_j)\Delta E_{aj}}$$

式中 z_j——第 j 层土钉至基坑顶面的垂直距离，m；
　　h——基坑深度，m；
　　ΔE_{aj}——作用在以 s_{xj}、s_{zj} 为边长的面积内的主动土压力标准值，kN；
　　η_a——计算系数；
　　η_b——经验系数，可取 0.6～1.0；
　　n——土钉层数。

$$R_{nj} = \pi d_j \sum q_{sik} l_i \quad (3\text{-}7)$$

式中 R_{nj}——第 j 层土钉的极限抗拔承载力标准值；
　　d_j——第 j 层土钉的锚固体直径；对成孔注浆土钉，按成孔直径计算，对打入钢管土钉，按钢管直径计算；
　　q_{sik}——第 j 层土钉在第 i 层土的极限粘结强度标准值；应由土钉抗拔试验确定，无试验数据时，可根据工程经验并结合有关规程取值；
　　l_i——第 j 层土钉在滑动面外第 i 土层中的长度，m；计算单根土钉极限抗拔承载力时，取图 3-7 所示的直线滑动面，直线滑动面与水平面的夹角取 $\frac{\beta+\varphi_k}{2}$。

对于基坑侧壁安全等级为三级的土钉墙，可按公式（3-7）确定单根土钉的极限抗拔承载力；若土钉极限抗拔承载力标准值大于 $f_{yk}A_s$ 时，应取 $R_{k,j}=f_{yk}A_s$。

2. 土钉墙稳定性验算

土钉墙稳定性分析是保证土钉墙本身的稳定，这时的破裂面全部或部分穿过加固土体的内部（图 3-8）部分穿过加固上体时又称为混合破坏。内部稳定性分析多采用边坡稳定的概念（图 3-8（a）、（b）），只不过在破坏面上需要计入土钉的作用，其中取可能发生的破坏面如图 3-8（c）和（d），破坏面

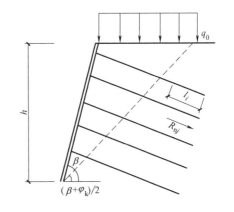

图 3-7 土钉抗拉承载力计算简图

由两部分组成，上部发生在支护背面上，受背后破坏土体楔块的主动土压力作用，下部则穿过部分土钉并与趾部相连，并不认为破坏面会穿过全部土钉，即只承认混合破坏方式，图 3-8（c）和（d）的破坏机理虽然有模型和大量试验为依据，但显然不适合 L/H 比值较大的支护。后来的试验分析说明，这种双折线的破坏面只适用于大地表荷载下非黏性土中的支护。

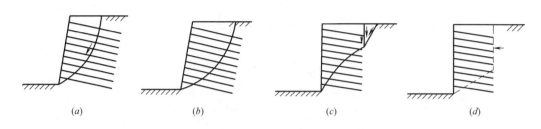

图 3-8 内部稳定性破坏简图

土钉墙稳定性分析常采用的是极限平衡分析方法，滑动面或破坏面的形状常假定为双折线、圆弧线、抛物线或对数螺旋曲线中的一种，因为土钉支护是陡坡，所以根据边坡稳定理论可知，破坏面的底端通过趾部（在匀质中），至于破坏面与地表相交的另一端位置就需要通过试算来决定，每一个可能的破坏面位置对应一个稳定性安全系数，作为设计依据的临界破坏面具有最小的安全系数，极限平衡分析目的就是要找出这个临界破坏面的位置并给出相应的安全系数。

作用于破坏面上的抗力由两部分提供：一部分是土体抗力，即沿破坏面上土的抗剪能力，照例用摩尔库仑准则确定，其抗剪强度为 $\tau=c+\sigma\tan\varphi$，其中，σ 为破坏面上正应力；另一部分是与破裂面相交的土钉所提供，认为土钉的最大拉力发生在破坏面上，并且等于土钉的抗拔能力，所以这部分抗力等于土钉抗拉能力沿破坏面的切向分力，抗剪强度中的 σ 除与自重、地表荷载等有关外，也与破坏面上土钉抗拉能力的法向分力有关，后者使 σ 增加。

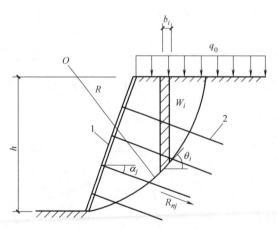

图 3-9 整体稳定性验算简图
1—喷射混凝土面层；2—土钉

所以土钉对支护稳定性的作用是增加土体抗剪强度的一个方面，再加上支护土体往往由多种不同土层组成，因此这种整体稳定性的极限平衡分析常用条分法来完成。按照《建筑基坑支护技术规程》JGJ 120—2012、DB 11/489—2007 要求，土钉墙应根据施工期间不同开挖深度及可能滑动面采用圆弧滑动简单条分法（图 3-9）按式（3-8）、式（3-9）进行整体稳定性验算：

$$\min\{K_{s,1},K_{s,2}\cdots,K_{s,i},\cdots\}\geqslant K_s \tag{3-8}$$

$$\frac{\sum_{i=1}^{n}c_{ik}L_i+\sum_{i=1}^{n}(w_i+q_0b_i)\cos\theta_i\tan\varphi_{ik}+\sum_{j=1}^{m}R_{nj}\times\left[\cos(\alpha_j+\theta_j)+\frac{1}{2}\sin(\alpha_j+\theta_j)\tan\varphi_{ik}\right]/s}{\sum_{i=1}^{n}(w_i+q_0b_i)\sin\theta_i}=K_{s,i}$$

(3-9)

式中 K_s——圆弧滑动稳定安全系数；基坑侧壁安全等级为二、三级的土钉墙，K_s 分别不应小于 1.3、1.25；

$K_{s,i}$——第 i 个滑动圆弧的抗滑力矩与滑动力矩的比值；抗滑力矩与滑动力矩之比的最小值宜通过搜索不同圆心及半径的所有潜在滑动圆弧确定；

q_0——地面均布附加荷载标准值；

n——滑动体分条数；

m——滑动体内土钉数；

w_i——第 i 分条土重；

b_i——第 i 分条宽度；

c_{ik}——第 i 分条滑裂面处土体固结不排水（快）剪黏聚力标准值；

φ_{ik}——第 i 分条滑裂面处土体固结不排水（快）剪内摩擦角标准值；

θ_i——第 i 分条滑裂面处中点切线与水平面夹角；

α_j——土钉与水平面之间的夹角；

L_i——第 i 分条滑裂面处弧长；

s——计算滑动体单元厚度；

R_{nj}——第 j 根土钉在圆弧滑裂面外锚固体与土体的极限抗拉力，可按公式（3-9）计算。

$$R_{nj}=\pi d_{nj}\sum q_{sik}l_{ni}$$

(3-10)

式中 l_{ni}——第 j 根土钉在圆弧滑裂面外穿越第 i 层稳定土体内的长度。

3.4.5 构造规定

土钉墙构造设计应符合下列规定：

(1) 土钉墙墙面坡度宜为 1∶0.2～1∶0.5，一般不宜大于 1∶0.1；

(2) 土钉必须和混凝土面层有效连接，应设加强钢筋等构造措施；

(3) 土钉的长度宜为土钉墙支护高度的 0.5～1.2 倍，密实砂土和坚硬黏土可取低值；对软塑黏性土不应小于 1.0 倍。顶部土钉的长度宜适当增加；

(4) 土钉间距宜为 1.2～2.0m，局部软弱土中可小于 1.2m；

(5) 土钉与水平面夹角宜为 5°～20°。当用压力注浆且有可靠排气措施时倾角可接近水平。当上层土较软弱时，可适当增大倾角。当遇有局部障碍物时，允许调整钻孔位置和方向；

(6) 土钉钢筋不应小于 HRB400 级钢筋，钢筋直径宜为 16～32mm，钻孔直径宜为 80～130mm；

(7) 应沿土钉全长设置对中定位支架，其间距宜取 1.5～2.5m，土钉钢筋保护层厚度不宜小于 20mm；

(8) 土钉注浆材料宜采用水泥浆或水泥砂浆，其强度等级不宜低于20MPa；

(9) 喷射混凝土面层的厚度宜为80～150mm，混凝土强度等级不宜低于C20。混凝土面层内应配置钢筋网和通长的加强钢筋，钢筋网宜采用HPB300级钢筋，钢筋直径宜为6～10mm，间距宜为150~300mm；加强钢筋的直径宜取14～20mm，当充分利用土钉杆体的抗拉强度时，加强钢筋的截面面积不应小于土钉杆体截面面积的1/2。当面层厚度大于120mm时，宜设置双层钢筋网；

(10) 钢筋网搭接长度应大于300mm；

(11) 土钉与加强钢筋宜采用焊接连接，其连接应满足承受土钉拉力的要求。

3.4.6 面层设计有关问题

作为临时支护的面层往往不做强度计算，仅按构造规定一定厚度的网喷混凝土，在国外所做的有限数量的大型足尺试验中，也仅发现在不做钢筋网片搭接的喷射混凝土面层才出现了问题。

因为理论研究的缺陷，面层设计计算存在两种极端：一种是认为面层只承受土钉竖向间距S_y范围内的局部土压，取1倍～2倍的S_y作为高度来确定主动土压力并以此作为面层所受的土压力；另一个极端则将面层作为结构的主要受力部件，受到的土压与锚杆支护中的面部墙体（桩）相同。较为合理的算法是将面积$S_x S_y$上的土压合力取为该处土钉最大拉力的一部分。

德国有的工程按85%主动土压力设计永久支护面层，但也认为实际量测数据并没有这么大，而且土钉之间的土体起拱作用也可造成墙面土压力降低。法国Clouterre研究项目得出的结论是面层荷载一般不超过土钉最大拉力30%～40%。为了限制土钉间距不要过大，建议面层设计土压取土钉中最大拉力60%（间距1m）到100%（间距3m）之间。需要指出的是这些比值只适用于自重作用情况。

面层在土压作用下受弯，其计算模型可取为以土钉为支点的连续板进行内力分析并验算抗弯强度和所需配筋率。另外，土钉与面层连接处要作抗剪验算和局部承压验算。

当支护有地下水作用或地表有较大均布荷载或集中荷载时，支护面层则有可能成为重要受力构件。德国曾做过土钉支护地表加载试验，认为地表荷载引起的面层土压要小于按主动土压力计算的结果，设计时如取地表均布荷载q引起的面层土压力为$K_0 q$应该偏于安全。当有地下水作用时，应加上静水压力。

3.5 土钉墙支护施工

3.5.1 施工准备

(1) 了解工程质量要求和施工监测内容与要求，如基坑支护尺寸的允许误差，支护坡顶的允许最大变形，对邻近建筑物、道路、管线等环境安全影响允许程度。

(2) 土钉支护宜在排除地下水的条件下进行施工，应采取恰当的降排水措施排除地表水、地下水，以避免土体处于饱和状态，有效减小和消除作用于面层的静水压力。

(3) 确定基坑开挖线、轴线定位点、水准基点、变形观测点等,并妥善保护。

(4) 制定基坑支护施工组织设计方案,周密安排好支护施工与基坑开挖土方、出土等工序的关系,使支护与开挖密切配合,力争达到连续快速施工。

(5) 所选用材料应满足下列规定:土钉钢筋使用前应调值、除锈、除油;优先选用425号普通硅酸盐水泥;采用干净的中粗砂,含水量应小于5%;采用干净的圆砾,粒径2~4mm;采用速凝剂,应做与水泥的相容性试验及水泥浆凝结效果试验。

3.5.2 施工机具

1. 成孔设备

成孔机具依据工艺视场地土质特点及环境条件选用,要保证进钻和抽出过程中不引起坍孔,可选用冲击钻机、螺旋钻机、回旋钻机、洛阳铲等,在易坍孔的土体重钻孔宜采用套管成孔或挤压成孔工艺,主要有以下几种成孔设备:

(1) 锚杆钻机

锚杆钻机能自动退杆、接钻杆,尤其适用于土中造孔。可选型有MGJ-50型锚杆工程钻机、YTM-87型土锚钻机、QC-80型气动冲击式锚杆机等,性能参数见表3-1。

(2) 地质钻机

可用GX-1T型和GX-50型等轻型地质钻机,主要性能参数见表3-2。

此外,一些工程中也选曾选用进口地质钻机如日本矿研株式会社的RPD型钻机,德国克努伯公司的HB型钻机,意大利WD101型钻机等。

(3) 洛阳铲

洛阳铲是土层人工造孔传统工具,以机动灵活、操作简单见长,一旦遇到地下管线等障碍物能迅速反应,改变角度或孔位重新造孔。并且可用多把铲同时造孔,每把铲由2~3人操作。洛阳铲造孔直径为80~150mm,水平方向造孔深度可达15m。

2. 注浆泵

宜选用小型、可移动、可靠性好的注浆泵。工程中常用有UBJ系列挤压式灰浆泵和BMY系列锚杆注浆泵,主要技术参数见表3-3及表3-4。

锚杆钻机性能参数 表3-1

项 目	钻 机 型 号		
	MGJ-50	YTM87	QC-100
钻孔直径(mm)	110~180	150(可调)	卵石层:65 其他土层:65~100
钻孔深度(m)	30~60	60	中密卵石层:6~8 其他土层:11~21
转速(r/min)	低速:32~187 高速:59~143		冲击速度14.5Hz
发动机功率(kW)	Y160M-4电动机:11 1100柴油机:11	电动机:37	气动 耗气量:9~10m³/min
进给力(kN)	22	45	工作风压:0.4~0.7MPa
机重(kg)	850	3750	186
外形尺寸(长×宽×高)(mm)	3525×1000×1225	4510×2000×2300	3508×232×285

轻型地质钻机性能参数　　　　　　　　　　　　　　　　表 3-2

项　目	钻机型号	
	GX-1T	GX-50
钻孔直径(mm)	75～150	75～150
钻孔深度(m)	30～150	20～100
立轴转速(r/min)	60,180,360,600	99,236,378
发动机功率(kW)	Y160-4 电动机:11 S1100A 柴油机:11	Y132M-4 电动机:7.5 195 型柴油机:8.82
进给力(kN)	19	10
机重(kg)	500	360
外形尺寸(长×宽×高)(mm)	1568×620×1205	1360×620×1080

UBJ 系列挤压式灰浆泵主要技术参数　　　　　　　　　　表 3-3

项　目	型　号			
	0.8	1.2	1.8	3
灰浆流量(m³/h)	0.8	1.2	0.4,0.6,1.2,1.8	1,2,3
电源电压(V)	380	380	380	380
主电机功率(kW)	1.5	2.2	2.2/2.8	4
最高输送高度(m)	25	25	30	40
最大水平输送距离(m)	80	80	100	150
额定工作压力(MPa)	1	1.2	1.5	2.45
重量(kg)	175	185	300	350
外形尺寸(长×宽×高)(mm)	1220×662×960	1220×662×1035	1270×896×990	1370×620×800

BMY 系列锚杆注浆泵主要技术参数　　　　　　　　　　表 3-4

型　号	0.6	1.8
灰浆流量(m³/h)	0.6	1.8
电源电压(V)	127	220/380
电动机功率(kW)	1.2	2.2
电动机型号		YB100L-4(KB)
最高输送高度(m)	15	20
最大水平输送距离(m)	40	60
额定工作压力(MPa)	1.0	1.5
整机重量(kg)	115	225
外形尺寸(长×宽×高)(mm)	640×320×640	900×540×740

3. 混凝土喷射机

混凝土喷射机应密封良好，输料连续均匀，输送水平距离不宜小于100m、垂直距离不宜小于30m；常见几种混凝土喷射机型号及主要技术参数见表3-5。

混凝土喷射机主要技术参数　　　　　　　　　　　　　　表 3-5

项　目	型　号						
	HPJ-Ⅰ	HPJ-Ⅱ	PZ-5B	PZ-7	PZ-10C	HPZ6	HPZ6T
生产能力(m³/h)	5	5	5	7	1～10	6	2,4,6
输送管内径(mm)	50	50	50	65	75	50	50～75
粒料直径(mm)	20	20	20	20	25	<25	<30
输送距离(m)	潮喷 200,湿喷 50					20～50	20～40
耗气量(m³/h)	7～8			7～9		5～7	10
电动机功率(kW)	喷射部分:5.5 搅拌部分:3	5.5	5.5	5.5	5.5	3	7.5
重量(kg)	1000	1000	700	750	750	920	800
外形尺寸(长×宽×高)(mm)	2200×960×1560	2200×780×1600	1300×800×1200	1300×800×1300		1332×774×1110	1500×1000×1600

4. 空气压缩机

空压机应满足喷射机工作风压和风量要求,作为钻孔机械和混凝土喷射机械的动力设备,一般选用 9~20m³/min 排气量的空气压缩机即可。若一台空压机带动两台以上钻机或混凝土喷射机时,要配备储气罐。空压机用于土钉支护宜选用移动式。空压机的驱动机分为电动式和柴油机式两种,若现场供电能力限制时可选用柴油驱动的空压机。

常见几种空压机主要技术参数见表3-6和3-7。

电动机驱动的空压机主要技术参数　　　　　　　　　　　　　　　表3-6

项　目	型　号					
	P900E	XP750E	VHP600E	L-10/7-Ⅱ	ZL-10/8-Ⅰ	ZJW-1418
排气量(m³/min)	25.5	21.5	17	10	10	14
排气压力(MPa)	0.7	0.86	1.2	0.7	0.8	0.8
驱动机型号	Y315-4 电动机			XKY-55-6	Y280M-6	
驱动机功率(kW)	160			55	55	115
驱动机转速(r/min)	1480			980	980	1500
重量(kg)	4300			1800	1700	3600
外形尺寸(长×宽×高)(mm)	4100×1900×1950			1644×961×1273	1592×1840×1491	2100×1150×2320

柴油机驱动的空压机主要技术参数　　　　　　　　　　　　　　　表3-7

项　目	型　号				
	VHP700	XP900	P1050	VHP400	P600
排气量(m³/min)	20	25.5	29.7	11.5	17
排气压力(MPa)	1.2	0.86	0.7	1.2	0.7
驱动机型号	CAT3306 柴油机			B/F6L913C 柴油机	
驱动机功率(kW)	209			131	
驱动机转速(r/min)	1800			2500	
重量(kg)	4100			3000	2700
外形尺寸(长×宽×高)(mm)	410×1900×1950			4490×1900×1860	

5. 其他机具

宜选用便于移动的机型,采用搅拌法搅拌混凝土时宜采用强制搅拌机,如 JF100 型、XYW-3 型混凝土搅拌机等。

输料管应能承受 0.8MPa 以上的压力,并应有良好的耐磨性。

供水设施应有足够的水量和水压。

3.5.3　施工工艺

土钉墙施工工艺流程:基坑开挖;预喷射混凝土;施工土钉、绑扎钢筋网并喷射混凝土;设置坡顶、坡面和坡脚的排水系统。

1. 基坑开挖

应按设计要求开挖工作面,修整边坡、埋设喷射混凝土厚度控制标志。

基坑按设计要求严格分层分段开挖,在完成上一层作业面土钉与喷射混凝土以前,不得进行下一层深度的开挖。每层开挖深度取决于在支护投入工作前土壁可以自稳而不发生滑动破坏的能力,实际工程中常取基坑每层挖深与土钉竖向间距相等,一般均为 1.5m。每层开挖的水平分段宽度也取决于土壁自稳能力,且与支护施工流程相互衔接,一般多为

10～20m 长。

当基坑面积较大时,允许在距离基坑四周边坡一定距离的基坑中部自由开挖,但应注意与分层作业区的开挖协调。挖方要选用对坡面扰动小的挖土设备和方法,严禁边壁出现超挖或造成边壁土体松动。破面机械开挖后要采用小型机械或铲锹进行切削清坡,以使坡度及坡面平整度达到设计要求。

2. 喷射第一道面层

预喷射混凝土时,其厚度宜为 30～50mm。

每步开挖后应尽快作好面层,即对修整后边壁立即喷一层薄混凝土或砂浆,应尽量缩短边壁土体的裸露时间。

对于自稳能力较差的土体,如高含水量的黏性土和无粘结力的砂土应立即进行支护,为了防止基坑边坡的裸露土体发生坍陷,对于易塌的土体应立即采取以下措施:

(1) 边壁修整后立即喷一层薄砂浆或混凝土,凝结后进行钻孔(图 3-10 (a));
(2) 在作业面上先构筑钢筋网喷射混凝土面层,而后进行钻孔并设置土钉;
(3) 在水平方向上分小段间隔开挖(图 3-10 (b));
(4) 先将作业深度上的边壁做成斜坡,待设置土钉后再清坡(图 3-10 (c));
(5) 在开挖前,先沿设计开挖面竖向击入角钢、钢管或注浆加固土体(图 3-10 (d))。

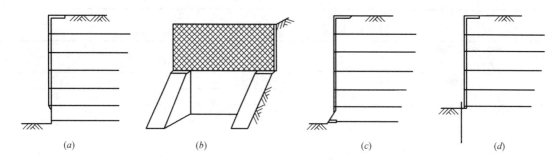

图 3-10 易塌土层的施工措施
(a) 设置土钉;(b) 开挖;(c) 清坡;(d) 加固

3. 设置土钉

土钉的设置也可以是采用专门设备将土钉击入土体,但是通常的做法是先将土体成孔,然后置入土钉钢筋并沿全长注浆。

(1) 钻孔

钻孔前,应根据设计要求定出孔位并作出标记及编号,采用的机具应符合土层特点,满足设计要求,在进钻和抽出钻杆过程中不得引起土体坍孔,成孔过程中应由专人作成孔记录,按土钉编号逐一记载取出土体的特征、成孔质量、事故处理等,并将取出的土体及时与初步设计所认定的土质加以对比,当成孔过程中遇到障碍物需调整孔位时,不得损害支护结构设计原定的安全程度。在易坍孔的土体中钻孔时宜采用套管成孔或挤压成孔,若发现有较大的偏差要及时修改土钉的设计参数。土钉钻孔的质量应符合下列规定:

① 孔位允许误差为 ±150mm;

② 径允许误差为 $\begin{array}{c}+20mm\\-5mm\end{array}$;

③ 孔深允许误差为 $^{+200mm}_{-50mm}$；

④ 倾角允许误差为±3°。

(2) 插入土钉钢筋

插入土钉钢筋前要进行清孔检查，若孔中出现局部渗水或掉落松土应及时处理，土钉钢筋插入孔中前，要先在钢筋上安装对中定位支架，以保证钢筋处于孔位中心且注浆后其保护层厚度不小于25mm。支架沿钉长间距可为2～3m左右，支架可为金属或塑料杆件，以不妨碍浆体自由流动为宜。

(3) 注浆

注浆前要验收土钉钢筋安设质量是否达到设计要求，开始注浆前，应用清水或稀水泥浆润滑注浆泵及其输浆管路。中途停顿或作业完毕后，应及时用清水冲洗管路。一般可采用重力、低压或高压注浆，水平孔应采用低压或高压注浆。为了提高土钉抗拔能力，还可采用二次注浆工艺。

对于向下倾角的土钉，注浆采用重力或低压注浆时宜采用底部注浆方式，注浆导管顶端应插至孔底，在注浆同时将导管均匀缓慢地撤出，注浆过程中注浆导管口始终埋在浆体表面以下，以保证孔中气体能全部逸出。注浆时需采取必要的排气措施，对于水平土钉的钻孔，应用口部压力注浆或分段压力注浆，此时需配排气管并与土钉钢筋绑扎牢固，在注浆前与土钉钢筋同时送入孔中，压力注浆时应在孔口或规定位置设置止浆塞，注满后保持压力3～5min。重力注浆以满孔为止，但浆体初凝前需补浆1～2次。

向孔内注浆体的充盈系数必须大于1，每次向孔内注浆时，宜预先计算所需要的浆体体积，并根据注浆体的冲程数计算实际向孔内注入的浆体的体积，以确认实际注浆量超过孔内容积。

浆体应搅拌均匀，当浆体工作度不能满足要求时，可外加高效减水剂以改善其工作度，不能任意加大用水量。用于注浆的砂浆强度用70mm×70mm×70mm立方体试块经标准养护后测定。每批至少留取3组试件（每组3块），给出3d和28d强度。

4. 喷射第二道面层

在喷射混凝土之前，先按设计要求绑扎、固定钢筋网。面层内的钢筋网片应牢固固定在边壁上并符合设计规定的保护层厚度要求。钢筋网片可用插入土中的钢筋固定，但在喷射混凝土时不应出现振动。钢筋网片可焊接或绑扎而成，网络允许偏差为±10mm，铺设钢筋网时每边的搭接长度应不小于一个网格边长或200mm，如未搭接则焊接长度不小于网片钢筋直径的10倍，网片与坡面间隙不小于20mm。

土钉与面层钢筋网的连接可通过垫板、螺帽及土钉端部螺纹杆固定。垫板钢板厚8～10mm、尺寸为200mm×200mm～300mm×300mm。垫板下空隙需先用高强水泥砂浆填实。待砂浆达到一定强度后方可旋紧螺帽以固定土钉。土钉钢筋也可通过井字加强钢筋直接焊接在钢筋网上，焊接强度要满足设计要求。

喷射混凝土前，应对机械设备、风、水管路和电路进行全面检查和试运转，喷射混凝土的配合比应通过试验确定。粗骨料最大粒径不宜大于12mm，水灰比不宜大于0.45，并应通过外加剂来调节所需工作度和早强时间。当采用干法施工时，应事先对操作手进行技术考核，以保证喷射混凝土的水灰比和质量达到设计要求。为保证喷射混凝土的厚度达到均匀的设计值，可在边壁上隔一定距离打入垂直短钢筋段作为厚度标志。喷射混凝土的射距宜保持在 0.8～1.5m 范围内，并使射流垂直于壁面，有钢筋的部位可先喷钢筋的后方以防止钢筋背面出现空隙。喷射混凝土的路线可从壁面开挖层逐渐向上进行，但底部钢筋网搭接长度范围以内先不喷混凝土，待与下层钢筋网搭接绑扎之后再与下层壁面同时喷混凝土。混凝土面层接缝部分做成 45°角斜面搭接，当设计面层厚度超过 100mm 时，混凝土应分两层喷射，每次喷射厚度宜为 50～70mm，且接缝错开。

混凝土接缝在继续喷射混凝土之前应清除浮浆碎屑，并喷少量水润湿。面层混凝土终凝后 2h 采取养护措施，至少应养护 5～7d，养护视当地环境条件采用喷水、覆盖浇水或喷涂养护剂等方法。

喷射混凝土强度可用边长为 100mm 的立方体试块进行测定。制作试块时，将试模底面紧贴边壁，从侧向喷入混凝土，每批至少留取 3 组试件。

5. 排水设施布置

水是土钉支护结构最为敏感的问题，不但要在施工前做好降水工作，还要充分考虑土钉支护结构工作期间地表水及地下水的处理，设置排水构造措施。

基坑四周地表应加以修整并构筑明沟排水，严防地表水再向下渗流。可将喷射混凝土面层延伸到基坑周围地表构成喷射混凝土护顶并在土钉墙平面范围内地表作防水地面（图 3-11）。可防止地表水渗入土钉加固范围内的土体中。

基坑边壁有透水层或渗水土层时，混凝土面层要做泄水孔，即按间距 1.5～2.0m 均布插设长 0.4～0.6m、直径不小于 40mm 的塑料排水管，外管口略向下倾斜，管壁上半部分可钻些透水孔，管中填满粗砂或圆砾作为滤水材料，以防止土颗粒流失（如图 3-12 所示）。也可在喷射混凝土面层施工前预先沿土坡壁面每隔一定距离设置一条竖向排水带，即用带状皱纹滤水材料加在土壁与面层之间形成定向导流带，使土坡中渗出的水有组织地导流到坑底后集中排除，但施工时要注意每段排水带滤水材料之间的搭接效果，必须保证排水路径畅通无阻。

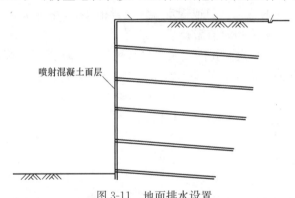

图 3-11 地面排水设置

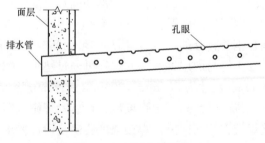

图 3-12 面层内泄水管

为了排除积聚在基坑内的渗水和雨水，应在坑底设置排水沟和集水井。排水沟应离开坡脚 0.5～1m，严防冲刷坡脚。排水沟和集水井宜用砖衬砌并用砂浆抹内表面以防止渗漏。

坑中积水应及时排除，如渗入量大，则必须经过设计计算制定降排水方案，确保结构安全可靠。

3.5.4 施工注意事项

(1) 基坑开挖和土钉墙施工应按设计要求自上而下分段分层进行,在上层土钉注浆体及喷射混凝土面层达到设计强度的70%后方可开挖下层土方。

(2) 在机械进行土方作业时,严禁坡壁出现超挖或扰动坡壁土体。坡壁宜采用小型机具辅以人工修整,坡面平整度的允许偏差宜为±20mm,在坡面喷射混凝土支护前,应清除坡面虚土。

(3) 支护分层开挖深度和施工作业顺序应保证裸露边坡在规定完成支护时间内保持自立。竖向开挖深度应与土钉竖向设计间距相对应。

(4) 对于高含水量的黏性土和无天然粘结力的砂土等自稳能力差的土体应立即进行支护,对易坍塌土体可采用以下措施:

1) 对修整后的坡壁立即喷上一层薄砂浆或混凝土,待凝结后再进行成孔;
2) 在水平方向分小段间隔开挖并进行支护;
3) 先将作业深度上的坡壁做成较缓斜坡,待土钉设置后再清坡;
4) 在开挖前进行超前支护或加固土体。

(5) 土钉墙施工应采取排水措施,包括地表排水、内部排水以及基坑排水等。

(6) 基坑周边地表应采取排水沟和地表硬化等疏排水措施。

(7) 支护面层宜插入长度为400~600mm,直径不小于40mm的导引排水管,疏排混凝土面层后滞水。

(8) 不宜在冬施条件下进行土钉墙施工。

第4章 拉锚施工技术

4.1 概述

在宽度较大的深基坑工程中，挡土结构采用锚杆锚固与内支撑相比，具有多方面的优点，如锚杆施工能与土方开挖平行进行，能为土方机械化施工及地下室建造提供宽敞无阻的工作面，大大加快了工程建设速度。锚固技术可与多种挡土结构联合使用形成有效的支护体系。例如：地连墙加锚杆支护结构、钢板桩加锚杆结构、混凝土排桩加锚杆支护结构、梁柱网络加锚杆支护结构以及一些轻型复合锚拉结构（如复合土钉墙）等。随着城市建设的发展，高层建筑的大量兴建，从而产生了许多又深又大的深基坑工程，使得锚固技术在近20年在我国出现了空前的发展。例如：北京中银大厦，基坑深度为20.5～24.5m，基坑平面面积13100m²，采用四层可拆芯锚杆拉地连墙结构，基坑东侧可采用可拆芯锚杆；厦门的邮电大厦，基坑开挖深度达18.3m，平面尺寸是133.7m×111.7m，采用3～4层锚杆锚拉混凝土排桩结构，等等。

随着基坑的变深、变大，基坑支护工程的设计难度亦在加大。岩土工程师应根据特定工程的场地环境、地质条件和基坑开挖条件设计最合适的锚拉结构，锚固是随着开挖的进行，按着锚固设计所确定的高度，从上而下分阶段进行施工。设计计算时首先确定作用于挡土结构上的土压力，然后进行支护结构的内力计算、锚杆拉力计算以及结构变形计算，最后进行锚杆设计。

4.1.1 锚杆支护体系的构造

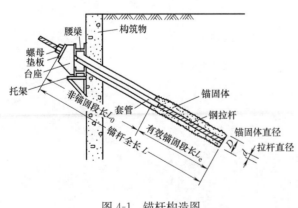

图4-1 锚杆构造图

锚杆支护体系由挡土构筑物、腰梁及托架、锚杆三部分组成，以保证施工期间的基坑边坡稳定与安全，见图4-1。

1. 挡土构筑物

包括各种钢板桩、各种类型的钢筋混凝土预制板桩、灌注桩、旋喷桩、挖孔桩、地下连续墙等竖向挡土护壁结构。

2. 腰梁

可采用工字钢、槽钢形成的组成梁或用钢筋混凝土梁作为腰梁，腰梁放置在托架上。托架与挡土构筑物连接固定。钢筋混凝土腰梁可与桩的主筋连接或直接做成桩顶圈梁的结构。采用腰梁的目的是将作用于挡土构筑物上的土压力传递给锚杆,并使各桩的应力通过腰梁得到均匀分配。当采用地下连续墙等结构时,需要在墙或桩上预留锚杆孔道。

3. 锚杆

锚杆是受拉杆件的总称,与构筑物共同作用。从力的传递机理来看,锚杆由锚杆头部、拉杆及锚固体3个基本部分组成。

锚杆头部——锚头是锚杆体的外露部分,由锚杆台座、承压垫板及紧固器三部分组成。将拉杆与挡土构筑物牢固地连接起来,使支挡结构的推力可靠地传递到拉杆上去;

拉杆——将来自锚杆端部的拉力传递给锚固体;

锚固体——土层锚杆的锚固段全长即为锚固体。锚固体是水泥砂浆或水泥浆将拉杆与土体连接在一起形成的,通常呈近似圆柱体状。

现将其各组成部分的材料、作用等分述如下:

(1) 锚杆头部

锚杆头部是构筑物与拉杆的连接部分,在一般情况下,拉杆设置是水平向下具有一定的倾斜角度,因此与作用在挡土构筑物上的侧向土压力不在同一方向上,为了能够牢固地将来自挡土构筑物的力得到传递,一方面必须保证构件本身的材料有足够的强度,相互的构件能紧密固定;另一方面又必须将集中力分散开,为此锚杆头部需由下列几部分组成。

1) 台座

一般锚杆轴线与围护结构间成一个角度。于是,以台座作为调整构件,并固定拉杆位置防止滑动。锚杆通过台座与围护结构间的接触面,分布其集中力,避免围护结构承受过大的局部应力而破坏(见图4-2)。

2) 承压垫板

通过垫板传递拉杆的拉力于台座。根据受力的大小,承压垫板的厚度一般为20~40mm。

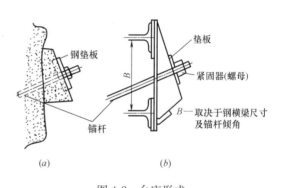

图4-2 台座形式
(*a*) 钢筋混凝土;(*b*) 钢板

3) 紧固器

拉杆通过紧固器将台座、垫板及围护结构牢固连接。当拉杆为钢筋时,紧固器可为螺母、专用连接器或电焊螺丝端杆。当拉杆采用钢丝绳或钢绞线时,锚杆端部紧固器则为专用锚具,如图4-3所示。

(2) 拉杆

拉杆是锚杆的主要部分。拉杆的全长从锚头到锚固体末端,其长度取决于锚固段的长度和自由段的长度。拉杆可与用粗钢筋、钢丝绳或钢绞线构成。其选用根据工程的具体条件定。拉杆的装设、锚固体的受力需要以及拉杆保护层厚度的要求,是决定锚杆钻孔直径的因素,由计算确定,并受钻孔设备机具的制约。

(3) 锚固体

锚固体是拉杆尾端的锚固部分,通过锚固体与土体之间的相互作用,将力传递给地

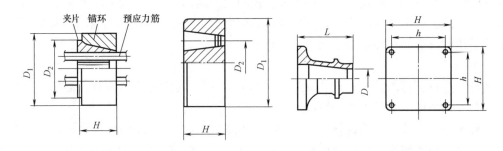

图 4-3 锚具

层。锚固体能否足够保证挡土构筑物的稳定要求是锚固技术成败的主要关键。

从力的传递方式来看，锚固体可分为：

1) 摩擦型——靠柱状锚固体表面与土层之间的摩擦抵抗力将来自拉杆的拉力传递给地层，如灌浆锚杆；

2) 承压型——锚固体有一个支承的面，或支承型的锚固体一部或大部分是局部扩大，锚杆的拉力主要依靠作用于锚固体的被动土压力来获得支持。这个承压面可用机械式的装置，也可以是用预制的钢筋混凝土板凳；

3) 摩擦承压复合型——在实际工程中使用往往可以采用支承与摩擦型组合的形式，如在软弱地层中采用扩孔灌注锚杆以及类似扩孔型的串铃装锚杆、螺旋锚杆等。

以上类型见图 4-4。

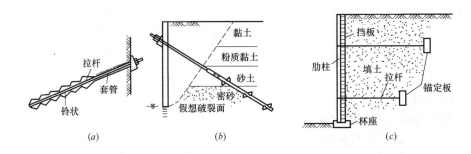

图 4-4 复合型锚杆
(a) 串铃状；(b) 螺旋锚杆；(c) 锚定板

从不同的施工工艺来说，有简易灌浆、预压灌浆、化学灌浆等。根据对控制变形等要求不同可分为预应力锚杆和非预应力锚杆。从使用期限来说有临时性锚杆和永久性锚杆。

4.1.2 锚杆的空间布置

在锚杆围护结构中，根据围护构件的受力情况、土质以及基坑的深度，拉杆可设一道、两道或多道。锚杆在空间上的排列布置一般情况下应满足如下要求：

（1）锚杆的锚固体应设置在底层的稳定区域内，且上覆土层厚度不宜小于 4m，有的资料认为不宜小于 5～6m。

显而易见，锚固段只有置于稳定区内，才能使锚杆具有外支撑能力。此外，锚固段上覆土层厚度足够，可保证土体与锚固体间有足够的抗剪阻力；而且在锚杆正常受力时，锚固体抗拔力不足以使上覆土层隆起，而导致锚固体失稳；此外，足够厚度的上浮土层，还能防止锚杆压力注浆时出现地表渗漏现象，确保锚杆的安装质量。

(2) 锚杆的垂直向间距不宜小于 2.5m，水平间距不宜小于 1.5m。

对锚杆最小间距作上述限定，主要防止产生"群锚效应"，使所有锚杆的抗拔能力都得到充分发挥。此外，对锚杆间距的选择，应根据锚杆、腰梁等各部分构件的受力情况及其设计能力来进行。

(3) 锚杆的倾角以 15°～35°为宜，且不应大于 45°，或小于 10°。

在同样的地层条件下，锚杆倾角越大，它对锚拉有效的水平分力越小，而无效的垂直分力越大，如果围护结构底部土质不好，太大的锚拉垂直分力，对围护结构的稳定不利。因此，对锚杆倾角有上限的要求。从受力要求看，锚杆的倾斜角度应与土压力作用方向一致为宜。而上述对锚杆倾角的下限要求，则主要出于钻孔及注浆等施工工艺的考虑。锚杆倾角太小，施工难度大且影响成孔质量。在允许的角度范围内，锚杆倾角主要根据地层情况优化选取。如尽可能锚入较好土层，以获取最大锚固力；或通过调整锚杆倾角和长度已避免"群锚效应"等等。

锚杆空间布置因地制宜。例如，一般基坑边长中央 1/2 长度范围内的位移值要远大于拐角处的位移值。这是因为拐角处的位移受到另一边的约束。这一现象在采用锚杆围护的情况下尤为突出。因此，在基坑周边工程地质条件和地面条件相同的情况下，为了抑制周边的位移，维护基坑的稳定，可在基坑边长中央 1/2 的长度范围内，适当增加锚杆的数量。

4.1.3 锚杆结构的形式及分类

1. 拉锚式围护结构的组成

拉锚式围护结构是由挡土结构与外拉系统组成的。在拉锚式围护结构中，通常其挡土结构与悬臂式或内撑式围护结构的挡土相同，诸如：钻孔灌注桩、钢板桩或地下连续墙等等。与一般悬臂式围护和内撑式围护结构不同的是，在同等条件下，拉锚式围护结构尺寸小，而整体刚度大，在使用中位移小。

拉锚式围护结构中的外拉系统，是由受拉杆件与锚固体组成的。受拉杆件的一端，通过压顶梁或腰梁与围护桩联结，另一端为锚固体。锚固体设在基坑外的稳定地层中，围护桩所承受荷载的一部分或大部分，就是通过受拉杆件传递到处于稳定区域中的锚固体上，由锚固体将传来的荷载分散到周围稳定的岩土层中，从而充分发挥地层的自承能力。

2. 拉锚式围护结构分类及适用范围

拉锚式围护结构依其外拉系统设置方式及位置的不同而分为两类：外拉系统在坑外地表设置的，称为地面拉锚围护结构；外拉系统在坑内沿坑壁设置的，称为锚杆围护结构。一般大型较深的基坑，邻近有建筑物不允许有较大变形的基坑，且不允许设内撑的基坑，均可考虑选用拉锚式围护结构。拉锚式围护结构的适用范围受地层、周围环境以及经济因素影响。

地层因素：由于外拉系统宜用于较密实的砂土、粉土、硬塑至坚硬的黏性土层或岩层中，因此，本方式适用于上述地层。若稳定区中有上述土层或岩层，且距基坑周边不远，可考虑采用本方式。

周围环境：存在地下埋设物而有不允许损坏的场地，应慎用本方式。基坑周围已有地面或地下构筑物，将限制本方式的使用。超红线施工也是一个限制因素。

经济因素：在条件许可的情况下，本方式在经济上较具竞争力。

4.1.4 锚固技术的应用

锚杆是一种在深基坑围护工程中应用广泛的受拉杆件，它的一端与围护结构联结，另一端锚固在土体重，将围护结构所承受的侧向荷载，通过锚杆的拉结作用传递到周围的稳定地层中去。这个稳定地层可以是土，也可以是岩层。在土层中的锚杆称为土层锚杆，在岩层中的锚杆则为岩石锚杆。在基坑围护结构中，土层锚杆较为多见。

20世纪50年代以前，锚杆只是作为施工中的一种临时性措施，例如临时的螺旋地锚以及采矿工业中的临时性土锚杆或钢锚杆等。20世纪50年代中期，在国外的隧道工程中开始广泛采用小型永久性的灌浆锚杆和喷射混凝土代替以往的隧道衬砌结构。

将锚杆技术首先成功地应用于深基坑工程的是德国的Karl Bauer公司，由于该技术具有许多优点，逐渐引起各国的重视，并被广泛应用于各类工程中，如边坡稳定、控制巷道围岩稳定、结构抗浮、抗滑以及深基坑开挖围护结构工程中。工程的实际应用，推动了对锚杆技术的研究、设计理论和施工技术均日臻完善，并逐步成为一项专门技术，各国相继制定了设计和施工规程。

我国锚杆技术的发展已有20多年的历史。最初主要用于铁路、公路的边坡稳定工程和矿区的边坡，以及洞室的围护工程。20世纪80年代以来，由于高层建筑深基坑工程的需要，锚杆技术在这一领域的应用有了迅速的发展。据有关文献资料，土层锚杆技术已施工长达50m的锚杆，在黏性土中最大锚固力可达1000kN，在非黏性土中可达2500kN。我国的锚杆技术，经过多年的实践和研究，在施工机具的研制、施工技术、提高锚杆承载能力、土层锚杆与支护结构共同受力以及稳定性验算等都已有成套的技术成果。

土锚不但在基坑支护中用作临时性支撑，见图4-5(a)，还在修建永久性构筑物中得到了广泛的应用，例如防止船坞基础上浮力，见图4-5(b)，某地下水位在底面以上2.0～3.8m，抵抗浮力不用大体积混凝土，而分别以45根锚杆来保证；其中21根设置在底板范围内，其余24根埋设在两侧边墙中，承受横向作用力的大梁作用，锚定板桩岸壁、基础反力等。

土锚锚入地层的深度一般为10～20m，最深达30m以上，有效锚固段不小于4m，钻孔直径一般为90～130mm，必要时需扩孔，拉杆采用不同型号和根数的高强度钢丝、钢绞线组成。锚杆在土层中的屈服拉力一般为每延米50～200kN。

使用锚杆技术的优点有：

（1）提供开阔的施工空间，提高挖土和结构施工的效率和质量。锚杆施工机械及设备的作业空间不大，因此可为各种地形及场地所选用；

（2）用锚杆代替钢横支撑作为侧壁支撑，不但可以大量节省钢材，减少土方开挖量，能改善施工条件；

（3）锚杆的设计拉力可通过抗拔试验来获得，因此可保证设计有足够的安全度；

（4）锚杆可采用预加拉力，以控制建筑物的变位。

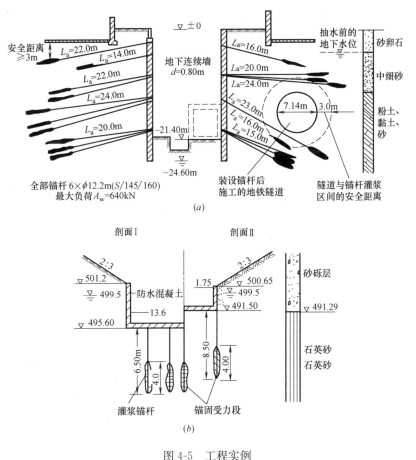

图 4-5 工程实例
（a）慕尼黑地铁站深挖方土锚支撑的布置；（b）地下水位以下抵抗浮托力的锚杆

4.2 锚杆围护体系的设计

在拟定用锚杆支护基坑、加固或以锚杆技术作为临时或永久支护进行方案比较时，都需要进行下列几方面的工作。

4.2.1 场地勘测

1. 场地内外设施的调查

附近建筑物（基础构造、建筑物结构有无地下室，地下室的结构、形状）、地下公用设施（上下水管道、煤气管道等的位置）、地上线路（高压管线、电话线等）、周围的道路、邻近河道、附近居民居住的房屋、地下水利用状况等必须作慎重详细的调查，以免在施工中发生意外事故。

2. 工程地质及水文地质的调查

工程地质及水文地质勘察的规模取决于基坑及坑内地下构筑物等级、必需的锚杆数量及其用途、工程地质条件的复杂程度等。

锚杆加固地段的工程地质勘测一般分为两个阶段进行：在第一个阶段需确定以下几项：地质剖面，地层分布、厚度，土质性状，地下水位及水质对锚杆的侵蚀性，绘制场地的工程地质和水文地质图，地球物理勘探及勘探钻孔确定锚固层的土质的物理、力学指标的是内外资料、锚杆结构上的最小和最大荷载以及该种类型土层锚杆的估计承载力，应用以上资料进行初步设计。

在第二阶段，施工方案已定，为了确定实际承载力需在与施工地段相同的工程的地质和水文地质的条件进行现场原型抗拔试验。根据实际加荷的结果提出极限抗拔力的修正值并对锚杆承载力的变化和挡土结构—锚杆—土支护系统作进一步更准确的静力计算。

3. 施工条件的调查

设计前还必须对锚杆施工机械条件、能力及拉杆材料等进行调查与落实以便设计时选择。根据以上实际调查结果编写报告书，在报告书中应包括有：实施锚杆的工艺，抗拔试验结果、确定锚杆深度、锚固地层等。只有在进行了技术和经济上的比较之后，才能最终决定是否采用锚杆支护技术。

4.2.2 土层锚杆设计

在基坑围护结构中使用的锚杆，绝大多数是土层锚杆。

单根锚杆的设计拉力，取决于锚杆的设计，即锚杆孔的直径、锚杆的长度等，还取决于锚固段所处地层的力学性质。而锚杆的尺寸则主要取决于施工技术的可行性、可靠性。锚杆孔的直径国内一般采用$\phi70\sim\phi180$；设计拉力在国内尚无规定，在日本则倾向于限制在600kN以下。

1. 锚杆设计轴向拉力值的确定

根据基坑现场的地质情况，计算基坑侧向土压力的分布；进而计算确定围护结构锚拉点的合理层数及其位置，以及每个锚拉点的设计锚拉力R。对于锚杆围护结构而言，这种设计支承力R，即为锚杆的设计轴向拉力N_t之水平分力。当选定锚杆的安装角α后，即可确定锚杆的设计轴向拉力值N_t：

$$N=R/\cos\alpha \tag{4-1}$$

2. 钢拉杆的截面积按下式确定

$$A=\frac{KN}{f} \tag{4-2}$$

式中 N——锚杆的设计轴向拉力值；

K——安全系数，按表4-1选取；

f——钢丝、钢绞线、钢筋强度标准值，见表4-2。

《土层锚杆设计与施工规范》CECS 22：90 的锚杆安全系数　　　　表 4-1

锚杆破坏后危害程度	安全系数	
	临时锚杆	永久锚杆
危害轻微，不会构成公共安全问题	1.4	1.8
危害较大，但公共安全无问题	1.6	2.0
危害大，会出现公共安全问题	1.8	2.2

钢丝、钢绞线、钢筋强度标准值   表 4-2

种 类		f_{yk} 或 f_{pyk} 或 f_{ptk}	
碳素钢丝	$\phi 4$ $\phi 5$	1670 1570	
刻痕钢丝	$\phi 5$	1470	
冷拔低碳钢丝	甲级： $\phi 4$ $\phi 5$	Ⅰ组 700 650	Ⅱ组 650 600
	乙级： $\phi 3 \sim \phi 5$	550	
钢绞线	$d=9.0$ （7ϕ3） $d=12.0$ （7ϕ4） $d=15.0$ （7ϕ5）	1670 1570 1470	
热轧钢筋	Ⅰ级：(A3、AY3)	235	
	Ⅱ级[20MnSi、20MnNb(b)] $d \leqslant 25$ $d=28 \sim 40$	335 315	
	Ⅲ级(25MnSi)	370	
	Ⅳ级(40Si$_2$MnV、45SiMnV、45Si$_2$MnTi)	540	
冷拉钢筋	Ⅰ级($d \leqslant 12$)	280	
	Ⅱ级$d \leqslant 25$ $d=28 \sim 40$	450 430	
	Ⅲ级	500	
	Ⅳ级	700	
热处理钢筋	40Si$_2$Mn($d=6$) 48Si$_2$Mn($d=8.2$) 45Si$_2$Cr($d=10$)	1470	

注：碳素钢丝系指国家标准《预应力混凝土用钢丝》GB 5223—2014 中的矫直回火钢丝。

3. 锚杆自由段长度的确定

沿锚杆倾斜方向，土体破裂面深度假 1m 可定为锚杆的自由长度 L_f。同时，对于预应力锚杆，自由段长度不宜小于 5m。

4. 锚杆锚固段长度的确定

黏性土中圆形锚杆锚固段长度由下式确定：

$$L_a = \frac{KN_t}{\pi d_2 q_s} \tag{4-3}$$

式中　d_2——锚固体直径；

q_s——土体与锚固体间黏结强度值，一般由试验确定，也可按表 4-3 选用。

黏性土中端部扩大头型锚杆锚固长度由下式确定（图 4-6）：

$$L_m = \frac{K}{\pi q_s} \left(\frac{N_t - R_t}{d_2} \right)$$

$$R_t = \frac{\pi}{4} (d_1^2 - d_2^2) \beta_c \tau \tag{4-4}$$

土层与锚固体间粘结强度 表 4-3

土层种类	土的状态	q_s 值(kPa)	土层种类	土的状态	q_s 值(kPa)
淤泥质土	—	20～25	粉土	中密	100～150
黏性土	坚硬	60～70	砂土	松散	90～140
	硬塑	50～60		稍密	160～200
	可塑	40～50		中密	220～250
	软塑	30～40		密实	270～400

注：1. 表中数据仅用作初步设计时估算；
2. 表中 q_s 系采用一次常压灌浆测定的数据。

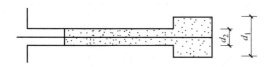

图 4-6 锚杆端部扩大头计算简图

式中 R_t——单个扩大头的承载力；
d_1——扩大头直径；
β_c——扩大头承载力系数，取 9.0；
τ——土体不排水抗剪强度。

非黏性土中圆柱形锚杆锚固段长度由下式确定：

$$L_a = \frac{KN_t}{\pi d_2 (q_s + \sigma \tan\delta)} \quad (4-5)$$

式中 δ——土体与锚固体间的摩擦角；
σ——锚固体剪切面上的法向应力。

《岩土工程勘察规范》GB 50021—2001 规定，当锚杆的抗拔力采用计算方法确定时，安全系数应取 3.0。

4.3 锚杆的施工

锚杆作为一种新技术得到迅速发展与大量新建工程的兴起有关，但主要还是由于各种高效率锚杆钻机的问世以及有了特殊的施工工艺与专利装置所促成，正如不少土木工程技术专家认为，锚杆是利用先进的技术装置和特殊的工艺、专利取得了成就，目前还处于施工走在设计理论之前的状态。

4.3.1 施工计划与准备

为了满足设计要求做成可靠的锚杆，必须综合对锚杆使用的目的、环境状况、施工条件等编织出施工计划书。锚杆是在复杂的地基内，而且又在不能直接观察的状况下进行的，属于隐蔽工程，因此在施工前必须实地了解与核实周围情况，虽然在设计阶段已予以选定，但在作施工计划时，要予以研究。需安排有经验的技术负责人承担，根据详细观察地表可见到的种种现象作出判断和决定。按设计要求选定施工方法、施工机械、材料，并在施工计划书中制定施工工期、安全要求、防止公害措施等。必须安排必要的管理体制，当出现与最初的预想、设计条件不一致的情况时，能够得到迅速适当的处理。

土层锚杆施工包括：钻孔、拉杆制作与安装、灌浆、张拉锁定等工序。

施工的准备工作有：

① 了解施工区土层分布及各土层的物理力学性能，以便实施锚杆的布置、选择钻孔方法；了解地下水赋存情况及其化学成分，以确定排水、截水措施以及拉杆的防腐措施。

② 查明施工区范围内地下埋设物的位置状况，预测锚杆施工对其影响的可能性与后果。

③ 锚杆长度超建筑红线，应征得有关部门和单位的批准、许可。

④ 请设计单位做技术咨询，以全面了解设计意图，编制施工组织设计。

4.3.2 钻孔机械的选择

土层锚杆施工的主要机械设备为钻孔机，按工作原理可分为：回旋式钻机、螺旋钻机、旋转冲击式钻孔机及潜孔冲击钻等几类。主要是根据土质、钻孔深度和地下水情况进行选择。表4-4是各类锚杆钻机的适用土层表。

各类锚杆钻机的适用性　　　　表4-4

钻机类型	适用土层	钻机类型	适用土层
回旋式钻机	黏性土、砂性土	旋转冲击式钻机	砂土类、砂砾、卵石类、岩石及涌水地基
螺旋式钻机	无地下水的黏土、粉质黏土及较密的砂层	潜孔冲击钻	孔隙率大、含水率低的土层

国外多采用履带式行走全液压旋转冲击式钻孔机，亦称万能钻机。孔径范围为50～320mm，它具有体积小，使用方便，适用各种土层，施工效率高等优点。国内目前常用的钻孔机械，一部分是从国外引进的土层锚杆专用机械，也有普通地质钻机改装土锚钻机。

土层锚杆用钻机一般应具备以下性能：

① 钻孔能力。长度达40m，倾角为0°～90°，直径达250mm；

② 钻进时，应具有稳定性，能调整压力及钻进速度，能完成纠斜及孔内事故处理；

③ 外形尺寸能适应在狭窄条件下工作；

④ 具有较高的生产效率，钻进速度达5～6m/h；

⑤ 钻孔具有通用性。

1. 回钻式钻机

回钻式钻机一般固定在可移动的底盘及可改变较的机架上，施工中根据锚杆孔位移动对位，并按设计调整钻架钻进角度。钻机的钻头则安装在套管底端，由钻机的回钻机构带动钻杆对钻头以一定压力与钻速，并切削土体，土渣则通过循环水排出孔外（图4-7）。一般应根据不同土质选用不同钻头，如在地下水

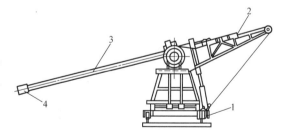

图4-7　回旋式钻机
1—轨道；2—钻架；3—套管；4—钻头

位以下钻进时，遇软黏土及土质松散的粉质黏土，粉细砂等土层，则应用套管钻进保护孔壁防止坍孔。这种钻机在我国应用较广，表4-5是部分回旋式钻机的技术性能。

回旋式钻孔机的主要规格及技术性能　　　　表4-5

主要规格技术性能	型号						
	L-38-150	SDR-25	梅伽落150	XU-300-2	XU-600	XU-600-3	XJ-100-1
传动方式	机械液压	机械液压	机械液压	液压	液压	液压	手把、蜗轮-蜗杆
钻孔直径(mm)	148	150	116～142	110～75	150～75	150～75	110～75
钻机转速(r/min)	29～184	24～364	28～300	73～585	150～470		
原动机(kW)	11～18.5	18.5～22	11	900	1150	2100	423
质量(kg)	(除电动机)1560	(除电动机)2100	1500				
尺寸(mm) 宽	1160	1430	1170	970	1150	1150	810
尺寸(mm) 长	2235	2700	2280	2260	2640	2640	1790
尺寸(mm) 高	1590	1865	1450	1490	1810	1810	1110
生产厂商	NCL公司(日)	矿研工业(日)	长孔(日)	重庆探矿机械厂	张家口探矿机械厂		北京探矿机械厂

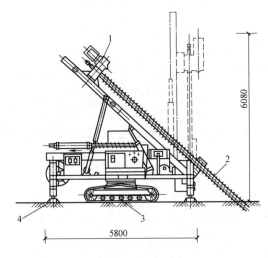

图4-8　步履式螺旋式钻机
1—电动机；2—螺旋钻杆；3—履带；4—支腿

2. 螺旋式钻机

螺旋式钻机是利用回钻的螺旋钻杆，以一定的钻压与钻速向土体钻进，并将切削的土体顺螺旋叶排出孔外，它一般用于无地下水的黏土或砂土土层。螺旋钻杆一般5m一节，并辅以一些短钻杆，施工中依据孔深接长，多用锥螺纹街头形式。

这类钻机采用干法取土，不用水循环，也不用套管护壁，因此钻进速度快、效率也较高。图4-8是步履式螺旋式钻机的外形图。

日本制造的TK式钻机，它采用一套螺旋空心钻杆，钻孔与插入拉杆同时进行。钻孔时，将中心拉杆插入长螺旋钻杆中心管内，一同到达设计锚固深度后，提取螺旋钻杆150～200mm，并进行压力灌浆。边灌浆边退杆，使中心拉杆及端头活动钻头留在孔内。灌浆时螺旋叶片间的土起到保护孔壁、防止坍塌和阻止灌浆液的外流的作用，从而提高压力灌浆的效率及锚杆质量（图4-9）。

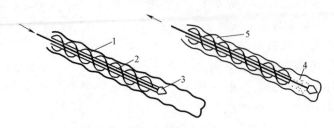

图4-9　空心式螺旋锚杆一次成孔法
1—空心螺旋钻杆；2—拉杆；3—活动钻头；4—注浆锚固体；5—叶片间土

这一钻机用于松软土层及在地下水位以下易坍孔或缩颈的土层中施工。

表 4-6 是两种国产螺旋式钻机的技术性能表。

螺旋式钻机技术性能 表 4-6

项目	型号	
	MZ-Ⅱ	BJA
传动方式	机械	机械
钻孔直径(mm)	160	110
钻机转速(r/min)	63/129	
行走方式	步履式	汽车式
原动机(kW)	25/40	
质量(t)	12	
尺寸(宽×长×高)(mm)	3500×10000×3500	
生产厂商	北京机械施工公司	北京建研院

3. 旋转冲击式钻孔

旋转冲击式钻机又称万能钻机,它具有旋转、冲击、钻孔功能,其钻孔及移动、装卸将由液压控制。一般钻孔直径为 80~130mm,可变换不同的钻进角度适用于锚杆施工。日本的 MCD-7、法国的 U.B.W 等均属这类钻机。北京探矿机械厂生产的 QDG2-1 型锚杆钻机,可实现螺旋、潜孔锤及刮刀钻进,该机采用全液压控制,钻塔起落、钻孔角度调整、孔位校正及移机转向均由液压机构完成,具有操作简便、辅助时间少、钻进效率高、劳动强度低等特点。

该机的外形照片见图 4-10。部分放置冲击式钻机的技术性能见表 4-7。

图 4-10 QDG2-1 型锚杆钻机

螺旋冲击式钻孔机的主要规格及技术性能 表 4-7

主要规格技术性能	型号					
	MCD-7	RPD-65L	Atolas Copco	U.B.W	DTC121A	DG2-1
传动方式	全液压	全液压	压缩空气液压	全液压	空气全液压	全液压
钻孔方法	顶锤打击旋转	顶锤打击旋转	用十字钻头和钢套管,旋转和冲击钻进	顶锤打击旋转	锤击旋转套管	潜孔锤、刮刀、螺旋
钻孔直径(mm)	71~132	71~137	70~300	90~132	80~140	120~130

续表

主要规格 技术性能	型号					
	MCD-7	RPD-65L	Atolas Copco	U.B.W	DTC121A	DG2-1
钻机钻速(r/min)	0～48	0～35	0～150	0～70	0～40	0～132
行走方式	履带式	滑轨式	履带式	履带式	履带式	履带式
原动机(kW)	引擎55.2 电动机45	45	空压机 15-17m³/min	电动机40	可擎44.8 空气10m³/min	电机30
质量(kg)	7980	1600	2400	6500	6500	3700
尺寸(宽×长×高) (mm)	2280×6700 ×2265	1200×4550 ×1330	2630×3600 ×2100	2200×1400 ×2000	2400×5800 ×1800	1870×3980 ×1820
生产厂商	三菱重工 （日）	矿研工业 （日）	（瑞典）	（法国）	（奥地利）	北京探矿 机械厂

4. 潜钻冲击器

潜钻冲击器是利用风动的冲击式成孔机，其长度0.5～1m，直径78～135mm，它由压缩空气驱动，内部装有配气阀、气缸和活塞等构件，通过活塞往复运动作定向高频冲振，挤压土层向前钻进。

潜钻冲击器械通常配备一台钻机，冲击器设在钻杆端部，导向架控制其成孔角度，达到预定深度，钻杆便沿导向架退出，同时将冲击器带出钻孔。潜钻冲击器工作时始终潜于孔底，其形状细长，头部带有螺旋状槽纹，具有较好的钻进作用，它通过挤压土层钻进，故不出土，即使在卵石、砾石的土层中，成孔也较直，其成孔速度较快，成孔速度可达1.3mm/min。

此外，它还具有噪声低、能耗小的优点，常用的国产潜孔冲击器性能如表4-8所示。

潜孔冲击器的技术性能　　　　　表4-8

技术性能 \ 型号	C80	C1000	C150
钻孔直径(mm)	80～90	100～130	150
缸体内径(mm)	55	62	85
活塞行程(mm)	91	75	85
活塞锤体质量(kg)	1.5	1.65	4.4
冲击功能(N·m)	64.7	73.5	98
冲击频率(次/min)	1650～1900	1650～1900	1250
冲击器外径(mm)	78	88	135
功率(kW)	2.0	2.4	3.0
全长(mm)	500	520	748
使用气压(kPa)	490～686	490～386	490～588
耗气量(m³/min)		6	11～13
质量(kg)	11.5	13	55
配套钻机型号	YQ80	YQ100	YQ150

4.3.3 锚拉杆的制作

制作锚拉杆需要用切断机、电焊机或对焊机等。插入钻机的拉杆要求顺直,并应除锈。

用粗变形钢筋制作锚拉杆时,为了承受荷载需要,采用的拉杆为 2 根以上组成的钢筋束,应将所需要采用的拉杆点焊成束,间隔 2~3m 点焊一点。为了使拉杆钢筋能放置在钻孔的中心以便于插入,宜在拉杆下部焊船形支架,如图 4-11 所示,间距 1.5~2.0m 一个。同时为了插入钻孔时不至于从孔壁带入大量的土体到孔底,可在拉杆尾端放置圆形锚靴。

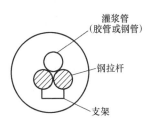

图 4-11 钻孔内的钢拉杆灌浆管及支架

在孔口附近的拉杆应事先涂一层防锈漆并用两层沥青玻璃布包扎做好防锈层,使灌浆固时砂浆能封住防锈层头部。

当钢筋长度不够时,拉杆焊接可采用对焊,亦可采用电焊在工地用帮焊焊接。帮焊焊接可用 T-55 电焊条。帮焊长度按钢筋混凝土工程施工及验收规范中对钢筋焊接技术要求采用。例如,采用两根帮条四条焊缝,帮条长不小于 4(为锚杆钢筋直径),焊缝高一般不小于 7~8mm,焊缝宽度不小于 16mm。

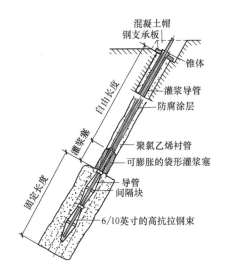

图 4-12 多束锚索的一般构造

拉杆也可用钢束和钢绞线构成,锚索是在工地工棚里现场配置。因此首先要决定锚索的总长,并将各钢束切断至该长度。由于锚索通常以涂油脂和包装物保护的形式送到现场,为此钢束切断后应清除有效锚固段保护层,并用溶剂或蒸汽清除防护油脂。如果锚索是由若干根钢束构成,则必须沿锚索长度使用和安装可靠的间隔块以使各钢束来保持平行。间隔块间距 2~4m。这些间隔块必须是坚固耐用的,适用的材料能经受住装卸和安装就位时的强度,并保证对锚索钢材无有害的影响。图 4-12 是多束钢索的一般构造。锚索的种类很多,可参阅有关资料。

锚拉杆加工和安装结束时,必须进行仔细的检查,如核对尺寸、检查中心装置是否恰当、防护装置有否损伤等。组装好的锚索运往工地就位前还必须再检查拉杆的完好情况。

插入拉杆,在一般情况下拉杆钢筋与灌浆管应同时插入到钻孔底部,尤其对于土层锚杆要求在钻孔到达孔底,退出钻杆后,立即将拉杆插入孔内,以免坍孔。插入时要将拉杆有支架的一面向下方。若钻孔时使用套管,则在插入拉杆灌浆后,再将套管拔出。

对长锚杆或锚索负载量大时,要用起重设备。起吊的高度与锚杆钻孔的倾斜角度有关,目的是能顺着钻孔的斜度将拉杆送入孔内,避免由于人工搬运、插入等引起锚索的弯曲。

4.3.4 锚杆施工工艺

土层锚杆施工的工艺流程如下：
钻孔→安装拉杆→灌浆→养护→安装锚头→张拉锚固→下层土方开挖。

1. 钻孔

土层锚杆的钻孔工艺，直接影响到土层锚杆的承载能力、施工效率和整个支护过程的成本。因此，根据不同的土质正确选择钻孔方法，对保证土层锚杆的质量和降低工程成本至关重要。按钻孔方法的不同，可分为干作业法和湿作业法（压水钻进法）。

（1）干作业法

当土层锚杆处于地下水位以上时，可选用干作业法成孔。该法适用于黏土、粉质黏土和密实性、稳定性较好的砂土等土层，一般多用螺旋钻机等施工。

干作业法有两种施工方法：

1）通过螺旋钻杆直接钻进取土，形成锚杆孔；

2）通过空心螺旋锚杆一次成孔

由于此方法设备简单，施工方便，工程中较多采用。

采用干作业法钻孔时，应注意钻进速度，防止卡钻，并应将孔内土充分取出后再拔出杆，以减小拔钻阻力，并可减少孔内虚土。

（2）湿作业法

湿作业法即压水钻进成孔法，它在成孔时将压力水从钻杆中心注入孔底，压力水携带钻削下的土渣从钻杆与孔壁间的空隙处排出，使钻进、出渣等工序一次完成。由于孔内有压力水存在，故可防止塌孔，减少沉渣及虚土。该法在国内外应用都很普遍，其缺点是排出泥浆较多，需搞好排水系统，否则会严重污染施工现场。

湿作业法采用回旋式钻机施工。水压力控制在 0.15～0.30MPa，注水应保持连续，钻进速度以 300～400mm/min 为宜，每节钻杆钻进后在进行接钻前及钻至规定深度后，均应彻底清孔，直至水清澈为止。在松软土层中钻孔，可采用套管钻进，以防坍孔。

清孔是否彻底对土层锚杆的承载力影响很大。为改善土层锚杆的承载力，还可采用水泥浆清孔，至出水清澈为止。有关资料报道，它可提高锚固力150%，但成本较高。

（3）钻孔的容许误差

目前，国内对土层锚杆的钻孔容许误差尚未做出统一规定。这里介绍英国对土层锚杆的有关规定提供参考：

1）孔位允许误差在±75mm 之内；

2）孔径可以大于、但不得小于规定的直径；

3）钻孔的倾角允许误差在±2.5°之内，孔长允许误差小于孔长的1/30；

4）下倾斜孔，允许超钻 0.3～0.7m。

2. 扩孔

一般认为，对锚杆进行扩孔，形成扩大头土层锚杆的承载能力会有所提高。英国在某工程中作的测试表明，采用扩大头的土层锚杆比无扩大头锚杆的承载能力明显提高。但也有观点认为扩孔的效果并不显著。

扩孔的方法有四种：机械扩孔、爆炸扩孔、水力扩孔及压浆扩孔。

(1) 机械扩孔

机械扩孔需要用专门的扩孔装置（图 4-13）。该扩孔装置是一种扩张式刀具，通过机械方法缓慢地旋转而逐渐地张开，直到所有切刀都完全张开完成扩孔锥为止。该扩孔装置一次能同时切削两个扩孔锥。施工时钻入预定深度后，开启刀具切土扩孔。可根据需要重复若干次形成多个扩孔锥。切刀开启应适当，以保证扩孔切削的土渣能及时排出。扩孔锥的直径最大可达钻孔直径的 4 倍。

(2) 爆炸扩孔

爆炸扩孔是将炸药放入钻孔的预定位置，引爆后使土向四周挤压形成扩大头。一般适用于砂性土，但要注意防止扩孔坍落。在含水量较高的软塑状黏性土中，由于爆炸扩孔对土体扰动，易造成钻孔的堵塞（图 4-14）。

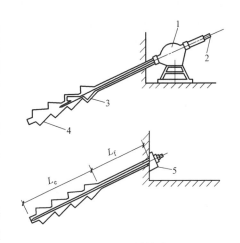

图 4-13 机械扩孔

1—钻孔；2—控制设备；3—扩孔刀具；4—扩孔；5—锚头

(3) 水力扩孔

水力扩孔是利用水力扩孔钻进行扩孔。当钻孔达到锚固长度时，更换水力扩孔钻头进行钻进，通过压力水将钻孔扩大，根据钻进速度，一般可使扩孔增大至钻孔的 1.5～2 倍。

水力扩孔钻头端部采用合金钻头，合金钻中央设一个直径 10mm 射水孔，在钻头侧面开设均布三个射水孔，直径也是 10mm。射水孔与钻头中心成 45°（图 4-15）。

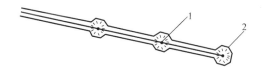

图 4-14 爆炸扩孔

1—炸药安放位置；2—球形扩大头

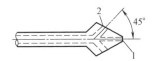

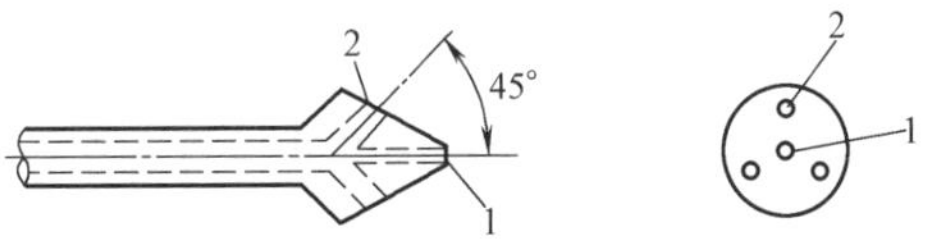

图 4-15 水利扩孔钻头示意图

1—中心射水孔；2—侧面射水孔

水力扩孔时，射水压力一般为 0.5～1.5MPa，钻进速度 0.5m/min，钻进速度慢则扩孔直径较大，反之，扩孔直径较小。

(4) 压浆扩孔

压浆扩孔方法简单易行。我国多用二次灌注法进行扩孔，当第一次灌注的浆液初凝后，进行第二次灌浆，此时第二次灌浆的浆液冲破第一次灌浆体，向锚固体与土层接触面之间扩散，从而使锚固体扩大，二次灌浆扩孔的锚固截面为图 4-16 所示。

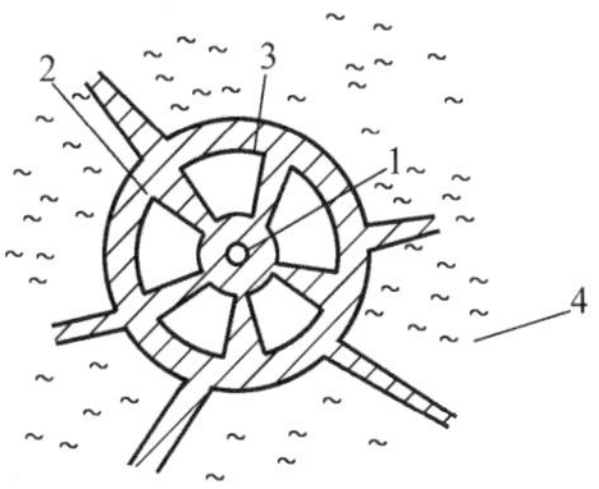

3. 安放拉杆

(1) 拉杆的制作

钢筋拉杆由一根或数根粗钢筋组合而成，如果为数根粗钢筋，则应绑扎或电焊连成一体。钢拉杆长度为设计长度加上张拉长度。为了将拉杆安置在钻孔中心，并为了防

图 4-16 二次灌浆法扩孔的锚固体截面

1—灌浆管；2—第一次灌浆体；3—第二次灌浆体；4—土

止入孔时搅动孔壁,沿拉杆体全长每隔1.5～2.5m布设一个定位器。

粗钢筋拉杆若过长,为了安装方便可分段制作,并采用套筒机械连接法或双面搭接焊法连接。若采用双面达接焊,则焊接长度不应小于$8d$(d为钢筋直径)。

(2) 拉杆的防腐处理

土层锚杆用的钢拉杆,加工前应首先清除铁锈与油脂。

在锚固段内的钢拉杆,靠孔内灌水泥浆或水泥砂浆,并留有足够厚度的保护层来防腐。在无腐蚀性物质环境中,这种保护层的厚度不小于25mm,在有腐蚀性物质环境中,保护层厚度不小于30mm。

非锚固段内的钢拉杆,应根据不同情况采取相应的防腐措施:在无腐蚀性土层中,只适用6个月以内的临时性锚杆,可不必做防腐处理,一次灌浆即可;使用期限在6个月以上2年以内的,须经一般简单的防腐处理,如除锈后刷2～3道富锌漆或船底漆等耐湿、耐久的防锈漆;对使用2年以上的锚杆,则须做认真的防腐处理,如除锈后涂防锈油漆,并套聚乙烯管,两端封闭,在锚固段与非锚固段交界处大约20cm范围内浇注热沥青,外包沥青纸以隔水。

(3) 拉杆的安放

钢筋拉杆的刚性较大,穿孔不如钢丝拉杆及钢绞线拉杆方便。为使拉杆能安置于钻孔中心,以防止钻入时搅动土壁,增加拉杆与锚固体的握裹力,须在拉杆上设置定位器。定位器有多种形式,如沿钢筋外表均布的三角支撑(图4-17),这种三角支撑用三根光圆钢筋焊在拉杆外侧,沿钢筋2m左右放置一组,其外径比钻孔直径小100mm左右。也可采用环形撑筋环(图4-17(b)),或用钢管、船形支架定位(图4-17(c),(d)),其间距均为1.5～2m。

对于长锚杆或较重大拉杆安放,一般应用机械起吊安放,起吊时应注意使拉杆的倾斜角与钻孔的倾斜角一致,以使拉杆能顺利送入钻孔中,防止拉杆端部插入孔壁土中引起坍孔。拉杆应插到设计孔底位置,灌浆管应与拉杆同时插入。若采用套管钻孔,则在插入拉杆并完成灌浆后,将套管拔出。

4. 灌浆

(1) 材料及配合比

灌浆需要采用搅拌机、活塞型或隔膜式压浆泵、磅泵等。

砂浆的配置:为了使砂浆能在灌浆管中流动,并使砂浆的强度达到30000kN/m^{2}左右,宜采用砂浆比1:1或1:0.5,水灰比0.4～0.5。如需要提高早期强度,可增加食盐(水泥重量的0.3%)和三乙醇胺(水泥重量的0.03%)共同放入砂浆中一起搅拌。砂宜选用中砂并要过筛,水泥宜采用强度等级为425的硅酸盐水泥。水泥、砂、水按配合比在搅拌机中拌和均匀,为了避免大块浆液堵塞压浆泵,砂浆需经过滤网再注入压浆泵。也有直接用纯水泥浆灌注的锚杆,水灰比约为0.45。拌和良好的砂浆需具有较高可泵送性、低泌浆性,且凝固时只有少量或没有膨胀,使浆液达到足够的强度。灌浆的浆液需用立方试块,在7至28d龄期时进行抗压强度试验。水泥的各龄期强度不得低于《通用硅酸盐水泥》GB 175—2007所制定的强度数值。

如采用粗变形钢筋作为拉杆,一般灌浆时采用1根ϕ30mm左右的钢管作为导管,一端与压浆泵连接,另一端用细丝捆扎在锚杆钢筋头上并同时送入钻孔内,距孔底应预留约50～

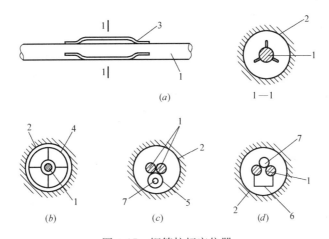

图 4-17 钢筋拉杆定位器

(a) 三角支撑；(b) 撑筋环；(c) 钢管定位器；(d) 船形定位器

1—钢筋拉杆；2—钻孔；3—三脚支撑；4—撑筋环；5—钢管；6—船形支架；6—灌浆管

100mm 的空隙。灌浆管管口必须低于浆液面，这样的灌注法可将孔内的水和空气挤出孔外，以保证灌浆质量。灌浆完成后，应将灌浆管、压浆泵、搅拌机等用清水洗净。用空气压缩机灌浆时，压力不宜过大，以免吹散砂浆，因此必须控制灌浆压力以避免损坏临近的各锚杆。

（2）灌浆方法

灌浆方法有一次灌浆法和重复灌浆法两种。

一次灌浆法是用压浆泵将水泥砂浆由注浆管进行灌浆。灌浆时，将一根 $\phi30mm$ 左右的钢管或胶管作为注浆管。一端与压浆泵相连，另一端与拉杆同时送入孔底。当注浆管末端距孔底 100~200mm 左右开始灌浆，随着水泥砂浆的灌入，逐步把灌浆管往外拔出，但管口要始终埋在砂浆中，直到孔口。这样可把孔内的水和空气全部挤出孔外，以保证灌浆质量。灌浆压力为 0.4MPa 左右。待浆液回流到孔口时，用水泥袋纸等塞入孔口，再用湿黏土封堵孔口，严密捣实，再加大压力进行灌浆，稳压数分钟后即可。

灌浆还可采用二次或多次重复灌浆的方法。二次灌浆一般采用双管法，也可采用专用锚杆。

双管法用两根灌浆管，第一次灌浆时灌浆管的管端距离锚杆末端 500mm 左右（图 4-18），管底处可用塑料筒、黑胶布等封住，以防成放时土进入管口。第二次灌浆时灌浆管的管端距离锚杆末端 1000mm 左右，管底出口处亦可用黑胶布等封口，且从管端 500mm 处开始向上每隔 2m 左右做出一段 1m 长的花管，花管的孔眼为 $\phi8$，花管的段数视锚固长度而定。

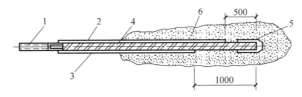

图 4-18 双管法注浆管的布置

1—锚头；2—第一次注浆管；3—第二次注浆管；4—锚杆；5—塑料筒；6—锚固体砂浆

灌浆时可先灌锚固段，待浆液初凝后对锚固段进行张拉，然后再灌注自由段，使锚固段与自由段界限分明。

第一次灌浆一般采用水泥砂浆，注浆压力 0.3～0.5MPa，流量可控制在 100L/min。在压力作用下，浆液冲出封口流向钻孔，由于水泥砂浆的相对密度较大，可将清孔存留在孔内的水及泥浆换出来。第一次灌浆可根据孔径及锚固段长度而定，灌浆后将注浆管拔出，可重复使用。

待第一次灌注的浆液初凝后，进行第二次灌浆。第二次注浆液使用水泥浆，二次注浆时间可根据注浆工艺试验确定或在第一次灌浆锚固体强度达到 5MPa 后进行。压力控制在 2.5～5.0MPa，并稳压 2min，浆液冲破第一次灌浆体，向锚固体与土的接触面之间扩散，使锚固体直径扩大（图 4-16），增加径向压应力。由于挤压作用，使锚固体周围的土受到压缩，孔隙比减小，含水量减少，也提高了土的内摩擦角。由此，提高土层锚杆的承载力。

灌浆应注意下列几点：

1）搅拌过的浆液需按其配合比，直接均匀地充填到锚固段；
2）必须保证锚固体保持连续密实；
3）在浆液硬化之前，不能承受外力或由外力引起的锚体移动。

5. 张拉与锚固

（1）锚头及张拉设备

土层锚杆的锚头与张拉设备，应根据锚杆材料配套。

单根粗钢筋拉杆，可采用螺丝端杆，或直接在钢筋端部加工螺纹，但后者应注意截面的损失。张拉设备则可选用拉杆式千斤顶，如 YL-60 型等。

（2）张拉方法

锚杆的张拉与施加预应力应符合以下规定：

1）锚固段强度大于 15MPa，并不小于设计强度等级的 75% 后方可进行张拉；
2）锚杆张拉顺序应考虑对邻近锚杆的影响；
3）锚杆宜张拉设计至设计荷载 0.9～1.0 倍后，再按设计要求锁定；
4）锚杆张拉控制应力不应超过锚杆杆体强度标准值的 0.75 倍。

为了减小对邻近锚杆的影响，又不影响施工进度，通常可采用间隔张拉的方法，如"隔二拉一"的方法。张拉宜采用分级加载，每级加载应稳定 3min，最后一级加载应稳定 5min。施工中还应做好张拉记录。

6. 锚杆的拆除

土层锚杆在基坑支护结构中多为临时性结构，当地下工程全部完成后，最好将其拆除，以免给该区域将来地下施工造成障碍。由于锚杆在设计时要求尽量牢固，以达到可靠的支护效果，因此将其拔除施工十分困难，作业场地也受很大限制。目前工程中仍有大量锚杆是留在地下而不拆除的，须拆除的锚杆在制作时就应考虑，使其做成可拆式锚杆。

可拆式锚杆基本上有两种做法：一是采用粗钢筋作为拉杆，在它与锚固体之间设置某种可以脱开式的机械装置；二是采用钢索作为拉杆时，用某种手段破坏它与锚固体的联结。

下面介绍实际应用过的几种做法：

(1) 利用螺纹拆除拉杆法

采用全长带有螺纹的预应力钢筋作为拉杆。拆除时，先用空心千斤顶卸荷，然后再旋转钢筋，使其撤出。其构造如图4-19所示，它由三部分组成：

1) 锚固体；
2) 放在套管内的，全长带有螺纹的预应力钢筋；
3) 传荷板。

(2) 用高热燃烧剂将拉杆熔化切断法

在锚杆的锚固段与自由段的连接处先设置有高热燃烧剂的容器。拆除时，通过引燃导线点火，将锚杆在该处熔化切割拔出，图4-20为用高热燃烧剂将拉杆的一部分熔化，也有的采用燃烧剂将拉杆全长去除。

(3) 使夹具滑落拆除锚杆法

采用预应力钢绞线作为拉杆，靠装在前端的夹具，将荷载传递给锚固体，见图4-21。设计时，保证在外力 A 作用下，夹具绝对不会脱落。拆除时，可施加远远大于 A 的外力 B，使夹具脱落，从而拔出拉杆。

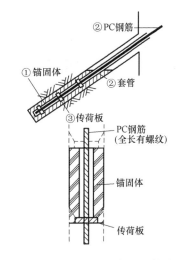

图 4-19 利用螺纹拆除拉杆的构造图

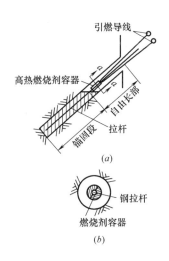

图 4-20 燃烧剂设置
(a) 侧面图；(b) a—a 断面图

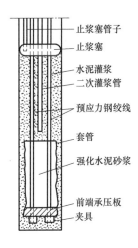

图 4-21 使夹具滑落拆除法构造断面图

第5章 排桩及内支撑施工

5.1 概 述

排桩与内支撑支护体系是目前基坑工程中最常见的支护体系之一。排桩围护结构利用常规的各种桩体，按一定的间距或连续咬合排列，形成地下挡土结构。当没有支撑体系，仅有排桩作为围护结构时，称之为悬臂式支护结构。

由于悬臂结构在基坑底以上部分呈悬臂状态（如图5-1），支护结构弯矩随开挖深度成三次方增加，故与有内支撑的支护结构相比，这种支护结构的顶位移及杆件弯矩值均较大，因此，应用具有很大的局限性，一般应考虑下列情况：

（1）一般只在单层地下室及支护高度小于5m时采用；

（2）基坑底以下的地质情况良好，有较大的 c、φ 值，有作为杆件插入当作嵌固端的能力；

（3）基坑底部及桩端处不是软弱土层（图5-2），因为这两处是杆件平衡的关键部位，产生的反力较大，如果接触部位为软土层，对整个结构的稳定是非常不利的。

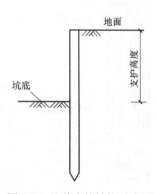

图5-1 悬臂支护结构示意图

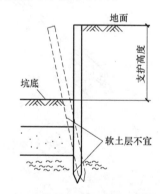

图5-2 悬臂结构地质不符破坏示意图

当坑底下被动区土质情况不良时，可考虑采用人工加固的方法，以提高被动区的被动土压力，及嵌固端能力。悬臂式围护结构可以分为板桩式结构、排桩式结构和地下连续墙结构。地下连续墙结构为特殊的结构，将通过具体章节进行详细阐述，下文将介绍板桩式和排桩式支护结构。

5.1.1 板桩式结构

板桩式结构是用各种截面形式的构件单元相互之间用锁口搭接而成的连续挡土结构。板桩式结构按材料分类大致可分为以下几种：

(1) 钢板桩

钢板桩常见的断面形式有 U 形、Z 形等多种形式。需要并接的时候，钢板桩通过边缘的锁口连接，相互咬合而形成连续的钢板墙，起到挡土、挡水的作用（图 5-3）。

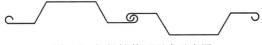

图 5-3 钢板桩截面型式示意图

与其他桩型相比，钢板桩的抗弯刚度较小，采用 U 形或 Z 形之后，可以增加抗弯能力，但悬臂的钢板桩仍会有较大的变形，使用中应预先对其可能发生的位移量进行估算。

(2) 钢筋混凝土或劲性混凝土板桩

预制的钢筋混凝土板桩常采用矩形、圆形、工形或 T 形（图 5-4），也可以采用管柱形把直径做得更大，按施工能力分为若干节逐节连接。

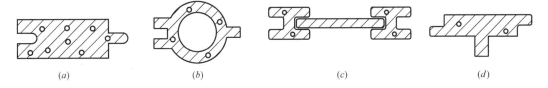

图 5-4 钢筋混凝土板桩截面形式
(a) 矩形截面；(b) 圆形或管柱形截面；(c) 工字形截面；(d) T 字形截面

劲性混凝土与钢筋混凝土板桩从制作、打入到使用过程来看是极其相似的，唯一不同的是劲性混凝土板桩采用的是型钢拼接而成的骨架代替普通的钢筋笼骨架，因此劲性混凝土板桩具有更大的抗弯能力，并且其抵抗悬臂端具有产生过大变形的能力。

(3) 木板桩

选用质地良好，且能抗捶击的木料加工，根据一定的施工要求制成能够符合支护板桩当土或挡水需要的结构形式（图 5-5）。

图 5-5 木板桩截面形式示意图

木板桩支护一般只适用于土质较好，对边坡稳定有较大安全保障的情况，常用的木板桩只使用单层板桩挡土，对于有一定防渗要求的，也可以设置双层木板桩，中间夹填黏土类防渗材料组成具有复合作用（挡土及挡水）的板桩墙。

(4) 组合型板桩

这种板桩的主要特点是利用抗弯刚度较大的型钢，如工字钢或槽钢作为受弯的悬臂杆件，而挡土作用则由木板来承担，因而能够各自最大程度地发挥材料的优点，同时又能协同工作，达到节省材料、方便施工的目的（图 5-6）。

在基坑的周边方向上，悬臂式板桩的密度即桩与桩之间的间距，需要通过计算来确定，它与桩体材料、土

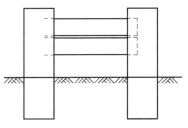

图 5-6 组合型板桩（工字钢加木板）

质情况、地下水位以及桩体本身的尺寸、允许强度和最大变位量等有关。悬臂式板桩由于其适用范围是土质条件较好、边坡容易稳定的浅层地下室开挖，所以通常在对挡水要求不高的情况下，板与桩的功能相对比较独立。板用于挡土，桩用于保证强度和稳定，这就有可能使板做得相对较薄，而把主要的注意力集中于悬臂桩的设计和施工上。

5.1.2 排桩式结构

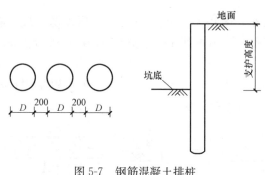

图 5-7 钢筋混凝土排桩

这是目前在基坑支护工程设计中采用最为广泛的一种形式，对于不能放坡或由于场地限制不能采用搅拌桩围护，开挖深度在 6～10m 左右的情况，即可采用排桩围护，即使用各种类型的钢筋混凝土桩紧密排列的形式。为施工方便，桩与桩之间保持一定间距，在软土地基中常取约 20cm 的净距（图 5-7）。当地下水或桩背（即主动土压力区）有含水量较大的软土时，应在桩背设计止水帷幕，以防止地下水或淤泥渗漏入基坑内。

常用的桩型有：
(1) 沉管灌注桩：桩径一般为 40～50cm；
(2) 冲（钻）孔灌注桩：桩径一般为 60～100cm；
(3) 人工挖孔桩：桩径不小于 80cm。

排桩式围护结构可分为：
(1) 柱列式排桩围护。当边坡土质尚好、地下水位较低时，可利用土拱作用，以稀疏钻孔灌注桩或挖孔桩支挡边坡（图 5-8 (a)）。
(2) 连续式排桩围护。在软土中一般不能形成土拱，支挡桩应该连续密排。密排的钻孔桩可以互相搭接，或在桩身混凝土强度尚未形成时，在相邻桩之间做一根素混凝土树根桩把钻孔桩排连起来（图 5-8 (b)、(c)）。
(3) 组合式排桩围护。在地下水位较高的软土地区，可采用钻孔灌注桩排桩与水泥土桩防渗墙组合的形式（图 5-8 (d)）。

图 5-8 排桩围护的类型
(a) 柱列式；(b)、(c) 连续式；(d) 组合式

5.2 灌注桩施工

钻孔灌注桩施工可分为干作业成孔和湿作业成孔，成孔后吊放钢筋笼，灌注混凝土而

成。施工时应保证设计要求的孔位、孔深和孔的垂直度,并保证孔底松土沉渣厚度不超过规定值。

5.2.1 干作业成孔

1. 工艺流程

施工区地下水位较低,成孔后孔内无水,可采用干作业成孔法施工,工艺程序如图 5-9 所示。

2. 成孔机具

(1) 螺旋钻孔机

螺旋钻孔机适用于地下水位以上的匀质黏性土、砂性土及人工填土。该机主要由主机、螺旋钻杆、钻头、出土装置等组成。

成孔施工时,利用螺旋钻头钻进同时切削土体,被切的土块随钻头旋转并沿钻杆上的螺旋叶片提升而被带出孔外,最终形成所需的桩

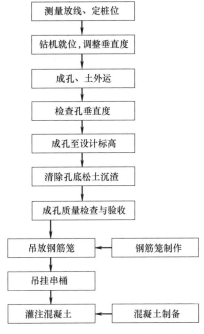

图 5-9 干作业成孔施工工艺程序简图

孔,其主机一般均采用步履式。这类钻孔机结构简单、使用可靠,成孔效率高、质量好,且具有耗钢量少、无振动、无噪声等一系列优点,因此在无地下水的均质土中广泛采用。螺旋钻孔机的钻头钻进取土的关键装置,有多种类型,适用于不同土质,常用的有锥式钻头、平底钻头及耙式钻头(图 5-10),用于大直径钻孔的螺旋钻头如图 5-11 所示。

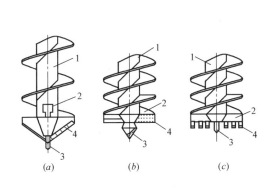

图 5-10 螺旋钻头
(a) 锥式钻头;(b) 平底钻头;(c) 耙式钻头
1—螺旋钻头;2—切削片;3—导向尖;4—合金刀

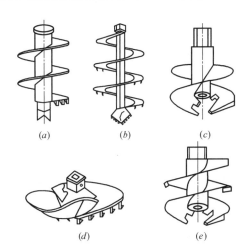

图 5-11 大直径螺旋钻头
(a) 单侧螺旋叶钻头;(b) 阶梯螺旋钻头;(c) 凿岩螺旋钻头;(d) 平缓螺旋钻头;(e) 漂石用螺旋钻头

常用的三种钻头的适用性:锥式钻头适用于黏性土;平底钻头适用于松散土层;耙式钻头适用于杂填土,其钻头边镶有硬质合金刀头,能将碎砖等硬块切削成小颗粒。部分螺旋钻孔机的技术性能列于表 5-1。

旋钻孔机技术性能表　　　　　表 5-1

性能指标		单位	型号				
			BQZ	BQZ-Ⅱ	LZ400	LZ-500	LZ800
钻孔直径		mm	300～400	300～400	250～400	300～500	600～800
钻孔深度		m	8	8	12	12	12
平均钻进速度		m/min	1～1.5	1～1.5			
提钻速度		r/min	13	13			
钻杆转速		r/min	132	85	70、110	63、81、116	38、54、71
钻杆最大扭距		N·m	1620	2520	3708	4850	12070
电机	功率	kW	22	30	30	30	55
	转速	r/min	1470	980	980	980	980
	电压	V	380	380	380	380	380
卷扬机提升能力		kN	3	10			
整机回转角度			135	100			
工作状态外形尺寸	长	mm	7400	8000	8000	8000	8000
	宽	mm	2600	3210	3210	3210	3210
	高	mm	13040	21775	21775	21775	21775
质量		t	11.5	10.0			
备注			液压步履式	液压步履式	配 W1001	配 W1001	配 W1001

(2) 洛阳铲挖机

机动洛阳铲挖孔机（图 5-12）由提升机架、滑轮机、卷扬机及机动洛阳铲组成。提升机带动洛阳铲到一定高度后，靠机动洛阳铲的冲击能量来开孔挖土。每次冲铲后，将土从铲具钢套中取出。洛阳铲宜用于地下水位以上的一般黏性土、黄土和人工填土地基。其设备简单，操作容易。

(3) 人工挖孔

人工挖孔是用人工向下挖掘，并逐渐浇筑钢筋混凝土井圈护壁，而后成孔的一种施工方法（图 5-13）。每层井圈高度 500～900mm，井圈做成锥形，目的是便于混凝土的浇筑，锥形井圈上口宽一般为 150～200mm，下口宽 100mm。由于人工挖孔是需人工进入孔内操作的，故一般成孔直径较大，通常大于 800mm。

采用挖孔桩作基坑支护结构具有无振动、无噪声、无挤土、无泥浆排放等优点，适用于建筑密集或地下管线较多的地区，且它无需大型机械设备，施工成本较低。国外还发展一种人工挖槽的地下连续墙，槽段深度达 20m。

但是人工挖孔对土质要求较高，施工人员必须有足够的经验，包括施工工艺、技术及对施工区域土层的熟悉。应特别注意不能在流动性淤泥、流砂或有地下水暗流的地区进行人工挖孔。

人工挖孔施工包括以下工具：挖掘工具以铁锹、铁镐、钢钎、风镐等简易轻便工具为主；出土工具主要有机架、电动（或手拉）葫芦及出渣筒，常用出渣筒高度为 70mm，直径 400～600mm，上设偏心吊耳进行脱钩倒渣；降水工具通常采用大扬程的潜水泵在孔内抽排水，也可在孔外设井降水；照明工具孔内照明均采用低压防水照明灯具；通风工具要

第5章 排桩及内支撑施工

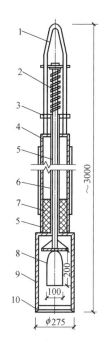

图 5-12 洛阳铲构造示意图
1—提升机；2—弹簧；3—钢板；4—封板；
5—钢管；6—套管；7—配重；8—留孔
（对称两个）；9—钢板套；10—铲刀

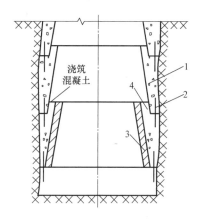

图 5-13 人工挖孔桩施工方法
1—井圈；2—井圈间连接钢筋；
3—模板；4—混凝土浇筑口

求向孔内的送风不小于 25L/s。常用的工具为 1.5kW 的鼓风机，配以直径为 100mm 的塑料送风管；混凝土护圈模板常用的有木模板或钢模板，下井前先预制成圆弧形模板，后在井内安装成整体。

机架通常采用型钢焊成的简易门式机架，其上安置电动葫芦等，链式电动葫芦是主要的起重工具，起吊能力一般为 10kN，吊放深度根据桩长选择，铰链处应设有自动限位防坠装置，承重吊链的破坏拉力不应小于 60kN。一般高度为 3m 左右，主梁长为 5m 左右，也可采用三脚式支架。

3. 施工要点

螺旋钻孔机法的施工要点：①应根据地层情况，选择合理的钻进转速及钻压；②初钻时应选用慢速档，以减小钻杆摇晃，并便于校正桩位及初始垂直度；③遇到硬土或钻进异常情况（如不正常摇晃），应放慢钻进速度，保证孔形及垂直度；必要时应提钻检查，如有地下障碍必须排除后方可缓慢钻进；④由硬土层进入软土层时，特别是钻进含水量大的软塑性黏土层，应控制钻杆晃动防止扩孔；⑤钻进达到设计标高后，应原位空转清土，停钻后再提钻取土。应注意空转清土时不可进钻；提钻弃土时不可转钻。

人工挖孔法施工要点：①施工前必须充分了解现场工程地质与水文地质状况；②根据井圈设计高度，挖至一定孔深度后应立即支模，按要求放置钢筋并浇筑混凝土；③井圈混凝土达到设计允许的强度后方可进行下一层的挖土施工；④如孔内有地下水渗出时，应在孔内设排水坑并用潜水泵抽去；⑤孔内施工照明必须采用安全低压防水灯，送风量不应小于 25L/s，孔底出风口离操作人员的距离应不大于 2m。

5.2.2 泥浆护壁成孔

泥浆护壁成孔可用多种形式的钻机钻进成孔，为防止孔壁坍塌，在孔内注入高塑性黏土或膨润土和水拌合的泥浆，也可利用钻削下来的黏性土与水混合自造泥浆保护孔壁。这种护壁泥浆与钻孔的土屑混合，边钻边排出泥浆，同时进行孔内补浆。

1. 护壁泥浆

护壁泥浆是由高塑性黏土或膨润土和水拌合的混合物，还可在其中掺入其他掺合剂，如加重剂、分散剂、增黏剂及堵漏剂等。泥浆具有护壁、携砂、冷却和润滑作用，其中主要是保护孔壁、防止坍孔，同时在泥浆循环过程中还可携砂，并对钻头起到冷却润滑作用。

护壁泥浆一般可在现场制备，有些黏性土在钻进过程中可形成适合护壁的浆液，则可利用其作为护壁泥浆，这种方法也称自造泥浆。

护壁泥浆应达到一定的性能指标，膨润土泥浆性能指标如表5-2所示。

膨润土泥浆性能指标　　　　表5-2

项次	项目	性能指标	检验方法
1	相对密度	1.05～1.25	泥浆密度计
2	黏度	18～25s	500/700mL漏斗法
3	含砂率	<4%	
4	胶体率	>98%	量杯法
5	失水量	<30mL/30min	失水量仪
6	泥皮厚量	1～3mm/30min	失水量仪
7	静切力	1min 2～3Pa 10min 5～10Pa	静切力计
8	稳定性	0.03g/cm^2	
9	pH值	7-9	pH试纸

2. 泥浆循环方法

根据泥浆循环及出渣方式不同，泥浆循环工艺可分为正循环及反循环两种：

（1）正循环施工法

正循环施工法是从地面向钻管内注入一定压力的泥浆，与钻孔产生的泥渣搅拌混合，然后经由钻管与孔壁之间的空腔上升并排出孔外，混有大量泥渣的泥浆水经沉淀、过滤并做适当处理后，可再次重复使用，称泥浆正循环（图5-14）。正循环法是国内常用的一种成孔方法，这种方法由于泥浆的流速不大，所以出土率较低，适合6m深度以上的钻孔使用。正循环法的泥浆循环系统由泥浆池、沉淀池、循环槽、泥浆泵等设备组成，并有排水、清洗、排废等设施。

（2）反循环施工法

反循环法是将钻孔时孔底混有大量泥渣的泥浆

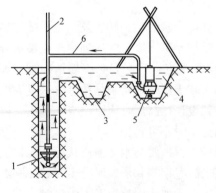

图5-14　正循环排渣

1—钻头；2—钻杆；3—沉淀池；4—泥浆池；
5—泥浆泵；6—送浆管

通过钻管的内孔抽吸到地面,新鲜泥浆则由地面直接注入桩孔。反循环吸泥法有三种方式,即空气提浆法、泵举反循环法和泵吸反循环法。

空气提浆反循环法在钻管底端喷吹压缩空气,当吹口沉至地下6～7m时即可压气作业,气压一般控制在0.5MPa,由此产生比重较小的空气与泥浆的混合体,形成管内水流上升,即"空气升液"。当钻至设计标高后,钻机压气出浆至泥浆密度至规定值为止(图5-15(a)),这种方法排泥及钻孔效果好,适用于深孔钻进,对于浅孔,由于吸风时往往会将压缩空气喷出地面,影响排渣效果。

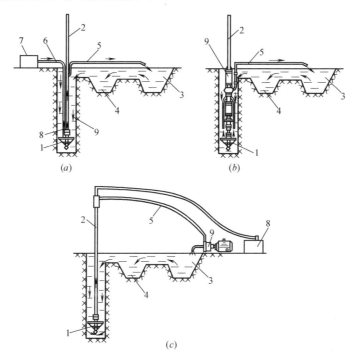

图 5-15 反循环排渣
(a) 空气提浆法;(b) 泵举反循环;(c) 泵吸反循环
1—钻头;2—钻杆;3—沉淀池;4—泥浆池;5—送浆管;6—高压气管;7—空压机;8—真空泵;9—砂石泵

泵举反循环法为先进方法之一,系将潜水砂石泵同主机连接,开钻时采用正循环开孔,当钻深超过砂石泵叶轮位置以后,启动砂石泵电机,开始反循环作业,砂石泵随主机一起潜入孔内,可迅速将切碎泥渣排出孔外,钻头不必切碎土成为浆状,钻进效率高。钻至设计标高后,砂石泵继续排泥,达到清孔要求(图5-15(b))。

泵吸反循环法则是将钻管上端用软管与离心泵连接,并可连接真空泵,吸泥时是用真空将软管及钻杆中的空气排出,再起动离心泵排渣(图5-15(c))。

为保证孔壁稳定,排出泥浆密度及黏度应予以控制。对于软土地基中不同施工方法的控制指标见表5-3。浇混凝土前孔底500mm以内泥浆密度应小于1.25、含砂率小于8%、黏度小于28s。

3. 施工机械

(1) 冲击钻机

冲击钻机是将冲锤式钻头用动力提升,以自由落下的冲击力来掘削土层式岩层,然后排除碎块，钻至设计标高形成桩孔。它适用于粉质黏土、砂土及砾石、卵漂石及岩层等。冲击式钻头有十字形、Y形、一字形及工字形等多种形式（图5-16），一般锻制或铸钢制成，可用T8号钢焊在端部，形成破岩能力的钻刃。冲钻质量一般为0.5~3t，并可按不同孔径制作。

排出空口泥浆性能技术指标 表5-3

项次	项目		排出泥浆指标
1	相对密度	正循环成孔	≤1.30
		反循环成孔	≤1.15
2	漏斗黏度	正循环成孔	20~26s
		反循环成孔	18~22s

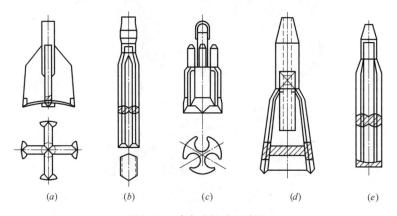

图5-16 冲击式钻头示意图
(a) 十字形钻头；(b) Y形钻头；(c) 一字形钻头；(d) 工字形钻头；(e) 圆形钻头

冲击钻机施工中需在以护筒、掏渣筒及打捞工具等，机架可采用井架式、桅杆式或步履式等，一般均为钢结构。

冲击钻机常用型号有CZ型及YKC型，它们的技术性能见表5-4及表5-5。

CZ型冲击钻机表 表5-4

机型		CZ-30	CZ-22	CZ-20	简易冲击
钻孔最大深度(m)		500	300	300	
钻孔最大直径(mm)		763	559	508	
动力机		40WJQ93-9	22kWJQ73-6	20kWJQ$_2$-72-6	
钻具最大质量(t)		2.5	1.3	1.3	2.0~3.5
钻具冲程(mm)	最大	1000	1000	1000	4000
	最小	350	350		1000
冲击次数(次/min)		40、45、50	40、45、50		5~10
起重力(kN)	淘渣卷筒	30	20	20	30~50
	滑车卷筒	20	15	13	
提升速度(m/s)	钻具	1.24、1.47、1.56	1.18、1.32、1.47	0.52、0.58、0.65	
	淘渣筒	1.38、1.56、1.74	1.26、1.40、1.58	0.06、1.08、1.27	
	滑车钢绳	0.88、0.98、1.11	0.81、0.92、1.02		

续表

机型		CZ-30	CZ-22	CZ-20	简易冲击
钢丝绳直径(mm)	钻具卷筒	26	21.5	19.5	
	淘渣卷筒	21.5	15.5	13	
	滑车卷筒	17.5	15.5		
钻架高度(m)		16	12.5	12	
质量(t)		13	7.4	6.18	5.0
生产厂家		沈阳矿山机械厂		洛阳、太原矿山机械厂	

YKC型冲击钻机表 表5-5

型号		YKC-31型	YKC-30型	YKC-22型	YKC-20型
钻孔深度(mm)			500、40~50	300	300
钻孔直径(mm)			400、800~1300	559	508
动力机功率(kW)		60	40	20	200
卷扬	卷筒个数	2	3	3	2
	起重力(kN)	55、25	30、20	13、15、20	10、15
	提升速度(m/s)		1.24、1.41、1.56	1.18、1.32、1.45	0.52、0.58、0.64
冲击次数(次/min)		29、30、31	40、45、50	40、45、50	40、45、50
冲程(m)		1.0、0.8、0.6	10、0.8、0.7、0.5	0.35~1.0	0.45~1.0
钻具最大质量(t)		3	十字形钻头2.5	1.3	1.0
生产厂家		沈阳矿山机械厂		洛阳、太原矿山机械厂	北京探矿机械厂

掏渣筒一般用钢板制成，用以掏取孔内土、石渣浆，其构造见图5-17。根据取土活门不同构造分为碗形活门、单片活门及双片活门三种。

（2）冲抓锥钻机

冲抓锥钻机是通过动力将冲抓锥提升，而后下落冲入土中，叶瓣抓片张开，提钻时抓片闭合抓土，将冲抓锥提出孔口卸土，依次循环成孔。它适用于淤泥质土、黏土、砂土、砂砾石及岩层。孔深一般在20m左右，成孔直径较小。

冲抓锥构造如图5-18所示，根据抓片活动连杆的设置方式可分为外连杆冲抓锥及内连杆冲抓锥两种。

冲抓锥施工中也要配备出渣设备，机架类似冲击钻机，可采用各种类型桩架，表5-6给出了两种型号的冲抓锥钻机的技术性能。

（3）桶状斗式钻机

桶状斗式钻机由机架、方型钻杆、传动装置及桶状土斗等组成，该施工法系美国Calweld公司的专项技术，在日本应用较广泛，我国尚未生产这类钻机。上海新世纪广场工程曾从日本引进这类钻机，取得了较好效果，至今已有一些工程采用桶状斗式钻机。

该钻机一般均采用步履式机车，钻杆一般由两节可伸缩的内外方形钢管（170mm×170mm与130mm×130mm）及一节实心方钢（90mm×90mm）芯杆而组成，内芯杆下端以销轴与取土斗相连。钻取土时，随着钻孔深度的不断增加，中、内杆逐节伸出，钻杆提起时，中、内钻杆逐节收缩。桶状土斗结构形式有多种（图5-19）。在软土地区成孔时，较多采用钻削式取土斗，对卵石或砂砾则可用冲切式钻头，对大孤石或岩石层一般可用锁定式钻头，桶状斗性能见表5-7。

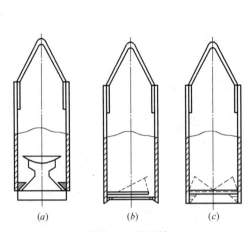

图 5-17 掏渣筒
(a) 碗形活门；(b) 单片活门；(c) 双片活门

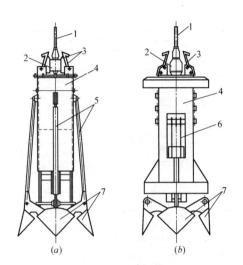

图 5-18 冲抓锥
(a) 外连杆；(b) 内连杆
1—起重钢丝绳；2—挂砣；3—自动挂钩；
4—套管；5—外连杆；6—内连杆；7—叶瓣抓片

冲抓锥成孔机的技术性能　　　　　　　　表 5-6

性能指标	型号	
	A-3 型	A-5 型
成孔直径(mm)	480～600	450～600
最大成孔深度(m)	10	10
抓锥长度(mm)	2256	2365
抓片张开直径(mm)	450	430
抓片数	4	4
提升速度(m/min)	15	18
卷扬机起重能力(kN)	20	25
平均工效(m/台班)	30～40	30～40

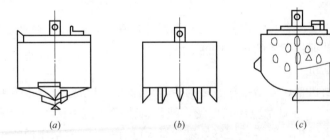

图 5-19 桶状式结构示意图
(a) 钻削式；(b) 冲切式；(c) 锁定式

　　桶状斗式钻机成孔设备安装简单，施工效率高，施工时无振动、无噪声，泥浆排量少，在土质好时还可干挖，具有相当的优越性，但一般开挖后桩孔直径往往会比钻头大 10%～20%。该机机车设大功率电机，通过钻杆轭架强力旋转，使钻杆旋转，并带动土斗旋转取土，再将土斗提升排土，多次反复钻取，以完成桩孔。在地下水位较高的软土地区，一般采用泥浆护壁。

桶状斗的性能　　　　　　　　　　　　表 5-7

型号	质量(kg)	钻进扭矩(kN·m)	钻进性能 口径(mm)	钻进性能 深度(m)	生产厂商
150-A	8.5		1000	20	Calweld(美)
15-H	20.0		1000	20	加藤(日)
20-H	20.5		1000	24	加藤(日)
20-HR	22.0	19	1200	27	加藤(日)
U106ED	22.0	19	1000	28	日立(日)
20-THB	30.0	19	1200	27	加藤(日)
U106AED	23.4	30	1000	27	日立(日)
U106AWED	23.4	30	1000	27	日立(日)
U106ALED	33.4	30	1300	27	日立(日)
KH100ED	36.9	40	1500	33	日立建机(日)
KH125ED	47.0	40	1500	38	日立建机(日)
UH07ED	25.0	30	1000	20	日立建机(日)
DH300ED	39.8		1500	33	日本车辆(日)
DH350ED	45	40	1500	33	日本车辆(日)

注：表中所列扭矩系正转时的扭矩。

表 5-8 及表 5-9 分别给出了日本日野及加藤桶状斗式钻机的主要技术参数，日野钻机的动力较大，加藤钻机的动力较小。

日制日野钻机的技术性能　　　　　　　　表 5-8

主机型号		KH100-2	KH125-2	DH350	ED4000	ED5500
吊杆长度(m)		19	20.5	14	12.4	16.3
最大钻孔直径(mm)	一般土层	1500	1500	1500	1500	1500
	软土层	1700	1700	1700	1700	1700
	特软土层	2000	2000		2000	2000
最大钻进深度(m)	只用方钻杆	33	38	33	43	58
	使用钻杆心杆	43	48	43	53	68
钻挖斗回转速度(高速/低速)(r/min)		26/13	20/12	20/12	28/14	28/14
钻挖斗回转扭矩(正转/反转)(r/min)		40/50	40/50	40/50	44/52	44/52
钻挖斗最大提升能力(kN)		120	120		135	160
副吊钩最大容量(kN)		50	50			
速度	钻挖斗升降(m/min)	43	43	47	49	49
	副吊钩升降(m/min)	60/30	60/30	60/30	68/34	58/29
	吊杆仰俯(m/min)	45	45	47		
	旋转(r/min)	3.8	3.4	3.8	3.5	3.3
	行走(km/h)	1.3	1.3	1.3	2.3	1.9
动力机	型号	EL100	EL100	DS50A	EM100	EM100
	额定输出功率(kW/r/min)	90/2000	90/2000	95/2000	115/2000	115/2000
全部装备质量(t)		39	47	45	44	57
全部装备平均接地压力(kPa)		82	69	66	73	78

日制加藤钻孔机的技术性能 表5-9

性能项目		型号		
		20-HR	20-TH	50-TH
钻孔直径(mm)		500～1000	450～1200	2000
钻孔深度(m)		60	60	60
钻杆长度(m)		18.5,24	24	
环形齿轮内径(mm)		1220	1220	
电机功率(kW)		65.5	65.5	
电机最大扭矩(kN·m)		39	39	
行走速度(m/min)	Ⅰ档	0.44	0.51	
	Ⅱ档	0.79	0.90	
	Ⅲ档	1.48	1.70	
卷扬机		33	33	
质量(t)		22	27	50

(4) 潜水钻机

潜水钻机由潜水电钻、钻头、钻杆、机架等组成。施工时钻头安装在潜水电钻上共同潜入水中钻进成孔，因此，钻杆不需旋转，噪声低，钻孔效率高，可减少钻杆截面，还可避免钻杆折断等易发事故，是近年来应用较广的钻机。

潜水钻机适用于地下水位较高的软土层、轻硬土层，如淤泥质土、黏土及砂质土。如更换合适钻头，还可钻入岩层。通常钻进深度可达50m左右，钻孔直径600～5000m。常用潜水钻机的技术性能见表5-10。

常用潜水钻机的技术性能 表5-10

技术性能指标		钻机型号						
		KQ-800	GZQ-800	KQ-1250A	GZQ-1250A	KQ-1500	GZQ-1500	KQ-2000
钻孔深度(m)		80	50	80	50	80	50	80
钻孔直径(mm)		450～800	800	450～1250	1250	800～1500	1500	800～2000
主轴转速(r/min)		200	200	45	45	38.5	38.5	21.3
最大扭矩(kN·m)		1.90	1.07	4.60	4.76	6.87	5.57	13.72
潜水电机功率(kW)		22	22	22	22	37	22	44
潜水电机转速(r/min)		960	960	960	960	960	960	960
钻进速度(m/min)		0.3～1.0	0.3～1.0	0.3～1.0	0.16～0.20	0.06～0.16	0.02	0.03～0.10
整机外形尺寸	长度(mm)	4306	4300	5600	5350	6850	5300	7500
	宽度(mm)	3260	2230	3100	2220	3200	3000	4000
	高度(mm)	7020	6450	8742	8742	10500	8350	11000
主机质量(t)		0.55	0.55	0.70	0.70	1.00	1.00	1.90
整机质量(t)		7.28	4.60	10.46	7.50	15.43	15.40	20.18

潜水电钻是将电机、变速器、进水管等组合为一体的专用电钻，其上端与钻杆连接并设有进水管，下端与钻头连接，电钻经密封装置封密，防水性能好。图5-20是潜水电钻

示意图,与潜水电钻配套使用的钻头根据土层可选用不同形式,常用的有笼式钻头(图 5-21)简式钻头及两翼钻头等。

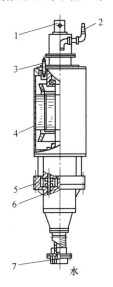

图 5-20　潜水电钻

1—提升盖;2—进水管;3—电缆;4—潜水电钻机;
5—减速器;6—中间进水管;7—钻头接箍

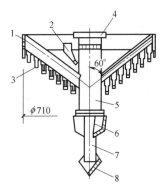

图 5-21　笼式钻头

1—护圈;2—钩爪;3—腋爪;4—钻头接箍;
5—钢管;6—小爪;7—岩芯管;8—钻头

(5)工程水文地质钻机

该钻机由机械动力传动,可多档调节或液压无级调速,带动置于钻机前端的转盘旋转,方形钻杆通过带方孔的转盘被强制旋转,其下安装钻头钻进成孔。钻头一般也采用笼式钻头。配有移动装置,设备性能可靠,噪声和振动小,钻进效率高,钻孔质量好。近几年在我国华东地区广泛应用。它适用于松散土层、黏土层、砂砾层、软硬岩层等多种地质条件。上海生产的 GPS 系列工程水文地质钻机可适应不同工程需要(图 5-22),其技术性能见表 5-11。

GPS 系列工程水文地质钻机技术性能　　　　　表 5-11

序号	技术指标		单位	型号			
				GPS-10B	GPS-15	GPS-20	GPS-25
1	钻孔直径		mm	1000	1500	2000	2500
2	钻进深度		m	50	50	80	100
3	转速		r/min	45、80、143	13、23、42	8、14、18、26、32、56	6、11、20
4	主轴最大扭矩		kN·m	6.3	18	30	30
5	主机功率		kW	30	22	37	37
6	钢塔有效高度		mm	11300	7800	8500	9150
7	整机质量		t	9.0	8.0	10	28.8
8	工作状态外形尺寸	长	mm	5500	4700	5670	6700
		宽	mm	3000	2200	2400	4000
		高	mm	11500	9000	9350	9500

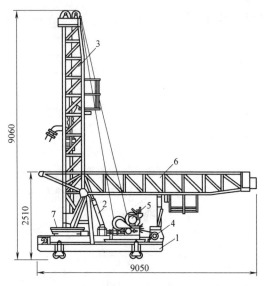

图 5-22 工程水文地质钻机的构造
1—底盘；2—支架；3—塔架（作业时）；4—电机；
5—卷扬机；6—塔架（运输时）；7—转盘

(6) 配套机械

用于湿作业钻孔的配套机械主要有用于泥浆循环的砂石泵、空气压缩机等。

4. 施工工艺

(1) 工艺流程

泥浆护壁钻孔灌注桩施工工艺流程见图 5-23。

在施工中成孔质量与泥浆护壁效果关系很大，因此应对护壁泥浆及泥浆循环质量加以重视。成桩质量则与清孔、钢筋笼放置及混凝土浇筑有关。

(2) 施工要点

1) 成孔

成孔施工前应根据工程特点尤其是地质状况选择合理工艺，参考表 5-12。

如地基上层为软土，下层为碎石土或基岩，则上层采用潜水钻，下层采用冲击钻，能提高钻孔效率。施工前必须进行试成桩，数量不少于 2 根，以便核对地质资料，检验所选设备、施工工艺及技术要求是否适宜，如出现不满足设计要求的情况，应拟定补救技术措施，或重新考虑施工工艺。当遇到土质较差、孔口易坍土的情况，应在孔口埋设护筒，起到定位、保护孔口及维持水头等作用。护筒内径应比桩径大 100mm，埋入土中不宜小于 1.0m，其顶部应设 1~2 个溢浆口。

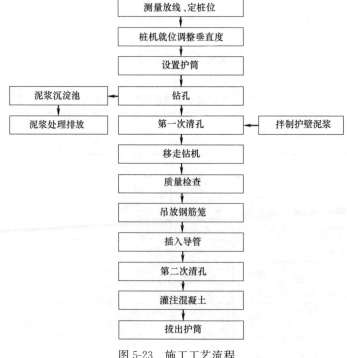

图 5-23 施工工艺流程

钻孔灌注桩成孔工艺选择参考表 表 5-12

成孔工艺	桩径(mm)	桩长(mm)	穿越土层							桩端进入持力层			地下水		对环境影响	
			一般黏性土及杂填土	黄土		季节性冻土、膨胀土	淤泥和淤泥质土	砂土	碎石土	硬黏性土	密实砂土	软质岩石和风化岩石	以上	以下	振动或噪声	排浆
				非自重湿陷	自重湿陷											
潜水钻成孔	500~800	≤50	○	△	×	△	○	△	△	○	△	△	△	○	无	有
回旋类钻机成孔	500~1000	≤100	○	△	×	△	○	△	×	○	△	△	△	○	无	有
冲击类成孔	600~1000	≤500	○	×	×	△	○	○	○	○	○	○	△	○	有	有

注：表中符号 ○—适合；△—有可能采用；×—不能采用。

成孔施工中的泥浆质量应予以控制，泥浆密度等应达到表 5-3 所列的有关标准，并应经常测定泥浆密度、定期测定其黏度、含砂量及胶体率。

2) 清孔

对原土造浆钻孔，达到设计孔深后，可使钻机空转不进尺，同时射水，待孔底残余泥块磨成浆，排出泥浆密度降到 1∶1 左右时，可认为清孔合格。对注入制备泥浆钻孔，可采用换浆法清孔，换出泥浆密度小于 1.15~1.25 为合格。

清孔时泥浆循环方式可采用正循环或反循环，与通常成孔时泥浆循环方式相同。清孔一般分两次进行，第一次在成孔完成后，第二次在钢筋笼与浇混凝土导管放置后，清孔检查合格后，方可浇注水下混凝土。

清孔后应及时浇筑混凝土，如清孔后超过 30min 尚未浇注混凝土，则灌注前应再次进行孔底沉渣测定，如沉渣厚度超过标准，则应再作一次清孔工作。

5.2.3 钢筋笼及水下混凝土施工

1. 钢筋笼施工

（1）钢筋笼制作

钢筋笼制作前应将纵筋调直，清除表面污垢、锈蚀，并采用环形模制作。钢筋笼长度较大时采用分段制作方式，每段长度 5~8m，两段之间用焊接连接，同一端面上接头数量不得大于纵向钢筋 50%，相邻接头纵向间距不小于 500mm。

钢筋笼箍筋宜采用螺旋箍筋形式，为防止钢筋笼在起吊、安装过程中变形，应在钢筋笼上布置环形加强箍筋，间距约 2m。第一道箍筋离纵筋顶端 500mm 左右，如上端纵钢插入冠梁，则按设计要求的插入长度预留。加强箍筋与主筋的连接采用点焊连接，螺旋箍筋与主筋的连接可采用铁丝绑扎并间隔点焊固定。

钢筋笼上设置保护层定位器，可采用混凝土环、导向钢筋（钢板）等（图 5-24）。沿钢筋笼圆周均布 3~4 个，纵向间距 4~6m。混凝土环一般穿在加强箍筋上，导向钢筋（钢板）则焊在纵筋上。成形后钢筋笼应平卧堆放在平整干净的地面上，堆放层数不应超过 2 层。

（2）钢筋笼安装

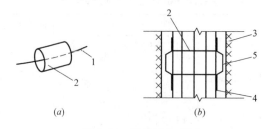

图 5-24 保护层定位器
(a) 混凝土环；(b) 导向钢筋（钢板）
1—箍筋；2—混凝土环；3—孔壁；4—纵筋；5—导向钢筋或钢板

钢筋笼制作后应进行中间验收，合格后方可安装。起吊、运输及安装过程中应采取措施防止变形，吊点宜设在加强箍筋部位。钢筋笼安装入孔时，应保持垂直状态，对准孔位徐徐轻放，避免碰撞孔壁，下笼中若遇阻碍不得强行下放。应查明原因酌情处理后再继续下笼。

钢筋孔口焊接应将上、下节笼各主筋位置校正，且上、下节笼保持垂直状态时方可施焊，焊接时宜两边对称施焊。每节笼子焊接完毕后还应补足焊接部位的箍筋，钢筋笼全部入孔后应检查安装位置，确认符合要求后，将钢筋笼用吊筋进行固定，以使钢筋笼定位，避免灌混凝土时钢筋笼上浮。

2. 水下混凝土灌注

（1）施工机具

1）导管

导管一般用无缝钢管制作或钢板卷制焊成。导管壁厚不宜小于3mm，直径宜为200～250mm，导管分节长度视桩架高度及工艺要求确定，一般底管长度不宜小于4m，接头一般用双螺纹方扣快速接头。

导管使用前应试拼装、试压，试水压力为0.6～1.0MPa，不漏水为合格。常用导管的技术性能见表5-13。

常用导管的技术性能　　　　表 5-13

导管内径（mm）	适用桩径（mm）	灌注混凝土能力（m³/h）	导管壁厚(mm)	
			无缝钢管	钢板卷管
200	600～1200	10	8～9	4～5
230～255	800～1800	15～17	9～10	5
300	>1500	25	10～11	6

2）漏斗

漏斗一般用 4～6mm 钢板制作，安装于导管顶部，用于接盛、泄漏混凝土，要求不漏浆、不挂浆、泄漏顺畅彻底。漏斗容量应能满足初灌量的要求，保证上部桩身的灌注质量。底部锥体的夹角不宜大于80°（图5-25）。

3）隔水栓

隔水栓置于导管内，在初始灌注混凝土时隔离泥浆，一般采用强度等级为C20混凝土制作，宜制成圆柱形，其直径比导管内径小20mm，高度比直径大50mm，采用4mm

厚橡胶垫圈密封（图 5-26）。隔水栓应有良好的隔水性能，某些工程采用厚度较大的橡胶球胆，充气后放入导管，当混凝土冲出导管后球胆会浮起，可重复利用，简便可行，但必须防止球胆在管内破裂，故应慎用。

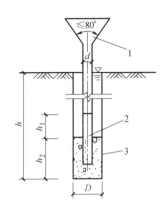

图 5-25　漏斗容量计算简图
1—漏斗；2—导管；3—孔壁

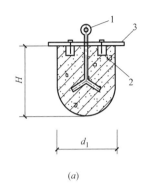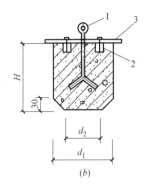

图 5-26　混凝土隔水栓示意图
(a) 圆底形；(b) 锥底形
1—吊钩（$\phi 6$ 钢筋）；2—预埋木块；3—橡皮垫（$\delta=4$mm）；
图中 $d_1=d-20$；$d_2=d-60$；$H=d+50$（d 为导管内径）

（2）混凝土灌注

1）灌注顺序

安装导管—放置隔水栓（使其与导管内水面贴紧）—初灌混凝土—剪断铁丝（隔水栓落出导管）—边灌注混凝土边提升导管—灌注完毕，拔出导管。

2）施工要点

① 混凝土开灌前应检查：

导管安装位置应居中，导管底口距孔底高度以能放出隔水塞和混凝土为宜，一般控制在 500mm 左右，隔水塞应采用铁丝悬挂于导管内。

混凝土灌入前应先在灌斗内灌入 $0.1\sim0.2\text{m}^3$ 的 $1:1.5$ 水泥砂浆，然后再灌入混凝土。

② 混凝土初灌量应能保证混凝土灌入后导管埋入混凝土深度不少于 $0.8\sim1.3$m，使导管内混凝土柱和管外泥浆压力平衡。

③ 混凝土灌注过程中导管应始终埋在混凝土中，严禁将导管提出混凝土面。导管埋入混凝土面的深度以 $2\sim3$m 为宜，最小埋入深度不得小于 1m，导管应勤提勤拆。

④ 混凝土灌注中应防止钢筋笼上浮，由于桩顶部分混凝土与泥浆混杂，质量受到很大影响，混凝土实际灌注量应比设计桩顶标高高出一定长度，高出长度应根据桩长、地质条件和成孔工艺等因素来合理确定，其最小高度不宜小于桩长的 5%，且不小于 2m。

⑤ 混凝土灌注完毕后应及时割断吊筋、拔出护筒、清除孔口泥浆和混凝土泥浆，桩顶混凝土面低于自然地面高度的桩孔应即时回填或加盖，以确保安全。

3）质量检查

泥浆护壁钻孔灌注桩施工的质量控制标准见表 5-14 所示。

基坑支护钻孔灌注桩的质量标准　　　　表 5-14

项　目		允许偏差	备注
成孔	孔径	$-0.05d/+0.10d$	
	垂直度	$1/200$	
	孔深(mm)	$-0/+300$	
	桩位	$1/12d$	
	沉渣厚度(mm)	$\leqslant 300$	
	扩颈突出(mm)	$\leqslant 100$	
钢筋笼	主筋间距(mm)	± 10	
	箍间距(mm)	± 20	
	直径(mm)	± 10	
	长度(mm)	± 100	
	保护层(mm)	水下浇注混凝土的桩　± 20 非水下浇注混凝土的桩　± 10	
混凝土	原材料投入量	水泥外掺混合材料(%)	± 2	
		骨料(%)	± 3	
		水、外加剂(%)	± 2	
	充盈系数	一般土质	$\sim 1.1, \geqslant 1$	
		软土	$1.2 \sim 1.3, \geqslant 1$	
	桩顶超灌量	$0.05L$ 且 $\geqslant 2m$	非水下灌注不受此限制

注：d—桩的设计直径；L—桩的设计长度。

钻孔灌注桩工程验收时一般应提供下列资料：桩位测量轴线平面图；原材料合格证及试验报告；混凝土测试试验报告；桩孔测试报告；施工记录；隐蔽工程验收记录；工程质量检验评定表；设计变更通知书，事故处理记录有关文件；桩位竣工平面图。施工记录及施工记录汇总可参照表 5-15 及表 5-16。

钻孔灌注桩记录汇总表　　　　表 5-15

施工单位：　　　　　　设计桩长：　　　　　　场地地坪标高：
工程名称：　　　　　　设计桩径：　　　　　　配筋情况：
钻机类型：　　　　　　混凝土强度等级：　　　混凝土坍落度：

序号	施工日期	桩位编号	实测孔径(mm)	实测孔深(m)	桩底土层	虚土厚度(cm)	虚土处理	钢筋笼高低偏差	混凝土灌量(m^3)		备注
									计算	实际	
～											

技术负责人　　　　　　工长　　　　　　质量员　　　　　　记录员

潜水钻成孔、冲击钻孔灌注桩施工记录汇总表　　　　表 5-16

施工单位：　　　　　　　设计桩长：　　　　　　　场地地坪标高：
工程名称：　　　　　　　设计桩径：　　　　　　　配筋情况：
钻机类型：　　　　　　　混凝土强度等级：　　　　混凝土坍落度：

序号	施工日期	桩位编号	钻孔时间(min)	钻孔直径(cm)	钻孔深度(m)	护筒埋深(m)	灌注前沉渣厚(cm)	泥浆		备注
								种类	密度	
～	～	～	～	～	～	～	～	～	～	～

　技术负责人　　　　　　工长　　　　　　　　质量员　　　　　　记录员

4）安全措施

① 设备安装与拆除

a. 机械设备必须安装在平整坚实的场地上。当需要搭架安装设备时，支撑架必须坚固、稳定。

b. 采用轨道移动式平台时，轨道铺设应保持水平并用道钉与枕木固定。每根枕木间的距离不得大于 2m，两钢轨间每隔 4m 应设一连接杆，以保持宽度一致，轨道两端应设安全档卡，防止平台移动中滑出轨道。

c. 安拆钻机（或浇灌）塔架时要有专人负责指挥，塔架上下禁止同时作业。

d. 不得在高压线下立塔架。

e. 平台上铺设的木台板厚度不得小于 50mm。当铺设钢板时，要有防滑措施。塔架的梯子、工作台及工作台栏杆必须安装牢固可靠，工作台栏杆高度应不小于 1.2m。

f. 平台或车装钻机移位前要详细检查轨道、滚轮、车轮及周围障碍。

② 成孔

a. 人工开挖埋护筒的深度一般不超过 3m，挖出的土石应堆放在距孔口边缘 0.8m 以外。在松软地层，地下水位较高的场地或超深开挖时，应采用护筒跟进等固壁措施。

b. 挖孔人员应戴安全帽。提拉土石的绳子要牢固可靠，挖孔人员撤出地面后才能提升孔底石块。挖孔时如出现呼吸困难或异常气味等情况时，应立即停止施工并及时报告有关人员处理。

c. 开孔前必须对设备、机具进行全面检查。

d. 回转钻进时，应有胶管防缠及水龙头防腐装置。

e. 不允许钻具处于悬吊状态时，进行检查或更换钻头、刀片等工作。

f. 使用冲击锥、冲抓锥成孔时，钢丝绳安全系数不得小于 12，各部分连接必须牢靠。

g. 使用潜水电钻成孔或升降电钻时，指定专人负责收放电缆和进浆胶管。

h. 除人工挖孔桩外在任何情况下，严禁施工人员进入没有护筒或其他防护设施的钻孔中进行工作，如果人员下到有防护设施的钻孔中工作时，也必须系好安全带，并且孔口应有专人进行监护。

③ 清孔

a. 用空压机清孔时，拆除洗孔管及工具必须放置在安全位置，防止掉入孔内。

b. 空压机必须由专人管理，开动前应检查防护装置和安全附件等是否完好。禁止超负荷使用。发现异常情况，应立即停车检查。

c. 空压机往孔内送风前，固定好排水胶管，防止停送风时排水胶管搏动伤人。

④ 安放钢筋笼

a. 吊钩钢筋笼，必须使用安全可靠的钢丝绳，吊钩要绑牢，防止钢筋笼过大弯曲伤人。

b. 下钢筋笼受阻时，要查明原因，禁止盲目冲、镦。不可爬到钢筋笼上踩踏加压，防止钢筋突然下沉。

⑤ 灌注混凝土

a. 下导管前必须先检查升降系统是否安全可靠，导管必须连接牢固。导管下降受阻时，应判明原因，防止导管突沉伤人。提升导管遇阻时，禁止强力起拔。

b. 灌浆前孔口周围要铺好安全防护地板，以防人员掉入孔内。

c. 操作浇灌料斗要平稳，料斗上行时注意塔架上的人员安全；下行时注意地面周围的人员安全；上下受阻时，要待塔上人员全部离开方准修理。

d. 混凝土浇灌完成后，孔口及时加盖或树立安全标志，防止人员或车辆跌落。

5.2.4 沉管灌注桩施工

1. 适用范围及原理

沉管灌注桩又称套管成孔灌注桩。按其成孔方法不同又分为振动沉管灌注桩和锤击沉管灌注桩。这两类灌注桩分别采用振动沉管打桩机或锤击沉管打桩机，将带有活瓣式桩尖、锥形封口桩尖或预制钢筋混凝土桩尖的钢管沉入土中，然后边灌注混凝土，边振动边拔出钢管从而形成灌注桩。

沉管灌注桩可穿越一般黏性土、粉土、淤泥质土、淤泥，松散至中密砂土及人工填土等土层。振动沉管桩贯穿砂土层的能力较强，还适用于密实的碎石土层。锤击沉管桩不宜用于标准贯入击数 $N_{63.5}$ 大于 12 的砂土、$N_{63.5}$ 大于 15 的黏性土以及碎石土。

2. 施工工艺

沉管灌注桩作为挡土结构，施工时应跳打。中间空出的桩应待邻桩混凝土达到设计强度等级的 50% 以后方可施打。

(1) 振动沉管灌注桩

施工程序见图 5-27。

施工时，预制桩尖的位置应与设计相符，桩管与桩尖的轴线应重合。桩管与桩尖的接触处应加垫草绳或麻袋，防止地下水进入桩管。桩管内壁应保持干净。振动沉管时，可用收紧钢丝绳加压或加配重，以提高沉管效率。必须严格控制最

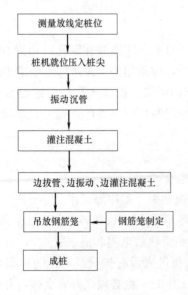

图 5-27 沉管灌注桩施工程序

后两个 2min 的贯入速度，其值按设计要求，或根据混凝土试桩和当地长期的施工经验确定。桩管内灌满后，先振动 5～10s，再开始拔管。应边振边拔，每拔 0.5～1m 停 5～10s，保持振动，如此反复，直至桩管全部拔出。拔管速度在一般土层中以 1.2～1.5m/min 为宜，在软弱土层中应控制在 0.6～0.8m/min。在拔管过程中，桩管内应至少保持 2m 以上高度的混凝土，或不低于地面，可用吊锤探测，以防混凝土中断，形成缩颈。

（2）锤击沉管灌注桩

施工时，先检查桩管与桩锤，桩架等是否在一条直线上。先用低锤轻击，观察偏差在容许范围内后，方可正式施打。沉管过程必须严格测量最后 3 阵每阵 10 锤的贯入度。其值可按设计要求，或根据试桩和当地长期的经验确定。沉管至设计标高后。就应立即灌注混凝土，尽量减少间隙时间，用长桩管打短桩时，混凝土应尽量一次满足。打长桩或用短桩管打短桩时，第一次灌入管内的混凝土应尽量灌满。当桩身配有不到孔底的钢筋笼时，第一次混凝土应先灌至笼底标高，然后放置钢筋笼，再灌混凝土至桩顶标高。拔管速度要均匀，对一般土层以 1m/min 为宜；在软弱土层及软硬土层交界处宜控制在 0.3～0.8m/min，在拔管的全过程中，应使管内保持不少于 2m 高度的混凝土，以防断桩、缩颈。

施工程序见图 5-28。

（3）人工挖孔灌注桩施工

人工挖孔灌注桩在测量定位后开挖，工人下到桩孔中去，在井壁护围的保护下，直接进行开挖。待挖到设计标高，桩底扩孔后，对基底进行验收。验收合格后下放钢筋笼，浇筑混凝土成桩。

施工时采用分级挖土，每段高度取决于土壁保持直立状态的能力，一般为 0.8～1.0m 为一施工段。弃土装入活底吊桶内，在孔口安置支架、电葫芦，用慢速卷扬机提刀弃上。桩孔较深时，桩孔内用低压照明灯具进行照明，并用 1.5kW 的小型鼓风机通过直径 100mm 的塑料送风管向桩孔内送风。送风要求每秒不少于 25L。混凝土护圈起护壁与防水双重作用，其结构形式为斜阶式，上面厚约 170rnm，下

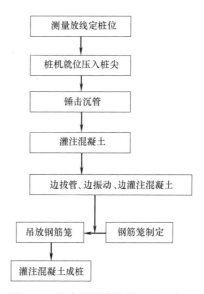

图 5-28 锤击沉管灌注桩施工程序

面厚约 100mm，单元高度 1000mm 左右，用 C15 混凝土浇筑。对于土质较好的地层，护圈可以用素混凝土，土质较差的地段应加少量钢筋（环筋 $\phi10$～$\phi12$ 间距 200，竖筋 $\phi10$～$\phi12$ 间距 400），浇筑护圈的模板宜用工具式钢模板。桩身混凝土应连续分层灌注，每层灌注高度不得超过 1.5m，对于直径较小的挖孔桩，距地面 6m 以下利用混凝土的大坍落度和下冲力使之密实，6m 以内的混凝土应分层振捣密实。

5.2.5 树根桩施工

1. 概述

树根桩于 20 世纪 30 年代由意大利 F·Lizzl 首先提出并在实际工程中应用，国外称其

为 Root Pile，属于小直径灌注桩。用于基坑支护中的树根桩直径一般为 300~350mm，最大可做到 400mm 左右，桩长不超过 30m。

树根桩一般采用钻机成孔，并用泥浆护壁，成孔完成后吊放钢筋笼，同时插入注浆管，而后填灌碎石，填至孔口后进行注浆，最后拔除注浆管，即形成树根桩。由于树根桩施工设备小，当场地狭小或支护结构临近建筑、管线等，常规桩型施工困难或无法施工时，可采用它作为支护排桩或抗渗堵漏墙。它用于防渗墙时，其效果比注浆法好，但不如水泥土搅拌法。

2. 施工机具

树根桩主要包括钻机、注浆泵、灰浆搅拌机、注浆管等。

（1）钻机

树根桩施工一般采用工程水文地质钻机。无锡探矿机械厂生产的 G-X 系列均可用于树根桩施工，其技术性能见表 5-17。

G-X 系列钻机的技术性能　　　　　　　　　　表 5-17

	钻机型号		G-1/G-1A	G-2/G-2A	G-3
1	成孔参数	最大孔径(mm)	150	400	600
		孔深(m)	30	50	100
2	动力头参数	输出转速(r/min)	21,43,52,105,135,272 正反	17-227(正反八速)	17-237(正反八速)
		通孔直径(mm)	172	172	145
		行程(mm)	650	3400	4000
		最大加压力(kN)	6	20	50
		最大起拔力(kN)	15	25	65
3	振动器	通孔直径(mm)	134	134	154
		激振力(kN)	12	15	50
4	卷扬机	提升能力(kN)	15	30	30
		提升速度(m/s)	0.19~2.37(六速)	0.2,0.53,1.29	0.19,0.59,1.28,2.6
		钢丝绳直径(mm)	9	13	13
		容绳量(m)	50	100	100
5	钻塔高度(m)		6500	7500/6300	9000
6	动力		S195M 8.8kW,2000r/min Y132M-4 7.5kW,1500r/min	395OR495/S1100M 11kW,2200r/min Y180L-4ORY225S-4/ Y160L-4 15kW,1460r/min	495J4 40kW,2200r/min Y225M-4 45kW,1500r/min
7	外形尺寸(mm)		5700×2000×2650/ 2025×1150×1200	8000×2400×3300/ 3650×1320×1700	9100×2390×3850
8	质量(kg)		3400/900	8000/1500	11600
9	形式		车载/拖拉	车载/拖拉	车载

（2）注浆泵

注浆泵宜采用兼注水泥浆及砂浆两用泵型，最大工作压力不应小于 1.5MPa。

(3) 注浆管

注浆管宜采用厚壁无缝钢管，内丝口无束节连接，使连接口外壁光滑。也可采用普通水管，水管则用束节连接，钢管内径为20mm左右，注浆管下端开设若干注浆孔，孔直径约3～5mm。

3. 施工工艺

树根桩的一般施工步骤如下：

(1) 定位

定位和校正机具的垂直度。

(2) 成孔

采用工程地质钻机成孔，钻孔时可采用清水或自造泥浆护壁，钻孔达到设计标高后清孔，直至孔口泛出基本为清水为止。

(3) 吊放钢筋笼和注浆管

尽可能一次吊放整根钢筋笼，注浆管直插到孔底，需二次注浆的树根桩，应插两根注浆管。施工时应尽量缩短钢筋笼的吊放和焊接时间。

(4) 填灌碎石

碎石应计量填放，填入量应不小于计算体积的0.8～0.9倍。在填灌过程中应始终用注浆管注水清孔。

(5) 注浆

注浆时应控制压力，使浆液均匀上冒，直至孔口泛出无泥浆夹杂为止。采用二次注浆工艺时，应在第一次注浆初凝之后，在第二根注浆管内进行二次注浆，注浆最大压力一般为2～4MPa，注浆量应按设计要求控制。

(6) 拔注浆管、移位

拔管后按质检要求在顶部取混凝土制成试块，填补桩顶混凝土至设计标高。

4. 质量检查

(1) 材料

由于树根桩在注浆前骨料表面泥浆黏附较多，故注浆必须充分，使该黏附在骨料表面的泥浆冲洗干净，以保证桩身强度，故树根桩的水泥用量较大，每立方米混凝土用量为800～900kg。

灰浆配合比应根据设计混凝土强度等级要求确定，如采用水泥砂浆注浆，细骨料粒径不宜大于0.5mm，也可不用细骨料，不用细骨料对支护桩强度及防渗更为有利，一般水：水泥：砂重量比为0.5∶1.0∶0.3。粗骨料粒径不宜过大，粗骨料宜用10～25mm的碎石，以免投料时卡在钢筋笼上造成缺石段，严重影响桩身质量。主筋常用$\phi14$～$\phi18$，满足设计要求，箍筋$\phi6$～$\phi8$，间距200mm左右。

(2) 投料量

粗骨料投入桩孔前应进行清洗，投料量不应小于计算体积的0.8～0.9倍。水泥（砂）浆注入量不得小于设计注入量，当发生注入量过大，超过计算用量3倍时，应暂停施工分析原因，通常是由于穿孔或地下有砂层出现，此时可采用跳孔施工、间歇施工及掺入促凝剂等措施来防范。

(3) 施工记录与强度试验

1) 施工过程中应现场验收施工记录，包括钢筋笼制作、成孔和注浆等各项工序指标考核。

2）每 3~6 根桩做一组试块（每组 3 块，150mm×150mm×150mm），以便测定桩身混凝土强度，试块材料宜取成桩后的桩头部位的混凝土。

5.2.6 卵漂石地层灌注桩施工

在地表下的厚卵石层进行钻孔灌注桩的施工要承担相当大的风险，对工艺和技术要求有一定的难度。随着地下工程的大规模兴起，在施工中越来越多地遇到卵漂石地层，本书结合实际卵漂石地层问题及其解决方案，对灌注桩在卵漂石地层中的成孔工艺作一些介绍。

1. 无护壁机械成孔

无护壁机械成孔的钻机主要为长螺旋钻机，其工艺是通过安装在螺旋钻杆顶端的动力头转动钻杆钻入地层中，钻孔内的大部分土、石块借助孔壁的摩擦力从钻杆叶片间排出地面，少部分被挤入孔壁中。长螺旋钻机其螺旋叶片沿钻杆通长布置（故长螺旋钻机也称为全螺旋钻机），钻进过程中无需提钻倒土，土层钻屑沿螺旋叶片自动上升而被排出孔外，其在小桩径（600mm 以下）、短桩身（20m 以下）的灌注桩施工中以优越的钻进速度著称。据统计，在一般地层（如粉土地层、黏性土地层、砂土层以及粒径小于 20mm 的圆砾石层）用长螺旋钻机钻一个深 12m、直径 400mm 的桩孔，作业时间只要 7~8min，其钻进效率是其他成孔工艺所无法比拟的。

当该钻机遇上粒径较小的卵石时，长螺旋勉强可以将其带出，但是当遇上漂石时，长螺旋无法将其带出且又无法将其破碎，造成无法钻进，此时可以考虑将长螺旋更换为镶有硬质合金的筒钻破碎漂石。当漂石数量较少时，这不失为一种较好的解决方法，但是当漂石含量多时，需要经常更换钻具，大大降低了钻进速度，其成孔工艺的优势荡然无存。同时在更换钻具的过程中由于桩孔无护壁，很可能出现塌孔，而长螺旋碰上漂石时亦很容易出现斜孔，垂直度很难保证。

2. 正反循环和冲击钻机成孔

正反循环成孔工艺和冲击钻机成孔工艺两者单独应对卵漂石地层时，都有其自身的缺陷，所以就有了将两者结合应对卵漂石地层的施工工艺，即形成反循环回转—冲击钻机成桩工艺。循环泥浆，采用砂石泵通过钻杆提取钻渣，对表层土采用回转钻头成孔，而对于下层坚硬较难破碎的漂石土层采用冲击钻头成孔。正反循环和冲击钻机成孔工艺出土速度快、泥浆污染少，振动造成的声污染小，且其辅助钻头发展较为全面，钻头更换迅速。

但是，由于钻头冲击漂石时的噪声较大，加之泥浆护壁的弱护壁作用，可能有塌孔危险。遇探头石或挑孔石的情况容易造成斜孔，同时冲击对地层的扰动也较大，特别是在城市地区，地下市政管线分布密集，采用该工艺施工很可能对地层过度扰动而造成地下管线的破坏。而由于采用泥浆循环，对周边环境的污染亦较为严重，所以尽管该成桩工艺应对漂石地层的能力很强，但只是在非城市地区应用较多，在城市地区的应用受限。

3. 旋挖钻机成孔

旋挖钻机基本上为泥浆护壁（泥浆不循环，为静态泥浆护壁），在一些特殊情况下也采用全套管护壁，如施工斜桩时。该钻机在一个可闭合开启的旋转钻头底部及侧边镶焊或安装切削刀具，借助动力头的转动带动钻杆旋转，利用钻杆压力和钻头重量，使钻头钻齿切入地层中，并旋转切削挖掘土层，同时使切削挖掘下来的土渣进入钻头内，装满后关闭钻头并将其提出孔外卸土，如此循环形成桩孔。

当碰上粒径较小的漂石时，可以通过加大钻杆压力的方式，利用钻头钻齿破碎后带出或直接不经破碎带出。而当碰上粒径较大的漂石时，钻头无法将其破碎且又无法带出，则会造成钻进困难。

旋挖钻头可以破碎漂石，但是其破碎能力有限，对大粒径漂石难于应付。此时可以考虑配合捆绑式潜孔锤进行漂石破碎，但是其配合应用尚没有形成系统，应用实例亦不多见。德国宝峨公司生产的 BG 系列旋挖钻机配

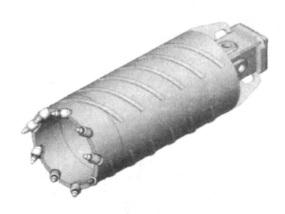

图 5-29 bauer 旋挖钻机入岩钻筒示意图

有各种用于硬岩施工的钻筒（见图 5-29），在硬岩取芯方面有一定成果，在漂石的破碎上亦有一定应用。但是由于钻筒并不是专用于破碎漂石，其应用可行性尚待商榷。

4. 全套护臂机械成孔

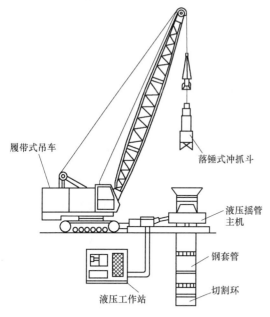

图 5-30 全套管护臂钻机示意图

全套管护壁机械成孔也可称为贝诺特工法（Benoto method），是法国贝诺特公司在 20 世纪 50 年代初发明的一种施工方法。其基本原理是利用摇动装置来回转动使钢套管与土层间的摩阻力大大减小，边摇动边压入。同时利用冲抓斗挖掘取土，直至套管下到桩底设计标高。其成孔机械有摇动式全套管钻机（Casing oscillator）、全回转全套管钻机（Casing rotator）。其中摇动式全套管钻机是利用两只摇动液压缸的伸缩使套管绕其中心以一定的角度往复转动，从而使套管最下端的切削齿剪切岩土体，降低套管压入阻力，靠另外两只液压缸将套管压入或从土中拔出。其主要的钻掘设备为落锤式冲抓斗。全套管护壁桩常用冲抓斗跟管钻进法钻进，此外还可配备旋挖钻头、扩孔钻头、短螺旋等多种钻掘设备进行综合钻进（如图 5-30 所示）。

在漂石地层施工时采用冲抓斗超挖跟管钻进，冲抓斗入土超前套管 0.5m 左右以减少漂石对套管端头的磨损，对于粒径较小的漂石可以直接用冲抓斗抓出或者将其破碎后抓出，如七里庄站采用摇动式全套管钻机试桩时由冲抓斗直接抓出的漂石粒径达 570mm，而由冲抓斗直接破碎的漂石直径也达 320mm，对于冲抓斗无法破碎的大粒径漂石，可以用质量较大的十字冲击锤将其破碎后抓出。其在卵漂石地层中成孔灌注施工工序如图 5-31 所示。

随着桩基础工程的蓬勃发展，桩的直径越来越大，施工效率和精度要求越来越高。沉管所需的扭矩和压力也越来越大。日本和德国的几家公司相继开发成功全回转全套管钻机。即在沉管设备和工艺上做了较大改进，套管的沉入方式是连续的360°全回转，相对于摇动式全套管钻机，其沉管液压设备的扭矩较大，沉管直径可达3m，外套管具有很强的进尺和切削能力，沉管深度可达150m。所以摇动式全套管钻机主要针对较小直径（1.5m以下）的钻孔灌注桩，而全回转全套管钻机则可用于较大直径（1.5～3.0m）的钻孔灌注桩。

全套管护壁机械成孔由于套管的强护壁作用，对地层扰动小，不会出现塌孔、斜孔等危险。同时对周边环境无泥浆污染、噪声小，很适合于城市地区的漂石地层施工。

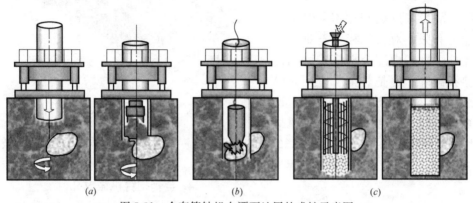

图 5-31　全套管钻机在漂石地层的成桩示意图

(a) 压入套管，同时冲抓斗超挖跟进；(b) 遇到大粒径漂石时，采用大重量冲击锤破碎；
(c) 插钢筋笼，浇灌混凝土并同步起拔套管

5. 工艺对比

以上分析了常见的几种成孔机械，根据实际工程经验，这对不同漂石粒径，可按表5-18选取。

不同类型成孔机械的适宜性　　　　　　　　　　　表 5-18

钻机类型	代表性钻机	卵漂石粒径(cm)			优点	缺点
		$d<20$	$20 \leqslant d<30$	$d \geqslant 30$		
无护壁机械成孔	长螺旋钻机	适宜	较适宜	不适宜	成孔效率高,无泥浆污染,成本较低,设备丰富	成孔深度小,遇较大卵漂石需做特殊处理且进尺缓慢
泥浆护壁机械成孔	旋挖钻机	适宜	较适宜	不适宜	成孔效率高,成本较低,设备丰富	泥浆污染,卵石粒径大时,进尺缓慢,甚至不能成孔
钢套管护壁机械成孔	钢套管钻机	适宜	适宜	适宜	噪声小,无泥浆污染,成孔质量高,设备较丰富	大型机械需要较大场地,拔套管较为困难,漂石粒径大时钻进较慢

5.3　SMW 工法施工

5.3.1　工法介绍

SMW（Soil Mixing Wall）工法于 1976 年在日本问世。该工法是利用特制搅拌设备

就地切削土体，以水泥浆为强化剂，在土层中强行与土体搅拌，使被加固土体硬结成均一的水泥土柱，然后按一定的形式在其中插入补强芯材（如 H 型钢），即形成一种劲性复合支护结构。

SMW 工法所需要的主要组件由施工主要设备和附属设备两部分组成。①主要设备：SMW 钻机、拌浆与供浆系统、电控设备；②附属设备：配合芯材的加工所需的焊接与切割设备，芯材的置入与起拔所需的起重机及配合钻进时施工导槽与钻进出土所需的挖掘机。SMW 工法施工的标准配置见图 5-32 所示，其他设备包含放线定位与各类计量等所需仪器。

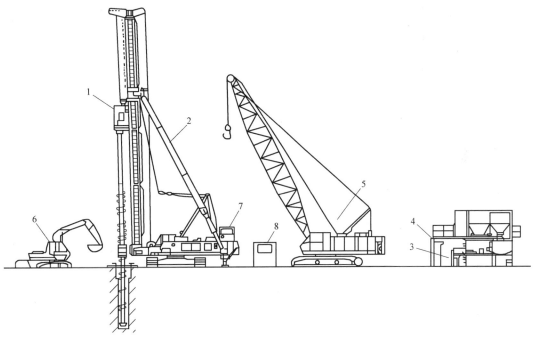

图 5-32　SMW 施工法标准施工配置图
1—SMW 钻机；2—打桩架；3—泥浆注浆泵；4—泥浆搅拌设备；
5—履带起重机；6—挖掘机；7—空气压缩机；8—电器控制箱

SMW 工法使用多轴型钻掘搅拌机，钻进的同时在钻头处喷出水泥系强化剂与地基土自上而下、自下而上反复进行混合搅拌。钻机型号有多种，根据钻进轴承不同可分单轴、双轴、三轴钻机和四轴钻机。图 5-33 为 SMW 工法最常用的三轴型钻掘搅拌机的外观。

三轴钻机在钻进过程中，两侧的钻具喷发水泥浆液，位于中间的钻具喷发压强较高的气压，在一定的气压作用下加强钻进能力，使得钻孔中的浆液搅拌均匀，对加强桩体的完整性有显著的作用。

钻进时喷浆跟进搅拌，当钻进至设计标高时，在正常搅拌的基础之上，将钻具提升至一定高度进行喷浆持续搅拌，在钻具提升的过程中，仍然进行喷浆搅拌，使得桩体整体性得以加强。

图 5-34 是三轴钻机钻进过程的示意。

5.3.2 工法特点

SMW工法施工时，在各个施工单元之间采取部分重叠搭接，然后在水泥土混合体未结硬前插入所需的芯材作为补强材料，至水泥结硬变形成一道具有一定强度和刚度的、连续完整的、无接缝的地下墙体，钻孔搭接形式见图5-35。

补强芯材有很多种类，其中H型钢具有刚度大、易回收的特点，因此，一般选用H型钢作为补强材料。补强芯材的设置方式也可根据实际工程需要进行选择，在工程中常用的主要有隔孔配置、全孔配置和两者的组合配置（图5-36）。

同时，钻机的成孔直径具有选择性，表5-19为不同的各类三轴搅拌机成孔直径及其配合使用H型钢规格。

图5-33 SMW工法常用三轴型钻掘搅拌机

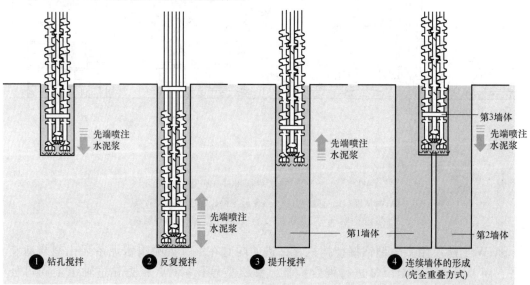

图5-34 SMW工法钻进过程

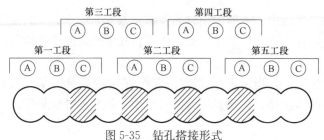

图5-35 钻孔搭接形式

注：1. 图中阴影部分表示完全搭接；2. 图中数字为造墙或打孔的先后顺序

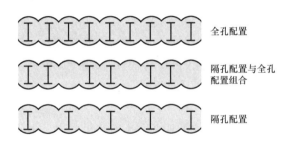

图 5-36 补强芯材设置

搅拌成孔直径和配合使用型钢规格表　　　　表 5-19

搅拌桩成孔直径(mm)	配合使用型钢规格	备　注
650	H500×300,H500×200	1. 直径为单孔直径; 2. 型钢规格为腹板和翼板的宽度,单位 mm
850	H700×300	
1000	H850×300	

SMW 工法由于其独特的特点应用广泛。该工法具有如下特点:

(1) SMW 工法施工不扰动邻近土体,低噪声,低振动,故不产生邻近地面下沉、房屋倾斜、道路开裂或地上设施受损等危害;

(2) 由于该工法使用特制的钻掘搅拌设备,随着钻掘与搅拌的反复进行,可使水泥系强化剂与土得到充分均匀的搅拌,而且墙体全长无接缝,从而使其可比传统的连续墙具有更可靠的止水性,挡水性强;

(3) 用该工法做的地下连续墙与周围土体连接紧密,强度大;而且形成了闭合端面,刚度也很大;

(4) 由于 SMW 工法就地将原土搅拌加固一次筑成墙体,故施工水泥用量小,工期短,效益高;

(5) 应用范围广,适合于从软弱地基到岩基的各种土质条件下的施工;

(6) SMW 工法的废土外运量远远少于其他工法。

SMW 工法不同于我国大量应用的深层搅拌法,两者不能混为一谈。深层搅拌法是利用水泥或水泥砂浆作为固化剂,通过搅拌机具,在地基深处就地将软土和固化剂(浆液或粉体)强制搅拌,使软土硬结成具有整体性、水稳定性和一定强度的优质地基,从而提高地基的强度和增大变形模量,很少用于基坑支护。

5.3.3 施工关键技术

1. 技术参数

(1) 水灰比

水灰比是指钻机搅拌时,搅拌浆液所用水与水泥的重量之比。

水灰比对于搅拌桩的成墙质量、型钢插入、型钢起拔具有重要意义;水灰比过大将会降低墙体整体刚度,但易于型钢的插入与起拔;水灰比过小会提高墙体的刚度,但对型钢的插入与回收造成一定困难。

另外，适当的添加剂对可使桩体搅拌更均匀，防治搅拌墙体产生裂缝，增强搅拌墙体的抗渗能力。

以往 SMW 工法应用于软土中，由于软土中的含水量较高，SMW 工法应用水灰比范围为 0.5～1.6，大部分情况水灰比小于 1.0，但在较硬土层中由于土层性质较好，搅拌时水灰比较小将引起钻进困难，影响施工的效益。

（2）掺入量

掺入量是指单位土体在搅拌时，需加入的水泥重量与单位土体的重量之比。掺入量与工程造价直接关联，掺入量小，施工中的水泥用量小，掺入量大水泥用量高。

以往的研究主要注重于两个方面：水泥掺入量的大小与 SMW 工法成桩作用要求相关，作为设置补强芯材成桩，并参与围护结构作用时，水泥掺入量较高，如果作为加固土体成桩施工时，水泥掺入量较小；由于施工的深度不同，桩体所受的土压力有很大的变化，随着施工深度的增加，水泥掺入量应相应增加，可有效增大抗剪强度，抵制桩后土压力的作用，并通过泵送流量进行控制。

在较硬土层中，土层性质较高，水泥掺入量的大小与软土中应用有差异。并且在一定的水泥掺入量条件下，搅拌墙体的刚度能否在围护结构受力中表现作用，表现作用的效果也有相关性。

（3）钻进参数

SMW 工法在钻进过程中应充分进行搅拌，使得搅拌浆液与土体搅拌均匀，水泥作用均匀，桩体的强度一致，同时应结合施工进度的需要，有效控制钻进的速度，提高工作效率。

根据土层性质的不同进行钻进速度控制；对于黏性土一般在 0.5～1m/min；砂土 1～1.5m/min。钻进搅拌速度比提升速度慢 1 倍左右，提升速度不宜过快，可使水泥土充分搅拌混合均匀，有利于补强芯材顺利插入，提升速度过快产生真空负压、孔壁塌方等现象，提升搅拌速度一般为 1～2m/min。

SMW 工法钻进时，注浆应满足一定要求。水泥浆搅拌时间不少于 2～3min，并持续进行压浆。钻进时，注浆水泥用量约占总数 70%～80%，提升时为 20%～30%。

2. 芯材设置与回收

（1）芯材设置

对芯材设置定位影响的主要因素有以下几点：桩位放样的精确性、成桩施工过程的垂直度、定位卡设置准确性。

在较硬土层中施工，由于土体的强度高，在搅拌过后，设置芯材时，桩体内的搅拌液相对土层而言有利于芯材的设置。因此，对于芯材设置的准确性应做好对主要因素的控制。

芯材设置也受自身性质因素等影响，例如，芯材使用过多引起了较大的变形将影响其插入过程的顺利进行；不同芯材在连接过程中出现的问题将影响整体的插入；搅拌浆液的稠度对芯材的插入也存在影响。

一般而言，搅拌后时间越长，搅拌浆液凝沉作用越大，芯材难以插入，宜在搅拌桩施工完成 30min 内将芯材设置完成。

（2）芯材回收

芯材的回收受影响的主要因素有以下几点：与桩体之间的静摩擦力大小、围护结构变形引起的芯材变形大小。

芯材在桩体内时间过长，一方面芯材所涂的减摩剂存在一定的失效，另一方面桩体自身强度的增大，都使得芯材与桩体间的静摩擦力得到增大，导致了芯材起拔的难度，芯材的设置不宜超过3个月，否则将增加回收的难度。所以，应有效控制整体衬砌施工工期，对型钢起拔进行优化。

在基坑开挖过程中芯材是主要的受力结构，并且直接与支撑接触受力，因此变形较为直接，在深基坑开挖过程中，围护结构存在变形协调的作用，芯材的变形受围护结构作用方式不一样，产生的变形也不一样，对芯材的起拔影响也不同。

受内支撑力作用的状态下，虽然存在一定的变形，但支撑卸荷后变形有恢复过程，对芯材起拔影响作用较小。受锚索作用的状态下，由于结构力的作用始终存在，芯材变形恢复相对较小，对芯材起拔存在较大影响。

5.3.4 施工技术

1. 施工准备

（1）施工机械

主要施工机械有：ϕ850三轴钻孔搅拌桩机、泥浆系统设备、50t履带式吊车、液压挖土机、空气压缩机、40MPa液压泵、起拔专用千斤顶、起重装置等。

（2）主要材料

主要施工材料：水泥、膨润土、H型钢、减磨剂、电焊条、钢筋等。

（3）施工人员

施工人员配备：SMW桩施工管理人员6人，机械技工6人、辅助生产工人14人，现场施工管理人员8人，试验取样测试人员8人。

（4）用电设施

现场必要用电设施包含三轴钻机、浆液搅拌机、空压机、电焊机等。三轴钻机用电配置专用配电箱进行，各类设备的用电应配用电箱，注意不同用电设备盒闸与接线之间的隔离，以防出现漏电和短路现象。

（5）用水设施

现场的用水利用自来水公司车辆运水作为供应来源，同时，现场准备贮水设备。

（6）试钻

三轴搅拌桩在空载试运转后，在无水泥浆搅拌状态下，桩机钻头顺利钻进粉质黏土及粉细砂地层约11m的深度，桩机钻杆转速、下移速度均保持正常。

进行了水灰比分别为1.6、1.8、2.0、2.2的钻进，根据试钻结果，试验工程中的水灰比采用2.0和2.2进行搅拌成桩，水灰比为2.2的搅拌成桩主要在北墙位置，长度为10m，其余搅拌成桩的水灰比为2.0。

2. 成桩过程

（1）场地平整

三轴机施工前，必须先进行场地平整，清除施工区域内的表层硬物，素土回填夯实。

（2）测量放样

根据提供的坐标基准点，按照设计图进行放样定位及高程引测工作，并做好永久及临时标志。按设计要求每边外放 10cm，放样定线后做好测量技术复核单，提请监理进行复核验收签证。确认无误后进行搅拌施工。

(3) 开挖沟槽

根据基坑围护内边控制线，采用挖土机开挖沟槽，并清除地下障碍物，沟槽尺寸如图 5-37，开挖沟槽余土及时处理，以保证 SMW 工法正常施工，并达到文明工地要求。

3. SMW 工法施工

(1) 钻进顺序

三轴水泥土搅拌桩 SMW 工法采用跳槽式双孔全套复搅方式连接，按图 5-38 所示顺序进行，其中阴影部分为重复套钻，保证墙体的连续性和接头的施工质量，水泥搅拌桩的搭接以及施工设备的垂直度补正是依靠重复套钻来保证，以达到止水的目的。

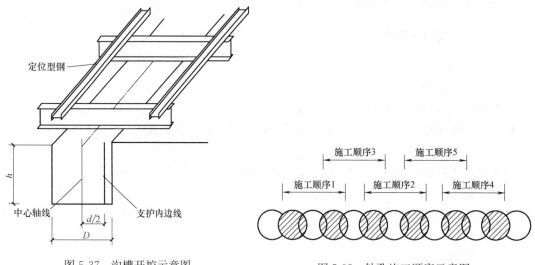

图 5-37 沟槽开挖示意图　　图 5-38 钻孔施工顺序示意图

SMW 墙体施工由两侧旋喷钻具喷入配比水泥浆液，中心旋喷钻具喷入空气，利用气压增加钻进和搅拌的效果，钻至孔底后进行的适当均匀的搅拌，并插入 H 型钢作为补强材料，型钢间距为 1.2m。

(2) 钻进垂直

钻进前必须对桩位进行复核校正。钻进过程中，以经纬仪对钻进过程的立轴垂直度进行实时校正。

施工中应保持桩机底盘的水平和立柱导向架的垂直，利用钻机自身的指示针进行调整，钻进时的桩机立柱导向架垂直度偏差小于 1/250。

桩身垂直度按设计要求，垂直度偏差小于 1/100。

(3) 钻进速度

在钻进过程中，应对下钻、提升速度进行严格的控制，确保钻进搅拌成桩的均匀性。在土层钻进中将下钻、提升速度控制在 0.3～1.5m/min 之内，对于 $N_{63.5}$ 较高的砂层和卵石层应降低下钻速度，必要时应小于 0.3m/min，试验过程中，最小下钻速度为 0.2m/min，并在该土层段进行多次下钻和提升。

(4) 搅拌过程

三轴搅拌机钻杆转速有一定的变化范围，在钻进时应根据地层情况的不同，调整搅拌的速度，达到均匀搅拌的目的。

钻机搅拌提升时不应使钻孔内产生负压而造成周边地基沉降。

(5) 注浆控制

浆液泵送流量应与三轴搅拌机的喷浆搅拌下沉速度或提升速度相匹配，严禁使用拌制 2h 以上的浆液。

施工中如因故停浆，在恢复压浆前将钻机提升或下沉 0.5m 后再注浆搅拌施工，以保证搅拌桩的连续性。

(6) 搅拌桩搭接

搅拌桩搭接施工过程中，保持搅拌速度，必要时放缓搅拌速度，保证搭接墙体的均匀性和搭接质量，相邻搅拌桩的搭接时间不超过 12h。

4. 芯材设置与回收

(1) 定位型钢放置

垂直沟槽方向放置两根定位型钢，规格为 200mm×200mm，长约 2.5m，再在平行沟槽方向放置两根定位型钢规格 300mm×300mm，长约 8～20m，H 型钢定位采用型钢定位卡（图 5-39）。

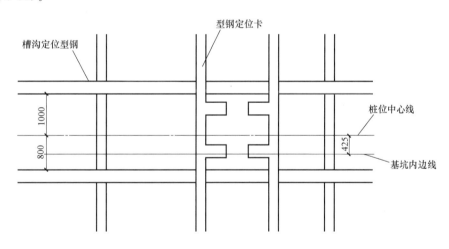

图 5-39 H 型钢定位

(2) 型钢检验

型钢到场应由供应商提供探伤报告，探伤率宜大于 10%，型钢进场要逐根检查和验收，底部垫枕木以减少型钢的变形，并由监理进行确认。

下插 H 型钢前要检查型钢的焊接质量、平整度等，符合要求后，涂抹减摩剂，方可进行下插 H 型钢施工。

(3) 型钢插入

型钢的插入宜在搅拌桩施工结束后 30min 内进行，型钢插入前必须将型钢的定位设备准确定位，并校核其水平。型钢吊起后以两台经纬仪调整型钢的垂直度，达到垂直度要求后下插 H 型钢，下插过程中进行实时检验。

型钢插入宜靠自身的自重插入，严禁多次重复起吊型钢并松钩下落方式插入型钢。可借助带有液压钳的振动锤等辅助方式使型钢插入到位，保证 H 型钢的插入深度，型钢插入到位后用悬挂构件控制其继续下沉，并将已插入的型钢连接成整体，防止临近的下一搅拌桩施工时引起型钢的移位。

如型钢插不到位，将型钢拔起，对桩位重新搅拌后进行型钢的插入工作，同时将型钢表面冲洗干净，涂抹减摩剂。

（4）芯材回收

基坑内结构施作完成，并且基坑回填完毕之后，方可进行内置芯材的回收工作。型钢起拔使用专用起拔千斤顶，使用的液压装置应带有压力测量表，以监视工作状态压力是否安全，同时，进行起拔时的压力记录。

型钢宜在 6 个月内进行起拔，超过 6 个月将增大型钢起拔的难度，型钢的起拔应分步骤进行，主要由以下三步组成：首先，应对内置的型钢进行松动；其次，利用反顶装置将型钢起拔至一定高度；最后，用起重装置将型钢完全起拔出来。

由于设置时间过长，起拔过程存在起拔困难的用焊割将型钢割断，重新在型钢端部成起拔孔，再将型钢起拔。

5.3.5 质量控制

1. 原材复试

根据各类原材复试要求，对施工中所用的原材料进行复试。

2. 成桩施工

搅拌前，必须对桩位进行校验，保证搅拌桩桩位的准确性，搅拌过程中，对搅拌浆液、搅拌垂直度、搅拌速度、搅拌深度等进行检验。应用比重计量器对搅拌浆液的水灰比进行检验，应用经纬仪对搅拌桩的垂直度进行检验，应用标尺对搅拌速度进行检验，对钻杆长度进行量测达到对搅拌深度的检验。

成桩施工过程中的检验项目和要求见表 5-20。

搅拌桩检验项目和要求　　　　表 5-20

序号	检验项目	检查频率	允许偏差
1	搅拌浆液水灰比	4 次/台班	符合设计要求
2	搅拌桩垂直度	钻进全过程	<1/200
3	搅拌速度	3 次/根	<1.5m/min
4	成桩深度	1 次/根	−50mm~+100mm

3. 桩体质量

根据施工中所取的水泥土试样，进行养护龄期 28d 的无侧限单轴抗压试验，根据试验结果进行检验，28d 无侧限单轴抗压强度应大于 1.0MPa；水泥土的抗渗性可根据试验结果进行检验，抗渗系数应小于 5×10^{-7} cm/s。

重要工程应进行钻孔取芯，取芯钻机宜采用 ϕ110 的钻头，进行连续钻进取全桩范围内的桩芯，取芯桩数量为成桩总数的 2%。每根取芯桩进行取芯试验，单桩钻芯进行抗压强度试验 6 组，每组 3 件试块。

4. 型钢检验

型钢进场时，检查供应商的探伤报告，并按5%进行探伤抽查，且抽检总数目不得少于6根。

型钢下插时，应对型钢的定位进行校核，保证与搅拌桩位的重合。并对每根插入型钢进行检验，检验主要含有以下几点：

(1) 下插型钢必须进行检验，应对型钢的长度、挠度和对接焊缝进行检验；
(2) 下插型钢过程中通过经纬仪对型钢的垂直度进行检验；
(3) 通过水准仪对型钢是否插到位置进行检验；
(4) 并对其形心转角及平面位置进行检验。

施工中，每根型钢的检验项目及要求见表5-21。

型钢检验项目及要求　　　　　　　　表5-21

序号	检验项目		检查频率	允许偏差
1	型钢长度		每根	－20～+20mm
2	型钢挠度		每根	<10mm
3	型钢对焊接缝		符合设计要求	符合设计要求
4	插入垂直度		钻进全过程	<1/200
5	插入深度		每根	－50～+100mm
6	型钢转角ϕ		每根	<3°
7	形心偏差	平行基坑	每根	50mm
		垂直基坑		10mm

5.4 内支撑施工要点

5.4.1 支撑施工原则

支撑结构设计布置合理以后，确保施工质量也是非常重要的。其施工遵循下列基本原则：①支撑（拉锚）的安装与拆除顺序，应同基坑支护结构的设计计算工况相一致；②支撑（拉锚）的安装必须按"先支撑后开挖"的顺序施工，支撑（拉锚）的拆除，除最上一道支撑拆除后设计容许处于悬臂状态外，均应按"先换撑后拆除的顺序施工；③在基坑竖向土方施工应分层开挖，土方在平面上分区开挖时，支撑应随开挖进度分区安装，并使一个区段内的支撑形成整体；④支撑安装应采用开槽架设。当支撑顶面需运行挖土机械时，支撑顶面安装标高宜低于坑内土面200～300mm（图5-40），支撑与基坑挖土之间的空隙应用粗砂回填，并在挖土机及土方车辆的通道外架设备箱；⑤立柱穿过主体结构底板以及支撑结构穿越主体结构地下室外墙的部位，必须采用可靠的止水构造。

在主体结构底板或楼板完成，并达到一定的设计强度，可借助底板或楼板构件的强度和平面刚度，拆除相应部位的支撑，但在此之前必须先在围护墙与主体结构之间设置可靠的传力构造，如图5-41。传力构件的截面应按换撑工况下的内力确定，当不能利用主体

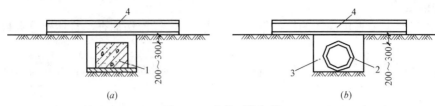

图 5-40 支撑开槽架设
1—钢筋混凝土支撑；2—钢支撑；3—回填砂；4—路基筋

结构换撑时，应先按换撑工况下原来的内力安装好新的支撑系统，才能拆下原来的支撑系统。利用主体结构换撑时，应符合下列要求：①主体结构的楼板或底板混凝土强度达到设计强度的80%；②在主体结构与围护墙之间设置可靠的换撑传力构造；③在主体结构楼盖局部缺少部位时，应在适当部位设置临时支撑系统。支撑截面应按换撑传力要求，由计算确定；④当主体结构的底板和楼板分块施工或设置后浇带时，应在分块或后浇带的适当部位设置可靠的传力构件。

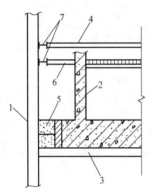

图 5-41 利用主体结构楼盖换撑
1—围护墙；2—地下室外墙；3—混凝土垫层；4—水平支撑；5—现浇混凝土带；6—短撑；7—围檩

支撑安装容许偏差应符合下列规定：①钢筋混凝土支撑截面尺寸为 +8mm，-5mm；②支撑中心标高及同层支撑顶面的标高差为 ±30mm；③支撑两端的标高差不大于 20mm 及支撑长度的 1/600；④支撑挠曲度不大于支撑长度的 1/1000；⑤立柱垂直度不打于基坑开挖深度的 1/300；⑥支撑与立柱的轴线偏差不大于 50mm；⑦支撑水平轴线偏差不大于 30mm。

内支撑施工应符合《钢结构施工验收规范》GBJ 205—83 和《混凝土结构施工及验收规范》GBJ 5024—92 的有关规定。

5.4.2 钢支撑施工

1. 钢支撑形式

常用的钢支撑形式主要有钢管支撑和及 H 型钢两种，也有采用型钢组合成柱构式截面。钢管支撑有 $\phi 609/16$、$\phi 609/14$ 及 $\phi 580/14$、$\phi 580/12$ 及直径较小的 $\phi 406$ 钢管等。其优点是单根支撑承载力较大，安装、拆除周期较短，无需养护期，钢管可回收；其缺点是支撑体系的整体性较差，安装与连接施工要求高，现场拼装尺寸不易精确，施工质量难以保证。H 型钢节点处理较灵活，可用螺栓连接，现场装配简单，在支撑杆件上安装检测仪器也较方便。

钢支撑一般均做成标准节段，在安装时根据支撑长度再辅以非标准节段。非标准节段通常在工地上切割加工。标准节段长度为 6m 左右，节段间连接多为法兰（钢板）高强螺栓连接，也有采用焊接方式（图 5-42）。螺栓连接施工方便，特别是坑内的拼装，但整体性不如焊接好，为减小节点变形，宜采用高强螺栓。

钢支撑可适用于各种不同的支护墙体，如钢板桩、预制混凝土板状、灌注桩排桩、地

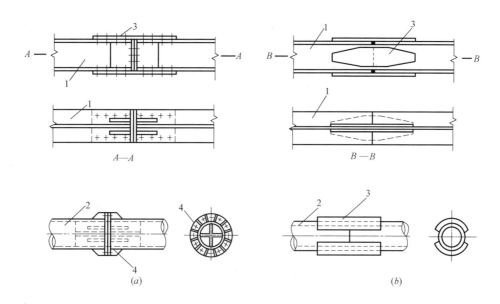

图 5-42 钢支撑的连接
(a) 螺栓连接；(b) 焊接
1—H 型钢；2—钢管；3—钢板；4—法兰

下连续墙等等。围檩也可采用钢结构或钢筋混凝土结构。常用的钢围檩的截面形式如图5-43，一般要求截面宽度不小于300mm。

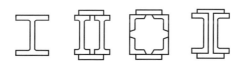

图 5-43 常用钢围檩截面形式

2. 安装工艺流程

钢支撑安装的工艺流程如下：①根据支撑布置图在基坑四周支护墙上定出围檩轴线位置；②根据设计要求，在支护墙内侧弹出围檩轴线标高基准线；③按围檩轴线及标高，在支护墙上设置围檩托架或吊杆；④安装围檩；⑤根据围檩标高在基坑立柱上焊支撑托架；⑥安装短向（横向）水平支撑；⑦安装长向（纵向）水平支撑；⑧对支撑预加压力；⑨在纵、横支撑交叉处及支撑与立柱相交处，用夹具或电焊固定；⑩在基坑周边围檩与支护墙间的空隙处，用混凝土填充。

3. 施工要点

(1) 支撑端头应设置厚度不小于10mm的钢板作封头端板，端板与支撑杆件满焊，焊缝高度及长度应能承受全部支撑力或与支撑等强度，必要时，增设加劲肋板，肋板数量、尺寸应满足支撑端头局部稳定要求和传递支撑力的要求（图5-44(a)）。

(2) 为便于对钢支撑预加压力，端部可做成"活络头"，活络头应考虑液压千斤顶的安装及千斤顶顶压后钢锲的施工。"活络头"的构造见图5-44(b)。

(3) 钢支撑轴线与围檩轴线不垂直时，应在围檩上设置预埋铁件或采取其他构造措施

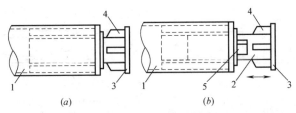

图 5-44 钢支撑端部构造
（a）固定端头；（b）活络端头
1—钢管支撑；2—活络头；3—端头封板；4—肋板；5—钢锲

以承受支撑与围檩间的剪力（图 5-45）。

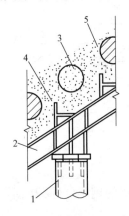

图 5-45 支撑与围檩斜交时的连接构造
1—钢支撑；2—围檩；3—支护墙；
4—剪立块；5—填嵌细石混凝土

（4）水平纵横向的钢支撑应尽可能设置同一标高上，宜采用定型的十字节头连接，这种连接整体性好，节点可靠。采用重叠连接，虽然施工安装方便，但支撑结构的整体性较差，应尽量避免采用。图 5-46 是上述两种连接的构造示意。

（5）纵横向水平支撑采用重叠连接时，相应的围檩在基坑转角处不在同一平面内相交，也需采用叠交连接，此时，应在围檩的端部采取加强的构造措施，防止围檩的端部产生悬臂受力状态，可采用图 5-47 的连接形式。

（6）立柱设置。立柱间距应根据支撑的稳定及竖向荷载大小确定，但一般不大于 15m，其截面及插入深度应按第二节中有关计算确定。常用的截面形式及立柱底部支承桩的形式如图 5-48 所示，立柱穿过基础底板时应采用止水构造措施。

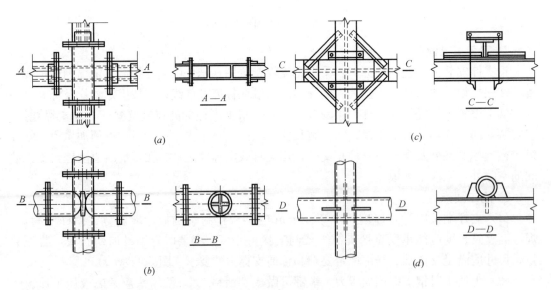

图 5-46 水平纵横向支撑连接示意图
（a）H 型钢十字节头平接；（b）钢管十字节头平接；（c）H 型钢叠接；（d）钢管叠接

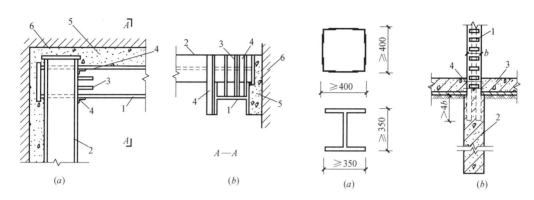

图 5-47 围檩叠接示意图
（a）平面图；（b）剖面图
1—下围檩；2—上围檩；3—连接肋板；
4—连接角钢；5—填嵌细石混凝土；6—支护桩

图 5-48 立柱的设置
（a）立柱截面形式；（b）立柱支承
1—钢立柱；2—立柱支承桩；
3—地下室底板；4—止水片

（7）钢支撑预加压力。对钢支撑预加压力是钢支撑施工中很重要的措施之一，它可大大减少支护墙体的侧向位移，并可使支撑受力均匀。

施加预应力的方法有两种：一种是用千斤顶在围檩与支撑的交接处加压，在缝隙处塞进钢楔锚固，然后就撤去千斤顶；另一种是用特制的千斤顶作为支撑的一个部件，安装在支撑上，预加压力后留在支撑上，待挖土结束支撑拆除前卸荷。

4. 预应力施加

钢支撑预加压力的施工应符合下列要求：①千斤顶必须有计量装置。施加预压力的机具设备及仪表应由专人使用和管理，并定期维护校验，正常情况下每半年校验一次，使用中发现有异常现象应重新校验；②支撑安装完毕后，应及时检查各节点的连接状况。经确认符合要求后方可施加预压力，预压力的施加宜在支撑的两端同步对称进行；③预压力应分级施加，重复进行，加至设计值时，应再次检查各连接点的情况，必要时应对节点进行加固，待额定压力稳定后予以锁定。预压力宜控制在支撑力设计值的 40%～60%。如超过 80% 时，应防止支护结构的外倾、损坏及对坑外环境影响；④支撑端部八字撑应在主支撑施加压力后安装。

5.4.3 钢筋混凝土支撑施工

钢筋混凝土支撑体系（支撑及围檩）应在同一平面内整浇，支撑与支撑、支撑与围檩相交处宜采用加腋，使其形成刚性节点。支撑施工宜用开槽浇筑的方法，底模板可用素混凝土，也可采用木、小钢模等铺设，也可利用槽底作土模，侧模多用木、钢模板。钢筋混凝土支撑与立柱的连接在顶层支撑处可采用钢板承托方式，在顶层以下的支撑位置，一般可由立柱直接穿过支撑（图 5-49）。其立柱的设置与钢支撑立柱相同。

设在支护墙腰部的钢筋混凝土腰梁与支护墙间应浇筑密实，腰梁可用设置在冠或上层支撑腰梁的悬吊钢筋作竖向吊点（图 5-50）。悬吊钢筋直径不宜小于 20mm，间距一般 1～1.5m，两端应弯起，插入冠梁及腰梁不少于 40d。

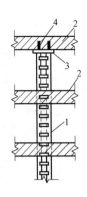

图 5-49 钢筋混凝土支撑与立柱的连接
1—钢立柱;2—钢筋混凝土支撑;
3—承托钢板(厚10);4—插筋

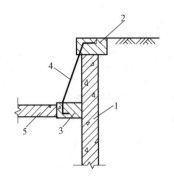

图 5-50 腰梁的吊点
1—支护墙;2—冠梁;3—腰梁;4—悬吊钢筋;5—支撑

5.4.4 中间立柱施工

内支撑体系的钢立柱目前用得最多的形式为角钢格构柱,即每根柱由四根等边角钢组成柱的四个主肢,四个主肢间用缀板进行连接,共同构成钢格构柱。

钢格构柱一般均在工厂进行加工制作,考虑到运输条件的限制,一般均分段制作,单段长度一般最长不超过15m,运至现场后在组装成整体进行吊装。钢格构柱现场安装一般采用"地面拼接、整体吊装"的施工方法,首先将工厂里制作好运至现场的分段钢立柱在地面拼接成整体,其后根据单根立柱的长度采用两台或多台吊车抬吊的方式将钢格构柱吊装至安装口上方,调整钢格构柱的转向满足设计要求之后,和钢筋笼连成一体后就位,调整垂直度和标高,固定后进行立柱桩混凝土的浇筑施工。

钢格构柱作为基坑实施阶段的重要的竖向受力支撑结构,其垂直度至关重要,将直接影响钢立柱的竖向,因此施工时必须采取措施控制其各项指标的偏差度在设计要求的范围之内。钢格构柱垂直度的控制首先应特别注意提高立柱的施工精度,立柱根据不同种类,需要采用专门的定位措施或定位器械,其次钢立柱的施工必须采用专门的定位调垂设备对其进行定位和调垂。

具体操作流程为:钢格构柱吊装就位后,将斜向调节丝杆和钢柱连接,调整钢格构柱安装标高在误差范围之内,然后调整支架上的水平调节丝杠,调整钢柱轴线的位置,使钢格构柱四个面的轴向中心线对准地面测放好的柱轴线,使其符合设计及规范要求,将水平调节丝杆拧紧。调整斜向调节丝杆,用经纬仪测量钢柱的垂直度,使钢立柱柱顶四个面的中心线对准地面测放出的柱轴线,控制其垂直度偏差在设计要求范围内。

立柱的施工应符合下列要求:

(1) 立柱的加工材料、尺寸,焊接要求等严格按照设计图纸进行,设计无要求时,执行现行行业标准《建筑钢结构焊接技术规程》JGJ 81—2002 中的相关规定;

(2) 钢格构柱宜在工厂进行制作,分段制作长度不宜超过 15m;

(3) 立柱现场安装可采用"地面拼接、整体吊装"的施工方法;

(4) 立柱的定位和垂直度采取措施进行控制,对格构柱、H型钢柱,尚应同时控制方向偏差;

(5) 土方开挖后,应按照设计要求,及时架设剪刀撑和水平钢支撑等加固措施,确保立柱之间形成整体、稳定的支撑体系;

(6) 开挖过程中应定时测量立柱的回弹,并及时调节立柱与支撑拉紧装置;

(7) 立柱穿过地下结构底板的部位,应按设计要求设置可靠的防水构造措施。

钢支撑与立柱(连系梁)之间的连接应符合下列要求:

(1) 钢支撑与立柱(连系梁)之间的连接应严格按设计要求施工,确保支撑与立柱(连系梁)连接点体系的相对稳定;

(2) 架设钢支撑前,应复核两侧腰梁体系与立柱(连系梁)的标高,减少钢支撑在空间相交部位的竖向受力。

5.4.5 支撑替换与拆除

1. 支撑替换与拆除必要性

近年来的围护设计在功能上都要求做到地下室外墙不留洞,而且混凝土支撑构件不穿墙,以保证结构物外墙不留隐患和施工能顺利进行。为此,当地下室外墙施工到一定部位时,相应的支撑就必须拆除。支撑拆除时,如不采取替代措施,则意味着将增加桩作为竖向梁跨度,在最不利的情况下,桩将呈长悬臂状态工作,这种做法至少是不经济的,在一定条件下甚至是不可行的,因此换撑是必要的。

2. 临时支撑设置

拆除旧支撑和设置临时支撑在基坑工程上也称为"换撑"。在实施的程序上一般是先行设置临时支撑,然后拆掉旧支撑。由于多数情况下。地下室外墙与竖向围护构件之间的距离能满足外墙外防水制作即可,故距离一般不大,临时支撑用一般方木(或钢件)即可。注意到防止局部应力集中及支撑固定的要求,在临时支撑的两端即边墙与桩面上应垫以厚木板之类的部件。

3. 内支撑拆除

原设置的内支撑在临时支撑开始工作后即可予以拆除。混凝土支撑的拆除手段可以有以下几种:用手工工具拆除,即人工凿除混凝土并用气割切断钢筋;在混凝土内钻孔然后装药爆破,爆破方式一般采用无声炸药松动爆破,在混凝土内预留孔,然后装药爆破,由于设置预留孔,在支撑构件的强度验算时要计入预留孔对构件断面的削弱作用。

4. 支撑拆除时围护结构变形

支撑拆除的瞬间围护结构将发生突然变形,换撑工作草率时其数值可达未拆除前最大变形的几倍,这一现象值得引起人们重视。

5.4.6 施工中应注意的问题

1. 场地利用和限制

多数高层建筑,由于各种原因所致,往往坐落于市区或居民集中区。这就造成可供使用的施工场地非常狭窄,因此就产生了施工道路布置和建筑材料堆放的问题。如果施工场地非常狭窄,无法布置运土车道,则可根据围护本身的需要,增设少量构件,形成栈桥,以便开挖时运土机械可以到达基坑的任一部位,顺利地解决场内交通问题,并保证了高强度的开挖。除了运土道路的布置外,建筑材料等的堆放与机械的布置和行驶,都构成地表的分布荷载。为了将分布荷载控制在设计容许的限度内，可以根据基坑周边地层构成的变化确定堆载量的大小，因为地层土质很少是完全均一的。在较坚硬的地段，侧压力系数较低，可以容许较大的堆载。而在较软弱地段则应严格限制堆载或不容许堆载。这样区别对待的结果，可以使作用于围护结构上的土压力荷载趋于均匀，且均限制在容许范围内。

2. 施工进度与保证措施

能否实现大规模、高度机械化的开挖，从而保证少占用工期，是内撑式围护体系能否成立的关键问题。

早期的双向钢管支撑确实不利于机械化开挖，因而影响进度。这使得人们产生一种固有的偏见，认为内撑式围护妨碍开挖，影响进度。近年来内撑式围护体系设计有所改进，表现为选型合理的前提就是应该便于施工。在一道支撑内，杆件之间的空间应便于大型机械的施展；而且任两道支撑（包括下支撑与坑底）之间的空间，应力求满足型号合适的开挖机械的顺利工作。做到这一点，如果没有其他限制条件，就可以实现在内撑条件下近于百分之百的机械化开挖，从而大大地缩短工期。此外在开挖结束时，如果基坑深度较大，则无法保证挖土机械顺利地自行退出坑外。这时，可利用已经安装完毕的垂直运输机械，如塔式起重机，将挖土机械整体地（小型挖土机）或予以解体后（大型挖土机）吊出基坑。

3. 开挖方式与围护构件的荷载

这里讨论的是在使用大型机械开挖的条件下挖土的方式与顺序问题。应该慎用挖土机沿基坑边缘挖到底的开挖方式。因为从物理过程来看，挖土的速度会影响土压力的大小。目前虽然还缺少这方面的实测资料，但已见到过由于沿围护桩边迅速切出一条深沟，第二天围护结构失稳坍毁的实例。可以这样理解土压力变化的机理：在未开挖之前，围护结构两侧的土压力是静止土压力；在开挖之后，桩前的压力消失，桩背土体膨胀，桩身变形，桩背压力下降。这一压力下降是能量释放的过程，在能量释放过程中压力起变化。如果能量释放过程是平缓的，则压力可能逐渐下降。如果释放过程是急剧而短暂的，则压力可能会暂时不变甚至上升，从而导致了围护结构的破坏。所以不宜采用"沿围护结构边切出一道深沟"的开挖方式。

基于同一道理，只要工期许可，应该有计划地分层、分段开挖。分层宜薄不宜厚，分段宜短不宜长。当然，在具体工程中，工期与施工进度安排往往成为第一要素，设计应在这方面适当留有余地。

4. 场地地下水堵、导、排、灌问题

地下水的对策，在场地周围保护要求较低时，困难较小。而内撑式围护往往使用在对周围保护要求较苛刻的场地，所以对地下水的处理要求也格外严格。这一问题另有专章论述。这里仅提及两点常识：

（1）堵与导相结合的问题

地下室结构在基本无水条件下施工，是基坑支护的基本功能之一。但如果把堵的要求绝对化，则墙背将承受很大的水压力。由于水压力与渗水量不是正比关系，少量的渗水可大幅度降低水压力，所以提倡在基坑施工许可的条件下，让围护结构微量渗水。如果一定不能让围护结构渗水，则应有计划地采取埋管引流、集中抽排等措施以降低墙背的水压力。

(2) 排与灌相结合

如坑内土层与坑外土层的水力联系较为紧密，则基坑内抽水必导致基坑外地下水位下降。而坑外水位下降的结果往往造成坑外地表沉降，所以在坑内抽水的同时往往必须实行坑外回灌。这种配套措施实行的前提是必要的阻水措施。因为如果渗水量过大，则回灌措施很难达到防止坑外地表沉降的目的。

5. 开挖中对支撑构件和工程桩的保护

一般而言，开挖过程中对整个围护体系和永久性结构都不得损伤，包括直接碰撞造成的"外伤"和超载造成的"内伤"。特殊地讲，围护体系中的最薄弱环节即支撑构件（不包括环梁），尤应妥加保护。因为支撑构件的单跨跨度较大、承受竖向超载和侧向荷载的能力很弱，这种特点使得保护更加显得重要。永久性结构构件中常见的保护对象是已经施打的长短不一的混凝土桩。具体的保护要求是：①支撑系统混凝土未达到要求强度等级前不得开始基坑土方开挖；②施工机械不得长时间反复行驶在支撑构件上（专门设计的栈桥除外），且临时通过时应有安全措施；③施工中防止重物撞击支撑构件；④单肢较长的支撑构件（一般指对撑）两侧土方开挖的高差应严格限制；⑤打入桩场地用大型机械开挖应十分谨慎，严禁挖掘机械撞击桩头，造成次生断桩；⑥根据工程桩的断面、配筋与场地土质等因素，严格限制开挖平台间高差，以防土的侧压力导致工程桩的倾斜。

6. 坑底开挖注意问题

坑底开挖高程的控制涉及经济与安全两方面问题。如坑底超挖，则必须用人工材料回填，既增加造价，又拖延工期，这是经济方面问题。更为重要的是，坑底超挖使得围护构件的挡土高度超过设计计算的数值，致使围护构件超负荷工作，增加了不安全因素。这种情况生软黏土地层、雨季施工时，如不注意，很容易发生。在控制坑底开挖高程上，建议采取以下措施：①坑底标高以上 200～300mm 留作保护层，采用人工开挖；②开挖保护层时集中劳动力和配套设备，开挖一片，铺设一片垫层，防止人类活动和自然因素造成的扰动。

7. 越冬工程的防冻措施

在可能出现冻土的地区应该考虑这一问题。然而土的冻胀值与很多因素有关，要准确地予以定量目前还有困难。

与其把注意力集中在冻胀值的计算上，不如集中在减轻冻胀作用和消除冻胀后果上。砂性土边坡排水疏干是防止冻胀危害的有效手段，因为水的存在是冻胀的根源。黏性土边坡排水效果有限，更宜采取保温措施以防止冻胀。当冻胀不可避免地要发生时，则减少约束，让其自由膨胀，如围护桩间留有一定净距，让锚杆暂时人为伸长等，可以减轻冻害。

8. 不良自然条件的应对措施

不良自然条件有很多种，如地震、台风、暴雨等等。这里指的主要是暴雨。因为支护体系位置低，地震系数不大，而且系空间稳定体系，具有一定的整体抗震能力。风载对支护体系影响更加小。而暴雨易造成地表积水，地表水如渗入桩背，其增加的荷载可能超过土的侧压力。所以在应对措施上尤应注意桩背有无水的下渗通道，暴雨来临时有无足够的抽排水机械等，以防积水下渗。

第6章 地下连续墙施工

6.1 施工设备

6.1.1 挖斗式挖槽机

1. 机械分类

挖斗式挖槽机是以其斗齿切削土体，切削下的土体收容在斗体体内，从沟槽内提出地面开斗卸土，然后又返回沟槽内挖土，如此重复的循环作业进行挖槽。这是一种构造最简单的挖槽机械。挖斗式挖槽机械的挖掘动作有斗齿铲挖和斗刃切削，都是先把斗齿或斗刃切入土中然后挖掘，切入土中依靠斗体重量，由于斗体同时还是切土容器，所以增加斗体重量虽然对挖土有利但对切土却增加了无益的动力消耗。这类挖槽机械，适用于较松软的土质，对于较硬的土层宜用钻抓法，即预钻导孔，在抓斗两侧形成垂直自由面，挖土时不需靠斗体自重切入土中，只需闭斗挖掘即可。由于每挖一斗都需提出地面卸土，为了提高其挖土效率，施工深度不能太深，一般不超过50m。

标准规格的蚌式抓斗　　　　　　　　　　表 6-1

墙厚(mm)	450	500	600	800	1000	1200
闭斗高度 A(mm)	4250	4250	4250	4540	4540	4540
闭斗宽度 B(mm)	2200	2200	2200	2420	2420	2420
抓斗厚度 C(mm)	450	470	570	760	960	1200
开斗高度 D(mm)	3740	3740	3740	3816	3816	3816
开斗宽度 E(mm)	2500	2500	2500	2700	2700	2700
自重(kg)	3800	3900	4300	4450	4750	5750
钢索道数	4	5	5	6	6	6
闭斗力(kN)	160	180	190	210	225	266
半齿数	2+2	2+3	2+3	3+4	3+4	3+4
钢索最大直径(mm)	$\phi22$	$\phi22$	$\phi22$	$\phi25$	$\phi25$	$2\phi6$

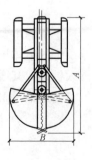 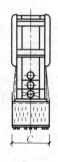 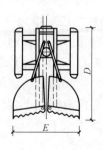

蚌式抓斗是最早用于开挖壁板式地下连续墙的挖槽机械,可用于开挖墙厚450~2000mm、深50m、土的$N_{63.5}$值不超过50的地下连续墙。一些标准规格的蚌式抓斗如表6-1所示。为了保证挖掘方向,提高成槽精度,在抓斗上部安装导板(即成为我国常用的导板抓斗),或在挖斗上装上长导杆,导杆沿着机架上的导向立柱上下滑动,成为液压抓斗,这样既保证了挖掘方向又增加了斗体自重,提高了对土的切入力。在抓斗侧面安装导向板,一般分成两类:蚌式抓斗通常以钢索操纵斗体上下和开闭,即"索式抓斗",索式蚌式抓斗分中心提拉式与斗体推压式两类;也有用导杆使抓斗上下并通过液压开闭斗体的"导杆抓斗"。

2. 索式中心提拉式导板抓斗

我国目前使用的索式中心提拉式导板抓斗如图6-1所示。它主要由斗体、提杆、斗脑、导杆及上下滑轮组和钢索组成。由钢索操纵开斗、抓土、闭斗和提升弃土。导板的作用是导向,可提高挖槽精度,又可增大抓斗重量的提高挖槽效率,导板长度根据需要而定,长导板可提高沟槽的垂直精度。这种抓斗的两侧斗刃可根据切土阻力调节斗体挖土动作,斗体损伤较少,主要用于挖掘软土层,挖掘硬土层则效率大为降低,已逐渐少用。

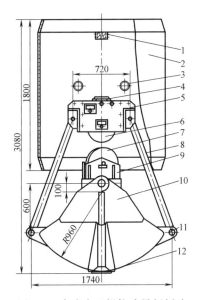

图 6-1 索式中心提拉式导板抓斗
1—导向板;2—导板;3—撑管;
4—导向辊;5—斗脑;6—上滑轮组;
7—下滑轮组;8—提杆;9—滑轮座;
10—斗体;11—斗耳;12—斗齿

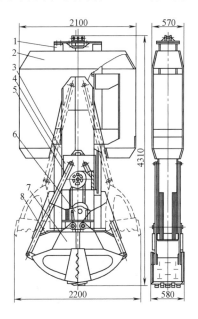

图 6-2 索式斗体推压式导板抓斗
1—导轮支架;2—导板;3—导架;
4—动滑轮组;5—提杆;6—定滑轮组;
7—斗体;8—弃土压板

3. 索式斗体推压式导板抓斗

这种抓斗的主要构造如图6-2所示,它主要由斗体、弃土压板、导板、导架、提杆、滑轮组等组成。其挖土动作和切土轨迹如图6-3所示。这种抓斗切土时能推压抓斗斗体进行切土,又增设弃土压板,所以能有效地切土和弃土,亦可采用液压方式提高挖掘力。设计斗体推压式导板抓斗时,要对斗形、抓斗重量、斗体半径与斗体转动半径之间的相对关系、滑轮数量、斗齿数量和排列方式等周密地加以考虑，否则就不能有效地挖槽。

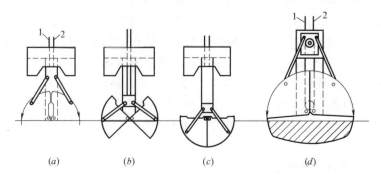

图 6-3 索式斗体推压导板抓斗的挖土动作和切土轨迹
（a）抓斗就位；（b）斗体推压抓土；（c）抓斗闭合；（d）抓斗切土轨迹
1—悬吊索；2—斗体启闭索

6.1.2 钻抓式成槽机

对于较硬土层，为了提高挖土效率，或为提高挖土精度，可将索式导板抓斗与导向钻机组合成钻抓式成槽机进行挖槽。我国用的钻抓式成槽机如图 6-4 所示。施工时先用潜水电钻根据抓斗的开斗宽度钻两个导孔，孔径与墙厚相同，然后用抓斗抓除两导孔间的土体，效果较好。我国所用钻抓式成槽机的组成设备与功率如表 6-2 所示。

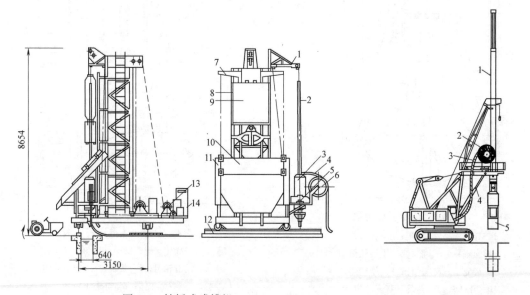

图 6-4 钻抓式成槽机
1—电钻吊臂；2—钻杆；3—潜水电钻；4—泥浆管及电缆；5—钳制台；
6—转盘；7—吊臂滑轮；8—机架立柱；9—导板抓斗；10—出土上滑槽架；
11—出土下滑槽架；12—轨道；13—卷扬机；14—控制箱

图 6-5 导杆抓斗构造示意
1—导杆；2—液压管线回收轮；
3—平台；4—调整倾斜度用的千斤顶；
5—抓斗

抓斗的液压开闭装置装在导杆下端，挖土时通过导杆自重使抓斗向下推压，使斗体切入土中挖土。导杆液压抓斗的载运机械是履带式起重机，其上安装有导向滑槽、导杆就在滑槽内上下运动，导杆和导向槽的长度按挖槽深度的压根进行组装，用这种抓斗挖槽不需要钻导孔。导杆抓斗的构造示意图如图 6-5 所示，其技术性能如表 6-3 所示。

钻抓式成槽机的组成设备与功率　　　　　　　　　　　　　　表 6-2

组成设备	规格	功率(kW)
潜水钻机	—	22
卷扬机	5t(2 台)	22(11×2)
卷扬机	1t	7.5
卷扬机	0.5t	5.5

导杆折斗技术性能　　　　　　　　　　　　　　表 6-3

技术性能 \ 机械型号	KRC-1	KRC-2
标准开挖深度(m)	25	28
最大开挖深度(m)	30	40
建议的抓斗尺寸(mm)	2200	2200,2500/3000
地面以上最大高度(m)	21.6	29.3
最小工作半径(m)	2.8	3.0
最大工作半径(m)	3.6	4.0
地面以上最小高度(m)	4.6~5.0	4.7~5.3
总重(kg)	7640	10000
在工作半径为 3.6m 时的稳定性(t-m)	20	25

蚌式抓斗载运机械履带起重机，其起重臂长度因抓斗的高度及重量而异，一般为 15~20m，起重臂的仰角愈大起重机愈稳定，但使起重机愈靠近导墙，全影响导墙和周围地基的稳定，也会给抓斗卸土和装车带来不便。因此，起重臂的仰角通常采用 65°~75°左右。抓土、卸土和装车应在起重臂回转范围之内。挖槽过程中起重臂只作回转动作而无仰俯动作。起重机履带的方向与导墙成直角时，稳定性最好，但考虑导墙承受荷载的情况，也有采用平行导墙布置的，个别情况下亦有跨在导墙上进行挖槽的。不钻导孔进行挖槽，如果土层软弱挖槽速度过快，或在土层软硬变化处，均容易造成槽壁弯曲影响垂直精度。另外，挖槽深度愈大愈易造成垂直度误差，所以深度大的挖槽宜用钻抓法。

要保证钻抓式成槽机的轨道铺设质量，道渣要铺填密实，铺设轨道要用经纬仪和轨距尺，并以道钉可靠加以固定。考虑到前后轨道下垫层不同及成槽机前后轮压不同，铺设时后轨宜预留 20mm 超高，成槽机就位准备下钻时，应再次检查轨道的平整度，如有问题可用千斤顶纠正。成槽机就位时，以经纬仪找准机架顶部悬挂中点和槽段的中心标志，并在槽段长轴线上以经纬仪找准机架前后位置。

为了提高新钻设的导孔的垂直精度，应以适宜的钻孔速度进行钻孔。一般来说，钻孔速度取决于钻机的回转速度和钻具对地层的压力，钻孔速度过快，易引起钻孔轴线弯曲。此外，钻具的磨损会使孔径变小，导孔孔径尺寸不准确，会影响地下墙的施工精度。对于坚硬的土层，可在设计的导孔位置的中间再钻一个孔，以提高抓斗的挖槽效率。用钻抓成槽机施工时的工艺布置如图 6-6 所示。

当抓斗无导孔进行挖槽时，要使抓斗的切土阻力均衡，避免因折半切土阻力不均衡造成槽壁弯曲。宜按图 6-7（a）的方式进行抓槽，而不宜采用图 6-7（b）的方式。为此，

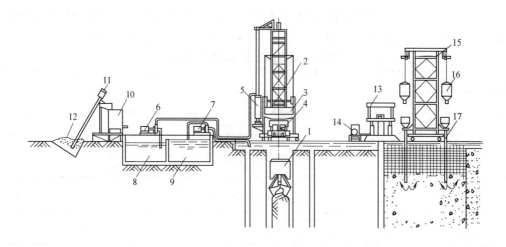

图 6-6 地下连续墙用钻抓成槽机施工工艺布置

1—导板板抓斗；2—机架；3—出土滑槽；4—翻土车；5—潜水电站；6、7—吸泥泵；8—泥浆池；
9—泥浆沉淀池；10—泥浆搅拌机；11—螺旋输送机；12—膨润土；13—接头管顶升架；
14—油泵车；15—混凝土浇灌机；16—混凝土吊斗；17—混凝土导管

在确定一个单元槽段的挖掘顺序时，亦要考虑抓斗切土阻力的均衡问题，对直线形单元槽段或转角部位宜按图 6-8 所示的顺序进行挖掘。

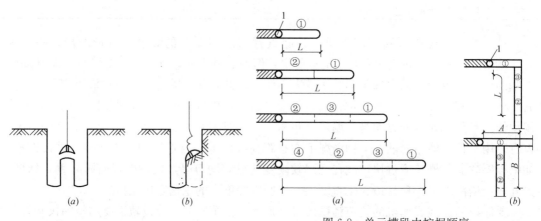

图 6-7 抓斗切土状态

(a) 切土阻力均衡；(b) 切土时切土阻力不均衡

图 6-8 单元槽段内挖掘顺序

(a) 直线形单元槽段；(b) 转角部位单元槽段
1—接头管孔；L 或（A＋B）—单元槽段长度；
①、②、③、④—表示抓斗挖掘顺序

6.1.3 冲击式挖槽机

冲击钻机是依靠钻头的冲击力破碎地基土，所以不但对一般土层适用，对卵石、砾石、岩层等地层亦适用。另外，钻头的上下运动受重力作用保持垂直，所以挖槽精度亦可保证。这种钻机的挖槽速度取决于钻头重量的单位时间内的冲击次数，但这两者不能同时增大，一般一个增大而另一个就有减小的趋势，所以钻头重量和单位时间内的冲击次数都不能超过一定的极限，因而冲击钻机的挖槽速度较其他挖槽机低（图 6-9）。冲击式挖槽机包括钻头冲击式和凿刨式两类，排土方式有泥浆正循环方式和泥浆反循环方式两种。

回转式挖槽机是以回转钻头切削土体进行挖掘，钻下土渣随循环的泥浆排出地面，回转方式有直挖和平挖两种。钻头数目有单头钻和多头钻之分，单头钻主要用来钻导孔，多头钻多用来挖槽。我国所用的 SF-60 和 SF-80 型多头钻，这种多头钻是一种采用动力下放、泥浆反循环排渣、电子测斜纠偏和自动控制给进成槽的机械，具有一定的先进性，多头钻构造如图 6-10 所示，整个机组的构成见图 6-11，其技术性能如表 6-4 所示。

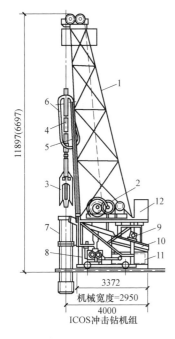

图 6-9 冲击钻机组

1—机架；2—卷扬机（19kW）；3—钻头；
4—钻杆；5—中间输浆管；6—输浆软管；
7—导向套管；8—泥浆循环泵（22kW）；
9—振动筛电动机；10—振动筛；
11—泥浆槽；12—泥浆搅拌机（15kW）

SF 型多头钻的技术性能　　　表 6-4

类别	项目	SF-60 型	SF-80 型
钻孔尺寸	外形尺寸（mm）	4340×2600×600	4540×2800×800
	钻头个数（个）	5	5
	钻头直径（mm）	600	800
	机头重量（kg）	9700	10200
成槽能力	成槽宽度（mm）	600	800
	一次成槽有效长度（mm）	2000	2000
	设计挖掘深度（m）	40～60	
	挖掘效率（m/h）	8.5～10.0	
	成槽垂直精度	1/300	
机械性能	潜水钻机（kW）	4 极 18.5×2	
	传动速度比	$i=50$	
	钻头转速（r/min）	30	
	反循环管内径（mm）	150	
	输出扭矩（N·m）	7000	

多头钻是利用两台潜水电钻带动行星减速机和传动分配箱的齿轮，驱动钻机下部 5 个钻头等速对称旋转切割土体，并带动两边的 8 个侧刀（每边 4 个侧刀）上下运动，以切除钻头工作圆周间所余的三角形土体。所以它能一次钻成平面为长圆形的槽段，而与其他单头钻机不同，不是钻面一个圆孔。

多头钻的 5 个钻头分上下两层配置，相互搭接。各个钻头的转动方向相反，各转头的钻进反力相互抵消，整个多头钻就不会因钻进反力而产生扭转。

多头钻的两侧装有一对与槽宽相等的导板以控制墙厚，多头钻是在钢索悬吊状态下进行挖槽，为了进一步提高成槽的垂直精度，钻机还设有电子测斜自动纠偏装置，当倾斜仪（图 6-12）显示多头钻已偏离设计位置时，可通过操作台上的阀门以高压气体操纵纠偏气缸推动纠偏导板（图 6-13）纠正多头钻偏差。多头钻钻机还设有钻压测量装置（图 6-14），于悬挂多头钻机头钢丝绳固定端装有拉力传感器，利用调节钢丝绳的荷重来调节钻压，以调节钻机的挖槽状态。

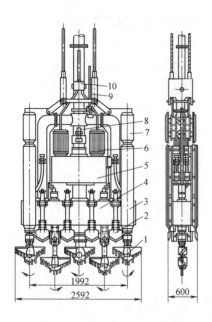

图 6-10 SF 型多头钻的钻头

1—钻头；2—侧刀；3—导板；4—齿轮箱；
5—减速箱；6—潜水钻机；7—纠偏装置；
8—高压进气管；9—泥浆管；10—电缆结头

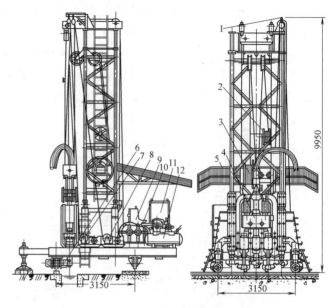

图 6-11 多头钻成槽机

1—小台灵起重机；2、3—电缆收线盘；4—多头钻头；5—雨篷；
6—控制行走用电动机箱；7、8—卷扬机；9—操作台；
10—卷扬机；11—配电箱；12—空气压缩机

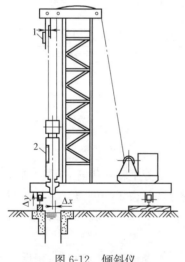

图 6-12 倾斜仪

1—倾斜仪；2—自动纠偏装置

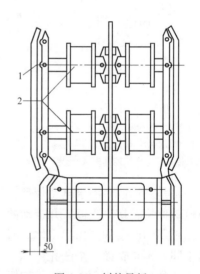

图 6-13 纠偏导板

1—纠偏导板；2—纠偏气缸

多头钻成槽机为泥浆循环出土渣，钻头切削下来的土渣由泥浆作为输送介质从中间一个钻头的空心钻杆中吸上排出槽段，以反循环方式排渣，泥浆在空心钻杆中的流速大，能输送大颗粒的土渣。驱动泥浆吸进中间钻头空心会钻杆的是砂石吸力泵或压缩空气，也可以两者混合采用。砂石吸力泵最大提升深度约 35m，砂石吸力泵包括 4PH 灰渣泵和 SZ-4 真空泵，先由真空泵吸出引水，再用离心式灰渣泵来排泥，其吸出的土渣直径达 50mm，流量约 100m³/h。吸力泵机组构造如图 6-15 所示，其技术性能如表 6-5 所示。

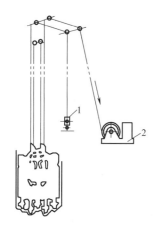

图 6-14 钻压测量装置
1—拉力传感器；2—卷扬机

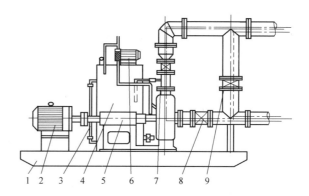

图 6-15 砂石吸力泵
1—底盘；2—电动机；3—液位计；4—真空蓄浆筒；
5—4PH 灰渣泵；6—SZ-4 真空泵；7、8、9—阀

砂石吸力泵机组技术性能   表 6-5

技术性能	4PH	SZ-4
流量(m^3/h)	100～200	14.4
扬程(m)	41～87	
吸上真空(m)	5.5	650
进水管径(mm)	150	25
出水管径(mm)	100	25
电机动力(kW)	4	1.5
转数(r/min)	1480	1450

压缩空气提升深度可以很大，但在深度大于 6m 才有效，一般在 10m 以下工作才稳定，用混合法提升泥浆，深度在 40m 以内用砂石吸力泵提升，超过 40m 用压缩空气提升，配合 $9m^3/min$ 的空气压缩机供气。如遇特殊土层，钻机还可辅助以正循环压浆，以改善外头切土性能，压浆量约 $30m^3/min$。

SF-60 和 SF-80 型多头钻的动力如表 6-6 所示，其机架性能如表 6-7 所示。

SF-60 和 SF-80 型多头钻的动力   表 6-6

序 号	项 目	电机型号	电流量(A)
1	SF-60、SF-80 机头	潜水电机 18.5kW×2	38×2
2	JJM-5 主机升降卷扬机	J_2R-41-3	30.6
3	动力电缆收线盘	JLJ132 4/6	11.5
4	记号电缆收线盘	JLJ132 2.5/6	7.1
5	0.5t 卷扬机×2	3.0kW	6.5×2
6	$0.6m^3/min$ 空气压缩机	5.5kW	11.3
7	机架行走电机	ZD 32-6 3kW	8

多头钻除上述常用的 SF-60、SF-80 型外，还有施工单位自制的简易多头钻。如中国有色第六建设公司在建设某厂水泵房时，曾用 4 台 GZQ-1250B 型潜水电钻、G4PS-1 潜水砂泵和导板箱等自制一台简易的 DZ-ϕ800×4 型多头钻机，也装有电控测斜、测深、测钻压和纠偏等装置。基技术性能如表 6-8 所示。

SF-60 和 SF-80 型多头钻机架的性能　　　　　表 6-7

序 号	内 容		备 注
1	机架行走速度	15m/min	
2	钢轨	24kg	
3	机头升降最大速度 机头给进速度 JJM-5 卷扬机配线	2m/min 5～20m/h 多层异型股(不旋转)钢丝绳 60(21)＋64(8)-21-140-I-2 镀 220m	
4	动力电缆筒配线	YHC3×25＋1×10	配 80
5	记号电缆筒配线	SBH-12×0.75	配 80
6	0.5t 卷扬机		

DZ-$\phi 800 \times 4$ 型多头钻机技术性能　　　　　表 6-8

序 号	技术指标	基本数据
1	成槽尺寸 槽孔长度(mm) 槽孔宽度(mm) 槽孔深度(m)	 2600 800 35
2	钻进速度(m/h)	4～6
3	挖土能力(m³/h)	5～10
4	槽孔垂直度	1/200
5	槽孔扩孔率	3/100
6	钻压显示范围(t)	0～10
7	电缆收放能力(m)	35
8	泥浆管收放能力(m)	35
9	钻架垂直调节(°)	10

用多头钻挖槽,槽壁的垂直精度主要靠钻机操作人员的技术熟练程度、合理控制钻压、下钻速度和钻机工作电流。在钻进过程中应随时观测偏斜情况,随时加以纠正。

多头钻挖槽时,待钻机就位和机头中心对准挖掘段中心后,将密封液储油器加压至 0.1～0.15MPa,并随机头下放深度的增加而逐步加压。然后将机头放入槽内,当先导钻头刚接触槽底即起动旋转,钻头正常工作电流约 40A,最大工作电流应在 75A 以内,如工作电流出现升高现象时,应立即停钻检查。在每次提钻后或下钻前均应检查润滑油和密封液是否符合设计要求。

用多头钻挖槽对槽壁的扰动少,完成的槽壁光滑,吊放钢筋笼顺利,混凝土超量少,无噪声,现场人员少,施工文明。适用于软黏土、砂性土及小粒径的砂砾层等地质条件。特别在密集的建筑群内,或邻近高层及重要建筑物处皆能安全而高效率地进行施工,但需具备排送泥浆及处理泥浆条件。多头钻施工时的工艺布置如图 6-16 所示。

多头钻的钻进速度取决于土质坚硬程度和排泥速度。一般,对于坚硬土层钻进速度取决于土层坚硬程度,而对于软土层则主要取决于排泥速度。

每小时排出槽内泥土重量为:

$$W=(\gamma_1-\gamma_2')Q \tag{6-1}$$

式中　W——从槽内排出泥土的重量,t/h;
　　　γ_1——从槽内排出泥浆的密度,t/m³;
　　　γ_2——从槽内排泥浆的密度,t/m³;
　　　Q——反循环排泥时从槽内排泥浆的速度,m³/h。

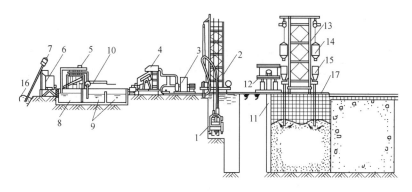

图 6-16 多头钻施工工艺布置

1—多头钻；2—机架；3—吸泥泵；4—振动筛；5—水力旋流器；6—泥浆搅拌机；7—螺旋输送机；8—泥浆池；
9—泥浆沉淀池；10—补浆用输浆泵；11—接头管；12—接头管顶升架；13—混凝土浇灌机；14—混凝土吊斗；
15—混凝土导管上的料斗；16—膨润土；17—轨道

用 4PH 砂石吸力泵约为 100m³/h，用压缩空气约为 50m³/h，多头钻每小时的钻进速度为：

$$v = \frac{W}{\gamma} \cdot \frac{1}{F} \tag{6-2}$$

式中　v——多头钻钻进速度，m/h；

　　　γ——原状土的天然重度，t/m³；

　　　F——多头钻挖掘段的面积，m²。

6.2　施　工　工　艺

6.2.1　导墙设置与施工

深槽开挖前，须沿着地下连续墙设计的纵轴线位置开挖导沟，在两侧浇筑混凝土或钢筋混凝土导墙。导墙的常用截面形式如图 6-17 所示。

各类导墙适用情况：板墙形的导墙适用于表层地基强度较高，作用在导墙上的荷载较小的情况；倒 L 形和 L 形的导墙适用于表层地基强度不够或坍塌性大的砂土或回填土地基及作用在导墙上的荷载较大的情况；砖混导墙适用于杂填土及使用期短的情况；薄型槽钢和预制构件导墙适用于表层地基良好、临时性使用的情况。导墙在转角处为保证转角处地下连续墙截面完整，成 T 字形或十字形交叉（图 6-18）。

导墙一般深 1.2～2.0m，宜落在原土层上，顶面应高于施工场地 5～10cm。导墙面至少应高于地面约 100mm，以防止地面水流入槽内污染泥浆。在地下水位高的地方，应高出地下水位 1.5m。导墙厚度一般为 0.15～0.25m，两墙间净距比成槽机宽 3～5cm，在导墙内侧每隔 2m 设一木支撑。导墙配筋多为 $\phi12@200$，水平钢筋必须连接起来，使导墙成为整体。

导墙内墙面应平行于地下连续墙轴线，对轴线距离最大允许偏差为 ±10mm；内外导墙

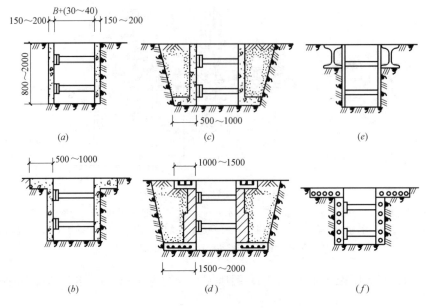

图 6-17 导墙常用截面形式
(a) 板墙型;(b) 倒 I 型;(c) L 型;(d) 砖混导墙;(e) 型钢钢板组合导墙;(f) 预制板组合式导墙

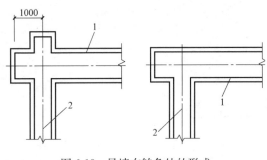

图 6-18 导墙在转角处的形式
1—导墙;2—槽段轴线

面净距为地下连续墙名义墙厚加 40mm，净距的允许误差为±5mm，墙面应垂直；导墙顶面应水平，全长范围内高差应小于±10mm，局部高差小于 5mm。

现浇钢筋混凝土导墙的施工顺序为：平整场地→测量定位→挖槽及处理弃土→绑扎钢筋→支模板→浇筑混凝土→拆模并设置横撑→导墙外侧回填土（如无外侧模板，可不进行此项工作）。

现浇钢筋混凝土导墙拆模以后，应沿其纵向每隔 1m 左右加设上、下两道木支撑，将两片导墙支撑起来，在导墙的混凝土达到设计强度并加好支撑之前，禁止任何重型机械和运输设备在旁边行驶，以防导墙受压变形。导墙混凝土强度等级多为 C20，浇筑时要注意捣实质量。

6.2.2 泥浆护壁与回收

1. 泥浆护壁

地下连续墙成槽中，一般都采用泥浆护壁（干作业地下连续墙例外），泥浆具有一定密度，泥浆大于地下水比重，液面又高，在槽内对槽壁有一定液体静水压力，形成防槽壁坍塌支撑。泥浆能渗入土壁内形成一层组织致密透水性很低的泥皮，使土体表面结成整体，有助于槽壁稳定，根据国内外一些工程实际，泥浆液面如高出地下水位 0.6～1.2m 可防止槽壁坍塌。泥浆还能降低钻头连续钻土而产生的温升和磨损，可提高工效利于钻进和延长钻头使用寿命。

选用膨润土等进行泥浆搅制,在使用前取样进行配比试验,并对选料确定配合比掺加化学处理剂、测定泥浆物理性质指标。泥浆应存放 24h 以上或添加分散剂,使膨润土或黏土充分水化后方可使用。采取保证泥浆质量措施,防止泥浆受到污染,在一般软土层中成槽时,新鲜泥浆性能宜符合表 6-9。

泥浆性能表　　　　　　　　表 6-9

项次	项目	性能指标	检验方法
1	比重	1.05~1.25	泥浆比重秤
2	黏度	18~25s	500cc/700cc 漏斗法
3	含砂量	<4%	
4	胶体率	>98%	量杯法
5	失水量	<30mL/30min	失水量仪
6	泥皮厚度	1~3mm/30min	失水量仪
7	静切力 1min 10min	20~30mg/cm^2 50~100	静切力计
8	稳定性	≤0.02g/cm^3	
9	pH 值	7~9 不大 10	pH 试纸

所以表中所列为一般情况下应满足的基本参数,具体与工程区的土性相适应,可根据施工地点土质作出适当调整。

在能满足护壁要求的情况下,泥浆比重越小越好,可根据槽段稳定计算确定,一般常用值为 1.05~1.1,这样能节省泥浆成本,减少材料消耗,尤其在循环出渣时,泥浆作为运土的介质,可提高泥浆的携土能力。使土渣随同循环泥浆一起排出槽外,但存在承压水的土层时,必须保证使泥浆比重和承压沙层深度的乘积大于承压水头,并有一定的安全度,为增加泥浆比重必要时要在泥浆中掺入一些惰性物质,如重晶石粉、珍珠岩粉、方铝矿硫化铝、石灰石粉等。

膨润土质量对泥浆性能影响很大,而且影响出浆率和工程造价,膨润土含量一般都用 6%~8%(水重量为 100%)。泥浆的成分除膨润土外,还有水和化学处理剂。搅制泥浆用水不含杂质,呈中性,pH 值在 7~9 之间并不大于 10。

使用化学处理剂,能使泥浆在调制、维护与再生中达到优质指标。化学处理剂中的有机处理剂,有分散剂如丹宁液、拷胶液等,增黏剂如煤碱液、腐殖酸纤维素等、本质素、丙烯酸衍生物等,还有表面活性剂,无机处理剂常用纯碱。

化学处理剂中的纤维素主要用于增加泥浆黏度,降低失水量,硝基腐殖酸有稀释、降失水、抗盐、碱污染等作用,铁铬木质素、璜酸盐素作为稀释剂,具有抗盐、钙能力,降低黏度和降失水作用。

泥浆的搅拌,先在搅拌筒中加 1/3 水,开动搅拌机。在定量水箱不断加水的同时,加入膨润土、纯碱液,搅拌 3min,加入化学处理剂继续搅拌 5min,如直接使用,则搅拌时间延长 1/2,每 10 罐抽查泥浆试样一组,测试全部指标,在循环使用过程中,应进行二次泥浆质量检测,以便有效地控制好泥浆工程质量。

2. 泥浆回收及再生

在钻孔成槽过程中,通过成槽循环与混凝土置换而排出的泥浆,由于膨润土等主要材料消耗以及土渣和电解质离子混入,泥浆质量显著降低,为了节约和防止公害起见,泥浆一般要进行回收及再生处理,然后重复使用。

地下连续墙由于使用泥浆循环成槽的方法，泥浆大量携渣流返回泥浆池。最常用方法是策略沉降处理，它是利用泥浆和土渣比重差使土渣自动沉渣方法，如果有可能，沉淀池容积做大一些，则沉淀分离效果就更为显著，对有回收及再生要求的沉渣池，可加大到一个单元槽段挖土量的 2 倍以上容量，这样可以综合考虑循环、再生、舍弃等工艺要求。

可通过振动筛将较大的土渣除去，再通过旋流器的离心作用，将泥浆中的粉细砂除去。一般要求重力沉渣与机械处理相结合使用，因为实际使用中，由于一次循环时间较短，旋流筛分能力有限，只能除去泥浆携带的土渣 60%~70% 左右，所以再经过重力沉渣过程，效果就更显著。泥浆的再生处理，对于连续使用的泥浆，质量控制更为重要，因为连续使用的泥浆，泥皮形成性减弱，影响槽壁稳定和成槽的质量，而且黏性增高，土渣分离困难，在泵内流动阻力增大。

除上述处理外，必要时还可使用化学处理如使用分散剂等。经过处理的泥浆经检验后，还要补充相应材料，进行泥浆再生调制，达到泥浆合格的判定标准后，送入贮浆池待新掺入材料与泥浆完全溶合后再使用。

6.2.3 钢筋笼制作与吊装

1. 准备工作

（1）设置钢筋笼台架制作台

钢筋笼台架是为使钢筋笼在台架上整体成型，特别是当钢筋笼分为两节时更有必要，台架根据现场条件可分为固定或移动式两种。台架的钢筋定位卡经准确放线定位确定。台架应大于钢筋笼尺寸，且不会产生不均匀沉降，台面平整其翘曲应小于 10mm。

（2）槽段检测与清渣

在吊放钢筋笼之前，应对槽段进行检测，测定单元槽段的实际深度、沉渣以及土壁表面的垂直度和平整情况，根据结果绘出实测断面图并按此断面核对设计的钢筋笼尺寸，如不符应进行调整。如壁面歪斜超过允许范围，有可能影响钢筋笼吊放时，则必须先修整槽段，以确保钢筋笼的顺利安设。槽底沉渣厚如超过要求，则应按成槽工艺中所要求的清渣工作，以保证钢筋笼顺利到位。

（3）测设标志

在每段导墙上测设醒目的标高及地下墙中心标志，以便钢筋笼吊装后，与钢筋笼的标高、中心线严格准确地对准。

2. 钢筋笼制作

钢筋笼制作应严格按照设计要求施工，钢筋笼制作前，必须检查所用钢筋笼的材质；核对钢筋笼的钢筋尺寸、直径、配筋间距、预埋件、灌浆管。保护层垫块、预留筋等布置必须满足设计要求；钢筋笼制作应考虑灌混凝土用的导管通道位置、尺寸，使既满足设计要求，又方便施工；对于每段钢筋笼长度，应根据起重能力和起吊高度，与设计单位事先确定。如超过起吊能力或起吊高度，则应将钢筋笼分段，一般不宜超过二段。

钢筋笼制作中，还应核对钢筋笼起吊点和纵向加强桁架以及整体刚度是否符合吊装受力要求。必要时还要增加架立箍筋和加强桁架，以保持施工起吊所需的刚性和整体性。钢筋绑扎不宜使用铅丝，因镀锌铅丝对泥浆具有吸附作用。交点处凝聚泥团，影响混凝土与钢筋的握裹力。因此，钢筋笼的钢筋、预埋件采用电焊连接。纵横钢筋交点除主要结构部分需全部焊接外,其余接头可按间隔焊接。

钢筋笼在制作后,在搬运、堆放及吊装过程中,不得产生不可恢复的变形,焊点脱离及散架等现象。

3. 钢筋笼吊装

起吊钢筋笼必须十分慎重,是对钢筋笼成型制作的一次检验。为使钢筋笼能平稳吊起,应精心计算吊点位置。一般吊点应设在纵横加强桁架交点;否则吊点应另行加强,较重的钢筋笼宜采用双机抬吊法(如图 6-19 所示)。

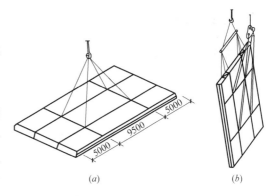

图 6-19 钢筋笼吊装示意图
(a) 水平吊运钢筋笼;(b) 双机抬吊钢筋笼

主吊车可使用 100t 履带吊,副吊车使用 20t 汽车吊。为保证吊装的稳定,可采用滑轮自动平衡重心装置,保证垂直度。双机抬吊要求指挥统一,步调一致,也可采用附加装置如"铁扁担"、"起吊支架"等,钢筋笼入槽必须缓慢、准确、稳妥,切忌急速下放,严防擦壁造成钢筋笼变形或槽壁坍落等。起吊时不得使钢筋笼下端在地面拖拉,控制其摆动,防止碰撞。

4. 钢筋笼分段连接

当地下连续墙深度很大,钢筋笼很长而现场起吊能力又有限时,钢筋往往分成两段,第一段钢筋笼先吊入槽段,使钢筋笼端部露出导墙顶 1m,并架立在导墙上,然后吊起第二段钢筋笼,经对中调正垂直度后即可焊接(图 6-20)。

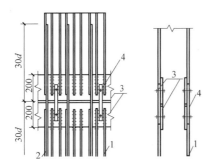

图 6-20 钢筋笼分段连接构造图
1—主筋;2—附加筋同主筋直径,长度 60 倍主筋用 @300 一根;
3—连接钢板厚度根据主筋等截面计算不足部分附加钢筋;
4—定位钢板 300×60×16 用 ϕ20 螺栓定位及防焊变形

焊接接头一种是上下钢筋笼的钢筋逐根对准焊接,很难做到逐根钢筋对准,焊接质量没有保证而且焊接时间很长。另一种是用钢板接头,是在上下钢筋笼端将所有钢筋焊接在通长的钢板上,上下钢筋笼对准后,用螺栓定位,及防止焊接变形,并用同主筋直径的附加钢筋 @300 一根与主筋点焊以加强焊缝和补强,最后将上下钢板对焊即完成。钢筋笼分差控制偏差控制要求见表 6-10。

钢筋笼制作与吊装偏差控制要求　　　　表 6-10

序　号	项目内容	容许偏差(mm)
1	竖向主筋间距	±10
2	水平主筋间距	±20
3	预埋件位置	±15
4	预留连接筋置	±15
5	钢筋笼吊入槽内中心位置	±10
6	钢筋笼吊入槽内垂直度	2‰
7	钢筋笼吊入槽内标高	±10

6.2.4 混凝土浇筑

1. 混凝土配合比选择

混凝土强度一般比设计强度提高5MPa，水泥应采用425号或525号普通水泥或矿渣水泥；水灰重量比不大于0.6；水泥用量不大于370kg/m³；含砂率宜为40%～45%；混凝土施工坍落度宜为18～20cm，坍落度降低至15cm的时间不宜小于1h，扩散度宜为34～28cm，混凝土初凝时间一般宜低于3～4h，如运输距离过远，一般宜在混凝土中掺加木钙减水剂。

2. 浇筑方法

通过下料漏斗提升导管在稀泥浆中浇筑，开导管方法采用球胆或预制圆柱形混凝土隔水塞（图6-21），在整个浇筑过程中，混凝土导管应埋入混凝土中2～4m，最小埋深不得小于1.5m，亦不宜大于6m。

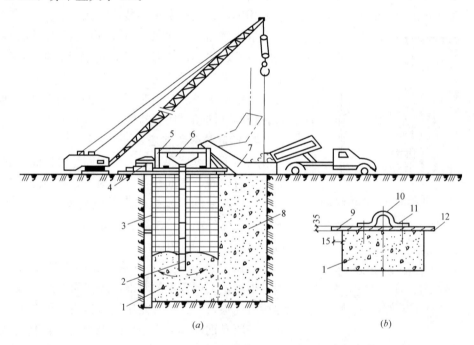

图 6-21 地下连续墙混凝土浇筑
（a）提升导管在稀泥浆中浇筑；（b）混凝土隔水塞
1—混凝土；2—混凝土导管；3—接头钢管；4—接头管顶升架；5—浇筑架；6—下料斗；
7—卸料翻斗；8—已浇筑的连续墙；9—木板；10—吊钩；11—预埋螺栓；12—3m厚橡皮

导管随浇筑随提升，用导管法浇筑混凝土，其流动状态大致有三种（图6-22）。

开导管时下料斗内须初存的混凝土量要经过计算确定，应使导管出口埋深不小于0.8m，并防止泥浆卷入流态混凝土内。

开导管下料斗内初存混凝土量 v 按下式计算（图6-23）：

$$v = h_1 \times \frac{\pi d^2}{4} + H_c A \tag{6-3}$$

式中 d——导管直径，m；

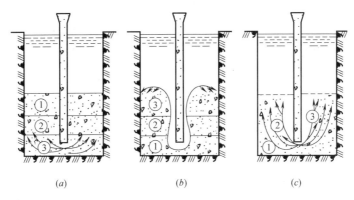

图 6-22 水下浇筑混凝土流动示意图
(a) 向上推压型（理想状态）；(b) 分层重叠型；(c) 向外扩展型（接近实际情况）

H_c——首批混凝土要求浇筑的深度，m，$H_c = H_d + H_e$；

H_d——管底至槽底的高度，取 0.4~0.5m；

H_e——导管的埋设深度，一般取 1.5m；

A——浇筑槽段的横截面积，m²；

h_1——槽段内混凝土达到 H_c 时，导管内混凝土柱与导管外泥浆压力平衡所需高度，m。

导管内混凝土柱与导管外泥浆压力平衡所需高度（h_1）计算如下：

$$h_1 = \frac{H_w \gamma_w}{\gamma_c} \quad (6-4)$$

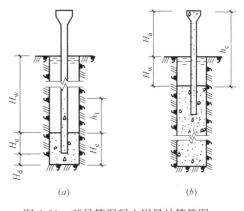

图 6-23 开导管混凝土用量计算简图
(a) 储料斗容量计算图；(b) 漏斗高度计算图

式中 H_w——预计浇筑混凝土顶面至导墙顶面高差，m；

γ_w——槽内泥浆的重度，取 1.2kN/m³；

γ_c——混凝土拌合物重度，取 2.4kN/m³。

在灌注最后阶段，导管内混凝土柱要求的高度 h_c 按下式计算：

$$h_c = \frac{p + H_a \lambda_w}{\gamma_c} \quad (6-5)$$

式中 p——超压力，在浇筑高度小于 4m 槽段时，宜小于 80kM/m²；

H_a——漏斗顶高出水（或泥浆）面高度，m，$H_a = H_c - H_w$。

3. 混凝土浇筑注意事项

(1) 混凝土浇筑不得中断，并控制在 4~6h 内浇完，间歇时间为 15~30min。

(2) 浇筑时要保持槽内混凝土面均衡上升，而且要使混凝土面上升速度不大于 2m/h。浇筑速度一般为 30~35m³/h，导管不能作横向运动，采用多根导管时，各导管处的混凝土面高差不宜大于 0.3m。导管提升速度应与混凝土的上升速度相适应，始终保持导管在混凝土中的插入深度不小于 1.5m，也不能使混凝土溢出漏斗或流进槽内。

(3) 在混凝土浇筑过程中，要随时用控锤测量混凝土面实际标高（至少 3 处，取平均值），计算混凝土上升高度、导管下口与混凝土相对位置，统计混凝土浇筑量，及时做好记录。

(4) 搅拌好的混凝土应在 1.5h 内浇筑完毕,夏季应在 1h 内浇完。混凝土浇筑到距顶部 3m 时,可在槽段内放水适当稀释泥浆,或将导管埋深减为 1m,或适当放慢浇筑速度。

(5) 当混凝土浇到墙顶层时,浇筑后必须清除顶部一层浮浆。浇筑完时要比设计值高出 0.5~0.6m,混凝土浇筑完毕,马上清除 0.3~0.4m,留下 0.2m 待后凿除。

6.2.5 地下连续墙接头施工

接头形式有地下连续墙单元槽段之间的施工接头、地下连续墙与其内部主体结构之间的结构接头两类。单元槽段的分缝接头形式有多种,可采用分缝面自由贴合的单圆接头管(锁口管)、接头箱、隔板等接头,也可采用能随拉剪荷载的钢板接头;结构接头有直接接头和间接接头。

1. 接头形式

地下连续墙是分成若干个单元槽段分别施工后再连成整体的,各槽段之间的接头就成为挡土挡水的薄弱部位。此外,地下连续墙与内部主体结构之间的连接接头,要承受弯、剪、扭等各种内力,必须保证结点的受力可靠。研究解决好接头连接问题,既是地下连续墙施工方法进一步发展的难点,也是研究的重点。

目前所采用的地下连续墙接头形式很多,通常可分为两大类:施工接头和结构接头。施工接头是浇筑地下连续墙时纵向连接两相邻单元墙段的接头;结构接头是已竣工的地下连续墙在水平向与其他构件(地下连续墙内部结构的梁、柱、墙、板等)相连接的接头。

2. 地下连续墙接头施工

接头施工应满足受力和防渗的要求,并要求施工简便、质量可靠,并对下一槽段的成槽不会造成困难。但目前尚缺少既能满足结构要求又方便施工的最佳方法。接头施工有多种形式可供选择。

(1) 直接连接构成接头

单元槽段挖成后,随即吊放钢筋笼,浇灌混凝土。混凝土与未开挖土体直接接触。在开挖下一单元槽段时,用冲击锤等将土体相接触的混凝土改造成凹凸不平的连接面,再浇灌混凝土形成所谓"直接接头",如图 6-24 所示。粘附在连接面上的沉渣与土可采用抓斗的斗齿或射水等方法来清除,但难以清除干净,受力与防渗性能均较差,故目前已很少使用。

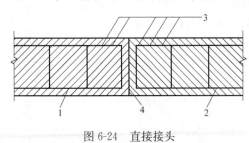

图 6-24 直接接头
1—先施工槽段;2—后施工槽段;3—钢筋;4—接缝

(2) 接头管接头

使用接头管(也称锁口管)形成槽段间的接头,其施工时的情况如图 6-25 所示。

为了使施工时每个槽段纵向两端受到的水、土压力大致相等,一般可将地下连续墙纵向将槽段分为一期和二期两类槽段。先开挖一期槽段,待槽段内土方开挖完成后,在该槽段的两端用起重设备放入接头管,然后吊放钢筋笼和浇筑混凝土。这时两端的接头管相当于模板的作用,将刚浇筑的混凝土与还未开挖的二期槽段的土体隔开。待浇注的混凝土开始初凝时,用机械将接头管拔起。

这时，已施工完成的一期槽段的两端和还未开挖土方的二期槽段之间分别留有一个圆形孔。继续二期槽段施工时，与其两端相邻的一期槽段混凝土已经结硬，只需开挖二期槽段内的土方。当二期槽段完成土方开挖后，应对一期槽段已浇筑的混凝土半圆形端头表面进行处理。

将附着的水泥浆与稳定液混合而成的胶凝物除去，否则接头处止水性很差。胶凝物的铲除须采用专门设备，例如电动刷、刮刀等工具。在接头处理后，即可进行二期槽段钢筋笼吊放和混凝土的浇筑。这样，二期槽段外凸的半圆形端头和一期槽段内凹的半圆形端头相互嵌套，形成整体。

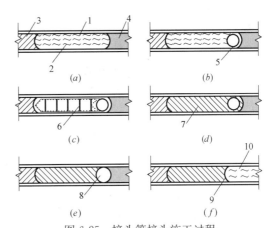

图 6-25 接头管接头施工过程
(a) 开挖槽段；(b) 在一端放置管接头（第一槽段应在两端同时）；
(c) 吊放钢筋笼；(d) 灌注混凝土；
(e) 拔出接头管；(f) 后一槽段挖土，形成弧形接头
1—导墙；2—开挖的槽段；3—已浇混凝土的槽段；
4—未开挖的槽段；5—接头管；6—钢筋笼；
7—浇筑的混凝土；8—拔管后的圆孔；
9—形成的弧形接头；10—新开挖槽段

除了上述将槽段分为一期和二期槽段跳格施工外，也可以按序逐段进行各槽段的施工。这样每个槽段的一端与已完成的槽段相邻，只需在另一端设置接头管，但地下连续墙槽段两端会受到不对称水、土压力的作用，所以两种处理的方法各有利弊。

由于接头管形式的接头施工简单，已成为目前最广泛使用的一种接头方法。接头管一般用钢制成，且大多数采用圆形，圆形接头管的走私一般要比墙厚小 50mm。管身壁厚一般 19~20mm。每节长度一般为 3~10m，可根据要求，拼接成所需长度，在施工现场的高度受到限制的情况下，管长可适当缩短，其构造如图 6-26 所示。

接头管大多为圆形，此外还有缺口圆形及带凸榫形等多种。接头管的外径应不小于设计混凝土墙厚的 93%。除特殊情况外，一般不用带翼的接头管。因为使用这种接头管时，泥浆容易淤积在翼的旁边影响工程质量。带凸榫接头管也很少使用。

值得注意的一个问题是如何掌握起拔接头管的时间。如果接头管起拔时间过早，新灌注的混凝土还处于流态，混凝土将从接头管下端流入到相邻槽段，对下一个槽段的施工造成困难。如果起拔时间太晚，浇筑的混凝土与接头管胶粘在一起，造成起拔接头管时很困难，若强行起拔有可能损伤刚浇注的混凝土。

接头管用起重机放入槽段内预先设定的接头位置。为了以后便于起拔，管身外壁必须光滑，还应在管身上涂抹黄油。开始灌筑混凝土 1h 后，旋转半圆周，或提起 100mm。接头管宜在混凝土终凝后起拔，宜在混凝土浇注后 6~8h 拔除，具体起拔时间，应根据水泥品种、标号、混凝土的初凝时间等来决定。起拔时一般 30t 起重机。但也可另备 100t 或 200t 千斤顶提升架，做应急之用。

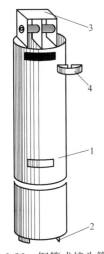

图 6-26 钢管式接头管造
1—管体；2—下内销；
3—上外销；4—月牙垫块

3. 接头箱接头

接头箱接头可以使地下连续墙形成整体接头，接头的刚度较好。

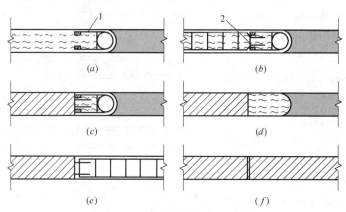

图 6-27 接头箱接头施工过程

(a) 开挖槽段、放置接头箱；(b) 吊放钢筋笼；(c) 灌注混凝土；(d) 拔出接头箱；
(e) 后一槽段挖土，放置钢筋笼；(f) 后一槽段浇灌混凝土、形成接头
1—接头箱；2—焊在钢筋笼上的封口钢板

接头箱接头的施工方法与接头管接头相似，只是以接头箱代替接头管。一个单元槽段开挖结束后，吊放接头箱，再放钢筋笼。由于接头箱在浇筑混凝土的一面是开口的，所以钢筋笼端部的水平钢筋可插入接头箱内。浇筑混凝土时，由于接头箱的开口面被除数焊在钢筋笼端部的钢板封住，因而浇注的混凝土不能进入接头箱，混凝土初凝后，与接头管一样逐步吊出接头箱，待后一个单元槽段再浇灌混凝土时，由于两相邻单元槽段的水平钢筋交错搭接，而形成整体接头，其施工过程如图 6-27 所示。图 6-28 是一种滑板式接头箱的示意图。

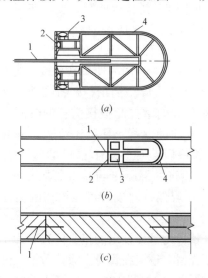

图 6-28 滑板式接头箱

(a) 接头箱；(b) 槽段内接头；
(c) 相邻槽段形成钢板接头
1—接头钢板；2—封口钢板；
3—滑板式接头箱；4—U形接头管

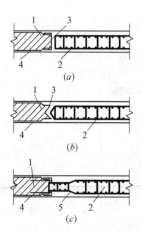

图 6-29 隔板式接头

(a) 平隔板；(b) V形隔板；
(c) 带接头钢筋的榫接隔板
1—已完成槽段；2—正在施工的相互依存
3—钢隔板；4—化纤罩布；5—接头钢筋

4. 隔板式接头

隔板式接头按隔板的形状分为平隔板、榫形隔板和V形隔板，如图6-29所示。由于隔板与槽壁之间难免有缝隙，为防止浇筑的混凝土渗入，要在钢筋笼的两边铺贴维尼龙等化纤布。

带有接头钢筋的榫形隔板式接头，能使各单元墙端连成一个整体，是一种受力较好的接头方式。但插入钢筋笼较困难，施工时须特别注意。地下连续墙与内部结构的楼板、柱、梁连接的结构接头，常用的有下列几种：

（1）直接连接接头

在浇筑地下连续墙墙体以前，在连接部位预先埋设连接钢筋。将该连接钢筋一端直接与地下墙的主筋连接，另一端弯折后与地下连续墙墙面平等且紧贴墙面。待开挖地下连续墙内侧土体，露出此墙面时，除去预埋件（一般为泡沫塑料），或凿去该处墙面的混凝土面层，露出预埋钢筋，然后弯成所需的形状与后浇主体结构受力筋连接，如图6-30所示。预埋连接钢筋一般选用HPB235，直径不宜大于22mm。为方便弯折，预埋钢筋时可采用加热方法。

如果能避免急剧加热并精心施工，钢筋强度几乎可以不受影响。但考虑到连接处往往是结构薄弱环节，故钢筋数量可比计算需要增加一定的余量。采用预埋钢筋的直接接头，施工容易，受力可靠，是目前用得最多的结构接头形式。

（2）间接接头

间接接头是通过钢板或钢构件作媒介，连接地下连续墙和地下工程内部构件的接头。一般有预埋钢筋接驳器、预埋连接钢板以及预埋剪力块三种方法，分别如图6-31 (a)、(b)、(c)、(d) 所示。

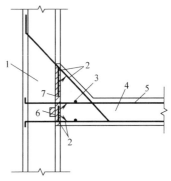

图 6-30 直接连接接头
1—地下连续墙；2—预埋钢筋；
3—焊接接头；4—后浇结构；
5—后浇结构钢筋；
6—剪力墙；7—泡沫塑料

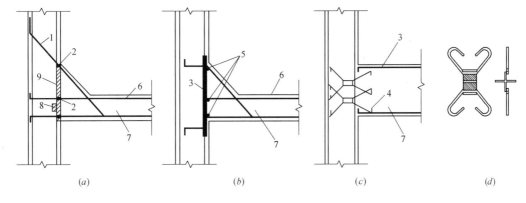

图 6-31 地下连续墙与梁、楼板的连接
(a) 预埋接驳器连接法；(b) 预埋钢板连接法；(c) 预埋剪力件连接法；(d) 剪力件
1—预埋钢筋；2—钢筋接驳器；3—预埋连接钢板；4—预埋剪力连接件；
5—焊接接头；6—后浇结构钢筋；7—后浇梁板；8—剪力槽；9—泡沫塑料

预埋钢筋接驳器需预先加工一个螺纹连接器（称为接驳器），两端内表面车有一正一反向的螺纹，被连接的地下连续墙中的钢筋端部及地下工程内部构件的钢筋端部也车有相应的螺纹，当连接器拧转时，就可将两者钢筋连接起来。在地下连续墙施工中将埋在墙中的钢筋螺纹妥善保护，土方开挖后将后浇结构的钢筋通过接驳器与其连接。

预埋连接钢板法是将钢板事先固定在地下连续墙钢筋笼的相应部位，待浇筑混凝土以及内墙面土方开挖后，将面层混凝土凿去露出钢板，然后用焊接方法将后浇的内部构件中的受力钢筋焊接在该预埋钢板上。

预埋剪力法与预埋钢板法是类似的，剪力块连接件也需事先预埋在地下连续墙内，剪力钢筋弯折放置于紧贴墙面处。待凿去面层混凝土，预埋剪力块外露后，再与后浇的构件相连接。剪力块连接件一般主要承受剪力。

6.3 复合墙及双层墙施工

地下连续墙的内表面，根据设计要求，复合一层内衬墙，以解决受力、防水和构造的需要。根据单一复合墙、防水层复合墙、双层复合墙的不同要求以及整体上采用逆作法施工，或是正作法施工的不同要求，确定采取相应的施工方法。

复合墙的施工方法一般分为两类：一类是先挖基坑至坑底，封底浇筑底板后，再由下而上施工复合墙的内衬墙；另一类是边开挖基坑边作内衬的逆作法施工。

（1）单一复合墙施工，一般将地下连续墙内侧凿毛，预留剪力块和在节点处预埋钢筋，拉直与内衬墙钢筋焊接或机械连接，再浇筑内衬墙钢筋混凝土。墙间连续缝按一般施工缝处理，涂刷混凝土介面处理剂，再浇灌内衬墙。

由于内衬厚度不大，一般为200～300mm，但高度较大，目前多使用内模分层浇筑法，逐层浇筑至设计标高。

对于圆形结构或内部面积较小的无楼盖构筑物，可以采用一般筒壁滑模的做法，宜用侧置千斤顶反拉承力杆提升模板和操作平台的内滑模做法。

（2）防水层复合墙施工，其复合内衬墙主要用于保护防水层和支承地下室楼层结构荷载，与地下连续墙完全隔离地复合在一起。一般在地下连续墙内表面用水泥砂浆找平，再加以抹面，然后贴防水层。最后按单一复合墙施工方法浇筑钢筋混凝土内衬墙。

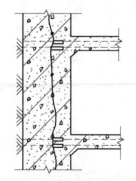

图6-32 墙体移动或转动状态

（3）双层复合墙施工，双层复合墙由于内衬墙与地下连续墙脱离，中间形成空腔，一般在地下连续墙内侧用混凝土或砖砌成空腔。在楼层们凿出地下连续墙预留钢筋，与地下室楼层梁、板钢筋焊接或机械连接。在砌块或砖砌体内表面用水泥砂抹面，并贴好防水层后即可按上述方法浇筑内衬墙。其构造详见图6-32。

地下连续墙与内衬墙之间的空腔，往往还做为防渗水减压通道。这时应做好地下连续墙底部排水沟并保证出口畅通。

6.4 墙底灌浆与墙后接缝压浆

对于承受垂直荷载的地下连续墙，为了减少垂直沉降量和协调整体变形。往往在墙底进行压力灌浆。而对于柔性接头的地下连续墙，一直存在着接头渗水问题，虽然我国在地下连续墙防水接头装置研究上取得突破性的成果，并在一些工程上应用成功，但接缝压浆仍不失为补救地下连续墙墙段接缝渗水的一个有效办法。

地下连续墙的墙底或墙后灌浆，由于所处地质状况的不同，所有的灌浆要求主要建立在灌浆试验的基础上，用灌浆中获取的资料数据来论证灌浆方法在技术上的可行性、可靠性和经济上合理性，进而提出施工程序，最佳浆液比和灌浆孔的孔距、孔深及灌浆参数等。

6.4.1 墙底灌浆

对于承受垂直荷载的地下连续墙，可选用墙底灌浆的办法来提高其承载力和减小变形，其目的主要是加固墙底沉渣层和以下持力土层的表层，使其整体强度和变形模量达到减少地下连续墙的垂直沉降和不均匀沉降的要求。

其次为避免深开挖和存在承压水的地层，在基坑开挖中造成降水和开挖的困难，以及降水对周围建筑物的影响，因此要求地下连续墙及墙底有很好的阻水隔渗能力，并具有在最大水压下的阻流能力，以阻断外水源的补给，解决开挖施工造成的困难，也减少降水对周围建筑物造成的危害。

根据以上目标一般确定使用渗入性压密灌浆，要求在灌浆压力作用下，对沉渣层和以下持力层的表层使浆液渗入孔隙和裂隙，并充填和压密，促使该层强度提高，同时使浆液充填墙底的周围岩土孔隙，使墙、土形成整体，提高墙、土的承压范围，而且堵塞水的渗透流通，保证良好的阴水效果。

按照渗入性灌浆理论假定，在灌浆过程中，地层结构不受扰动和破坏，但又要求浆液有一定挤压作用，所以灌浆压力既不能太大也不能太小，并力求在较小灌浆压力作用下，达到较大的扩散距离。因此浆液的流变性好坏，有着重要的影响。

在试验灌浆之前，一般按柱形扩散理论，初定各项参数和要求。灌浆孔的设置，一般在墙段的中间，埋设 2~3 个灌浆管，每 2~3m 一根，要求浆液扩散半径大于 0.6 倍的灌浆管间距。墙底灌浆的深度，应根据设计要求的加固范围和深度，结合墙底土层的状况来确定，一般可取沉渣底以下进入持力层 500~600mm，并不少于墙底以下 800~1000mm。但对于墙底持力层为透水层而又是比较重要的防渗工程时，为解决此层土的隔水阻流和防止开挖中的管涌，则应根据墙底土层进行专门的防渗灌浆设计。

1. 墙底灌浆管埋设施工

目前常用两种施工方法，第一种使用 $\phi100$ 钢管用附加钢筋焊接固定在钢筋笼上，要求垂直、牢靠，不发生变形，下端与钢筋笼平，上端高出墙顶 200~300mm，并留有螺纹接口，如为两节钢筋笼，可以使用套管螺纹连接，上节钢筋笼的灌浆应等接头连接后，并调整垂直，再焊接固定。

当地下连续墙全部施工结束，混凝土强度达到设计强度70%以上时，使用钻机在管内钻孔，穿过沉渣层进入持力层，达到设计预定的深度，进行清孔返浆，然后在灌浆管孔口，连接变径接头和泵连通，进行压水试验，注浆管道和地层连通后，即可以对该孔进行整段渗入压密灌浆。

但对于墙底有分层灌浆要求的工程，应利用预埋的ϕ100钢管为灌浆套管，利用钻机在管内钻孔，达到设计要求的深度后，在套管内下灌浆管，并使用堵浆阀限定灌浆的层位，通过提升灌浆头达到分层注浆的目的，其注浆工艺流程如图6-33所示。

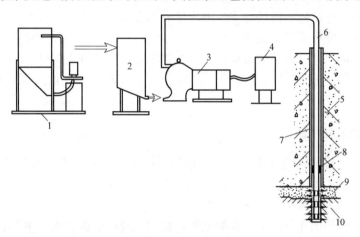

图6-33 注浆工艺流程
1—拌浆机；2—储浆桶；3—灌浆泵；4—油泵车；5—地下连续墙；6—灌浆管；
7—预埋灌浆套管；8—堵浆阀；9—沉渣层；10—沉渣下的持力层

另一种方法用较小的灌浆管，其管端连接有麻花钻头或尖管头，并在连接上部装有射浆孔的花管套双层橡皮套，与钢筋笼活动连接，当钢筋笼入槽就位后，将灌浆管旋转下钻或用锤击法穿过沉渣层进入持力层。此法只能用于槽段深不大和钻入持力层不深的情况。

2. 可灌性和浆液配比

灌浆的浆材可灌性和流变性以及配合比选择较为重要，在沉渣层中灌浆，由于纯水泥浆稳定性较差，化灌材料又较昂贵，故大多采用水泥黏土混合物作为基本灌浆材料。这就要求灌浆材料对沉渣层的可灌性进行评价。一般可用下式判定：

$$N = D_{15}/d_{85} \geqslant 10/15 \tag{6-6}$$

式中 N——可灌比值；

D_{15}——沉渣中含量15%的颗粒尺寸；

d_{85}——灌浆材料中含量为85%的颗粒尺寸。

当达到上述要求时，可取得较好灌浆效果。根据一些资料分析，可使沉渣层的渗透系数降低至$10^{-4} \sim 10^{-5}$cm/s的水平。

对浆液还要求有很好的流动性，在墙底灌浆时，要求浆液在墙底形成条状的加固区，浆液流动性越好，浆液流动时的压力损失就越小，就能沿着渗透性大的沉渣层或以下持力层，自灌点起不断向外扩散。在这些浆液中水和粘土的含量对流动性影响很大。当然浆液还应具备析水性小、稳定性高的特点，浆液结石具有较高的不透水性和强度以及较小的变形性等。

浆液的配方和配比应按照加固的目的和加固地层状态进行设计,并通过试验进行调整,列举一些工程实际应用的配合比参考值:水:水泥:膨润土:水玻璃＝1:1.5:(0.05～0.08):适量(根据不同地层灌浆速率确定)。

3. 灌浆试验

在正式灌浆之间,应选择地层有代表性的墙段,进行灌浆试验,主要弄清浆液相关可灌性、注浆压力的变化、起始压力、压力每分钟增加的速度(最大额定速率)、最大容许灌浆压力以及灌浆起始灌浆量的速率和最大灌浆量等。

4. 灌浆施工

灌浆施工工艺流程:

清理障碍→钻机就位→钻孔至设计深度→清孔、起钻移位→连接注浆管→压水试验打通管道和地层→配制浆液灌浆试验→灌浆(必要时重新注孔、二次注浆)→停泵、闭浆。

施工顺序按跳孔灌浆,详见图 6-34。

要求后灌孔的耗灰量要低于先灌孔,耗灰降低率(d)应小于或等于0.8,否则墙底灌浆层有可能不重叠。

$d=$(后灌孔耗灰量)/(先灌孔耗灰量)$\leqslant 0.8$

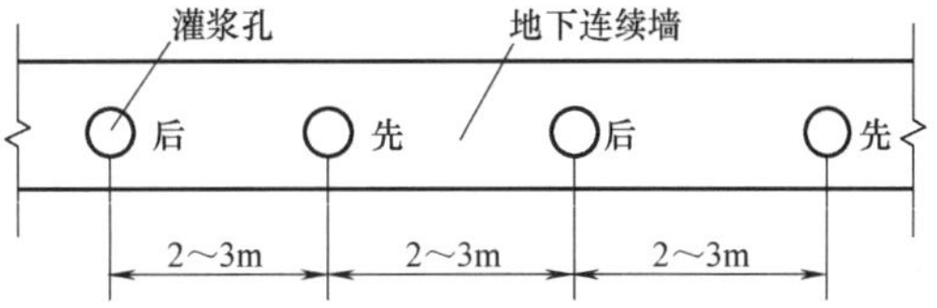

图 6-34 灌浆施工顺序图

5. 灌浆效果与验证

(1) 钻孔取样(墙底、灌浆孔底层二者之间)通过室内试验判断样品密度、结石性质、浆液充填状况,分析及无侧限挤压强度及抗剪强度试验;

(2) 在加固层进行加固前和加固后标贯对比试验;

(3) 用跨孔法测试灌浆层的弹性波速,与灌浆层以下地层的波速进行对比,以确定提高值;

(4) 有隔渗阻流地下连续墙还应进行渗透系数检测,以能达到$10^{-4}\sim 10^{-5}$cm/s以下较为合理。

6.4.2 墙后接缝灌浆

灌浆的主要目的是为了解决接缝的渗水。因此主要在开挖深度范围的接缝外侧和开挖深度以下的透水层以及具有承压水的地层进行灌注。一般在紧贴墙段接头处进行钻孔灌浆。目前常用有:套管护壁灌注法、打花管灌注法、泥浆护壁边钻边灌的全孔灌浆法、袖阀管法等。

(1) 套管护壁灌注法,用边钻孔边打入护壁套管,直到预定的灌浆深度,接着下入灌浆管,然后拔套管灌注第一灌浆段,每次拔管灌注300～400mm,再用同样方法灌注第二段,如此反复,直至孔顶。这种方法在碎卵石地层下套管较为困难。

(2) 打花管灌注法,主要在地层中打入一根下部带尖头的花管,然后冲洗进入管中的砂土,最后由下而上分段拔管灌浆。此法打管入土深度不宜太大,否则无法到位。

(3) 边钻边灌的全孔灌浆法,一般只在孔口打入套管,钻孔用泥浆护壁,自上而下钻完一段,下灌浆管用堵浆塞,堵住套管与灌浆管之间的孔隙,这样钻一段灌注一段,直至达到预定的深度为止。这种方法每孔灌注时间不能太长。要防止堵管与冒浆。

(4）袖阀管法，一般钻孔用优质泥浆护壁，然后插入袖阀管（专用的注浆管头）对中后浇筑套壳料（以黏土为主、水泥为辅的低强度配方，7d 的抗压强度控制在 $10\sim20$ N/cm^2）置换孔内泥浆，但要防止孔内泥浆混入套壳料中。待套壳料具有一定强度后，在袖阀管内放入两端带双塞的灌浆管进行灌浆。此法可根据需要对每一个灌浆段进行灌浆，而且可使用较高的压力。

墙后接缝灌浆应根据碎石、砂层等地层特点，调节浆液浓度，控制浆液流向和范围，一般在承压水处应增加浆液浓度并缩短初凝时间，根据一些工程实例一般在此范围内每 300mm 注浆 $60\sim80L$，在黏土层注浆 $30\sim40L$。浆液的配方和配比情况比较复杂，不能统一规定，应通过试验确定。

6.5 质 量 控 制

1. 倾斜度和平整度要求

墙面倾斜度要求达到 $1/250\sim1/300$；

墙面表面局部突出和墙面倾斜之和不应大于 100mm；

地下连续墙上预埋连接的铁件的偏差不大于 500mm。

2. 引起周围地面沉降的控制要求

基坑开挖过程中地下连续墙的变形将引起坑周地面沉降，其沉降量控制应保证相邻建筑物、市政管线等不受损害、不影响其安全使用为原则。具体控制标准应视基坑工程具体情况分析确定。

3. 墙体变形要求

地下连续墙墙体移动或转动达到破坏状态时控制值详见表 6-11 及图 6-35。

墙体移动或转动达破坏状态时的控制值

表 6-11

土 质	x/H	
	主 动	被 动
密实无黏性土	0.001	0.02
松散无黏性土	0.004	0.04
密实黏性土	0.01	0.02
松散黏性土	0.02	0.04

注：$x=$水平位移，$H=$墙体高度

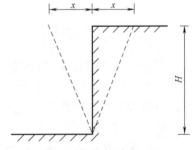

图 6-35 墙体移动或转动状态

4. 基坑开挖的环境控制要求

（1）应保证周围的煤气管、水管、下水道、各种电缆、市政道路等的变位、错位均能控制在设计允许值范围内，对重要水电煤气管道、通信电缆等一节管道的绝对沉降差不超过 10mm 或相对沉降量不超过 1/850。

（2）对周围的建筑物、构筑物的影响，应保证其沉降、倾斜、差异沉降等，均能控制在规定的允许值范围内。

（3）应避免坑外地面出现开放式扩展的裂缝。

6.6 事故处理及预防

6.6.1 成槽事故

1. 坍孔

（1）导墙下坍塌应回填后重新加深导墙。如导墙底无好土层，可换填部分匀质黏性土夯实。再钻进时加大此处泥浆比重或加高泥浆水头。

（2）一般坍孔可用匀质黏土回填至坍孔位以上，再加大泥浆比重和提高泥浆水头再继续成槽。

（3）严重坍孔，应立即回填，如采用自成泥浆正循环成槽，应填入黏土，如用反循环成槽可用砂或砾石夹黏土回填，暂停一段时间，查明原因，采取措施后继续成槽。

2. 成槽偏斜弯曲

使用钻头悬空反扫孔来使槽正直。如使用抓斗成槽时，则可采取逐步调整导杆角度来使其正直，如成槽偏斜严重时，应回填黏性土到偏斜处，等其沉积密实后再成槽钻进。

3. 成槽漏浆

导墙内水头不能保持，应采取导墙周围重填黏性土，且夯实，或增加导墙埋深，加稠泥浆。如采用冲击钻成槽的，还可填入片石、碎卵石和土，反复冲击，增加护壁的抗塌能力等。

4. 成槽扩孔缩颈时

扩孔：主要防止外头摆动过大。

缩颈：主要及时检验钻头磨损状况，并及时修补。

对于遇水膨胀的各类土，应采取失水率小的优质泥浆护壁并用钻头扫孔放大槽宽。

5. 糊钻埋钻

对于糊钻应提钻清渣，调整泥浆稠度，用冲击钻的还可在黏土层上回填部分砂砾石。

对于埋钻，可傲空气吸泥机吸走埋钻的泥沙，提出钻头，还要防止继续坍孔埋钻，应不得降低泥浆比重和泥浆水头高度。

6. 成槽过程遇掉钻落物

宜迅速打捞，如被埋，应用冲、吸方法先清除泥沙再打捞。

如落物体积较小，且难以打捞，宜将其挤入土中。

6.6.2 槽段间接头管受阻

当地下墙槽段间采用锁口管进行衔接时，应在混凝土初凝后就开始转动锁口管，等终凝后就应开始上拔接头管。

接头管在安装前应检查其整体风度与局部强度，且分段试拼接，如整段不够平直，应事先调整，表面应处理成光滑表面。

应事先估计拔管力。加大拔管机的能力。准备足够的备用油压千斤顶。实际施工中，如出现拔不出现象，应采取加大顶拔力和扭转力，使之转动。当仍拔不出时，可用重锤锤击后再扭转和顶拔。

接头管最为典型的抢救办法是，在接头管的迎土面一侧槽段内，用成槽机抓土，其目的是排除接头管一侧的土压力，当压力消除或大大减小情况下，接头管与土壁，接头管与混凝土壁之间的摩阻力亦减小，接头管就拔起来了。一般情况先拔一拔，拔不起时再抓5m再拔，如此反复直至拔起为止，用这种方法处理很有效。

当这些方法都无效时，就应考虑其他处理办法，一般采用在可能的范围内将管割断回收，然后在接头管内及管上连接位置浇灌混凝土，还可在接缝外钻孔灌浆或旋喷水泥加固土。然而，采用这种办法处理过后，施工流水要进行调整，即下一槽就安排相邻已抓过土的槽段。

6.6.3 钢筋笼设置

由于槽壁变形过大或槽孔施工垂直达不到要求，以及出现坍塌等，都可能使钢筋笼放不进槽内或无法放到预定的设计位置。

遇到这种情况的处理方法，一般是吊出钢筋笼，重新以合格的泥浆进行清孔，或用钻头扩孔，使其达到设计尺寸和允许的偏差范围时重新放入钢筋笼。对于遇到已浇注的地下连续墙绕流混凝土影响，一般无法处理时，在征得设计单位同意后，将钢筋笼中某些钢筋割断，在满足设计受力和使用要求的情况下，局部重新焊接组合，然后再放入槽内。

6.6.4 混凝土绕流

地下连续墙槽段端头塌方，就会发生浇灌混凝土的绕流。绕流部分混凝土发生后，除使抽拔接头管困难外，最使人烦心的是，将影响到相邻槽段地下连续墙的成槽作业，即绕流混凝土以下槽段土挖不掉，这是危险的，所以绕流部分混凝土必须及时处理掉。处理原则是乘绕流混凝土强度尚未增长时，立即开挖相邻槽段，如果绕流混凝土有一定强度，挖不掉时，则可用接头管下部改制或加装一个斜向的楔形冲头，用吊车起吊，甩下，用接头管的冲击惯性力将绕流混凝土冲去，一般效果是很好的。

6.6.5 地下连续墙变形过大

地下连续墙构成的基坑开挖，必须按设计要求设置支撑或锚杆，如采用逆作法施工，其开挖深度与地下室结构施工，应按设计同步进行，每次加设支撑后的开挖深度不得超过设计要求。地下连续墙的支撑设计不仅应满足承载力要求，还应考虑其变形影响，在各工况受力情况下，地下连续墙变形始终控制在设计值之内。因此施工顺序必须按设计工况的承载力步骤逐步进行。但是由于地质变化、施工支撑不及时，一次性开挖深度过大，支撑刚度不够等都可能导致地下连续墙变形过大。如出现变形超过设计控制值，应进行计算复核，在承载力符合要求的前提下进行尺寸调整，增设预应力支撑或锚杆，作为主体结构一部分的地下连续墙，变形过大时，应调整内衬墙的厚度或八成变截面内衬墙。

第7章 土方工程

7.1 概 述

在现代化建筑施工中,为加快基坑土方施工的进度,保护施工区域周围的环境,确保工程的施工进度,进行准确的土方开挖技术设计,已成为施工组织设计中一个十分重要的内容。我国地域辽阔,地质状况十分复杂,根据不同区域的工程土质和地下水位分布情况,基坑的开挖按其坑壁结构可分为放坡开挖、直壁内支撑开挖、直壁拉锚开挖和直壁无支撑开挖,按其基坑内地下水位情况可分软底开挖和硬底开挖,按其基坑内施工空间的布置可分为完全的机械化开挖和半机械化开挖。研究基坑施工空间的组织设计,挖土和运土机械的配置,以及土方作业与坑内结构作业的相互协调,是土方开挖施工方案设计的关键。本章将系统介绍挖土机械的种类和性能,挖土机械与运输机械的配置,挖土施工的组织实例,从实用的角度较完整地叙述基坑土方开挖技术设计的原理。

7.1.1 土方工程准备工作

(1) 根据施工组织设计提出的计划,组织所需要进场的材料、设备、供电、供水和技术工人等。下达施工进度计划,按照图纸和组织设计要求向技术人员和工人进行技术和安全交底。并进行场地平整,清除地上和地下障碍,做好测量放线与检查复核工作,做好防洪、降水、排水施工。

(2) 做好开工前的准备工作检查:
1) 检查所有材料、设备、运输工具、水、电进场情况和施工人员就位情况;
2) 检查场地测量标高水准点设置,复核基坑开挖放线;
3) 检查弃土地点是否准备就绪,运输线路是否畅通;
4) 坑内外降排水设施安装是否就绪,排水渠道是否畅通,井点降水和回灌系统要经过试抽试灌,检查其运转是否正常,发现"死井"或漏气、漏水现象,应进行补救处理;
5) 检查围护结构系统强度是否达到预定强度,支撑系统是否准备就绪,场地周围建筑物、构筑物、管线、道路是否加固完毕;
6) 可能发生事故的应急措施是否准备;
7) 施工监测系统是否就绪等。

7.1.2 土方开挖的分类及其适用范围

基坑土方开挖形式大体可分为放坡开挖与挡土开挖。开挖方式可分为人工开挖与机械开挖,排水开挖与不排水开挖等。采用哪一种形式和方法,要视基坑的深浅,围护结构的形式，地基土岩性，地下水位及渗水量，开挖设备及场地大小，周围建筑物、构筑物情况等条件来确定。

1. 放坡开挖

放坡开挖（图7-1）是基坑土方开挖常用的一种形式，其优点是施工方便，造价较低，但它有一定的适用范围，仅适用于硬质、可塑性黏土和良好的砂性土，基坑深度一般小于5m。同时，要有有效的

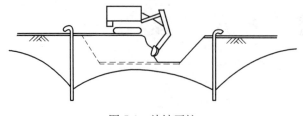

图7-1 放坡开挖

降排水措施。基坑放坡开挖的坡度要视土质情况、场地大小和基坑深度而定，同时，还要考虑施工环境、条件情况，如气候季节、相邻道路及坡边地面荷载等影响。

在黏性土、砂性土的地基中，放坡开挖还要处理好地下水和地面排水，要视情况采取坑外或坑内降水、回灌措施。如在坑内采用多级井点降水时，井管布置须设台阶，宽度一般不宜小于1.5m，以保证边坡稳定。

边坡斜面高度一般在5m之内，超过这个高度，则必须采用分层分段挖，分段分层之间应分别设平台，平台的宽度一般为2~3m。若采用机械开挖，应留有足够的坡道。

边坡表面要采取保护措施，确保不被雨水冲刷，减少雨水渗入土体，降低边坡强度。通常可在土坡表面抹一层钢丝网水泥砂浆，或喷射砂浆，或铺设薄膜塑料等保护。降雨时，土体含水量将有所变化，时常会发生涌水，从边坡的某个部位冒出来。因此，在采用砂浆或塑料保护时，应在边坡设置排水孔，排水孔的末端应设滤水层如图7-2所示，以防混浊水流出。若有混浊水流出时，就是斜面开始崩坏或发生其他破坏的前兆，应引起特别注意。在坡顶外1m左右要挖排水沟或筑挡水土堤，坑内设排水沟和集水井，用水泵抽出积水。

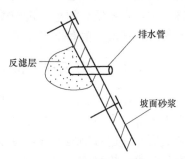

图7-2 护坡排水构造

2. 挡土围护开挖

挡土围护开挖（图7-3）是在建筑物密集的场地或基坑深度在5m以上的常见的广泛采用的方法。其方法是先在基坑周围因地制宜设置各种挡土的围护结构，然后开挖土方，在开挖过程中，必要时在挡土围护结构之间采用单层或多层支撑系统，或采用拉锚结构，以增强围护结构的稳定性。它的优点是占地面积小，比较安全可靠，适用范围广。放坡开挖要受土质条件和基坑深度等因素的影响，而挡土开挖即使在很软弱的土层中或很深的基坑工程也可以使用。但这种方法造价高，工期较长。

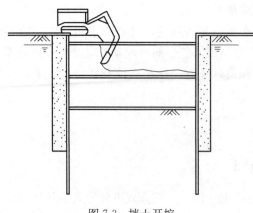

图7-3 挡土开挖

有挡土围护结构的基坑土方开挖时，

有时间与空间效应问题。因此，要因地制宜选择好开挖方法，安排好开挖顺序。其开挖方法的选择应因地制宜地根据施工周围环境条件、场地大小、基坑形式、开挖深度、水文地质条件、土层性质以及施工条件、施工机械设备等条件而选定。有的可用人工开挖，有的用人工与机械结合开挖，有的可用多种机械配合进行挖土和运土等。这种挡土开挖的关键是挡土围护必须保证施工安全，其各种围护结构形式的设计及施工要点见本书第5章。

7.2 土方量计算

7.2.1 场地平整土方量计算

对于在地形起伏的山区、丘陵地带修建较大厂房、体育场、车站等占地广阔工程的平整场地，主要是削凸填凹，移挖方作填方，将自然地面改造平整为场地设计要求的平面。场地平整前，要确定平整与基坑开挖的施工顺序，确定场地的设计标高，计算挖、填土方工程量，确定土方平衡调配方案，然后根据工程规模、施工期限、土的性质及现有机械设备条件，拟定施工方案。

场地平整与基坑开挖顺序，通常有三种不同的情况：

（1）先平整整个场地，后开挖建筑物或构筑物基坑（槽）。这样可使大型土方机械有较大的工作面，能充分发挥其效能，也可减少与其他工作（如排水、移树等）的互相干扰，但工期较长。此种顺序适用于场地挖填土方量较大的工程。

（2）先开挖建筑物或构筑物的基坑（槽），后平整场地。这种顺序是指建筑物或构筑物的基础施工完毕后再进行场地平整，这样可减少许多土方的重复开挖，加快施工速度。此方法适用于地形较平坦的场地。

（3）边平整场地，边开挖基坑（槽）。当工期紧迫或场地地形复杂时，可按照现场施工的具体条件和施工组织的要求划分施工区。施工时，可先平整某一区场地后，随即开挖该区的基坑（槽），或开挖某一区的基坑（槽），并做完基础后再进行该区的场地平整。

1. 场地设计标高的确定与调整

场地设计标高是进行场地平整和土方量计算的依据，合理确定场地设计标高对减少土方量的填挖，加快建设速度有重要的经济意义。确定场地设计标高时应考虑以下因素：

1) 满足生产工艺和运输的要求；

2) 尽量利用地形，以减小挖填土方量；

3) 场地内的挖方、填方尽量平衡，且土方量尽量小（面积大、地形又复杂时除外），以便降低土方施工费用；

4) 场内要有一定的泄水坡度（$i \geqslant 2\%$），能满足排水的要求；

5) 考虑最高洪水水位的要求；

6) 满足市政道路与规划的要求。

（1）场地设计标高 H_0 的初步设计

初步计算场地设计标高的原则是场地内挖填方的平衡，即场地内挖方量与填方量相等。其具体实施步骤为：

1) 将场地地形图划分为边长 $a=10\sim40m$ 的若干个方格,如图 7-4 所示;
2) 每个方格角点的标高可根据地形图上相邻两条等高线的高程用插值法求得,当地形起伏较大时,则可在现场用木桩打好方格,然后测量求得。

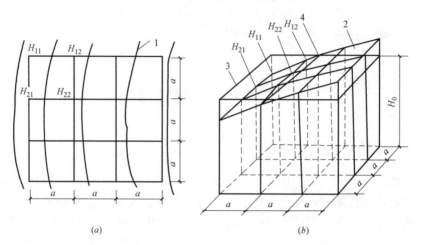

图 7-4 场地设计标高计算简图
(a) 地形图上划分网格 (10~40m);(b) 设计标高示意图
1—等高线;2—自然地面;3—设计标高平面;4—零线

按照挖填方平衡的原则,场地设计标高的计算公式为:

$$na^2H_0=\frac{1}{4}a^2(H_{11}+H_{12}+H_{21}+H_{22})+\frac{1}{4}a^2(H_{12}+H_{13}+H_{22}+H_{23}) \quad (7\text{-}1)$$

$$H_0=\frac{\sum_i^n(H_{11}+H_{12}+H_{21}+H_{22})}{4n} \quad (7\text{-}2)$$

式中 n——方格数。

上式也可写成:

$$H_0=\frac{\sum H_1+2\sum H_2+3\sum H_3+4\sum H_4}{4n} \quad (7\text{-}3)$$

式中 H_1——一个方格独有的交点标高;
H_2——二个方格独有的交点标高;
H_3——三个方格独有的交点标高;
H_4——四个方格独有的交点标高。

(2) 场地设计标高 H_0 的调整

按上述公式计算所得的设计标高是一个理论值,实际上还需要考虑其他因素进行调整:

1) 由于土的可松性,会使填土有剩余,为此需相应的提高设计标高,以达到土方量的实际平衡;
2) 由于设计标高以上的各种填方工程(如场区上填筑路堤)而影响设计标高的降低,或者由于设计标高以下的各种挖方工程(如挖河道、水池、基坑等)而影响设计标高的提高;

3）根据经济比较的结果，将部分挖方就近弃于场外，或部分填方就近取于场外，引起挖、填土方量的变化后，需增减设计标高。

此外，还需要考虑场地泄水坡度（单面或双面泄水）的要求：

① 单向泄水（图7-5（a）），场地具有单向泄水坡度 i 时，各方格交点设计标高的求法：

$$H_n = H_0 \pm Li \tag{7-4}$$

式中　H_n——场地内任一点的设计标高；
　　　L——该点至场地中心线的距离；
　　　i——场地泄水坡度（$\geqslant 2‰$）。

② 双向泄水（图7-5（b）），场地具有双向泄水坡度 i_x 和 i_y 时，各方角点的缩进设计标高的求法：

$$H_n = H_0 \pm L_x i_x \pm L_y i_y \tag{7-5}$$

式中　L_x、L_y——某方格角点距场地中心线 x-x、y-y 的距离；
　　　i_x、i_y——x-x、y-y 方向的泄水坡度。

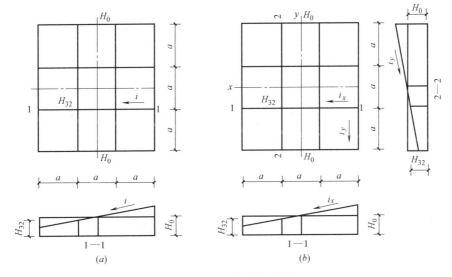

图7-5　场地泄水坡度示意图
（a）单向泄水；（b）双向泄水

2. 场地土方量的计算

场地平整土方量的计算一般采用方格网法，其计算步骤如下：

（1）场地各方格角点的施工高度

各方格交点的施工高度按下式计算：

$$h_n = H_n - H'_n \tag{7-6}$$

式中　h_n——角点施工高度，即填挖高度，以"＋"为填，"－"为挖，m；
　　　H_n——角点设计标高；
　　　H'_n——角点的自然地面标高，m。

（2）确定零线

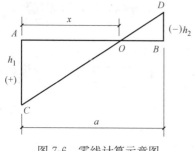

图 7-6 零线计算示意图

如果一个方格中一部分角点的施工高度为正,一部分角点的施工高度为负,此格中的土方一部分为填方,一部分则为挖方,挖方和填方的分界线即为零线,在该线上,施工高度为零。在计算土方量之前,需先确定零线。零线的确定方法是:在相邻角点施工高度为一挖一填的方格边线上,用插入法求出方格边线上零点的位置,再将各相邻的零点连接起来即得零线。图 7-6 中所示的零线位置为:

$$x = \frac{ah_1}{h_1 + h_2} \tag{7-7}$$

(3) 确定场地挖方、填方量

场地的土方量计算可根据方格角点的施工高度,分为三种情况:

1) 某个方格的四个角点全部为填方或全部为挖方的土方量(如图 7-7):

$$V = \frac{a^2}{4}(h_1 + h_2 + h_3 + h_4) \tag{7-8}$$

式中 V——挖方或方的体积;

h_1、h_2、h_3、h_4——方格角点的施工高度(计算时取绝对值)。

2) 相邻两角点为挖方,其余角点为填方(如图 7-8):

填方的土方量: $V_{1,3} = \frac{h_1 + h_3}{4} \times \frac{1}{2}(b+c)a$

挖方的土方量: $V_{2,4} = \frac{h_2 + h_4}{4} \times \frac{1}{2}(d+c)a$

3) 方格的三个角点为挖(填),另一个角点为填(挖)(如图 7-9):

挖方的土方量: $V_{1,2,3} = \frac{h_1 + h_2 + h_3}{5}\left(a^2 - \frac{1}{2}bc\right)$

填方的土方量: $V_4 = \frac{h_4}{3} \times \frac{1}{2}bc$

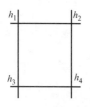

图 7-7 四个角点全部为填方或挖方图

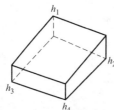

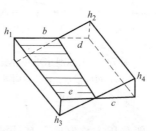

图 7-8 相邻两角点为挖方,其余角点为填方图

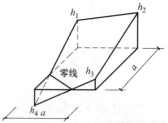

图 7-9 方格的三个角点为挖(填),另一个角点为填(挖)

当地势平坦时,可将网格划分大些,从而减少计算工作量。而当地形起伏变化较大,则应将网格划分得小一些,以使结果更加准确。

7.2.2 基坑与坑槽土方量计算

1. 基坑土方量的计算

基坑土方量的计算可近似按立体几何中拟柱体体积的计算公式(如图 7-10 所示),即:

$$V = \frac{H}{6}(A_1 + 4A_0 + A_2) \tag{7-9}$$

式中 H——基坑挖深，m；
A_1、A_2——基坑上、下两底的面积，m^2；
A_0——基坑中部截面的面积，m^2。

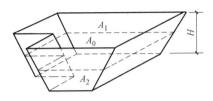

图 7-10 基坑土方量计算简图

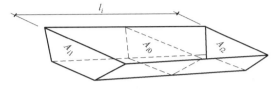

图 7-11 坑槽土方量计算简图

2. 坑槽土方量计算

坑槽和管沟比基坑的长度大、宽度小。为保证计算的精确度，在土方计算时，可沿着长度方向分段计算（如图 7-11 所示）：

$$V_i = \frac{H}{6}(A_{i1} + 4A_{i0} + A_{i2}) \tag{7-10}$$

式中 l_i——第 i 段的长度，m；
A_{i1}、A_{i2}——第 i 段两端部的截面面积，m^2；
A_{i0}——第 i 段中部截面面积，m^2。

将各段土方量相加，即得到总方量。

7.3 土方开挖工艺与方式

7.3.1 土方开挖工艺

由于不同形式的基坑形成不同特点的空间，因此开挖工艺需随之进行配套。对于放坡开挖的基坑、一般深度小，挖土机械可以一次开挖至设计标高，所以地下水位高的地区，软底基坑采用反铲挖土机配合运土卡车在地面作业。如果地下水位比较低，坑底坚硬，也可使运土卡车下坑，用正铲挖土机在坑底作业，同样可以实现全机械化的挖土作业过程。如果采用直立壁无支撑开挖，重力坝采用水泥土搅拌桩等复合材料，则基坑深度在 5～6m，仍采用反铲挖土机配合运土卡车在地面作业。由于采用止水重力坝的基坑，地下水位一般都比较高，因此很少使用正铲下坑挖土作业的方案。

当基坑深度大、直立壁必须加支撑或拉锚时，土方开挖的施工工艺必须与支撑结构形式平面布置相配套。如采用周边桁架支撑形式，可拟定岛式挖土方案，先行挖去周边土层，进行桁架式支撑结构的架设或浇筑，待周边支撑形成后再开挖中间岛区的土方，利用中间岛区的土方对开挖中基坑中心区域底部的压力来有效控制周边围护壁在支撑前的初始变形，能获得令人满意的效果。当采用十字对撑式支撑形式时，由于支撑设置会对下层土方开挖的机械化作业产生一定的限制，所以常拟定盆式开挖的施工方案。在尽量多挖去下层中心区域的土方后,架设十字对撑式钢支撑并施加预紧力,或在挖去本层中心区域土方后,浇筑钢筋混凝土支撑,并逐个区域挖去周边土方,逐步形成对围护壁的支撑,这时使用的机械一般为反铲和抓铲。

当基坑深度大,但周围土层地质条件适宜用锚杆或锚钉作围护壁的支承点,则基坑内的挖土作业条件比较宽畅,一般按锚杆设置位置进行分层开挖,每层开挖深度需满足锚杆施工机械的作业,挖土过程可进行各种优化,挖土机械的配置较为容易,因为施工空间较大。

7.3.2 土方开挖方式

基坑开挖方式应重视时空效应问题,要根据基坑面积大小,围护结构型式、开挖深度和工程环境条件等因素而定,大体有四种可供选择:(1)分层开挖;(2)分段开挖;(3)中心岛开挖;(4)盆式开挖。

1. 分层开挖

这种方法在我国比较广泛采用,一般适用于基坑较深,且不允许分块分段施工混凝土垫层的,或土质较软弱的基坑。分层开挖,整体浇灌混凝土垫层和基础,分层厚度要视土质情况进行稳定性计算,以确保在开挖过程中土体不滑移,桩基不位移倾斜,一般要求分层厚度软土地从一边平行开挖,也可从基坑两头对称开挖,也可从基坑中间向两边平行对称开挖,也可交替分层开挖见图7-12所示。最后一层土开挖后,应立即浇灌混凝土垫层,避免基底土曝露时间过长,开挖方法可采用人工开挖或机械开挖。挖运土方方法应根据工程具体条件、开挖方式与方法及挖运土方机械设备等情况采用设坡道、不设坡道和阶梯式开挖三种方法。

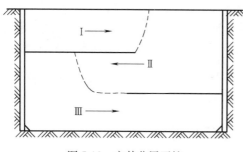

图 7-12 交替分层开挖

(1)设坡道:可设土坡道或栈桥式坡道

土坡道的坡度视土质、挖土深度和运输设备情况而定,一般为1∶8~1∶10,坡道两侧要采取挡土或其他加固等措施。有的基坑太短,无法按要求放坡,可视场地情况,把坡道设在基坑外,或基坑内外结合等。

栈桥式坡道一般分为钢栈桥和钢筋混凝土栈桥两种。采用钢栈桥结构一般可采用型钢组成,桥面铺设标准路基箱或厚钢板。栈桥结构都要根据挖土机械、运输车辆等荷载进行专项的栈桥结构与稳定性设计计算。栈桥坡道分两种:一种是根据运输设备动力状况设坡度,把挖土机械和运输车辆直接开进坑底作业;另一种是设一定的坡度,把坡道伸入坑内,但不下底,使挖土机械能以较少的翻驳次数,就能把土方直接装车外运,加快挖土速度。

(2)不设坡道:一般有钢平台、栈桥和阶梯式三种

钢平台要根据挖土机械和运输车辆的荷载进行设计。挖土机械可用吊车吊下坑底作业,用吊车或铲车出土;或采用抓斗挖掘机在平台上作业,辅以推土机、挖土机等机械或人工集土修坡。这种钢平台作业,虽然造价较高,但施工方便、安全,且加强了围护结构

的刚度,尤其适合于施工现场狭窄的基坑工程应用。

栈桥同样可分为钢结构栈桥和钢筋混凝土结构栈桥,也可结合基坑围护结构的第一道钢筋混凝土水平支撑,设置十字形的贯通全基坑的栈桥,作为挖土平台和运输通道,栈桥与支撑合二为一。按照支撑梁、桥面梁板的重量和挖土机械、满载的车辆等荷载设计栈桥和立柱,栈桥宽度为两道支撑梁顶端的间距,两道支撑梁之间设联系小梁,桥面铺设标准路基箱,立柱可利用工程桩加强,作为栈桥立柱。这种栈桥与支撑合二为一,不仅解决了城市基坑工程施工场地狭窄的困难,而且加强了支撑体系,有助于增强基坑围护结构的受力和抗变形能力。

(3) 阶梯式开挖

在基坑较深,基坑面积较大,土方开挖也可采用阶梯式分层开挖,每个阶梯台作为挖土机械接力作业平台,见图 7-13。阶梯宽度要以挖土机械可以作业而定,阶梯的高度要视土质和挖土机臂长而定,一般以 2m 高为好,土质好的可以适当高些。采用阶梯式挖土时,应考虑阶梯式土坡留设的稳定性,防止塌方。

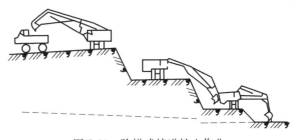

图 7-13 阶梯式接递挖土作业

2. 分段开挖

分段分块开挖是基坑开挖中常见的一种挖土方式,特别是基坑周围环境复杂,土质较差或基坑开挖深浅不一,或基坑平面不规则的,为了加快支撑的形成,减少时效影响,都可采用这种方式。分段与分块大小、位置和开挖顺序要根据开挖场地工作面条件、地下室平面与深浅和施工工期的要求来决定。分块开挖,即开挖一块,施工一块混凝土垫层或基础,必要时可在已封底的基底与围护结构之间加斜撑。土质较差的在开挖面要放坡,坡度视土质情况而定,以防开挖面滑坡。在挖某一块土时,在靠近围护结构处,可先挖一至二皮土,然后留一定宽度和深度的被动土区,待被动土区外的基坑浇灌混凝土垫层后,再突击开挖这部分被动土区的土,边开挖边浇灌混凝土垫层。其开挖顺序为:

第一区先分层开挖 2~3m→预留被动土区后继续开挖,每层 2~3m 直到基底浇灌混凝土垫层→安装斜撑→挖预留的被动土区→边挖边浇灌混凝土垫层→拆斜撑(视土质情况而定)→继续开挖另一个区。

分段拉槽开挖施工是分段开挖的一种演变方法,其核心技术是在支撑下方开挖一条土槽作为土方开挖的运土通道。土槽两侧一般留 1:0.75 的边坡,边坡上方距支撑底部 2m 处留 1.5m 宽台阶,并用喷射混凝土防护,如图 7-14 所示。运土通道由基坑小里程端向大里程端延伸,挖至大里程端后,纵向留台阶,逐层开挖,安装钢支撑,直至基坑底部。该技术可有效解决盖板下方土方挖运的难题,其作为施工通道直达盖板下方,用挖掘机挖出土方后可直接装车或者用装载机倒运出基坑。土槽作为施工便道直接延伸至开挖面,缩短了挖机倒土的距离,解决了基坑开挖时暴露时间过长的问题。

3. 中心岛开挖

中心岛开挖法是首先在基坑中心开挖,而周围一定范围内的土暂不开挖,视土质情

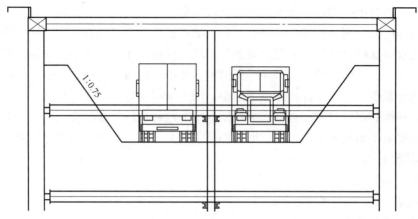

图 7-14　拉槽开挖示意图

况，可按 1∶1～1∶2.5 放坡，或做临时性支护挡土，使之形成对四周围护结构的被动土反压力区，保护围护结构的稳定性。四周的被动区土可视情况，待中间部分的混凝土垫层、基础或地下结构物施工完成之后，再用斜撑或水平撑在四周围护结构与中间已施工完毕的基础或结构物之间对撑，见图 7-15 所示。然后进行四周土的开挖和结构施工。如四周土方量不大，可采取分块挖除，分块施工混凝土垫层和顶板结构的方法，然后与中间部分的结构连接在一起。也可采用"中顺边逆"的施工工艺，即先开挖中心岛一部分的土方，由下而上顺序施工中间部分的基础和结构，然后把中心岛的结构与周边围护结构连接成支撑体系后，再对周边结构进行逆做法施工，自上而下边开挖土方边施工结构物，直至基础、底板。这种工艺比上述两种工艺更为安全可靠。在进行逆作法施工时，还可同时施工上部结构。

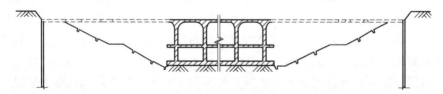

图 7-15　中心岛开挖——先开挖中心

4. 盆式开挖

在某种情况下，也可视土质与场地情况，采取与中心岛开挖法施工顺序相反的做法，称盆式开挖法，先开挖两侧或四周的土方，并进行周边支撑或基础和结构物施工，然后开挖中间残留的土方，再进行地下结构物的施工，见图 7-16。

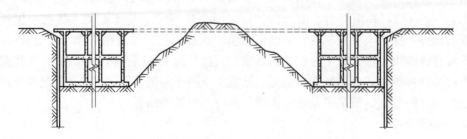

图 7-16　盆式开挖法——先开挖四周后两侧

上述 3、4 两种开挖法较适用于土质较好的粘性土和密实的砂质土，对于软弱土层，要视开挖深度而定，如基坑开挖较深，残留的土方量就要大，才能满足形成被动土压力的要求。

这两种方法的优点是基坑内有较大空间，有利于机械化施工，并可使坑内反压土和围护结构共同承担坑外荷载的土压力、水压力，对特别大型的基坑，其内支撑体系设置有困难，采用这种开挖方法，可以节省大量投资，加快施工进度。同时，在某种情况下，还可以防止基坑底隆起回弹过大。它的缺点是分两次开挖，如果开挖面积不大，先施工中间或两侧的基础、结构物的混凝土，待养护后再施工残留部分，可能会延长工期。同时，这种分次开挖和分开施工底板、基础，要在设计允许可不连续浇灌混凝土的前提下才可采用，还要考虑两次开挖面的稳定性。

这种分部开挖方法应注意的几个技术关键：

(1) 被动土压力区的稳定

不论是先开挖中心还是先开挖四周（两侧），其关键是被动土压力区的稳定问题。被动土压力区土的稳定是复杂的多因素综合，其中与土本身的性质、挖土深度、坡度大小、施工时间长短等一系列因素有关。

坑内被动土压力区能否与围护结构共同承担坑外荷载的土压力、水压力，能形成多大的被动土压力，目前尚无这方面的计算理论和确切的计算方法，只能用条分法去计算或依靠经验。通过控制被动压力区的留土宽度和坡度来控制被动土压力区的本身稳定，并对围护结构起被动土压作用。

(2) 中心岛的范围

中心岛的范围大小取决于被动土压力区的土体稳定情况，一般坡度和预留土区应尽量小一些，原则上自身必须稳定，中心岛范围就可以大一些，第一次土方开挖量就可大些，中心岛与围护结构之间的支撑就短一些，支撑长细比就小些，支撑强度就能充分利用，施工速度就会快些，经济效益也会较显著。

中心岛结构范围还必须是结构施工能留设施工缝的部位。施工期间还须考虑排水沟设置及施工缝处钢筋错开留设的要求。

(3) 降水

坑内降水不仅是土方开挖的需要，而且降水后使坑内土体排水固结，更有利于基坑内被动土压力区土体的稳定。所以要选择可靠的降水方式和设备，尽可能提前降水，确保降水时间，以提高土体的固结度，这是这种开挖方法施工中重要的一个因素。

(4) 中心岛与围护结构之间的施工

中心岛结构完成后，可在围护结构与中心岛之间设置临时支撑，然后再逐步完成中心岛与围护结构之间的土方和结构施工。如果中心部分土方挖好，并做了混凝土垫层之后，不施工基础和结构物，那就在围护结构与已封底的垫层之间设置临时斜撑，或设置通长的水平内支撑。

(5) 采用中心岛或盆式开挖

应重视开挖面的边坡稳定，防止塌方。因此，在设计中对中心岛或盆式留坡坡度和高度应做周密计算和考虑，必要时，要对开挖面做临时的土体加强。

7.4 人工开挖

人工开挖法虽然原始，劳动强度大，速度慢，但目前在基坑开挖中仍大量采用，因为这种方法适应性强，即使采用机械开挖也还要辅以人工进行修边、平整基底。

人工开挖对不同基坑土质或岩石都能应用，也可辅以各种机械进行综合性开挖。人工开挖主要要解决好以下几个问题：

1. 出土方法

第一批可用人工或推土机与手推车结合进行挖运土方。第二批开始就采用人工开挖，用手推车集土，各种吊车、塔吊或移动皮带输送机、轮轨式土斗等出土，见图 7-17，在没有出土设备或场地时，可用人工传土，或设置土坡道，采用人工手推车出土。

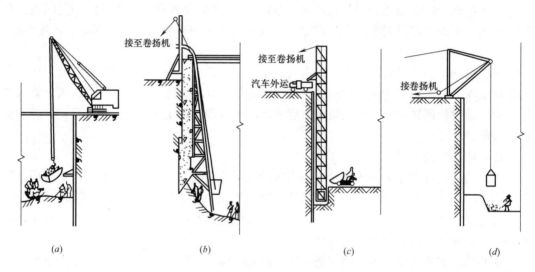

图 7-17 人工挖土出土形式
（a）吊土提土斗；（b）轮轨土斗出土；（c）井吊出土；（d）扒杆出土

2. 坑内外排水

坑外要视地下水位高低、围护结构防渗能力和土质渗透系数大小决定采用什么降排水方法，坑外地表水要设明沟排水。坑内可设明沟或盲沟和集水坑排水，确保坑内人工作业。

3. 堆土

挖运土出坑外后，一般应立即装车运走，不能堆在基坑四周增加对基坑的荷载。如确实需要在坑顶堆土，在基坑围护结构设计时，应增加这部分的荷载。在坑顶堆土或走、停放机械设备时，应离坑边缘 1∶1.5 坡度线以外，必要时，应对基坑边坡做超载时稳定性验算。

4. 注意安全

分层开挖必须按土质情况放坡，不能采用"偷土"办法开挖，如遇岩石需放炮爆破，只能放小炮，放炮时，炮眼要用草袋等覆盖，以防飞石，以免损坏围护结构或伤人。基坑内必须设有安全出口，以免万一发生事故时，工人能安全撤离。同时，坑损四周要设置安全栏杆或围墙，要严禁往坑内扔东西，以免伤人。

7.5 土方机械开挖

7.5.1 土方机械

基坑开挖施工中使用的机械有正铲式和反铲式挖土机，抓铲挖土机、推土机、装载机、铲运机及载重汽车等，目前经常使用的此类机械分别有各自的型号序列，下面将一些典型的序列介绍如下：

1. 挖掘机

（1）正铲式（图 7-18）

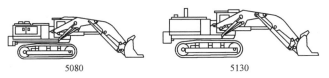

图 7-18 正铲式挖土机

（2）反铲式（其中带 * 有长臂式，带 * * 有大斗容量）（图 7-19）

图 7-19 反铲式挖土机

2. 履带式推土机

（1）低比压（LGP）（图 7-20）

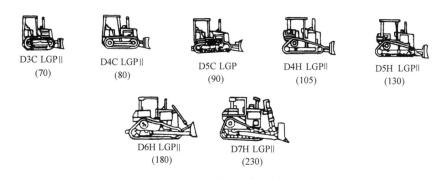

图 7-20 低比压推土机

（2）标准型（图 7-21）

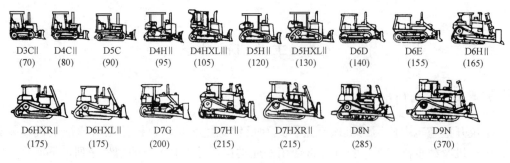

图 7-21　标准型推土机

3. 装载机

(1) 轮式装载机（带 * 者有高举式）（图 7-22）

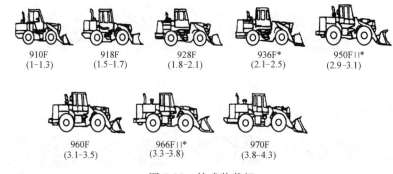

图 7-22　轮式装载机

(2) 履带式装载机（图 7-23）

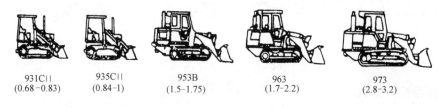

图 7-23　履带式装载机

4. 铲运机

(1) 标准式轮式牵引铲运机（图 7-24）

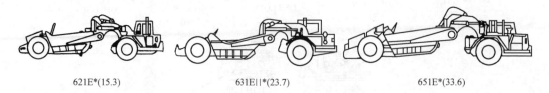

图 7-24　标准式轮式牵引铲运机

(2) 链耙升运式铲运机（图 7-25）

(3) 前后动力铲运机（图 7-26）

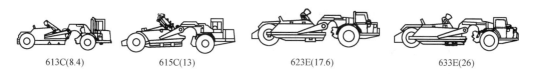

图 7-25 链耙开运式铲运机

图 7-26 前后动力铲运机

（4）推拉作业式铲运机（图 7-27）

图 7-27 推拉作业式铲运机

5. 载重汽车（图 7-28）

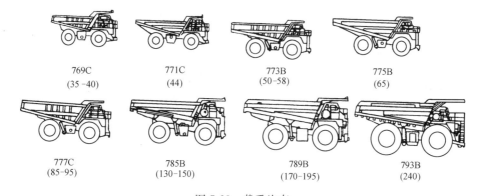

图 7-28 载重汽车

7.5.2 开挖机械的选择

各类挖土机械的特性、作业特点与适用范围见表 7-1。在选择施工机械时，可以根据目前建筑施工机械发展的最新动态，选择适用的高效机械，以提高基坑施工的机械化程度和生产效率。挖土机械一般按下列原则进行选择：

(1) 基坑深浅，开挖断面和范围大小；
(2) 土的性质与坚硬程度和地下水位情况；
(3) 挖土机械的特点和适用程度；
(4) 施工现场的条件；
(5) 经济效益与成本等。

常用挖土机械的选择表 表 7-1

名称	机械特性	作业特点	适用范围	辅助
正铲挖掘机	装车轻便灵活，回转速度快，移位方便，能挖掘坚硬土层，易控制开挖尺寸，工作效率高	1. 开挖停车面以上土方； 2. 工作面应在 1.5m 以上； 3. 开挖高度超过挖土机挖掘高度时，可采用分层开挖； 4. 装车外运	1. 开挖含水量不大于 27%的一～四类土和经爆破后的岩石和冻土碎块； 2. 大型场地平整土方； 3. 工作面狭小，且较深的大型管沟和基槽、基坑、路堑； 4. 大型独立基坑； 5. 边坡开挖	土方外运应配备自卸汽车，工作面应有推土机配合平土、集土进行联合作业
反铲挖掘机	操作灵活，挖土，卸土均在地面作业，不用开运输道	1. 开挖地面以下深度不大土方； 2. 最大挖土深度 4～6m，经济合理深度为 1.5~3m； 3. 可装车和两边甩土、堆放； 4. 较大较深基坑可用多层接力挖土	1. 开挖含水量大的一～三类的砂土或黏土； 2. 管沟和基槽； 3. 基坑； 4. 边坡开挖	土方外运应配备自卸汽车，工作面应有推土机配合，推到附近集土外运
拉铲挖掘机	可挖深坑，挖掘半径及卸载半径大，操作灵活性较差	1. 开挖停机面以下土方； 2. 可装车和甩土； 3. 开挖截面误差较大； 4. 可装甩在基坑两边较远处堆放	1. 挖掘一至三类土，开挖较深较大的基坑、管沟； 2. 大量外借土方； 3. 填筑路基、堤坝； 4. 挖掘河床； 5. 不排水挖掘基坑	土方外运需配备自卸汽车，配备推土机
抓铲挖掘机	钢绳牵拉灵活较差，工效不高，不能挖掘坚硬土	1. 开挖直井或沉井土方； 2. 在基坑顶往坑内抓土吊上装车或甩土； 3. 排水不良的基坑、沟槽也能开挖； 4. 吊杆倾斜角度应在 45°以上，距边坡应不小于 2m	1. 土质比较松软，施工较窄的深基坑、基槽； 2. 水中挖取土、清理河床； 3. 桥基、桩孔挖土； 4. 装卸散装材料	外运土方时，按运距配备自卸汽车

采用机械开挖基坑时，必须开设坡道，辅以人工修整，自卸汽车运土。如不设坡道，即选用小型的挖土机械，用吊车吊下基坑内作业，或在坑顶、平台作业。

7.5.3 常用的土方机械的性能与施工方法

1. 正铲挖土机

(1) 正铲挖土机的性能

正铲挖土机的作业特点是："前进向前，强制牵土"，挖掘力强，装车方便。常用的机械式正铲挖土机的外形及工作性能见图7-29、表7-2和表7-3。

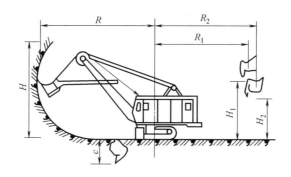

图7-29 机械式正铲外形尺寸及工作性能

常用正铲式挖土机工作性能　　　　　　　　　　　　　　　　表7-2

符号	项目名称	单位	机 型						
			W50		W100		W200		WY100	R942
	铲斗容量	m³	0.5		1.0		2.0		1.0~1.5	1.8
	动臂长度	m	5.5		6.6				3	
	斗杆长度	m	4.5		4.9				2.7	
	动臂倾斜角度	(°)	45	60	45	60	45	60		
R	最大挖掘半径	m	7.8	7.2	9.8	9.0	11.5	10.8	9.2	8.6
R_2	最大卸土半径	m	7.1	6.5	8.7	8.0	10.0	9.6	8.2	7.6
H	最大挖掘高度	m	6.5	7.9	8.0	9.0	9.0	10.0	7.9	7.8
H_1	最大卸土高度	m	4.5	5.6	5.5	6.8	6.0	7.0		
R_1	最大卸土高度时的卸土半径	m	6.5	5.4	8.0	7.0	10.2	8.5		
C	最大挖掘深度	m	1.1	1.1	2.0	1.5	2.2	1.8	2.8	2.8
	传动方式		机械		机械		机械		液压	液压
	最大爬坡能力	(°)	22		20		20		24	
	平均接地比压	MPa	0.062		0.091		0.127		0.052	0.067
	整机自重	t	20.5		42.7		80.0		21.5	31.1
	外形尺寸（长×宽×高）	mm	4610×2350×3480		5300×3200×4170		7000×4000×6300		9530×3100×3400	1026×3558×3330

注：引自《建筑工程手册》，地震出版社，1993。

德国Q&K液压履带式正铲挖掘机　　　　　　　　　　　　　　表7-3

型号	RH₄	RH₅	RH₆	RH₉	RH₁₂
全重(t)	12.25	15.40	18.80	26.10	32.30
正铲铲斗容量(m³)	0.25~0.60	0.25~0.80	0.37~1.10	0.50~1.50	0.90~1.85
挖斗容量(m³)	0.60~0.80	0.60~1.20	0.60~1.20	0.60~1.20	0.90~1.10

(2) 开挖方式

1) 侧向开挖：挖土机沿前进方向挖土，运输车辆在侧向装土，如图 7-30（a）所示。此法装车角度小（一般为 45°～90°）生产效率高，采用范围较广。

2) 正向开挖：挖土机沿前进方向挖土，运输车辆停车后面装土，如图 7-30（b）所示。此法装车角度大，生产效率低。

正铲挖土机装车角度为 60°时，生产效率为最高。随着装车角度的增加，生产效率逐渐下降。一般每增加 2°，生产效率降低 1%。因此，创造侧面装车条件，减少装车角度是提高生产效率的重要措施。

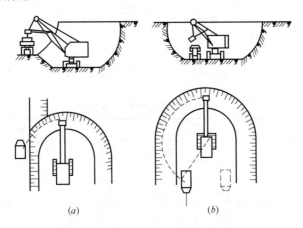

图 7-30　正铲挖土机开挖方式
(a) 侧向开挖；(b) 正向开挖

(3) 工作面的确定

根据正铲的方向不同，工作面分为侧向工作面和正向工作面。

1) 工作面的宽度：侧向工作面根据运输车辆停放位置的不同，分为高卸工作面（图 7-31（a））和平卸侧工作面（图 7-31（b））。

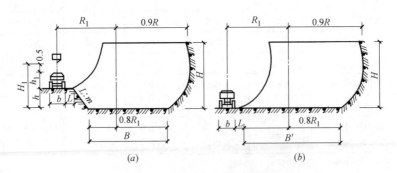

图 7-31　正铲侧向工作面尺寸
(a) 高卸侧工作面；(b) 平卸侧工作面

侧向工作面的宽度分别为 B 和 B'，用下列公式计算：

$$B=0.8R_1+R_1-(b/2+l+mh) \tag{7-11}$$
$$h=H_1-(h_1+0.5)$$

$$B'=0.8R_1+R_1-(b/2+L) \tag{7-12}$$

式中 B——高卸侧工作面底宽，m；

R——最大挖土半径，m；

R_1——最大卸土高度时的卸土半径，m；

L——安全距离，m；

m——边坡系数；

h——高卸侧工作面高度，m；

H_1——最大卸土高度，m；

h_1——运土车辆的高度，m；

b——运土车辆的宽度，m；

B'——平卸侧工作面底宽，m。

正向工作面的底部宽度左右对称，即

$$B''=2\times 0.8R_1$$

2) 工作面的高度：即挖土高度，无论是侧向工作面，还是正向工作面基本相同，需要根据机械性能、土质级别和现场条件确定。标准工作面高度即正铲在一次开挖过程中能装满土斗的高度，此时生产效率最高。其工作面高度参考值见表 7-4。

正铲挖土机标准工作面高度参考值　　　表 7-4

斗容量 (m³)	土的级别		
	一~二	三	四
0.5	1.5~3.0	2.0~4.0	—
1	2.0~4.0	2.5~4.5	3.0~5.0
1.5	2.5~4.5	3.0~5.0	3.5~5.5
2	3.0~5.0	3.5~5.5	4.0~6.0

极限工作面高度：在保证安全的条件下，正铲所能开挖的最大高度：

黏土及其他密实土　　　　　　$H_m \geqslant H$ 　　　　(7-13)

砂土及松散土　　　　　　$H_m = H + 1.5 \sim 2$ 　　　　(7-14)

式中 H_m——正铲极限工作面高度，m；

H——正铲性能最大挖土高度，m；

1.5~2——土层可自行坍落高度，m。

最小工作面高度：既能保证正铲正常开挖的最小挖土高度。正铲斗容量为 1m³ 以内时，最小工作面高度为 1m。斗容量为 1~2m³ 时，最小工作面高度为 1.5~2m。否则土斗不易装满，影响生产效率。

(4) 施工方法

1) 分条挖土法：当需要开挖的工作面高度小于极限工作高度，又无侧向开挖的条件时，可采用分条、分次挖土法。第一条（次）采用正向开挖，以后各条依次采用侧向开挖，如图 7-32 所示。分条的宽度要按照前述工作面划分方法确定。

2) 之字形挖土法：也称中心开挖法。当开挖工作面较窄，无法分条开挖时，可采用之字形挖土法，即正铲挖土机尽量靠一个侧面正向开挖，后侧装车。当装车角度大于

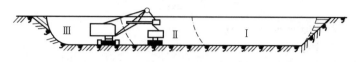

图 7-32 正铲分条（次）挖土法

120°时，挖土机转向另一侧开挖，装车也换另一侧。这样挖土呈之字形线路开行挖土，可弥补正向开挖的缺点，如图 7-33 所示。

3）导沟挖土法：当基坑较深，开挖工作面高度较大，需分层开挖时，为创造侧向开挖条件，先用正铲挖土机或推土机浅挖一条导沟，作为运土车辆通道，再分层依次挖土，见图 7-34 所示。此方法适用于大型基坑。

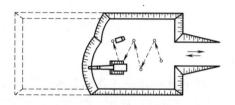

图 7-33 正铲之字形挖土法

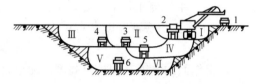

图 7-34 正铲导沟分层挖土法
Ⅰ、Ⅱ、Ⅲ、……Ⅵ正铲位置及分层；
1、2、3……6 汽车装车位置

2. 反铲挖土机

（1）反铲挖土机的性能

反铲挖土机的作业特点是："后退向下，强制切土"，可开挖停机面以下的一、二类土及充填物为砂土的碎（卵）石土，受地下水影响较小，边坡开挖整齐。适用于基坑（槽）、管沟和路堑开挖。

液压反铲挖土机，体积小，功率大，操作平稳，生产效率高，且规格齐全，已逐渐代替了机械式反铲挖土机，是在工程建设中使用最为广泛、拥有量最多的机型。常见液压反铲挖土机的外形及工作性能见图 7-35、表 7-5 和表 7-6。

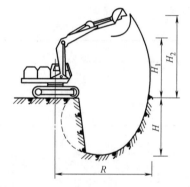

图 7-35 液压反铲挖土机外形及工作性能

液压反铲挖土机工作性能　　　表 7-5

符号	项目	单位	机型					
			WY10	WY16	WY50	WY100	WY942	WY160
	铲斗容量	m³	0.1	0.16	0.50	0.4～1.2	0.4～2.0	1.6
	发动机功率	kW	18	30	59	110	125	128
H	最大挖土深度	m	2.40	3.20	4.0	5.70	8.10	6.10
R	最大挖土半径	m	4.30	5.32	7.51	6.8～12	11.6	10.60
H_2	最大挖土高度	m	2.50	4.70	6.00	7.57	9.50	8.10
H_1	最大卸土高度	m	1.84	3.20	4.45	5.39	7.55	5.83
	最大挖掘力	kN	18.4	26	56.4	120	146	180

续表

符号	项目	单位	机 型					
			WY10	WY16	WY50	WY100	WY942	WY160
	爬坡能力	%	45	57	45	45	67	80
	整机自重	t	3.05	4.8	13	25	31.1	38.5
	接地比压	MPa	0.031	0.033	0.051	0.052	0.067	0.088
	外形尺寸（长×宽×高）	mm	4420×1400×2200	5900×1910×2320	4100×2590×3000	9530×3100×3400	10265×3258×3300	10900×3200×4050

注：引自《建筑工程手册》，地震出版社，1993。

日本进口液压挖掘机规格（8型系列） 表 7-6

	型号	MS-120	MS-140	MS-100	MS-240	MS-300	MS-450	备注
	铲斗容量，m³	0.15～0.55	0.26～0.65	0.6～1.00	0.8～1.30	1.0～1.40	1.40～2.00	三菱8型单斗
H	最大挖掘深度 m	5.50	5.33	6.55	6.71	7.19	7.70	履带式
	最大垂直挖掘深度，m	4.86	4.15	5.80	5.91	5.88	6.40	
R	最大挖掘半径，m	8.30	8.41	9.83	10.18	11.10	11.91	
H_2	最大挖掘高度，m	7.84	7.74	9.39	9.60	10.00	10.80	
	机械重量，t	12.00	14.00	18.50	22.50	29.10	43.20	
H_1	最大倾卸高度，m	5.57	5.33	6.57	6.64	6.93	7.40	
	接触压力，MPa	0.039（履带500）	0.046（履带500）	0.043（履带600）	0.050（履带600）	0.063（履带600）	0.076（履带610）	

（2）开挖方式

1）沟开挖：反铲挖土机在沟端退着挖土，如图7-36所示，可装车，也可甩土，装车或甩土回转角度小，一般回转角度仅45°～90°，视线好，机身停放平稳，同时可挖到最大深度。对较宽的基坑可采用图7-36（b）所示方法，其最大一次挖掘宽度为反铲有效挖掘半径的两倍。或者也可采用几次沟端开挖法来完成作业，是基坑开挖采用最多的一种开挖方式。

为保证边坡开挖质量，反铲要紧靠边坡线开挖。这种端沟开挖方式，如果汽车须停在机身后面装土，生产效率就会下降。

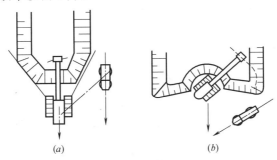

图 7-36 反铲挖土机沟端开挖方式
(a) 沟开挖；(b) 沟侧开挖

2) 沟侧开挖：反铲挖土机沿坑（沟）边的一侧横向移动挖土，见图 7-37 所示，可装车，也可甩土，并可将土甩至较远的地方。但挖土宽度、深度比挖掘半径小，受限制，边坡也不好控制。同时机身靠坑（沟）边停放，稳定性较差。

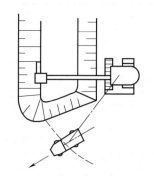

图 7-37 反铲挖土机沟侧开挖方式

（3）工作面的确定

1）工作面的宽度应根据开挖方式和挖土深度及停机位置确定。

沟端开挖工作面一般为 $0.8 \sim 1.7R$（R 为反铲的最大挖土半径，见表 7-5）；

沟侧开挖其工作面一般为 $0.5 \sim 0.8R$。

2）工作面的深度（挖土深度）应根据开挖方式和工作面的土质及开挖条件确定。反铲挖土机最大挖土深度 H 见表 7-5 和表 7-6，其为该机在最佳工作状态下的数值，在实际施工中，要考虑施工安全及基坑底平整等因素，进行折减，见表 7-7。

反铲挖土机实际最大挖土深度参考值　　　表 7-7

开挖方式 土质及开挖条件	沟端开挖	沟侧开挖
杂填土、砂土、欠稳定土坡	$0.7 \sim 0.8H$	$0.6 \sim 0.7H$
黏性土、较稳定土坡	$0.9H$	$0.75 \sim 0.85H$

注：1. H——反铲挖土机最大挖土深度，m，见表 10.5-5、表 10.5-6；
　　2. 引自《建筑工程手册》，地震出版社，1993。

（4）施工方法

1）分条挖土法

当基坑开挖宽度较大，反铲不能一次开挖时，可采用分条挖土法，见图 7-38。分条宽度：当接近反铲实际最大挖土深度时，靠边坡的一侧为 $(0.8 \sim 1.0)R$（R 为反铲最大挖土半径，见表 7-5、表 7-6。中间地带为 $(1 \sim 1.3)R$。分条过窄，挖土机移动频繁，降低生产效率，分条过宽，将影响边坡及坑底的开挖质量。

由于反铲挖土，工作面越挖越窄，因此，挖土机的施工顺序和开行路线，不但要考虑汽车的装卸位置及行驶路线，还要考虑收尾工作面。如因条件限制，反铲不能垂直开行时，可参考正铲之字形挖土法，采用之字形开行路线。

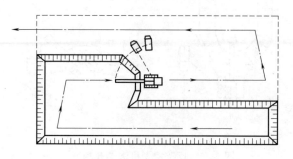

图 7-38 反铲分条挖土法

2) 分层挖土法

当基坑开挖深度大于反铲最大挖土深度时,可采用分层挖土法,见图7-39。分层原则是:上层尽量要浅,层底不要在滞水、淤泥及其他弱土层上。

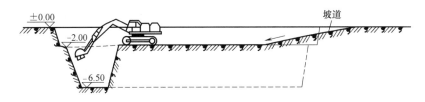

图 7-39 反铲分层挖土法

分层挖土需开设汽车运土的上下坡道或栈桥,宽度一般为3～5m,坡度应根据分层深度及汽车性能,一般深度(即坡高)在2m以内时,坡道坡度为1:3～1:5;层深在5m以内时,坡道坡度为1:6～1:7;层深超过5m时,坡度为1:10。坡道开挖方式应根据场地情况确定,通常有内坡道、外坡道、内外结合坡道等三种形式。

3) 接递挖土法

当基坑需分层挖土,又无条件开设坡道时,可采用阶梯挖土法见图7-9所示,即用两台或数台反铲分别在不同的分层标高上同时挖土,下层反铲挖甩,最上一层反铲装车,这样,两层或数层进行土方开挖传递,可一次挖至设计标高。一般在下层挖土作业要选择体积小,重量轻的中小型反铲,以便最后收尾,在陡坡上牵引或用吊车运出坑。

3. 拉铲挖土机

(1) 适用范围及性能

拉铲挖土机的特点是"后退向下,自重切土"。其挖掘能力差,生产效率比正、反铲挖土机低,但臂杆长、回转半径、挖土深度、卸土高度均较大,且铲装土方时,臂杆可不动,因此,减少了机械磨损。它可开挖停机面以下的一～三类土、湿土、淤泥等。适用于土质差、水位高、深度大的基坑及河道开挖,水下作业。拉铲可用机械式正、反铲或起重机改装,其外形及工作性能,见图7-40和表7-8。

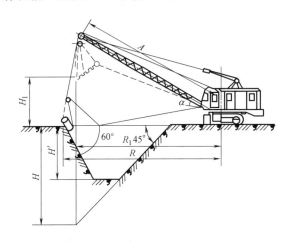

图 7-40 拉铲的外形及工作性能

拉铲挖土机工作性能 表 7-8

符号	项目	机型\单位	W50				W100				W200					
	铲斗容量	m³	0.5				1.0				2.0		1.5		1.0	
A	臂杆长度	m	10		13		13		16		15		20		25	
a	臂杆倾斜角度	(°)	30	45	30	45	30	45	30	45	30	45	30	45	30	45
R	最大挖土半径	m	11.1	10.2	14.3	13.2	14.4	13.2	17.5	16.2	17.4	15.8	22.4	20.3	27.4	25.3
R_1	最大卸土半径	m	10.0	8.3	12.5	10.4	12.8	10.8	15.4	12.9	15.1	12.7	19.4	16.3	23.8	19.8
H_1	最大卸土高度	m	3.5	5.5	5.3	8.0	4.2	6.9	5.7	9.0	4.8	7.9	8.0	12.2	10.8	15.9
H	沟端开行	m	7.3	5.6	10.0	9.6	9.5	7.4	12.2	9.6	12.0	9.6	16.3	13.1	20.6	16.5
H'	沟侧开行	m	4.4	3.8	6.6	5.9	5.8	4.9	8.0	7.1	7.4	6.5	10.7	9.4	14.0	12.5
	整机重量	t	19.1		20.7		42.06		42.4		77.8					
	接地比压	MPa	0.059		0.064		0.092		0.093		0.125					

引自《建筑工程手册》,地震出版社,1993。

(2) 开挖方式

拉铲开挖方式与反铲基本相同,即沟端开挖与沟侧开挖。沟端开挖装或甩土回转角度小,视线好,机身停放平稳,适用于边坡较陡的基坑,可两面装车或甩土。沟侧开挖,稳定性差,开挖宽度、深度受限制,但回转半径大,可将土挖甩至较远的地方,适用于开挖土方就地堆放的基坑、槽以及路堤、河堤就地取土填筑及旧沟渠、河道加深加宽。如边坡要求大于 45°,可用拉铲直接修坡。

(3) 工作面的确定

由于拉铲可利用惯性将铲斗抛出,因此,其开挖宽度可比回转半径大 3~4m。拉铲的开挖深度因开挖方式二臂杆倾斜角及施工条件而异。在个别工程中,采用沟端开挖,用适当增长钢丝绳的长度,加固停机位的边坡,使其尽量在坑边就位的办法,来增大开挖深度,这样,拉铲实际最大挖土深度可增加 20%~30%,是超深基坑(10m 以上)开挖、内坡道收尾的有效措施之一。

(4) 施工方法

1) 顺序挖土法

拉铲特点是铲斗挂在钢丝绳上,无刚性斗柄。因此,在开挖边坡较陡的基坑时,必须采用先修坡,后挖土的顺序挖土法,即拉铲挖土机的开行中心线对准边坡下口线,先沿上口线开挖与铲斗等宽的沟槽,再从外侧顺序向中间开挖,见图 7-41,这样,每层都先挖沟槽再逐斗向中间开挖,可使铲斗不易翻滚,保证边坡开挖质量,更适用于开挖土质较硬的基坑。

2) 三角挖土法

当基坑开挖宽度较小,且土质坚硬,边坡较陡时,可采用三角挖土法,见图 7-42,即用拉铲的停机位相互交错地停在边坡下口线上,在每个停机位采用顺序挖土法开挖前面三角形土方。这种方法机身停放平稳,边坡开挖整齐,装车甩土回转角度小,生产效率也较

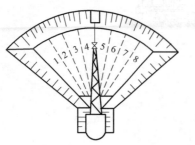

图 7-41 拉铲顺序挖土法

高。适用于开挖宽度 8m 左右的基坑(槽)。

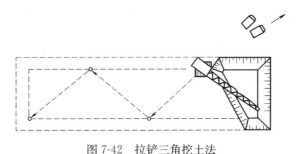

图 7-42 拉铲三角挖土法

3) 多段挖土法

在第一段采用三角挖土法挖土,第二段机身沿 AB 线移动进行分段挖土,见图 7-43。如沟底(或坑底)土质较硬,地下水位较低时,应使汽车停在坑底装土,铲斗装土时稍微提起即可装车,能缩短铲斗起落时间,又能减少臂杆的回转角度。适用于开挖宽度较大基坑。

4) 分层挖土法

拉铲从左到右,从右到左顺序逐层挖土,直全深,见图 7-44。本法可以挖得平整,缩短拉铲斗的时间。当土装满斗后,可以从任何角度提起铲斗,运送土时的提升高度可以减少到最低限度。但落斗时,要注意将拉斗钢丝绳与落斗钢丝绳一起放松,使铲斗垂直降落。适用于开挖较深的基坑,特别是圆形或方形基坑。

5) 水下土方及淤泥开挖法

拉铲开挖水下土方及淤泥时,在同一停机内,要采用先挖近,后挖远的方法。这样远处形成土埂,起临时挡土水作用,防止土或淤泥与水搅拌在一起,使铲斗不易装满。另外,还可将铲斗斗壁打若干洞,以利于滤水、排水。

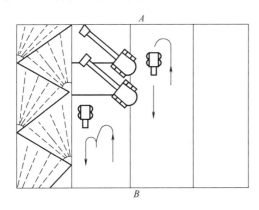

图 7-43 拉铲多段挖土法

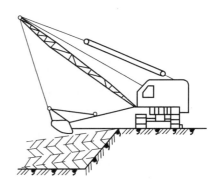

图 7-44 拉铲层层挖土法

4. 抓铲式挖土机

(1) 适用范围及性能

抓铲挖土机的特点是"直上直下,自重切土"。其挖掘能力小,生产效率低,但挖土深且范围大,可挖出直立边坡,是任何土方机械不可比拟的。拉铲可开挖停机面以下的一至三类土、水下土方、松散碎石等。适用于开挖工作面狭窄而深的基坑、竖井、沉井等。

逆作法及栈桥法、平台法挖土都可采用抓铲挖土、吊土。目前已有液压抓铲挖土机，其挖掘力大，操作灵活，铲斗落点准确，但挖土深度小，实用意义也较小。

机械式抓铲挖土机外形及工作性能见图 7-45 和表 7-9。

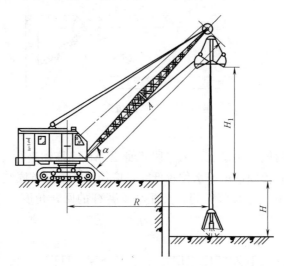

图 7-45　机械式抓铲挖土机外形及工作性能

机械式抓铲挖土机工作性能　　　　　　　　　表 7-9

符号	项目	单位	机　型			
			W50		W100	
	铲斗容量	m³	0.5		1.0	
A	臂杆长度	m	10	13	13	16
R	抓斗回转半径	m	8.3	10.4	12.5	14.5
H_1	最大卸土高度	m	5.5	8.0	10.5	13.2
H	最大挖土深度	m			7.7	7.5
	整机重量	t	19.1		42.1	
	接地比压	MPa	0.059		0.092	

（2）开挖方式及施工方法

1）由于抓铲是靠铲斗的自重，直上直下的往复运动挖土的，且回转半径是固定的，因此，多采用沟侧开挖和定位开挖两种方式。

沟侧开挖即抓铲沿基坑边侧移动挖土，适用于边坡陡直或有围护结构的基坑开挖。

定位开挖即抓铲停在固定位置上挖土，适用于竖井、沉井开挖。

沟侧开挖近似线状挖土，定位开挖近似点开挖，开挖工作面范围都不大，且边坡余土较多。

2）抓铲开挖基坑时，应距坑边一定的安全距离，一般应在坑边缘 1∶1.5 坡度线以外处。特别是开挖有围护结构的基坑时，要进行安全验算，设计围护结构时，要考虑抓铲的荷载。

3）抓铲可装车，也可甩土。但开挖水下土方或淤泥时，宜先挖甩至坑边，经沥水处理后,再装车运走,以免污染汽车和道路。但挖甩至坑边的土,增加了坑边的地面荷载,在设计围护结构时必须考虑这部分荷载,或视土质情况把土甩至离坑边缘 1:1.5 坡度线以外处。

4) 抓铲挖水下土方或淤泥时,提斗不宜过猛,并加配重,以防铲斗被吸住,使抓铲倾斜。

5) 在个别工程中,也可采用增加钢丝绳的长度的办法,增加抓铲的挖土深度,但取决于滚筒的缠绕能力,并将加速钢丝的磨损。

5. 推土机

推土机在基坑开挖中,可用于弃土区的平整场地,配合正、反铲挖土机开拓工作面和停机面,履带式湿地推土机可在各种场地环境下作业,是基坑施工的常用机械。国产 PD7 推土机的外形和主要参数如图 7-46 和表 7-10 所示。

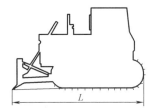 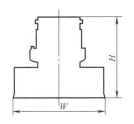

外形尺寸及重量	
长(mm)	5700
宽(mm)	3725
高(mm)	3575
使用重量(kg)	25500

图 7-46 PD7 推土机外形及尺寸

PD7 推土机技术参数　　　　　表 7-10

	型号	康明期 NT-855-c280		蓄电池	24V 195AH×2
发动机	型式	四冲程 立式 水冷 直接喷射式 附带着涡轮增压器	发动机	空气滤清器	干式 水平式 带空气除压器
	飞轮功率(kW)	162		液力变矩器	3 元件 1 级 1 相 水冷式冷却
	额定转速(r/min)	1800	传动装置		
	缸数—缸径×行程(mm)	6—139.7×152.4		变速箱	行星齿轮 多片离合器 液压结合强制润滑式 前进三档 后退三档
	启动方式	24V 11kW 启动马达			

续表

传动装置	中央传动	螺旋锥齿轮 飞溅润滑 一级减速	履带	离地间隙(mm)	405
	转向离合器	湿式 多片强簧压紧 手动—液压操作 液压分离		履带中心距(mm)	2000
				接地压力(MPa)	≤0.078
	转向制动器	湿式 带式液压助力 联动操作	液压操纵系统	液压操纵系统	
	最终传动	正齿轮 二级减速 飞溅润滑		工作压力(MPa)13.72	
行驶速度(km/h)	前进	3.6(1速) 6.5(2速) 11.2(3速)		额定流量(L/min)	257
	后退	4.3(1速) 7.7(2速) 13.2(3速)		油泵	齿轮泵
		行走装置		操纵阀	回转伺服阀
行走装置	驱动轮	镶块式大链轮		阀位	上升 封闭 下降 浮动
	支重轮数(每侧)	6(4)只单边 2只双边		油缸,缸径×杆径×行程(mm)	120×70×1054
	托轮数(每侧)	2	工作装置及附件	推土板形式	直倾铲
	引导轮数(每侧)	1		宽×高(mm)	3725×1315
履带	形式	装配式单履齿		最大提升高度(mm)	1210
	节距(mm)	216		最大切土深度(mm)	540
	宽度(mm)	560		刀刃切削角(°)	55
	履带板数(每侧)	38		刀尖提升速度(m/s)	≥0.35
	履带接地长度(mm)	2730		爬坡能力(°)	30

6. 轮式装载机

轮式转载机可以进行装卸、挖土、推土、起重牵引等多项作业，在基坑挖土施工中，常用于地面土的装卸和场地平整。因其能在城市道路中自行移动，具有回旋半径小、机动性好、动力储备大的特点，可以在窄小的场地作业等优点广泛应用于城市工地中。国产 ZL—50 装载机的外形尺寸及转弯半径见图 7-47。

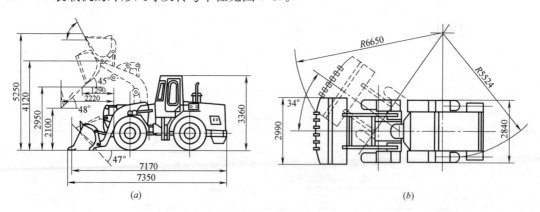

图 7-47 ZL-50 装载机
(a) 外形尺寸；(b) 转弯半径

7. 载重汽车

载重汽车是土方运输的主要机械，载重汽车的轮距和载重量是施工临时结构设计的主要依据之一。由于汽车型号繁多,在设计中必须掌握汽车的技术资料,这里仅介绍一种常用的 15t 载重车的外形尺寸和重量(图 7-48)。

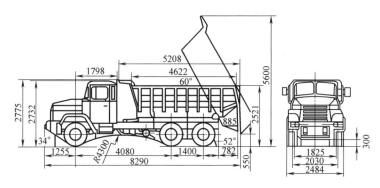

图 7-48　15t 载重汽车外形尺寸

该车自重：113kN；
满载总重：263kN。

7.5.4　挖土机械的配合设计

在深基坑施工中,根据现场的工程地质、施工条件、围护结构形式,要优化挖土机械的配合,才能达到最佳施工效果。常见的配合形式包括：

1. 反铲挖土机加载重汽车

适用于单土地区基坑开挖,作业面位于停机面以下的工程,必要时可以用反铲多级传递挖土。

2. 反铲挖土机加推土机及载重汽车

适用条件同上,适用开挖停机面以下的土方。推土机帮助开拓工作面和停机面,或对弃土区作场地平整工作。

3. 抓铲挖土机加载重汽车

适用于较深的基坑,当反铲多级传递已比较困难,或支撑比较密,反铲挖土不便时可用抓铲直接挖土并装车运走,抓铲则停于地面。

4. 正铲挖土机加载重汽车

适用于较浅的软底基坑或地质条件好,飞地下水位低、基坑为硬底的施工条件。载重汽车能下坑装土,正铲挖土机则停于坑底,开挖停机面以上的土方。

5. 铲运机挖土施工

适用于大型硬底浅坑或坡地上的大型基坑。铲运机自行完成挖土、装土和运土,但施工场地必须有足够长的铲运机工作面。

综合运用这些机械配合的特性,可以编制出各类工程的施工技术方案,并加以优化,以提高工效。通常可以在一个建设项目中选择一种配合,也可同时选择多种配合。选择的配合方式,可以要求围护结构设计在满足工程安全及经济的条件下,同时考虑施工机械的作业操作,包括施工机械利用一些临时的施工栈桥进行作业,挖土机械在支撑间的施工高度等要求。一个好的挖土施工方案,应该是安全可靠经济和施工便捷的统一,这个统一目标的实现是施工工程师精心组织的结果。

7.6　基地处理与封底

土方开挖是一种卸载，其开挖过程就是应力的释放过程，即由开挖前的静态平衡发展到动态平衡状态。因此，深基坑变形就存在着时间效应的问题。土体即使在开挖后处在临时平衡状态时，也会发生蠕变。如果基底开挖后曝露时间太长，或基坑积水或孔隙水压力升高形成超静孔隙水压力等，都将会明显降低土体的抗剪强度，导致基底隆起、边坡失稳、支护结构或桩基变形位移等。因此，基底开挖至标高后应尽快进行基底检查、基底封底和基础施工。

1. 基底检查与处理的主要内容

（1）检查基底的地质情况，特别是土质与承载力是否与设计相符；

（2）基底围护结构是否基本稳定，通过施工变形监测，进行跟踪并及时反馈信息；

（3）当基底为砂或软黏土时，应按设计要求及时铺碎石、卵石，其厚度不宜小于20cm，对下沉尚未稳定的沉井，其刃脚下还应密垫块石；

（4）如遇有局部超挖时，不能用素土回填，一般应用封底的混凝土加厚填平；

（5）如发现基底土体仍有松土或有水井、古河、古湖、橡皮土或局部硬土（硬物）等，应与设计单位商定，根据具体情况，采用相应的处理措施。

2. 基底垫层施工

基底检查处理后，应及时进行封底垫层施工。施工方法一般有排水封底（又称干封底）和水下封底（又称湿封底）和注浆混凝土封底等三种。水下封底垫层的混凝土质量不易保证，表面不平整，厚度不易控制。因此，高层建筑深基坑工程不采用水下封底，注浆一般用于基坑内外土体加固和止水帷幕，坑内外土体加固的设计与施工，见本书第四章第五节，本节仅描述排水封底的垫层施工方法。

排水封底垫层施工方法能保证混凝土质量，且表面平整，厚度准确，设备简单。采用该方法如果坑内有水，应在坑内做排水沟、集水井抽干水。如果坑底渗水较大，且有一定的动水压力时，则应将集水井做成上带法兰的滤水鼓，四周挖沟填碎石作盲沟进行抽水，在减压的情况下，铺基坑垫层和浇筑封底混凝土。当底板混凝土强度达到70%以上后，方可停止抽水，随后用法兰盘加橡胶垫圈封闭集水井，在其上敷设加强钢筋，用不低于C20混凝土（最好掺些快凝剂）填筑该处使其与底板平。垫层混凝土的输送和浇灌方法与一般地下室混凝土施工方法一样。

7.7　土方开挖中应注意的问题

基坑土方开挖工程包括无围护结构方坡开挖和有围护结构的基坑开挖。除应因地制宜选择合适的开挖方法和安排合适的开挖顺序外，在开挖全过程中还应注意以下几个问题：

1. 做好施工与材料准备及技术措施准备

要严格按照方坡开挖或围护结构设计和施工组织设计要求，做好施工与材料准备及技术措施准备。认真组织全过程施工，不得任意更改设计与施工方案，如需要更改必须征得设计人员的同意。

2. 要重视打桩效应问题

先施工桩基础或先开挖基坑，要视土质情况和桩型而定，一般应先施工工程桩基后开挖基坑为好。但如土质好，基坑不深，又是采用人工挖孔桩或冲钻孔灌注桩，也可以考虑先开挖基坑，后在坑底施工工程桩，以减少桩长和砍桩费用，也避免桩基在土方开挖过程中产生位移。但要先做好基层封底后，才能施工工程桩基。同时要预防挖孔、钻孔有临空面，而引起周围围护结构位移变形问题。如果基坑很深时，要在坑底施工工程桩，施工难度较大，且基坑暴露时间就要长，将可能影响围护结构的稳定。因此，也可采用基坑内土方分阶段开挖方式，先挖一定的深度，预留适当厚度的土方，待做好工程桩，再挖残余的土方，并立即做好封底施工，这能有效的控制支护结构的位移，同时也节省了工程桩的费用。如采用打入式预制桩或静压桩，必须先打桩后施工围护结构，再开挖基坑土方，否则，会由于打桩挤土效应，引起围护结构位移变形和坑底土隆起。由于打桩挤土和动力波的作用，将会使砂土液化，使黏性土产生很大的挤压力，孔隙水压力升高，土的抗压强度明显下降，所以打桩后应有一段间歇时间，让土壤重新固结，孔隙水压力下降消失后，才能开挖基坑土方，否则将会使先打的桩产生上浮、倾斜、位移等现象。

3. 要尽量减慢开挖过程中的土体应力释放速度

深基坑开挖过程是土体卸载释放应力的过程，而卸载释放应力速度与开挖顺序、开挖速度、分层分段厚度及基坑暴露时间长短有很大关系。

（1）要合理安排开挖顺序

实践经验证明，开挖与安装支撑的顺序正确与否，将影响基坑土体应力释放速度，如果顺序恰当，可使支护结构受力均匀合理；如果顺序不当，将可能使基坑部分受力不合理，导致土体和支护结构变形过大。因此，在土方开挖过程中应根据基坑大小、形状和开挖深度以及支护结构与支撑的类型，详细研究开挖过程的受力状况，合理安排开挖与支撑顺序及分层分段厚度等。

（2）要控制合理的开挖速度

合理的开挖速度要视工程情况及开挖方式而定，主要要避免卸载过快，以防止土体位移。上海某个工程分两线开挖，由于开挖速度不同，对围护结够稳定产生了很明显的不同效果，北线80m用4d时间二次开挖到底，由于卸载过快，应力释放过快，造成了围护结构水平位移了440mm，而东线135m开挖延续了30d，逐渐卸载，围护结构仅水平位移180mm。两者单位延长米开挖时间比值为4.8。所以说，开方开挖要注意控制合理的开挖速度，这对围护结构与土体的稳定是十分重要的。但控制合理的开挖速度，并非放慢开挖速度，有时开挖速度过于缓慢不能尽快形成支撑系统，由于时空效应问题，反而会对围护结构和土体稳定不利。因此必须视工程环境与开挖方式而定，以要逐步卸载，尽快形成支撑系统为准。当采用分层、分块开挖方式时，就应加快开挖速度，及时形成该部分的支撑系统或结构，减小时空效应。

（3）要合理的分层分段开挖

基坑开挖还存在一个空间效应问题，除了在围护结构设计时应考虑在那一种应力状态下进行设计外，在土方开挖时，其分层开挖的厚度、分段的长短对土体结构空间的稳定也有很大的影响。因此，土方分层开挖厚度应予以控制，在南方软土地区一般不应超过2～3m；北方土质较好地区一般也不应超过5m。开挖面应视土质情况设一定的坡度，以防坍方。分段长度应视工程环境条件、基坑形状、伸缩缝与后浇带位置等因素而定，一般不应大于25m，以充分利用土体结构的空间作用，减少围护结构的变形，同时，也减少已施工桩基的倾斜位移。

4. 要做好坑内外的降水、排水

水是导致深基坑工程事故发生的一个高频率的原因，因水处理不当而造成的工程事故不仅量大且影响范围广。因此，深基坑工程施工要重视水的处理问题。当基坑开挖深度小，且地下水位在基坑底面以下时，或土的渗透系数很小，可视为不透水层时，可不采用人工降水和帷幕止水，而采用基坑内外明沟排水；如开挖深度大，且土层渗透系数较大时，应采用井点降水或采用井点降水和止水帷幕相结合的办法进行降水、止水。降排水都应编制施工组织设计，土方开挖前应先做好降水、排水施工，且进行试运转正常后，方可开挖土方。开挖过程中应随时做好坑内明排水，并经常检查降水是否正常，水位是否达到设计要求，是否有引起周围建筑物下沉变形或基底土隆起等事故。应尽量避开雨季和冬季开挖土方，如要在雨季中开挖，应采取必要的技术措施；同时，坑面、坑底排水系统应良好；在潮汛期开挖土方，应有防洪措施，防止坑外水浸入坑内；冬季开挖时，须防止基土遭冻，如挖完土需隔一段时间方施工基础时，需留适当厚度的土或用其他保温材料覆盖；如出现围护结构有水土流失现象时，应及时封堵。同时，护坡或围护结构要留有泄水通道，并严防地面土大量流失，产生地面沉陷，围护结构失稳等事故的发生。同时，要做好防治流沙、管涌的应急措施准备。

5. 要注意减少基坑顶边缘地面荷载

严禁超载挖出的土方堆放在坑边，尽量减少坑边地面的堆载，如不可避免的要在坑边堆置土方、材料、设备、搭设临时工棚等时，或在坑边缘移动施工机械与运输设备、工具时，其堆置距离应根据土方、设备、工具的重量以及基坑围护结构和土质情况经过计算确定。同时设备停放位置必须平稳。在坑边地面无超载情况下，土方与设备及临时工棚据有些省市的经验和规定，一般应堆置在1∶1.5坡度线以外处，同时堆土高度也不应超过1.5m高，如果坑壁是垂直的，此安全距离还应加大。机械在坑边作业，或基坑周围有交通要道时，还应采取措施，防止隔离施工机械和过道汽车等对周围建筑物、围护结构的振动作用。同时，要做好施工机械上下基坑坡道部位的支护加固，以支撑设备的重量。

6. 基坑开挖必须遵守"由上而下，先撑后挖，分层开挖"的原则

支护与挖土要密切配合，要坚持先撑后挖的原则，严禁先挖后撑，或边挖边撑，或超挖等做法。在开挖支撑位置时，应快挖快撑，一般应先开挖支撑位置的土方，待支撑好后，再开挖其他土方。如全面开挖，支撑位置标高的土方其开挖深度不得超过支撑位置以下500mm，待支撑好后，再开挖下层土方。

7. 要做好保护工作

（1）采取机械开挖基坑时，应根据土质情况和挖土机械的类型，基坑底应保留150～300mm土层不用机械开挖，由人工开挖修整，以保持坑底土体的原状结构。

（2）无论采用机械开挖或人工开挖都要注意保护测量坐标、水准点以及监测埋设的仪器与元件；严禁在开挖过程中碰撞或损坏围护结构、支撑、工程桩和止水帷幕、降排水设施；对周围的电讯、电缆、煤气、供排水管道等地下设施，必须采取可靠的保护措施，防止撞坏而造成事故。

（3）如轮有多层内支撑时，应尽量采用小型的挖土机械，操作比较灵活，可以减少碰撞基坑围护结构、工程桩、支撑以及其他设施。

8. 要做好对深基坑工程的监测和控制

基坑开挖过程中，应建立工程监测系统，随时对围护结构、支撑等内力变化与变形、坑顶地面沉降、坑底隆起、孔隙水压力、地下水位变化以及临近周围建筑物动态等进行监测。施工过程还应加强现场巡视，用肉眼观察，及时将信息反馈给设计施工人员，发现有异常，应及时采取对策加以控制。同时，要经常对平面控制桩、水准点、标高、基坑平面位置、边坡坡度等复测检查。

9. 拆支撑要按设计方案实施

采用自下而上逐层施工结构、逐层拆撑。如要换撑，必须用临时支撑先顶住，然后再拆除原有支撑。

10. 做好验槽工作

基坑开挖完成，应立即进行验槽，并立即进行垫层和基础施工，防止暴露时间过长或雨水浸刷，基坑中的工程桩桩头处理，宜在垫层铺筑后进行。如基底土超挖，应用素混凝土或夯石回填，不能再用素土回填。

11. 要确保施工安全

所有施工机械行驶、停放要平稳，机械行走的上下坡道要加固，基顶周边要设有围护栏和安全标志，严禁从基坑顶乱扔物体、工具入基坑内。施工人员必须戴安全帽，基坑内设有安全出口道，以供当基坑出现事故时，施工人员可以立即安全撤离。每层开挖深度应严格按设计要求进行，开挖面要有一定坡度，严禁采用"偷土"开挖，以免造成塌方事故。

第8章 地下水控制

8.1 概　　述

随着城市建设规模的不断扩大，地面空间日益紧张，地下空间的开发得到人们的重视。地铁隧道、高层建筑、市政工程、桥梁等重大工程的建设，产生了众多形态的深、大基坑。这些基坑的开挖施工，使原有的基坑周围的水、土应力平衡受到破坏。工程实践表明，各类基坑工程事故大多数与地下水有关。在基坑施工期间，一些最坏的情况都是出现在地下水位以下，它不仅使工作条件变得恶劣，而且容易造成管涌、坑底隆起、流砂和基坑侧壁的剥落、坍塌，甚至引起周围建筑物沉降、倾覆。裂缝和倒塌等严重的工程事故。因此，基坑工程必须对地下水进行有效的控制。

地下水控制工程包括水文地质勘察、地下水控制设计、工程施工、工程监测与维护、验收等工作内容。根据地下水控制难度、对水资源影响程度和需要保护建（构）筑物等离坑边的距离，按表8-1将地下水控制工程分为三个等级。

地下水控制工程等级划分　　　　　　　表 8-1

条件等级	地下水控制难度		对水资源影响程度		需保护的建（构）筑物
	水文地质条件	水头控制高度(m)	水量(m³/d)	水环境	
一级	三级及以上含水层或含水层单层厚度>10m 或含水岩性为碎石土且>5m 或基岩裂隙水、岩溶裂隙水	≥12	≥10000	污染场地中含水层对人体健康和环境有危害或潜在风险的有害物质	0～0.5倍基坑深度范围
二级	双层含水层且含水层岩性为砂土、单层厚度≤10m 或含水层岩性为碎石土、厚度≤5m	6～12	3000～10000	各含水层水质差异大，且存在地下水质量差与Ⅲ类的含水层	0.5～1倍基坑深度范围
三级	单一含水层，且含水层岩性为粉土、粉砂	≤6	≤3000	—	大于1倍基坑深度

注：1. 条件行中，从一级开始，有一项（含一项）条件最先符合该级标准者，即可划分为该等级；
　　2. 含水层层数指影响建设工程施工的所有含水层；
　　3. 水量指初期基坑涌水量，为稳定流计算出的最大基坑涌水量；
　　4. 对建设工程施工只涉及一层地下水，等级划分可不考虑水环境的影响；
　　5. 地下水质量分类依据《地下水环境质量标准》GB/T 14848 分类标准确定；
　　6. 需保护的建（构）筑物等位置时需保护的建（构）筑物的平面投影离基坑开挖上口线的距离。

8.1.1 地下水控制方法

地下水控制方法包括帷幕隔水方法、降水方法和帷幕隔水与降水组合方法，可采取一种或多种相结合的方法，其主要目的都是保证地下水位在基坑底部以下。地下水控制防范的选取可参考表 8-2。目前，我国乃至全世界水资源紧缺，北方城市以开采地下水为主，对地下水的抽排显得尤为谨慎。以北京地区为例，自 2008 年 3 月 1 日起，所有新开工的工程限制进行施工降水，建设工程将从降水到止水的转型，因此在施工过程中优先考虑止水是一种趋势。

选择地下水控制方法优先顺序依次为：帷幕隔水方法、帷幕隔水与降水组合方法、降水方法。当选择帷幕隔水与降水组合方法或降水方法时，尚应论证帷幕隔水方法不可行。选择地下水控制方法应考虑下列因素：

(1) 工程地质与水文地质条件；
(2) 基坑或地下工程支护方案；
(3) 基坑或地下工程周边环境条件；
(4) 施工条件；
(5) 市政排水条件；
(6) 有关水资源和环境保护法规的规定。

地下水控制方法适用条件   表 8-2

方法	适用条件
帷幕隔水	(1) 按照现行法规规定，不符合降水条件的； (2) 降水所产生的附加沉降或造成的细颗粒流失可能导致周边环境损害的； (3) 潜水或承压水含水层底板位于基坑底标高之上的； (4) 潜水或承压水水位高于基底标高，含水层底板位于基坑底标高之下深度不大于现行法规规定深度的； (5) 潜水或承压水水位高于基底标高，且含水层底板位于基坑底标高之下深度大于现行法规规定深度，但可以通过工程手段在合理的造价和工期内实现帷幕隔水的； (6) 地下工程位于含水层中，可以通过工程手段在合理的造价和工期内实现帷幕隔水的； (7) 地下水中含有对人体健康和环境危害或具有潜在风险的有害物质，且无配套水处理措施
降水	(1) 按照现行法规规定，符合降水条件的； (2) 对于线状工程，帷幕隔水可能导致水环境长期改变的； (3) 对于地下工程，实施帷幕隔水难度大，或造价过高，或工期过长的
帷幕隔水 降水组合	(1) 实施悬挂式帷幕与基坑内降水的； (2) 实施落地式帷幕，而基坑底可能发生突涌的

地下水控制工程宜在基底设置明排系统，当存在含水层水量较少且排水不影响坑壁稳定的条件，也可将明排作为一种独立的地下水控制措施设计使用。对于采用降水方法或帷幕隔水与降水组合方法进行地下水控制的工程，当地面可能出现过大沉降或存在回灌条件时，应设置回灌系统。

8.1.2 地下水控制设计

地下水控制应满足基坑支护、土方开挖、地下结构正常施工，基坑或地下工程周边环境不受损害，并符合地下水资源保护法规规定。地下水控制设计应具备如下资料：

(1) 场地及其邻近区域的水温地质勘查资料；
(2) 基坑或地下工程支护方案；

(3) 基坑或地下工程周边建（构）筑物、地下管线分布及其变形要求等资料；
(4) 地下水控制经验；
(5) 有关水资源和环境保护法规的规定。

地下水控制设计内容如表 8-3 所示。

地下水控制设计内容 表 8-3

方法	适用条件
帷幕隔水	(1) 设计依据； (2) 帷幕隔水形式的比较与选择； (3) 帷幕进入下卧层隔水层深度和基坑抗突涌稳定性计算； (4) 帷幕施工质量检验要求； (5) 地下水位监测要求； (6) 帷幕结构可能缺陷的修复措施； (7) 施工图
降水	(1) 设计依据； (2) 降水形式的比较与选择； (3) 水位降深计算及井数、井深结构设计； (4) 降水井施工质量检验及封井要求； (5) 降水影响范围建(构)筑物及地面沉降监测要求； (6) 环境影响评估； (7) 论证帷幕隔水方法不可行； (8) 水资源计量及综合利用措施； (9) 施工图
帷幕隔水降水组合	(1) 设计依据； (2) 帷幕隔水、降水形式的比较与选择； (3) 帷幕渗透稳定性、水位降深计算及井数、井深结构设计； (4) 帷幕、降水井施工质量检验及封井要求； (5) 降水影响范围建(构)筑物及地面沉降监测要求； (6) 环境影响评估； (7) 论证帷幕隔水方法不可行； (8) 水资源计量及综合利用措施； (9) 施工图

当降水影响基坑及周边环境正常使用的安全或对地下水资源产生较大影响时，宜采用截水或回灌方法，回灌可采用同层回灌或异层回灌，且回灌不得劣化地下水水质。

8.2 水文地质勘察

水文地质勘察工作开始前，应明确勘察任务和要求，搜集分析现有资料，进行现场勘察，编写勘察纲要。水文地质勘察结束后，对于地下水控制工程等级为一级和二级的水文地质勘察应编写水文地质勘察报告，对于地下水控制工程等级为三级的水文地质勘察可包含在岩土工程勘察报告中的水文地质部分中。

城市建设工程场地水文地质勘察的内容和工作量应根据场地的岩土工程条件、降水设计和施工的技术要求确定。

8.2.1 勘察方案设计

水文地质勘察方案设计应在收集已有的水文气象、地质图、水文地质、工程地质、环境地质、工程环境等资料基础上进行。现场工作量与已有资料的丰富程度、场地水文地质条件的复杂程度、场地大小等有关。水文地质勘察方案设计应包括水文地质勘察孔、地下水观测孔和现场试验工作的布置原则、布置数量、深度，以及观测孔和抽水井的过滤器结构、填砾规格和填砾厚度等。

1. 水文地质勘察孔

水文地质勘察孔的布置应在充分分析利用岩土工程勘察资料的基础上进行，应能控制降水范围内地层的平面分布和基础以下主要含水层的埋藏深度，勘察孔的数量宜根据水文地质条件的复杂程度和已有资料的丰富程度按表8-4的进行布置，一个工程场地具体的水文地质勘察孔数量可在此基础上根据场地面积适当增减，线状工程的水文地质勘察孔的数量宜在已进行的岩土工程勘察工作的基础上满足每500m布置一个孔，水文地质勘察孔的深度宜大于2倍基坑深度，且满足穿过所揭露的含水层底板，场地邻近地表水体时，应布置适量勘察孔确定地表水体与地下水的关系。

水文地质勘察孔的数量表　　　　　　　表 8-4

水文地质条件	已有资料丰富程度		
	好	中等	差
简单	0	2	4
中等	2	4	6
复杂	4	6	8

2. 地下水观测孔

地下水观测孔的布置应主要设置于降水含水层中和可能对基坑开挖有影响的基底以下的其他含水层中。线状工程的地下水位观测孔的数量宜为每1000m一组，可与水文地质勘察孔结合，地且应分层设置，其深度宜深入整个含水层。在已确定地表水体与地下水存在关系时，应布置适量地下水观测孔监测地下水位随地表水体的变化关系。地下水观测孔可利用抽水井、抽水试验观测孔或专门设置，观测孔的结构应满足观测目的和要求，地下水位观测孔的数量可按表8-5布置。

地下水观测孔的数量表　　　　　　　表 8-5

水文地质条件	已有资料丰富程度		
	好	中等	差
简单	1	3	5
中等	2	4	6
复杂	3	5	7

3. 抽水试验

抽水试验应针对地下水控制工程的需要布置。对于工程场地存在多个影响基坑工程的含水层，应分别进行抽水试验。线状工程每 1000m 应进行一组抽水试验，跨越不同水文地质单元的线状工程，应在不同水文地质单元上进行抽水试验。进行潜水泵抽水试验时，抽水井的直径应不小于 200mm，抽水井管材应为铸铁管、钢板卷管等，以满足对抽水井洗井的要求，并且应进行不少于 1 个水位降深的抽水试验，当含水层厚度较大或承压水头较高时，可进行 3 个不同水位降深的抽水试验。此外，抽水井宜为完整井，当含水层厚度大于 15m 时，可以采用非完整井。抽水试验的数量宜通过综合分析判断后按表 8-6 的规定确定。

抽水试验方法可按表 8-7 确定。当含水层岩性为细砂、粉砂、粉土、黏性土，且含水层厚度不大，单孔或多孔抽水试验不可行时，可采用降水头注水试验。当含水层岩性为细砂及其以上，且含水层有一定厚度时可进行潜水泵抽水试验。

抽水试验数量表　　　　　　　　　　　　　　　　　　表 8-6

水文地质条件	周边 100m 范围内抽水试验资料	
	有	无
简单	0	1
中等	1	1~2
复杂	1~2	2

抽水试验方法和应用范围　　　　　　　　　　　　　　表 8-7

试验方法	应 用 范 围
钻孔或探井简易抽水试验	粗略估算弱透水层的渗透系数
单孔抽水试验	初步测定含水层的渗透性参数
多孔抽水试验	较准确测定含水层的各种参数
群孔抽水试验	较准确测定含水层的各种参数、取得在相互影响条件下群孔的总用水量和井群降落漏斗中水位降深值的资料以及对周边环境影响监测和评价等

抽水试验观测孔的布置，应根据试验目的和计算公式的要求确定，并符合下列规定：

（1）以抽水孔为原点，布置 1~2 条观测线，每条观测线上的观测孔一般为 3 个；

（2）当布置 1 条观测线时，宜垂直地下水流向；布置 2 条观测线时，另 1 条宜平行地下水流向，且宜布置在抽水孔的上游一侧；

（3）距抽水孔最近的第一个观测孔，一般应避开三维流的影响，其距离不宜小于含水层的厚度；最远的观测孔距第一个观测孔的距离不宜太远，并应保证在试验过程中各观测孔有一定的水位降深值；

（4）各观测孔的过滤器长度和深度都应与抽水孔过滤器的长度和深度相同。

8.2.2 勘探

水文地质勘察孔的钻进宜采用跟管钻进或清水钻进，钻进过程中应对地层岩性和地层含水情况进行详细记录，对每一含水层进行地下水位量测。因采用泥浆护壁影响地下水位观测时，可在场地范围内另外布置专用的地下水位观测孔。

水文地质勘探孔钻进时地下水位的量测应符合下列规定：

(1) 遇地下水时应量测初见水位；

(2) 稳定水位应在初见水位量测后经一定的时间后量测；

(3) 对工程有影响的多层含水层的水位量测，应采取止水措施，将被测含水层与其他含水层隔开。

水文地质勘察孔钻进过程中采取的土样、岩样能正确反映原有地层的颗粒组成；用于鉴别地层的土样，非含水层宜每 3～5m 取 1 个；含水层宜每 2～3m 取 1 个，变层时，应加取 1 个；颗粒分析用的土样，当含水层厚度小于 4m 时，应采取 1 个；当含水层厚度大于 4m 时，宜每 4～6m 采取 1 个；每件土样的取样重量不宜少于表 8-8 的规定。

抽水试验方法和应用范围　　　　　　　　　表 8-8

土样名称	重量(kg)
砂	1
圆砾(角砾)	3
卵石(碎石)	5

注：颗粒分析试验需要提供的是含水层颗粒分布累积曲线上，过筛重量累积百分比为 10%、20%、50%、60% 时的颗粒直径 d_{10}、d_{20}、d_{50}、d_{60}。

水文地质勘探孔钻进中对松散土层的分类和鉴定，应符合现行国家标准《岩土工程勘察规范》GB 50021—2001 的有关规定；钻探过程中，需要查明含水层的水质变化规律时，应分层采取水样；钻进结束时，应对所揭露的地层进行准确分层，水文地质勘探的地层划分宜与岩土工程勘察的地层划分一致，统一对应，便于进行地层对比使用；钻探完成后，应进行回填。当钻孔穿越多个含水层，回填要保证上下层水不会连通。回填材料应保证没有污染。

地下水观测孔的钻探要求除满足水文地质勘察孔的钻探要，外观测孔结构宜根据地层分布和观测层位综合确定，每个观测孔观测一层地下水的水位。过滤器放置在观测层位含水层中，其长度不小于观测层位含水层厚度的 2/3；洗井可根据含水层类型、观测孔结构、成井工艺等选用水泵、压缩空气等洗井方法；观测孔成孔后应及时洗孔，确保观测孔过滤器与含水层的连通。观测孔洗至观测孔内水位反应灵敏。

8.2.3 水文地质勘察评价与建议

水文地质勘察评价应在工程地质勘探、水文地质勘探、抽（注）水试验和搜集已有资料的基础上，结合工程特点和要求进行。水文地质勘察评价与建议应包括下列内容：

(1) 根据勘探孔和水位观测孔，明确场区内含水层的岩性、厚度、埋藏深度、类型、数量及分布范围，确定地下水的水位、流向、水力坡度；

(2) 结合抽水试验和区域水文地质条件，分析含水层间的水力联系，分析含水层和地表水体的水力联系，分析地下水的补给、径流、排泄条件和地下水水位动态特征；

(3) 当坑底以下存在有水头高于坑底的承压水时，应进行承压水头作用下的坑底抗突涌稳定性评价；

(4) 提供基坑工程设计需要的水文地质参数；

(5) 建议适宜的地下水控制方案，提出降水、截水及其他地下水控制方案的初步建议，初步计算基坑涌水量；

(6) 评价采用施工降水时抽水对周边环境的影响程度,并提出措施意见;
(7) 评价施工降水对地下水资源和水环境影响程度;
(8) 污染场地地下水的评价;
(9) 建筑抗浮地下水的评价。

当坑底以下存在有水头高于坑底的承压水时,应评价承压水作用下的坑底抗突涌稳定性和渗流稳定性。当不满足坑底抗突涌稳定或渗流稳定要求时,应建议采取降低承压水头等措施。

8.3 降 水

基坑开挖深度内存在饱和软土层和含水层及坑底以下存在承压含水层时,需要选择合适的方法进行基坑降排水。降排水能够防止基坑底面与坡面渗水,保证坑底干燥;能够增加边坡和坑底的稳定性,防水边坡或坑底的土层颗粒流失,防止流砂产生;能够有效提高土体的抗剪强度与基坑稳定性,并且可减少承压水头对基坑底板的顶托力,防止坑底突涌。降排水工程应根据基坑的规模、槽深、环境条件、含水层渗透性和降水深度参照表8-9合理选择降水方法。

各种降水方法的适用条件　　　表8-9

土样名称	含水层岩性	渗透系数 (m/d)	降水深度 (m)
集水明排	填土、黏性土、粉土	<0.3	<2
轻型井点	粉质黏土、粉土、细砂、中细砂	0.1~20.0	单级<6 多级<12
喷射井点	粉土、砂土	0.1~20.0	<20
管井	粉质黏土、粉土、砂土、碎石土、岩石	>1	不限
真空管井	粉质黏土、粉土、细砂、中细砂	0.1~20.0	不限
辐射井	粉砂、细砂、中砂、粗砂、卵石和黏性土	>0.1	<30

一般而言,对于潜水,降水深度应降至槽底以下 0.5~1.0m,若开挖槽底位于潜水含水层(包括层间潜水)底板下的隔水层中,则降水深度等于潜水含水层厚度;对于承压水应采取降压井降低基坑底面以下承压水水头压力,降压井中水位应保持在基坑底面以下1~2m,控制承压水顶面任何点的水压力不得超过该点总应力的70%;对于电梯井、集水井、泵房等局部加深情况,宜采取局部降水或帷幕隔水控制措施;施工降水涉及多层含水层时,应根据各含水层的地下水位确定降水深度。施工降水涉及多个含水层,当各含水层水质存在明显差异,上下含水层串通形成水力联系可能造成上部水质差的含水层污染下部含水层时,降水井应分层设置,并采取封井措施隔断各含水层间的水力联系,分层进行降水。对降水影响范围内的危旧建筑、高层建筑、高耸建筑、古建筑、地下管线、重要工程设施等应进行降水沉降分析和计算。

8.3.1 集水明排（图8-1）

当降水涉及多个含水层或降水要求疏干含水层时，会出现含水层底部界面水疏不干的问题，可辅以集水明排等措施进行处理。在基坑开挖过程中，沿基坑底周围或中央开挖排水沟，并在基坑边角处设置集水井。排水沟和集水井随基坑分级开挖而设置，直到基坑开挖至预设标高为止。此时，应对排水沟和集水井进行修整完善，当沟壁不稳定时，应当用砖石或透水沙袋进行支护。

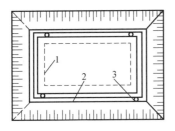 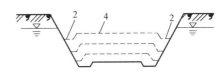

图 8-1 明沟排水示意简图
1—坑内基线；2—排水沟；3—集水井；4—挖土面

(1) 排水沟底宽度不少于 0.2～0.3m，沟底设有 0.2%～0.5% 的纵坡，在开挖阶段，排水沟深度应始终保持比开挖土面低 0.3～0.4m；在基础施工阶段，排水沟宜距拟建基础及基础边坡坡脚不少于 0.4m。

(2) 集水井应设置在基础范围之外的边角处，间距一般为 30～40m，直径一般为 0.6～0.8m，深度应随开挖的加深而加深，保持井底低于挖土面 0.8～0.9m。当基坑开挖至设计标高后，井底应低于基坑底 1～2m。

排水沟和集水井可按下列规定布置：

(1) 排水沟和集水井宜布置在拟建建筑基础边净距 0.4m 以外，排水沟边缘离开边坡坡脚不宜小于 0.3m；在基坑四角或每隔 30～40m 应设一个 0.6m×0.6m～0.8m×0.8m 集水井；

(2) 排水沟一般深 0.3～0.6m，底宽不小于 0.3m，沟底应有一定坡度，底面应比挖土面低 0.3～0.4m，集水井底面应比沟底面低 0.5m 以上。

(3) 排水沟、集水井截面应根据设计排水量确定，设计排水量 Q' 应满足下列要求：

$$Q' \geqslant 1.5Q \tag{8-1}$$

式中 Q——设计流量，m^3/d。

抽水设备应根据设计流量大小及基坑深度确定。

当基坑侧壁出现分层渗水时，可按不同高程设置导水管、导水沟等构成明排系统。当基坑侧壁渗水量较大或不能分层明排时，宜采用导水降水方法。基坑明排尚应考虑地表排水。当地表水对基坑侧壁产生冲刷时，宜在基坑外采取截水、封堵、导流等措施。

基坑明排期间应采取措施，防止分层渗水（或导水管）过程中带走含水层中的细颗粒土。

8.3.2 降水井设置

降水井的布置应符合下列要求：

（1）线性基坑可通过计算和水文地质条件分析确定采用单排或双排降水井，降水井布置在基坑外缘的一侧或两侧，在基坑端部降水井外延长度应不小于基坑宽度的2倍；

（2）面状基坑降水井宜在基坑外缘呈封闭状布置，距边坡线宜为1m～2m，大型基坑也可在基坑内设置降水井；

（3）在基坑运土通道出口两侧应适当增设降水井，其外延长度应不小于通道口宽度的2倍；

（4）采用辐射井降水时，水平井的长度和分布应能有效地控制基坑范围；当工程场地远离补给边界时，降水井宜等间距布置；

（5）当临近补给边界时，在临近地下水补给边界一侧宜适当加密降水井布置；降水井布置应避开地下管线、地下构筑物和架空电缆；

（6）降水井距桥梁、建筑物基础的距离应符合相关产权单位的要求；

（7）基坑内疏干降水井布置应避开桩基、反梁、立柱等建筑结构和基坑支护结构。

降水井的深度应根据设计降水深度、含水层的埋藏分布和降水井的出水能力确定。设计降水深度在基坑范围内不宜小于基坑底面以下0.5～1.0m。位于基底之上的含水层的设计降水深度按疏干考虑。

8.3.3 降水设计

1. 降水设计有关参数的确定

降水设计有关参数应根据水文地质勘察成果取值，当地下水控制等级为三级时，降水设计参数可按照如下规定取值：

（1）含水层厚度

当含水层的顶底板标高相差不大，含水层厚度宜取场地范围内钻孔揭露的含水层厚度的平均值；

当含水层顶底板标高差异较大时，含水层厚度宜取有代表性的钻孔揭露的含水层厚度的平均值。

（2）基坑等效半径

1）对于不规则面状基坑

$$r_0=\sqrt{\frac{A}{\pi}} \quad (8-2)$$

式中　r_0——基坑等小半径；
　　　A——基坑面积，m^2。

2）对于矩形基坑

$$r_0=\eta\frac{(L+B)}{4} \quad (8-3)$$

式中　L——基坑长度，m；
　　　B——基坑宽度，m；
　　　η——概化系数，可按表8-10取值。

矩形基坑的等效半径概化系数表　　　表8-10

B/L	0.1～0.2	0.2～0.3	0.3～0.4	0.4～0.6	0.6～1.0
η	1.00	1.12	1.14	1.16	1.18

(3) 影响半径应用过试验确定,缺少试验时,可按下列公式计算
1) 潜水含水层

$$R=2s\sqrt{kH} \tag{8-4}$$

2) 承压含水层

$$R=10s\sqrt{k} \tag{8-5}$$

式中 R——影响半径,m;
s——设计水位降深,m;
k——渗透系数,m/d;
H——潜水含水层厚度,m。

(4) 渗透系数
1) 渗透系数应采用抽水试验的实测值,当无抽水试验时,可参考表 8-11 取值;
2) 对于非均质层状构造含水层的渗透系数应取加权平均值。

北京地区渗透系数经验值　　　　表 8-11

岩性	渗透系数(m/d)	岩性	渗透系数(m/d)
砂卵石	80～300	细砂	6～8
砾石	45～50	粉砂	2～3
粗砂	20～30	砂质粉土	0.2～1
中砂	20	黏质粉土	0.1
细中砂	12～17	粉质黏土	0.01

注:1. 对于新近沉积的地层,其渗透系数取值宜取大值;
　　2. 对于含有姜石、虫孔的粉质黏土,其渗透系数可参照粉砂含水层的渗透系数;
　　3. 对于杂填土,其渗透系数取值可参照细砂含水层的渗透系数。

2. 基坑涌水量

应根据工程场地地下含水层的埋藏形式、边界条件和井类型采用适当的方法进行基坑降水渗流计算。基坑降水涉及多个含水层时,应根据每个含水层的性质分别采用相应的公式分层进行计算,位于槽底之上的含水层出水量按疏干考虑,即含水层水位降低至含水层底板。地下水控制等级为二、三级的地下水控制工程,基坑涌水量可按大井简化的稳定流进行计算;地下水控制等级为一级的地下水控制工程,还应采用非稳定流和数值法进行计算、分析和模拟。

基坑长宽比小于等于 20 时,可采用圆形基坑大井公式计算基坑涌水量;基坑长宽比大于 20 小于等于 50 时,可采用条形基坑涌水量公式计算基坑涌水量;基坑长宽比大于 50 时,可采用线状基坑涌水量公式计算基坑涌水量。

(1) 均质含水层潜水完整井
1) 基坑远离边界时,涌水量可按下式计算

$$Q=\frac{1.366k(2H-s)s}{\lg[(R+r_0)/r_0]} \tag{8-6}$$

2) 岸边基坑降水时,涌水量可按下式计算

$$Q=\frac{1.366k(2H-s)s}{\lg[2b'/r_0]} \quad b'<0.5R \tag{8-7}$$

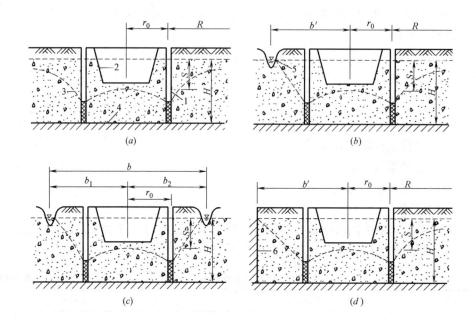

图 8-2 均质含水层潜水完整井基坑涌水量计算简图

(a) 基坑远离边界；(b) 岸边降水；(c) 基坑位于两地表水体之间；(d) 基坑靠近隔水边界

1—降水井；2—基坑；3—降水后水位线；4—含水层底板；5—地表水体；6—隔水边界

3) 基坑位于两个地表水体之间降水时，涌水量可按下式计算

$$Q=\frac{1.366k(2H-s)s}{\lg\left[\dfrac{2(b_1+b_2)}{\pi r_0}\cos\dfrac{\pi(b_1-b_2)}{2(b_1+b_2)}\right]} \tag{8-8}$$

4) 基坑靠近隔水边界时，涌水量可按下式计算

$$Q=\frac{1.366k(2H-s)s}{2\lg(R+r_0)-\lg r_0(2b'+r_0)} \quad b'<0.5R \tag{8-9}$$

式中　Q——基坑涌水量，m^3；

k——渗透系数，m/d；

H——潜水含水层初始厚度，m；

s——基坑水位降深，m；

R——降水影响半径，m；

r_0——基坑等效半径，m。

(2) 均质含水层潜水非完整井

1) 当基坑远离边界时，用水量可按下式计算

$$Q=\frac{1.366k(H^2-h^2)}{\lg[(R+r_0)/r_0]+(h-l)/l\times\lg(1-0.2h_m/r_0)} \tag{8-10}$$

2) 近河基坑降水，很水层厚度不是很大时，涌水量可按下式计算

$$Q=1.366ks\left\{\frac{l+s}{\lg\dfrac{2b}{r_0}}+\frac{l}{\lg\dfrac{0.66l}{r_0}+0.25\dfrac{l}{M}\lg\dfrac{b^2}{M^2-0.14l^2}}\right\} \quad b>\frac{M}{2} \tag{8-11}$$

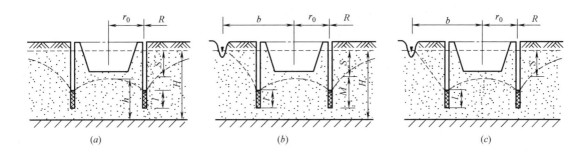

图 8-3 均质含水层潜水非完整井基坑用水量计算简图
(a) 基坑远离边界；(b) 近河基坑含水层厚度不大；(c) 近河基坑含水层厚度很大

3) 近河基坑降水，含水层厚度很大时，涌水量可按下式计算

$$Q = 1.366ks \left[\frac{l+s}{\lg \frac{2b}{r_0}} + \frac{l}{\lg \frac{0.66l}{r_0} - 0.22 arsh \frac{0.44l}{b}} \right] \quad b \geqslant l \tag{8-12}$$

$$Q = 1.366ks \left[\frac{l+s}{\lg \frac{2b}{r_0}} + \frac{l}{\lg \frac{0.66l}{r_0} - 0.11 \frac{l}{b}} \right] \quad b \geqslant l \tag{8-13}$$

式中 $h_m = (H+h)/2$；

l——过滤罐有效工作部分长度，m；

M——由含水层底板到虑水管有效工作部分中点的长度，m。

(3) 均质含水层承压水完整井

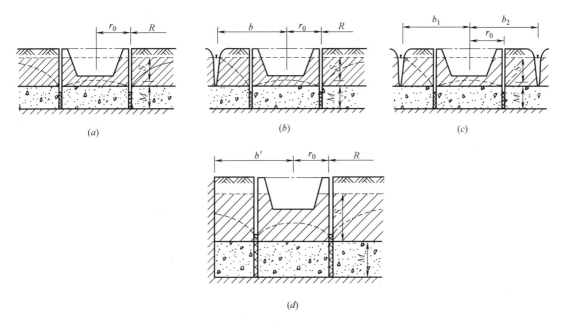

图 8-4 均质含水层承压水完整井基坑用水量计算简图
(a) 基坑远离边界；(b) 基坑位于岸边；(c) 基坑位于两地表水体间；(d) 基坑靠近隔水边界

1) 当基坑远离边界时，涌水量可按下式计算

$$Q=\frac{2.73kMs}{\lg[(R+r_0)/r_0]} \tag{8-14}$$

2) 当基坑位于河岸边时，涌水量可按下式计算

$$Q=\frac{2.73kMs}{\lg[2b/r_0]} \quad b<0.5R \tag{8-15}$$

3) 基坑位于两个地表水体之间时，涌水量可按下式计算

$$Q=\frac{2.73kMs}{\lg\left[\dfrac{2(b_1+b_2)}{\pi r_0}\cos\dfrac{\pi(b_1-b_2)}{2(b_1+b_2)}\right]} \tag{8-16}$$

4) 当基坑靠近隔水边界时，用水量可按下式计算

$$Q=\frac{2.73kMs}{\lg(R+r_0)^2-\lg r_0(2b')} \tag{8-17}$$

式中 M——承压水层厚度，m。

(4) 均质含水层承压水非完整井

均质含水层承压水非完整井的基坑涌水量可按下式计算：

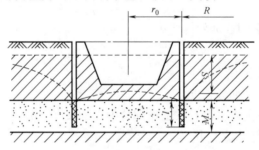

图 8-5 均质含水层承压水非完整井基坑用水量计算简图

$$Q=\frac{2.73kMs}{\lg[(R+r_0)/r_0]+\dfrac{M-l}{l}\lg(l+2M/r_0)} \tag{8-18}$$

(5) 均质含水层承压-潜水完整井

均质含水层承压-潜水完整井基坑涌水量可按下式计算：

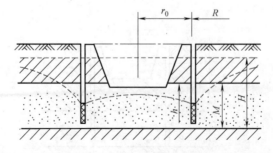

图 8-6 均质含水层承压-潜水完整井基坑用水量计算简图

$$Q=1.366k\frac{2HM-M^2-h^2}{\lg[(R+r_0)/r_0]} \tag{8-19}$$

(6) 条形基坑

对于条形基坑涌水量可按下式计算：
1) 潜水完整井

$$Q=\frac{kL(H^2-h^2)}{R}+\frac{1.366k(2H-s)s}{\lg R-\lg\frac{B}{2}} \tag{8-20}$$

2) 承压水完整井

$$Q=\frac{2kLMs}{R}+\frac{2.73kMs}{\lg R-\lg\frac{B}{2}} \tag{8-21}$$

式中　B——降水宽度，m；
　　　L——降水长度，m。

(7) 线型基坑
线型基坑涌水量可按下式计算：
1) 潜水完整井

$$Q=\frac{kL(H^2-h^2)}{R} \tag{8-22}$$

2) 承压水完整井

$$Q=\frac{2kLMs}{R} \tag{8-23}$$

(8) 承压含水层完整井非稳定流

$$Q=\frac{4\pi Ts}{W(u)} \tag{8-24}$$

其中

$$W(u)=-E_t(-u)=\int_u^\infty \frac{e^{-y}}{y}dy \tag{8-25}$$

$$u=\frac{r^2}{4aT}=\frac{r^2\mu^*}{4Tt} \tag{8-26}$$

式中　s——设计水位降深，m；
　　　Q——抽水井的流量，m³/d；
　　　T——导水系数，m²/d；
　　　t——自抽水开始到计算时刻的时间，d；
　　　r——计算点到抽水井的距离，m；
　　　a——承压含水层的压力传导系数，m²/d；
　　　μ^*——含水层的贮水系数。

(9) 潜水含水层完整井非稳定流
潜水含水层完整井非稳定流可按下式计算：

$$Q=\frac{2\pi k(2H-s)s}{W(u)} \tag{8-27}$$

$$u=\frac{r^2\mu}{4T't} \tag{8-28}$$

式中　h——降水后剩余含水层厚度，m；
　　　H——潜水含水层初始厚度，m；
　　　T——$T'=kH_m$；

$H_m = 0.5(H+h)$。

3. 降水井单井出水量

(1) 真空井点

真空井点的出水量可按 $1.5 \sim 2.5 \text{m}^3/\text{h}$ 选用。

(2) 喷射井点

喷射井点的出水量可按表 8-12 取值。

北京地区渗透系数经验值　　　　表 8-12

外管直径(mm)	喷射管		工作水压力(MPa)	工作水流量(m^3/d)	设计单井出水流量(m^3/d)	使用含水层渗透系数(m/d)
	喷嘴直径(mm)	混合室直径(mm)				
38	7	14	0.6~0.8	112.8~163.2	100.8~138.2	0.1~5.0
68	7	14	0.6~0.8	110.4~148.8	103.2~138.2	0.1~5.0
100	10	20	0.6~0.8	230.4	259.2~388.8	5.0~10.0
162	19	40	0.6~0.8	720	600~720	10.0~20.0

(3) 管井

1) 承压水完整井

$$q = \frac{2\pi k M s_w}{\ln \frac{R^n}{r_1 \cdot r_2 \cdots r_n}} \tag{8-29}$$

2) 潜水完整井

$$q = \frac{\pi k (2H - s_w) s_w}{\ln \frac{R^n}{r_1 \cdot r_2 \cdots r_n}} \tag{8-30}$$

式中　q——单井出水量，m^3/d；
　　　r_i——各降水井半径，m；
　　　M——承压水含水层的厚度，m；
　　　s_w——抽水井的降深值，m，$s_w > s$；
　　　n——降水井数量。

(4) 辐射井出水量

1) 承压水

$$q = \frac{2.73 k M s_w}{\ln \frac{R}{r_0}} \tag{8-31}$$

2) 潜水

$$q = \frac{1.336 k (2H - s_w) s_w}{\ln \frac{R}{r_0}} \tag{8-32}$$

式中　r_0——引用半径，m，$r_0 = 0.25^{1/n} L_r$ 或 $r_0 = \sqrt{A_r/\pi}$；
　　　L_r——水平井长度，m；

n——水平井根数;

A_r——水平井控制面积,m²。

(5) 单个水平井

单个水平井出水量可按下式估算,计算简图如图 8-7 所示:

$$q = \alpha\xi 1.336k \frac{(2H-s_w)s_w}{\ln\frac{R}{0.75L_r}} \qquad (8-33)$$

式中 q——单个水平井出水量,m³/d;

α——水平井干扰系数;

R——影响半径,一般取 $R=L_r+10$;

ξ——折减系数,根据含水层底板起伏情况确定,当水平井位于含水层底部时,含水层底板起伏变化很小,取 0.8~0.9;含水层底板起伏变化较小,取 0.6~0.8;含水层底板起伏变化较大,取 0.4~0.7;含水层底板起伏变化很大,取 0.2~0.4;当水平井位于含水层中部时,取 1.0。

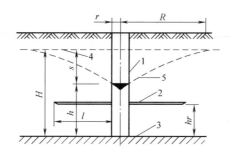

图 8-7 辐射井单个水平井出水量计算简图

4. 降水井数量与间距

(1) 降水井数量

$$n = m\frac{Q}{q} \qquad (8-34)$$

(2) 降水井间距

面状基坑

$$a = \frac{L}{n} \qquad (8-35)$$

线基坑

$$a = \frac{L}{n-1} \qquad (8-36)$$

式中 n——井点个数,个;

a——井点间距;

L——沿基坑周边布置降水井的总长度,m;

m——调增系数,可根据场地水文地质条件、水头降深和周边环境条件按 1.0~1.2 取值。

5. 降水深度预测

当布井形式初步确定后应进行水位降深预测计算,一般采用解析法检验基坑降水不利部位的水位降深值是否满足设计要求,当不能满足设计要求时,应重新调整井数、井间距及布井形式。当降水涉及多个含水层时应分别验算各含水层的水位降深值。当需疏干含水层时，可结合工程经验确定降水井间距和布置形式。

（1）稳定流地下水位预测

1）潜水含水层无限边界群井抽水

$$H^2 - h_j^2 = \frac{1}{\pi k}\sum_{i=1}^{n}Q_i\ln\frac{R_i}{r_i} \tag{8-37}$$

式中　H——潜水含水层厚度，m；

　　　h_j——预测点 j 处水位降低后的含水层厚度，m；

　　　k——含水层渗透系数，m/d；

　　　i——降水井编号，$i=1$，$2……n$；

　　　Q_i——第 i 眼井的抽水量，m^3/d；

　　　r_i——预测点到抽水井 i 的距离，m；

　　　R_i——第 i 眼抽水井的影响半径，m。

2）承压含水层无限边界群井

$$s_j = \sum_{i=1}^{n}\frac{Q_i}{2\pi T} \cdot \ln\frac{R_i}{r_i} \tag{8-38}$$

式中　s_j——预测点 j 处水位降深，m；

　　　T——承压含水层导水系数，m^2/d；

其余符号同上。

（2）非稳定流地下水位预测

1）潜水含水层无限边界群井抽水

$$H^2 - h_j^2 = \frac{1}{2\pi k}\sum_{i=1}^{n}Q_iW(u_i) \tag{8-39}$$

$$u_i = \frac{r_i^2\mu}{4kMt} \tag{8-40}$$

式中　$W(u_i)$——井函数，可通过查表方式获得值；

　　　μ——给水度；

　　　t——自抽水开始计算刻的时间，d。

2）承压含水层无线边界群井抽水

$$s_j = \frac{1}{4\pi T}\sum_{i=1}^{n}Q_iW(u_i) \tag{8-41}$$

$$u_i = \frac{\mu^* r_i^2}{4Tt} \tag{8-42}$$

式中　μ^*——含水层贮水系数；其余符号同上。

（3）直线边界附近群井抽水地下水位预测

1）直线补给边界

① 潜水含水层中群井抽水

$$h_j = \sqrt{H^2 - \frac{1}{\pi k}\sum_{i=1}^{n}\ln\frac{r_{2,i}}{r_{1,i}}} \tag{8-43}$$

式中　$r_{1,i}$——预测点 j 到第 i 个实井的距离，m；

$r_{2,i}$——预测点 j 到第 i 个虚井的距离，m；

其余符号同上。

② 承压含水层中群井抽水情况

$$s_j = \frac{1}{2\pi T}\sum_{i=1}^{n}Q_i \ln \frac{r_{2,i}}{r_{1,i}} \tag{8-44}$$

式中符号同上。

2) 直线隔水边界

① 潜水含水层中群井抽水情况

$$h_j = \sqrt{H^2 - 0.732\frac{1}{k}\sum_{i=1}^{n}Q_i \lg \frac{2.25Tt}{r_{1,i}\cdot r_{2,i}\cdot \mu}} \tag{8-45}$$

式中　T——KH_m，H_m 为潜水含水层平均厚度，其余符号同上。

② 承压含水层中群井抽水情况

$$s_j = 0.366\frac{1}{T}\sum_{i=1}^{n}Q_i \lg \frac{2.25Tt}{r_{1,i}\cdot r_{2,i}\cdot \mu^*} \tag{8-46}$$

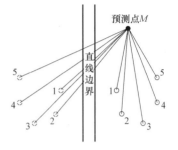

图 8-8　直线边界施工降水地下水位预测模型

式中符号同上。

8.3.4　井点降水施工

1. 轻型井点降水

轻型井点是沿基坑的周围将许多直径较小的井点埋入地下蓄水层内，井点管的上端通过弯联管与总管相连，利用抽水设备将地下水从井点管内抽出，以达到降水的目的。轻型井点设备是由管路系统和抽水设备构成。管路系统包括：井点管（由井管和虑管连接而成）、弯联管及总管等。在地下水丰富地段，一般采用单排环形布置，利用单排井点降水，降水深度不宜超过 5m。

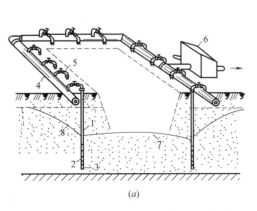
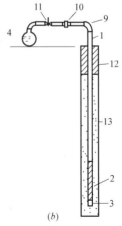

图 8-9　轻型井点示意图

1—井点管；2—过滤器；3—沉淀罐；4—集水总管；5—连接管；6—水泵房；7—静水位；8—动水位；9—弯头；10—由任；11—阀门；12—黏土；13—砾料

首先进行基坑处原地面标高的测量,根据地面标高及基底设计标高确定基坑开挖深度,计算开挖坡率及开挖尺寸,依据开挖尺寸,在距离基坑边缘约1.0m处,布置井点吸水管位置。

(1) 高程布置

井点吸水管的滤水管必须埋设在透水层内,埋设深度可按下式计算:

$$H_A \geqslant H_1 + h + iL \tag{8-47}$$

式中 H_A——井点管埋置面至基坑底面的距离,m;

H_1——总管平台面至基坑地面的距离,m;

h——基坑中心线地面至将降水后的地下水位线之间的距离,一般取0.5～1.0m;

i——水利坡度,根据实测:环形井点为1/10,单排线状井点为1/4;

L——井点管至基坑中心线的水平距离,m。

当计算出的 H_A 值大于降水深度 6m 时,应降低总管安装平台面标高,以满足降水深度要求。此外在确定井管埋深时,还要考虑井管的长度,且井管通常需漏出地表面0.2～0.3m。

(2) 水平布置

当基坑或沟槽宽度小于6m,且降水深度不超过5m时,可采用单排井点,布置在地下水流的而上游一侧,其两端的延伸长度不应小于基坑的宽度,当基坑宽度大于6m或土质不良,则应采用双排井点。当基坑面积较大时,应采用环形井点。当预留有运土坡道时,环形井点可不封闭,但开口应留在地下水下游的方向处。

轻型井点的施工,主要包括施工准备和井点系统的埋设与安装、使用和拆除。其施工顺序为:测量放线→挖井点沟槽→冲孔→下设吸水井点管→灌填粗砂滤料 铺设集水管→连接集水管与井点管→安装抽水设备→试抽→正式抽水→基础施工→撤离井管。

利用7.5kW高压水泵,通过软管与一根特制的 $\phi 40$ 钢管相连,钢管端部设有喷水孔,由两名操作工人手持钢管在集水管位置上下抽动,直至成孔,成孔深度一般比滤管深度0.5m,冲孔时注意冲水管垂直插入水中,并做左右上下摆动,成孔后立即拔出 $\phi 40$ 冲水管,插入井点管,以免坍塌,集水管放入完成后,向孔内灌入少量粗砂,保证流水畅通。

每根井点管埋设完成后应检查其渗水性能,检查方法为,在正常情况下,井点口应有地下水向外冒出;否则从井点管口向管内灌清水,看管内水下渗情况,如果下渗快,说明该管质量优良。

然后铺设 $\phi 100$ 集水钢管,集水管与井点水管之间的连接采用 $L=1.2m$、$\phi 40$ 的橡胶软管连接,两头用铁丝拧紧,外涂抹黄泥,以防漏气,最后连接真空水泵进行试抽。

井点降水在使用时,要求不间断的连续抽水,真空泵旁侧必须配有备用发电机,一旦停电,要立即进行恢复,否则可能造成基坑大面积坍塌,井点降水按照"先大后小,先混后清"原则应立即检查纠正,在降水过程中,要派专人观测水的流量,对井点系统观察维护。

2. 喷射井点

喷射井点系统包括高压水泵、供水总管、井点管、喷射管、测真空管、排水总管及循环水箱,如图8-10所示。

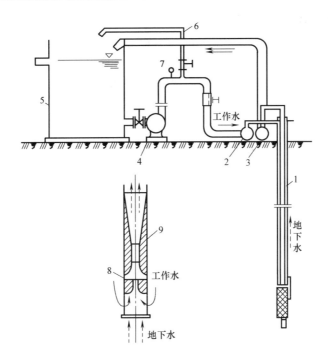

图 8-10 喷射井点示意图
1—井点管；2—供水总管；3—排水总管；4—高压水泵；
5—循环水箱；6—调压水管；7—压力表；8—喷嘴；9—混合式

喷射井点的平面布置与轻型井点基本相同，纵向上因其抽水深度大，只需单级井点降水即可，井点间距一般为 3~5m，井点深度是降水深度而定，一般应低于基坑以下 3~5m。目前国内喷射井的类型及技术性能如表 8-13 所示。在实际工作中，最关键的是要根据场地的水文地质条件和降水要求，选择合适的喷射井点类型。当含水层的渗透系数为 0.1~5.0m/d 时，可选用 1.5 型（并列式）或 2.5 型（同心式）喷射井点；当含水层渗透系数为 8~10m/d 时，选用 4.0 型喷射井点；当含水层渗透系数为 20~50m/d 时，选用 6.0 型喷射井点。

喷射井点施工顺序为：安装水泵设备及泵的进出水口→铺设进水总管和回水总管→沉设井点管（包括成孔及灌填砂滤料等）→接通进水总管后及时进行单根试抽、检验→全部井点管沉设完毕后，接通回水总管→全面试抽，检查整个降水系统的运转情况和降水效果。

喷射井类型及技术指标   表 8-13

型号	安装形式	外管直径（mm）	内管直径（mm）	喷嘴 d(mm)	混合室 D(mm)	工作水压力（kPa）	工作水流量（m³/h）	吸入水流量（m³/h）
1.5 型	并列式	38		7	14	588~784	4.7~6.8	4.22~5.76
2.5 型	同心式	68	38	6.5	14	588~784	4.7~6.1	4.3~5.76
4 型	同心式	100	68	10	20	588~784	9.6	10.8~16.2
6 型	同心式	152	100	19	40	588~784	30	25~30

喷射井点的结构及施工应符合下列要求：

(1) 井点的外管直径宜为73～108mm，内管直径为50～73mm，过滤器直径为89～127mm，井孔直径不宜大于600mm，孔深应比滤管底深1m以上。过滤器的结构与真空井点相同。喷射器混合室直径可取14mm，喷嘴直径可取6.5mm；

(2) 工作水泵可采用多级泵，水压宜大于0.75MPa，工作水箱不应小于10m³；

(3) 滤料宜采用洁净的中粗砂，回填应密实均匀，井点上部滤料顶面至地面之间须采用黏土封填密实，黏土封填厚度应大于1m；

(4) 井点成孔可选用钻孔法和水冲法成孔，对不易塌孔、缩径的地层也可选用长螺旋钻机成孔，成孔深度宜大于井点设计深度0.5～1.0m；

(5) 每组喷射井点的井点数不宜超过30根，总管直径不宜小于150mm，总长不宜超过60m；

(6) 每根喷射井点沉设完毕后，应及时进行单井试抽，排出的浑浊水不得回流循环管路系统，试抽时间持续到水清砂净为止；

(7) 每组喷射井点系统安装完毕，需进行试抽，不应有漏气或翻砂冒水现象；工作水应保持清洁，降水过程中应视其浑浊程度及时更换，降水时真空度应保持在93kPa以上。

3. 管井井点

管井井点就是沿着基坑每隔一定的距离设置一个管井，每个管井单独使用一台水泵不断抽水来降低地下水位。当管井深度大于15m时，也称深井井点。

管井的孔径一般为400～800mm，管径为200～500mm，当井深较浅，地层水量较大时，孔径为800～1200mm，管径为500～800mm，井管一般采用钢管，铸铁管，水泥管、塑料管或竹木管等，滤水管有穿孔管和钢筋骨架管外缠铅丝或包尼龙网或金属网的，也有水泥砾滤水管。

管井井点一般沿基坑周围外缘1～2m布置，如果场地宽敞或采用垂直边坡或有锚杆和土钉护坡等条线时，应尽量离基坑边缘远些，可用3～5m；当基坑边部设置围护结构及隔水帷幕的条件时，可在基坑内布置管井。管井的间距应根据实际场地的水文地质条件、降水范围和降水深度确定，一般为10～15m。

管井降水的整个施工流程包括成孔工艺和成井工艺，具体可以划分为以下过程：准备施工→钻机进场→定为安装→开孔→下护口管→钻进→成孔后冲孔换浆→下井管→稀释泥浆→填砂→止水封孔→洗井→下泵试抽→合理安排排水管路及电缆电路→试抽水→正式抽水→水位与流量记录。

管井结构及施工应符合下列要求：

(1) 管井的滤水管宜下入与含水层对应的位置，滤水管可采用无砂混凝土滤管、U-PVC管、钢筋骨架管、钢管或铸铁管，滤水管孔隙率应大于15%，井管的底部应设置沉淀管，沉淀管长度不宜小于1m；

(2) 滤水管直径应满足单井设计出水量要求，内径应大于水泵外径50mm，管井成孔直径应满足填充滤料的要求，一般不小于500mm；

(3) 滤料宜选用磨圆度好的硬质岩石的圆砾，不宜采用棱角状、片状、风化料或其他黏土岩成分的砾石，滤料厚度宜为75～150mm，砂土类含水层滤料厚度应取大值，砾石、卵石含水层滤料厚度可适当减小。一般情况下，滤料规格可参考表8-14；

(4) 根据地层条件可选用冲击钻、回转钻或潜孔锤钻进成孔，对不易塌孔、缩径的地层宜采用清水水压泵吸反循环钻进，否则应采用泥浆护壁钻进，钻孔深度宜大于降水井设计深度 0.5~1.0m；

(5) 当含水层为卵石、漂石地层或裂隙基岩层，采用潜孔锤钻井工艺成孔时，管井成孔直径可以小于 300mm，可以不填充滤料或少填充滤料，并可简化洗井程序；

(6) 采用泥浆护壁时，应在钻进到孔底后清除孔底沉渣，并注入清水替换孔内泥浆，直至泥浆比重不大于 1.05（黏度为 18~20s）为止；

(7) 吊放井管时应平稳、垂直，并保持井管在井孔中心，严禁猛墩；井管宜高出地面不小于 200mm；

(8) 井管下入后应立即回填滤料，应使用铁锹沿井壁四周均匀连续填入，不得用装载机或手推车直接倒入，应随填随测滤料填入高度，滤料填入量不应小于计算量的 95%；

(9) 洗井应在下管填砾后 8h 内进行，一般可采用空压机洗井，当空压机洗井效果不好时，若井管强度允许，可采用拉活塞与空压机联合洗井；若井管强度不允许，宜结合采用化学洗井；洗井应由上而下分段进行，如沉没比不够，应注入清水；洗井过程中应观察出水情况，直至水清砂净；

(10) 水泵选用应根据单井出水能力和所需扬程确定；

(11) 应及时进行试抽水，检验井深、单井出水量、出水含砂量等情况是否符合设计要求。

喷射井类型及技术指标　　　　　　　　表 8-14

含水层类型	砂土类含水层	碎石土类含水层	
	$\eta_1 < 10$	$d_{20} < 2mm$	$d_{20} \geqslant 2mm$
粒径(D)的尺寸	$D_{50} = (6\sim 8)d_{50}$mm	$D_{50} = (6\sim 8)d_{20}$mm	$D = 10\sim 20$mm
粒料的 η_2 要求	$\eta_2 < 10$		

注：1. 表中 η_1 为含水层的颗粒不均匀系数，η_2 为砾料的不均匀系数，即 $\eta_1 = d_{60}/d_{10}$；$\eta_2 = D_{60}/D_{10}$；
2. d_{10}、d_{20}、d_{50}、d_{60} 和 D_{10}、D_{50}、D_{60} 分别为含水层试样和砾料试样，各在筛分中能同构筛眼的颗粒。

4. 真空管井

真空管井的构造及施工应符合下列要求：

(1) 井点的外管直径宜为 73~108mm，内管直径为 50~73mm，过滤器直径为 89~127mm，井孔直径不宜大于 500mm，孔深应比滤管底深 1m 以上。过滤器的结构与轻型井点相同。喷射器混合室直径可取 14mm，喷嘴直径可取 6.5mm，并应在含水层部位下入滤水管；

(2) 井管上口宜采用法兰密封，法兰密封套件由钢套桶、上法兰盲板、下法兰、密封橡胶圈和固定螺丝等组成，钢套桶与井管的间隙宜用水泥砂浆充填；

(3) 上法兰盲板应设置电缆线孔、水位观测孔、抽水泵管孔、抽真空泵孔和真空表孔，按这些孔洞组装管路时，应用密封胶严格密封；

(4) 地下水位以上的井段应下入井壁管，并用黏土封填；

(5) 一般可选用水环式真空泵抽真空，潜水泵抽水，根据抽气速率的大小，一台水环式真空泵可通过节门控制，同时带1口或多口真空管井，真空度宜控制在30kPa～40kPa之间；

（6）真空管井成井施工与管井施工要求相同；

（7）真空系统运行中，应定期检查真空泵的运行情况，关停真空泵之前应先关闭真空系统的进气阀。

5. 辐射井

辐射井是在基坑所在地设置集水竖井，于竖井中的不同深度和方向上打水平井点，使地下水通过水平井点流入集水竖井中，再用水泵将水抽出，以达到降水的目的。该降水方法在渗透性较好的含水层中，可以满足不同深度，大面积的降水。

辐射井降水的竖井和水平井的设置，应根据场地水文地质条件、降水深度和降水面积综合考虑。

集水竖井一般设置在基坑的交点外2～3m，竖井直径3～5m，深度超过基坑底3～5m。对于长方形基坑，可在对角设置两个集水井；当基坑长度较大时，可在一长边的两个角和另一边中部各设置一个集水井；当基坑长度大于100m时，可按50～80m间距设置一个集水井。对于正方形基坑，其边长大于40m时，可在基坑的四角设置集水井。当降水面积特别大时，除在周边按50～80m间距布设集水井外，还可以在基坑中部设置临时降水井点。

集水井深度根据含水层位置及基坑深度综合确定，当含水层底板位于槽底以下时，集水井应深于最底层水平井至少2.0m；当含水层底板位于槽底附近时，集水井应深于槽底至少2.0m；当含水层底板高于槽底时，集水井应深于含水层底板至少2.0m。集水井井筒，应采用钢筋混凝土结构，壁厚和配筋应通过受力计算确定，采用沉井法和倒挂井壁逆作法施工，壁厚宜为250～350mm；再用钻机成井、漂浮下管法施工，壁厚可为150～200mm，每节井管的接头部位应做防水处理。

水平井点在集水井内施工，其平面位置一般沿基坑四周布设，形成封闭状。当面积较大或降水时间要求紧时，可在基坑中部打入水平井点，形成扇形。在纵向上，必须根据降水深度、含水层厚度和层数、含水层的渗透能力和底板埋置深度等确定。

对于多含水层结构的场地，应在每一含水层中至少设置一层水平井点，当含水层底板起伏变化较大（＞1.0m），且基坑深度位于含水层底板以下时，应设置两层，即分别埋设在其高低底板以上0.1～0.3m。

对于含水层厚度较大，基坑底板位于含水层之中时，水平井点可设置一定坡度，但最里端应低于基坑1～2m。

水平井点孔直径一般为70～150mm，孔内放入直径38～100mm的钢滤水管或波纹塑料滤水管或硬塑料滤水管。孔径、管径和管材应根据地层土质、井点深度、涌水量等确定。

辐射井结构及施工应符合下列要求：

（1）集水井井径应根据水平井施工工艺和施工设备尺寸确定，一般不小于2.6m，集水井底部应作封底处理。

（2）集水井深度根据含水层位置及基坑深度综合确定，应符合下列要求：

1) 含水层底板位于槽底以下时，集水井应深于最底层水平井不小于2.0m；
2) 含水层底板位于槽底附近时，集水井应深于槽底不小于2.0m；
3) 含水层底板高于槽底时，集水井应深于含水层底板不小于2.0m。

(3) 集水井井筒，宜采用钢筋混凝土结构，壁厚和配筋应通过受力计算确定，采用沉井法和倒挂井壁逆作法施工时，壁厚宜为250～350mm；采用钻机成井、漂浮下管法施工时，壁厚可为150～200mm；每节井管的接头部位应作防水处理。

(4) 水平井结构应符合下列要求：
1) 粗砂、卵砾石含水层，水平井宜采用预打孔眼的钢质滤水管，外径90～150mm，长度10～15m，开孔率3%～8%，孔眼直径6～8mm；
2) 粉、细、中砂含水层，水平井宜采用PVC波纹滤水管，外径60～70mm，长度30～50m，开孔率1.4%～3.0%，波谷开孔处缠绕丙纶丝或外包40～80目的尼龙网套。

(5) 集水井间距根据水平井辐射范围确定，一般为50～100m。

(6) 水平井应呈扇形布置，水平井之间的夹角一般为10°～15°。

(7) 水平井应分层布设，多层含水层降水时，含水层底板界面必须布设一层水平井。

(8) 水平井成孔工艺应根据地层特性确定，黏质粉土～砂土含水层宜采用回转钻进成孔，卵砾石含水层宜采用潜孔锤钻进成孔，水平井孔口段与孔壁之间的空隙必须封堵严实。

(9) 应根据辐射井出水量配置2台或2台以上潜水泵调节抽水，避免集水井里的水倒灌入下层水平井；集水井井口应采取可靠的安全防护措施。

8.3.5 井点降水注意事项

(1) 当采用井点或辐射井技术进行降水，井点、辐射井的总出水量大于计算基坑涌水量一倍以上时，可不进行基坑降水水位预测。基坑开挖遇多层含水层时，应分层进行降水设计。当基坑开挖深度不同时，应分区进行地下水位控制。当线状工程分段开挖时，降水工程应根据开挖进度分段抽水。深大基坑除按计算在基坑周边布设降水井外，可在基坑内布设渗井或降水井。当含水层位于基底以上且含水层渗透性差时，可在周边抽水井之间布设渗井。

采用渗井降水工程，除渗井引渗能力满足基坑实际出水量外，尚应确定下部含水层水位上升值满足基坑开挖要求。当下部含水层水位上升高时，可采用抽渗结合的方法，利用渗井时应避免上层水导入下层水造成下层水水质的劣化。在降水漏斗范围内因降水引起的地层沉降量可采用分层总和法计算评价。

(2) 观测井成孔直径宜选择130～600mm，可置入无砂混凝土滤水管、铁滤水管、U-PVC管等，并在井周填入适当洗净的砂、砾或砂砾混合料或砾料。

(3) 管井和辐射井抽水设备应选用深井泵或深井潜水泵，水泵的出水量应根据地下水位降深和排水量大小选用，并应大于设计值的20%～30%。水泵应置于设计深度处，水泵吸水口应始终保持在动水位以下。

管井、辐射井等竣工后应进行单井试抽检查降水效果。降水初期和降水过程中，抽排水的含砂量应符合下列规定：
1) 管井抽水半小时内含砂量小于1/10000；

2) 管井正常运行时含砂量小于 1/50000；

3) 辐射井抽水半小时内含砂量小于 1/20000；

4) 辐射井正常运行时含砂量小于 1/200000。

（4）降水运行控制应符合以下规定：

1) 降水期间应对井水位和抽排水量同时进行监测，当监测出现异常，应及时反馈，并查明原因；

2) 降水管井井口应采取防护措施，降水井影响路面交通时，应砌制检查井室，盖承重井盖，并与路面平齐；降水井不妨碍路面交通时，井口宜砌筑高出地面不小于 0.2m 的井台，并加设盖板防止物体坠入井内；

3) 冬季负温环境下，应对地面抽排水系统采取防冻措施；

4) 抽水设备应进行定期保养，降水期间不得随意停抽；

5) 施工现场应配置双路电源或按一定降水用电额度配备发电机组，并保证两路电源能及时切换；

6) 抽水系统的使用期应满足主体结构的施工要求，当主体结构有抗浮要求时，停止降水的时间应满足主体结构施工期的抗浮要求；

7) 应遵守"按需减压"的原则，制定减压降水运行方案，避免过度减压或减压不足；当基坑开挖工况发生变化时，应及时调整降水运行方案。

8) 应根据土方开挖和地下结构施工的进度情况对抽排水量和地下水位进行动态控制，以求在最大限度内减少降排水量。

（5）降水抽出的地下水应有序排放，排水系统应能满足周边降雨汇水和地下水的排放要求，一般可采用明、暗沟排水和管道排水方式。排水系统的排水沟、集水井和排水管应有可靠的防渗措施，防止排水回渗，排水沟截面和排水管直径应根据基坑涌水量和工程场地降雨汇水量确定，排水管、沟的坡度不宜小于 0.5%。排水管可采用混凝土管、PVC 管或钢管，排水管道可暗埋地下或在地面架设，地面架设时，每隔 5~8m 设砖砌托台，托台高度应根据排水坡度确定。降水工程排水系统需与市政排水管网连接时，在接入之前应设置沉淀池，沉淀池容积不宜小于 $4m^3$，与市政排水管网连接的做法应符合产权单位要求。降水过程中应随时对排水系统进行检查和维护，保持排水畅通。

8.4 截 水

隔水帷幕设计前应根据场区及邻近场地的地层结构、水文地质特征分析地下水渗流规律，选择适当的隔水帷幕形式。隔水帷幕形式可按以下方法进行分类：

（1）按布置方式分类有悬挂式竖向隔水帷幕、落底式竖向隔水帷幕、水平向隔水帷幕。其中落地式隔水帷幕一直深入到含水层底并进入到不透水层，把地下水全部隔住；悬挂式隔水帷幕只达到基坑开挖面以下某深度处，主要用于隔断水量不大的上层滞水，不适于承压水地层。

（2）按施工方法分类有地下连续墙、搅拌桩、旋喷桩、长螺旋旋喷搅拌桩、水泥土咬合桩、注浆等隔水帷幕。

若基底下存在连续分布的隔水层且埋深较浅时,宜采用落底式隔水帷幕。当基底以下的含水层厚度大时,可采用悬挂式隔水帷幕与降水相结合的形式。隔水帷幕应沿基坑周边形成连续的闭合体。同一基坑内有几个不同开挖深度或有几种支护结构时,应保持基坑底部的隔水帷幕轮廓线的连续性。隔水帷幕结构的最小入土深度应大于由基坑渗流计算得到的入土深度,并应满足基坑稳定性、支护结构的经济性和周边环境安全性要求。当基坑底部存在承压水时,应进行承压水作用下的坑底抗突涌稳定性验算。当不满足抗突涌稳定性要求时,可在承压含水层内设置减压井等措施,并按需减压。

基坑开挖前应进行坑内抽水试验,并通过坑内外地下水位和出水量变化,确认帷幕的隔水效果。隔水帷幕工程应在设计阶段提出总体的监测方案,并宜在施工现场进行工艺性试验。在施工过程中应及时进行检测和分析,采取有效的应对措施。

隔水帷幕施工应根据帷幕设计、设备条件等分析可能发生的帷幕结构缺陷,编制针对性和可操作性强的修复预案,并在土方开挖过程中严格执行。

用于地铁、热力、电力等隧道工程的水平隔水帷幕可采用注浆隔水的施工方法。帷幕或注浆严禁使用有毒性的化学浆液材料或在地层中分降解后可能产生有毒物质的浆液材料。

8.4.1 隔水帷幕设计

隔水帷幕设计的主要内容应包括帷幕结构形式、深度、厚度、帷幕线位置和长度等。隔水帷幕结构形式与布置应根据工程地质条件、水文地质条件、周边环境条件和基坑开挖深度、施工工艺等综合确定,并按表8-15选择。同一工程可采用多种形式帷幕,并应与基坑支护结构形式相协调。

隔水帷幕深度应采用渗流分析方法确定,并渗流分析应遵循以下原则:

(1) 应根据工程所在地工程地质和水文地质条件、工程的重要性和周边环境条件等,选择合适的渗流计算方法。

(2) 在地基中有多层地下水时,应分别采用各层的水头,核算地下水的渗流稳定。

(3) 应采用渗流水压力计算隔水帷幕的深度。

(4) 周边有重要建(构)筑物或地质条件复杂的隔水帷幕设计时,宜采用空间有限元法或有限差分法进行渗流和沉降等计算。

(5) 地下连续墙、地下防渗墙、SMW或TRD防渗墙,应进行渗流稳定性分析和计算。

(6) 对于高压喷射灌浆或水泥灌浆防渗帷幕等,应进行渗流稳定性分析、计算和帷幕体本身的渗透坡降核算。

(7) 深层水泥搅拌桩防渗墙应慎重选取渗透系数,并应在进行渗流稳定性分析、计算和帷幕体本身的渗透坡降核算的基础上,分析对基坑总体渗流稳定的影响。

(8) 对支护桩之间或之后的防渗体(水泥土、高喷桩等),应考虑桩和防渗体两种材料的渗透特性和变形特性的差异以及连续性的不利影响。当基坑深度>20m、地下水头较高时,应进行技术经济比较论证,确认此种防渗隔水方案的可行性。

隔水帷幕类型及适用条件　　　　　　　　表 8-15

帷幕结构类型		适用条件		
		施工及场地条件	土层条件	开挖深度(m)
地下连续墙		1. 基坑侧壁安全等级一、二、三级； 2. 基坑周围施工宽度狭小，邻近基坑边有建筑物或地下管线需要保护	除岩溶外的各种地层条件	不限
桩间桩后帷幕	旋喷桩帷幕	1. 基坑侧壁安全等级一、二、三级； 2. 基坑较深，临近有建筑物不允许放坡，不允许附近地基有较大下沉和位移等条件	黏性土、粉土、砂土、砾石等各种地层条件	不限
	搅拌桩帷幕	1. 基坑侧壁安全等级一、二、三级； 2. 基坑较深，临近有建筑物不允许放坡，不允许附近地基有较大下沉和位移等条件	黏性土、粉土等地层条件，搅拌桩不适用砂、卵石地层	不限
	长螺旋旋喷搅拌水泥土桩	适用于在已施工护坡桩间做隔水帷幕，能够克服砂卵石等硬地层条件	适用于各种土层条件	不限
重力式挡墙		1. 基坑侧壁安全等级宜为二、三级； 2. 水泥土墙施工范围内地基土承载力不宜大于 150kPa； 3. 基坑周围具备水泥土墙的施工宽度； 4. 对周围变形要求较严格时慎用	淤泥、淤泥质土、黏性土、粉土	不宜超过 7m
土钉墙+搅拌桩帷幕		1. 基坑侧壁安全等级宜为二、三级的非软土场地； 2. 基坑周围有放坡条件，临近基坑无对位移控制严格的建筑物和管线等	填土、黏性土、粉土、砂土、卵砾石等土层	不宜大于 12m
钻孔咬合桩		1. 基坑侧壁安全等级宜为二、三级； 2. 基坑较深，临近有建筑物不允许放坡，不允许附近地基有较大下沉和位移等条件	各种土层，尤其适用于淤泥、流沙、地下水富集等不良条件的沿海地区软土地层	不限
SMW 墙		1. 基坑侧壁安全等级宜为二、三级； 2. 采用较大尺寸型钢和多排支点时深度可加大	黏性土和粉土为主的软土地区	6~10m

续表

帷幕结构类型	施工及场地条件	土层条件	开挖深度(m)
冷冻墙	大体积深基础开挖施工、含水量高地层，25～50m的大型和特大型基坑更有造价与工期优势	黏性土、粉土、砂、卵石等各种地层，砾石层中效果不好	不限
袖阀管注浆帷幕	在支护结构外形成隔水帷幕，与桩锚、土钉墙等支护结构组合使用	各种地层条件	不限

一般而言，隔水帷幕要求插入到坑底以下渗透性相对较低的土层中。目前，国内常规单轴和双轴搅拌机施工的水泥土搅拌桩隔水帷幕的深度大致可达15～18m，三轴搅拌机施工隔水帷幕深度可达35m左右，而诸如TRD工法等则可达到60m左右。对深度较大的基坑，当坑底下存在承压含水层且坑底抗突涌稳定不满足要求，且由于施工设备能力的限制使得隔水帷幕深度无法达到截断承压含水层时，可对承压含水层采取降低水头的措施。但必须注意对承压含水层水头降低对环境的影响进行评估，综合决策。

(1) 落底式隔水帷幕（图8-11）进入下卧隔水层的深度应满足式（8-48）要求。当帷幕进入下卧隔水层较深，隔水层之下承压水头较高时，应根据验算帷幕底以下薄层隔水层 t_r 的渗透稳定。

$$l > 0.2\Delta h - 0.5b \qquad (8-48)$$

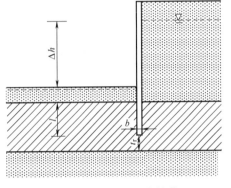

图8-11 落底式隔水帷幕

式中 l——帷幕进入隔水层的深度，m；
Δh——基坑内外的水头差值，m；
b——帷幕的厚度，m。

(2) 当坑底之下存在承压水含水层，且承压水头高于坑底时（图8-12），应评价承压水作用下坑底突涌的可能性。基坑开挖后承压水上覆地层厚度应满足下式（8-49）式要求。当不能满足式（8-49）要求时，应采取封底隔渗或降压井抽水措施保证坑底土层稳定。

$$h_p \geqslant K_s \frac{\gamma_w}{\gamma} H \qquad (8-49)$$

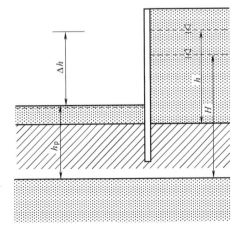

式中 h_p——坑底至承压含水层顶板的距离，m；
H——承压水头，m；
γ_w——水的重度，kN/m³；
γ——坑底至承压含水层顶板之间各层

图8-12 抗突涌稳定验算简图

土的加权平均天然重度，kN/m^3；

K_s——安全系数，相应于一、二、三级地下水控制等级的安全系数分别为 1.2、1.1、1.0。

(3) 当坑底之下存在承压水含水层，且承压水头高于坑底时，应根据式（8-50）验算坑底以下隔水层的渗透稳定性（图 8-13）：

$$\frac{\Delta h_a}{t_a} \leqslant i' \tag{8-50}$$

式中 t_a——隔水层厚度，m；

Δh_a——隔水层上下的水头差值，m，$\Delta h_a = H - h_a$；

h_a——坑底以下含水层厚度，m；

i'——允许渗流坡降，黏性土的允许渗透坡降可取为 3～6；当黏性土层上部有含水层时可取为 5～8 或更大些。

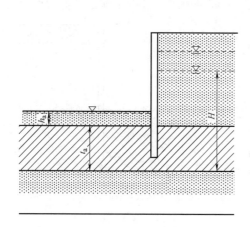

图 8-13 基坑以下内部土层稳定性验算

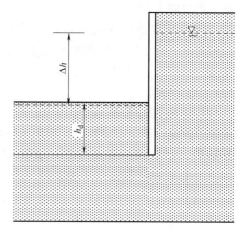

图 8-14 悬挂式帷幕

(4) 当基底以下的含水层厚度大，需要采用悬挂式帷幕（图 8-14）时，应根据式（8-51）核算帷幕体的入土深度 h_d：

$$h_d \geqslant \eta \Delta h \tag{8-51}$$

式中 η——悬挂式帷幕入土深度系数，应根据含水层岩性取值。对于中砂、粗砂、砾砂和级配良好的砂砾石，可取 0.75～1.2；对于级配不良的砾石含水层和粉细砂含水层，可取 2～4.5。

周边有重要建（构）筑物或地质条件复杂的隔水帷幕设计时，宜采用空间有限元法或有限差分法进行渗流和沉降等计算。对桩间搭接的帷幕的搭接宽度，应按照所选的桩深度画出交圈图后确定。隔水帷幕设计应根据选定的帷幕形式考虑正常情况下施工定位偏差和垂直度偏差，并应制定最不利偏差情况下帷幕结构的修复措施。

8.4.2 隔水帷幕施工

隔水帷幕一般采用地下连续墙或桩间桩后帷幕的形式，若是地下连续墙，其施工工艺参考第 6 章。若是桩间桩后帷幕的形式，则一般采用搅拌桩、旋喷桩或长螺旋旋喷搅拌桩，其 28d 试块抗压强度不小于 0.8MPa，止水帷幕渗透系数不宜大于 1.0×10^{-6} cm/s。

桩间桩后帷幕宜根据地层条件选择不同的施工工艺：

（1）水泥土搅拌桩适用于填土、黏性土及粉土等不太坚硬的地层；

（2）旋喷桩适用于填土、黏性土、粉土、砂土和砂卵石层等地层条件。旋喷桩分为旋喷、定喷和摆喷三种类别。

（3）长螺旋旋喷搅拌桩应用于填土、黏性土、粉土、砂土和卵石层等地层条件。

采用水泥土搅拌桩帷幕时，搅拌桩直径宜取 450～800mm；采用高压旋喷、摆喷注浆帷幕时，注浆固结体的有效半径宜通过试验确定；缺少试验时，可根据土的类别及其密实程度、高压喷射注浆工艺，按工程经验采用。摆喷注浆的喷射方向与摆喷点连线的夹角宜取 10°～25°，摆动角度宜取 20°～30°。帷幕桩的搭接宽度可参考表 8-16 取值，帷幕桩水泥浆液的水灰比及水泥掺量参考表 8-17 取值。

帷幕桩搭接宽度 表 8-16

深度 帷幕形式	帷幕桩深度			
	≤10m	10～15m	15～20m	>20m
搅拌桩	150mm	200mm	250mm	
旋喷桩	150mm	250mm	300mm	350mm
长螺旋旋喷搅拌桩	150mm	200mm	250mm	300mm

注：对下水位较高、渗透性较强的地层，宜采用双排搅拌桩隔水帷幕，其搭接宽度可减小 50mm。

帷幕桩水灰比及水泥掺量 表 8-17

桩型	水灰比	水泥掺量
搅拌桩	0.6～0.8	15%～20%
旋喷桩	0.9～1.1	25%～40%
长螺旋旋喷搅拌桩	1.0～1.3	15%～30%

注：水泥掺量为水泥与土天然质量之比。

具体施工工艺介绍如下：

1. 水泥土搅拌桩帷幕

水泥土搅拌法施工现场事先应予平整，必须清除地上和地下的障碍物。遇有池塘及洼地时应抽水清淤，回填黏性土并压实。搅拌头翼片的枚数、宽度、与搅拌轴的垂直夹角、搅拌头的回转数、提升速度应相互匹配，以确保加固深度范围内土体的任何一点均能经过 20 次以上的搅拌。搅拌法的施工步序由于湿法和干法的设备不同而略有差异。其主要步序为：搅拌机械就位、调平→预搅拌下沉至设计加固深度→边喷浆、边搅拌提升直至预定的停浆面→重复搅拌下沉至设计加固深度→根据设计要求，喷浆或仅搅拌提升至预定的停浆面→管壁搅拌机械。

（1）湿法

施工前应确定灰浆泵输浆量、灰浆经输浆管达到搅拌机喷浆口的时间和起吊设备提升速度等施工参数，并根据设计要求通过工艺性成桩实验确定施工工艺。

施工时，所使用的水泥都应过筛，制备好浆液不得离席，泵送必须连续；拌制水泥浆液的灌数、水泥和外加剂用量以及泵送浆液的时间等应有专人记录；喷浆量及搅拌深度必须采用国家计量部门认证的监测仪器进行自动记录。

当水泥浆达到出浆口后，应喷浆搅拌 30s，在水泥浆与桩端土充分搅拌后，再开始提升搅拌头。

搅拌机预搅下沉时不宜冲水,当遇到硬土层下沉太慢时,方可适量冲水,但应考虑冲水对桩身强度的影响。

施工时,如因故停浆,应将搅拌头下沉至指定停浆点以下 0.5m 处,待恢复供浆时,再喷浆搅拌提升。若停机超过 3h,宜先拆除输浆管路,并妥善加以清洗。

壁桩加固时,相邻桩的施工时间间隔不宜超过 2h。如间隔时间太长,与相邻桩无法搭接时,应采取局部补桩或注浆等补强措施。

(2) 干法

粉喷施工前应仔细检查搅拌机械、供粉管路、接头和阀门的密封性和可靠性。送气管路的长度不宜大于 60m。

水泥土搅拌法喷粉施工机械必须配置经国家计量部门确认的具有能瞬时监测并记录出粉量的计量装置及搅拌深度自动记录仪。

搅拌头每旋转一次,其提升高度不得超过 16mm。搅拌头的直径应定期复核检查,其磨损量不得大于 10mm。当搅拌头达到设计桩底以上 1.5m 时,应立即开启喷粉机提前进行喷粉作业。当搅拌头提升至地面以下 500mm 时,喷粉机应当停止喷粉。

成桩过程中若因故停止喷粉,则应将搅拌头下沉至停灰面以下 1m 处,待回复喷粉时再喷粉搅拌提升。在地基土天然含水量小于 30% 的土层中喷粉成桩时,应采用地面注水搅拌工艺。

正式施工前应在现场进行 2 根桩的工艺性试验,钻进至设计深度后第一次喷浆搅拌时间不少于 30s,在水泥浆与桩端土搅拌后,再开始提升搅拌头。搅拌机头下沉与提升速度宜控制在一定范围内,并保持匀速下沉或提升。浆液泵送量应与搅拌机头的下沉或提升速度相匹配,保证搅拌桩中水泥掺量的均匀性。下沉或提升速度在 0.5~1.0m/min 时,喷浆量可控制在 20~40L/min,停浆面控制在设计桩顶标高以上 0.5m。

2. 旋喷桩帷幕

其主要施工工序如下:

旋喷桩机具就位→水泥浆搅拌、过滤→贯入喷射管→喷射注浆→拔管冲洗。

根据土层条件、设计要求通过试验或根据工程经验确定旋喷桩施工参数,单管法、双管法的高压水泥浆压力和三管法高压水的压力应大于 20MPa。旋喷桩主要材料为水泥,宜采用强度等级为 PO42.5 及其以上的普通硅酸盐水泥,外加剂和掺合料用量应通过试验确定,旋喷桩施工时应注意如下事项:

(1) 钻机或旋喷机就位时,基座要平稳,立轴或转盘要与孔位对正,倾角与设计误差一般不得大于 0.5°,钻孔的位置与设计位置的偏差不得大于 50mm。

(2) 喷射注浆前要检查高压设备和管路系统;设备压力和排量必须满足设计要求;管路系统的密封圈必须良好,各通道和喷嘴内不得有杂物;喷射孔与高压注浆泵的距离不宜大于 50m。

(3) 水泥浆液的水灰比应按工程要求确定,可取 0.8~1.5,常用 1.0 喷射注浆作业后,由于浆液析水作用,一般均有不同程度的收缩,使固结体顶部出现凹穴,所以应及时用水灰比为 0.6 的水泥浆进行补灌,并要预防其他钻孔排除的泥土或杂物进入。

(4) 为了加大固结体尺寸,或在深层硬土中为了避免固结体尺寸减小,可以采用提高喷射压力、泵量或降低回转与替身速度等措施,也可以采用复喷工艺:第一次喷射时,不注水泥浆液;初喷完毕后,将注浆管变送水变下降至初喷开始的孔深,在抽送水泥浆,自下而上进行第二次喷射。

(5) 在喷射注浆过程中,应观察冒浆情况,以便及时了解土层情况、喷射注浆的大致效果和喷射参数是否合理。

(6) 对冒浆应妥善处理,及时清除沉淀的泥渣。在砂层中用单管或双管注浆旋喷时,可以利用冒浆进行补灌已施工过的桩孔。但在黏土层、淤泥层旋喷或用三重管注浆喷射时,因冒浆中掺入黏土或清水,不宜利用冒浆回灌。

(7) 在软土层旋喷时,固结体强度低。可以在旋喷后注入 M15 砂浆来提高固结体的强度。

(8) 在砂层尤其是在干砂层旋喷时,喷头的外径不宜大于注浆管,否则容易夹钻。

(9) 当喷射过程中出现下列异常情况时,需查明原因并采取相应的措施:

1) 流量不变而压力突然下降时,应检查各部位的泄漏情况,必要时应拔出注浆管检查密封性。

2) 出现不冒浆或断续冒浆时,若是土质松软则视为正常现象,可适当进行复喷;若是附近有空洞和通道,则应不提升注浆管继续注浆直到冒浆为止或拔出注浆管待浆液凝固后重新注浆。

3) 压力稍有下降时,可能是注浆管被击穿或有孔洞,使喷射能力降低。此时应拔出注浆管进行检查。

4) 压力陡增超过最高限值、流量为零、停机后压力仍不变动时,则可能是喷嘴堵塞,此时应拔管疏通喷嘴。

3. 长螺旋旋喷搅拌桩帷幕

其主要施工工序如下:

长螺旋钻机就位→长螺旋钻机引孔→反转上提或选土回填至设计标高→水泥浆搅拌过滤→长螺旋旋喷搅拌钻机就位→泵送水泥浆→水泥浆喷搅下钻→旋喷或定喷上行→进行重复旋喷或定喷搅拌→清理钻具。

长螺旋搅拌旋喷钻具下沉同时开动注浆泵,泵送高压水泥浆,边旋喷边搅拌,钻进至设计标高,按设计提升速度(用变频器控制)提升钻具,同时旋喷搅拌,至设计标高时停止泵送水泥浆和搅拌。必要时重复旋喷搅拌或定喷,提升钻具至下一个桩位。注浆泵泵送压力不小于 20MPa,不大于 40MPa。在钻进过程中,如遇到卡钻,钻机摇晃,偏斜,或发现有节奏的声响时,应立即停钻,查找原因,采取相应措施后,方可继续作业。施工过程中,如遇孔口返浆,应采取措施,保证作业面干净,便于准确定位。长螺旋旋喷搅拌桩的工艺要求如下:

(1) 钻机就位后,应对准桩位标志下钻,对中误差应<5cm,调整好桩机,桩机的主动钻杆要保证垂直,垂直度允许偏差≤0.5%,防止桩斜。

(2) 对施钻和喷浆严格要求。在施钻前,项目技术负责对钻进速度、重复搅拌次数、钻进速度、喷浆速度、喷浆次数及停浆面向作业人员详细交待;特别对水泥用量、水泥浆液水灰比进行检查。

(3) 停浆面控制:停浆面控制在与自然地面齐平,误差<10cm。

(4) 制浆：根据每米有效桩长耗用水泥多少，一次性配制一根桩所用的水泥浆。水泥浆液的水灰比为 1.0。水泥浆进入储浆池前一定过筛。凡已配好的水泥浆大于 2h 仍未使用的，应全部废弃，不可用来制桩。

(5) 制桩：成桩速度不能太快，提升速度≤0.5m/min，每次上升或下沉，要求成桩速度必须均匀。

(6) 浆液冲洗：当喷浆结束后，立即清洗高压泵、输泵管路、注浆管及碰头。

4. 帷幕桩施工的允许偏差

隔水帷幕设计应根据选定的帷幕形式考虑正常情况下施工定位偏差和垂直度偏差，并应制定最不利偏差情况下对帷幕结构的修复措施。帷幕桩施工的允许偏差如表 8-18 所示。

帷幕桩允许偏差 表 8-18

序号	内容	允许偏差或允许值	检查方法
1	桩径	不小于设计桩径	钢尺量
2	桩长	+200mm	测钻杆
3	桩顶标高	+300mm，−200mm	水准仪测量
4	垂直度	1‰≤	经纬仪测量
5	桩位允许偏差	护坡桩间 20mm，单桩成排 40mm	钢尺量
6	桩间搭接	≥100mm	钢尺量

5. 注浆施工

注浆隔水施工应遵循以下施工要点：

(1) 对所有的注浆孔按照序列编号，钻孔注浆顺序应采取分序跳双孔或多孔注浆施工。

(2) 在注浆施工中，若存在着较大的水流时，宜先对下游进行注浆截水，形成挡墙，后对流水上游范围注浆，以防止浆液的不断流失。

(3) 先对外圈孔进行注浆，然后逐步注内圈孔。

(4) 注浆隔水时应采取定量－定压相结合注浆，在跳孔分序注浆施工中，对先序孔宜采取定量注浆，对后序孔采取定压注浆。

(5) 浆液配比应符合设计要求，配浆时误差为：水泥、水玻璃、水不大于±5%，外加剂不大于±1%。

(6) 双液注浆时，必须使用带单向阀的浆液混合器，严禁用三通或者其他东西替代。

(7) 双液注浆过程中压力突然升高，应及时查找原因，进行处理，确因浆液凝胶时间过短，则应停水玻璃泵，只注水泥浆，待泵压恢复正常后再进行双液注浆。

(8) 双液浆注浆结束后或注浆确实需要停较长的时间时，则先停水玻璃泵，后停水泥浆泵，并用清水清洗管路，以防堵管。

(9) 严格按照前进式（后退式）注浆设计的段长进行分段注浆，不得任意延长分段长度，必要时可进行重复注浆，以确保注浆质量。

注浆结束后，必须对注浆效果进行检查，确认已达到注浆结束标准，方可结束注浆。止水注浆工程可采用表 8-19 中 11 种方法中的 2～3 种有针对性的组合使用，评定注浆止水效果。

注浆效果检查评定标准表　　　　表 8-19

评定方法		评定标准
分析法	P-Q-t 曲线法	注浆施工中 P-t 曲线呈上升趋势，Q-t 曲线呈下降趋势，注浆结束时，注浆压力达到设计终压，注浆速度达到设计结束速度（常取 5~10L/min）。
	涌水量对比法	①随着注浆进行，钻孔涌水量不断减少。 ②注浆堵水率应达到 80% 以上
	浆液填充率反算法	当地层中含水量不大时，浆液填充率应达到 70% 以上；当地层富含水时，浆液填充率应达到 80% 以上
检查孔法	检查孔取芯法	检查孔能取出带有浆液的芯样，岩芯强度应达到 0.2 MPa 以上
	检查孔观察法	经过注浆后，检查孔应成孔完整，不得有涌砂、涌泥现象，流水量<0.2L/(m·min)。检查孔放置 1h 后，也不得发生上述现象，否则，应进行补孔注浆或重新设计
	检查孔渗透系数测试法	注浆后地层的渗透系数降低一个数量级，注浆止水时地层的渗透系数且应<10^{-4}cm/s
过程类	加固效果观察法	开挖面浆液充饱满，能自稳，掌子面无水
	注浆机理分析法	开挖观察注浆加固机理达到预期的设计目的，如劈裂、渗透等
	监测数据判定法	在注浆结束后工程开挖过程中，帷幕注浆圈外水位应保持不变。注浆过程中，被保护体单位时间的变形速度和全部时间的变形总量始终满足设计沉降允许要求
物探类	雷达法	根据雷达探测成果的前后对比，判定注浆效果
	电法	根据电法探测成果的前后对比，判定注浆效果

8.4.3 隔水帷幕检测验收

（1）地下连续墙帷幕质量检测和控制应符合以下要求：

1）应进行槽壁垂直度检测，检测数量为总槽段数的 100%。

2）应进行槽底沉渣厚度检测，当地下连续墙作为主体地下结构构件时，应对每个槽段进行槽底沉渣厚度检测，沉渣厚度应不超过 100mm。

3）应采用声波透射法对墙体混凝土质量进行检测，检测墙段数量不宜少于同条件下总墙段数的 20%，且不得少于 3 幅墙段，每个检测墙段的预埋超声波管数不应少于 4 个，且宜布置在墙身截面的四边中点处。

4）当根据声波透射法判定的墙身质量不合格时，应采用钻芯法进行验证。

5）基坑开挖前应进行帷幕效果检验：分别在连续墙接头内外紧邻位置设置疏干井和水位观测井，数量不宜少于总接头数量的 10%，通过坑内疏干井抽水和观测坑内外地下水位和出水量变化，验证帷幕的隔水效果。当判断接头漏水时，应采取修复措施。

6）当出现接头漏水或墙内夹泥夹砂等情况时，应立即停止开挖，并依据连续墙帷幕施工方案中的修复预案修复，修复完毕后方可继续开挖。

7）地下连续墙作为主体地下结构构件时，其质量检测尚应符合现行国家标准《建筑地基基础工程施工质量验收规范》GB 50202—2012 的要求。

（2）桩式帷幕质量控制与验收应符合下列要求：

1）帷幕桩质量控制：严格按场地适应性试验确定的参数控制每根桩的提升速度、泵压、泵量、水灰比等，检查钻杆垂直度、桩位，并如实记录。

2) 护坡施工质量控制：护坡桩施工应采用避免塌孔的施工工艺，桩位偏差不大于50mm，垂直度偏差不大于1‰。

3) 基坑开挖前宜进行帷幕桩质量检验：对于帷幕桩桩顶标高不低于护坡桩桩顶连梁底标高的，宜开挖实测帷幕桩桩径、搭接宽度、桩身强度、水泥土渗透系数，数量不少于3组。

4) 基坑开挖前应进行帷幕效果检验：分别在帷幕墙内外紧邻位置设置疏干井和水位观测井，沿帷幕墙每20m设置一组，且不宜少于3组，通过坑内疏干井抽水和观察坑内外地下水位和出水量变化，验证帷幕的隔水效果。如判断帷幕漏水，则应采取修复措施。

5) 基坑开挖过程中采取修补措施：开挖过程中，当出现搭接不足，或桩身强度不足等缺陷造成漏水时，应立即停止开挖，待按施工方案中的修复预案施工完毕后方可继续开挖。

8.5 地下水回灌

地下水回灌分为防沉降地下水回灌和资源性地下水回灌。两种地下水回灌水源均采用施工降水的抽排水。抽排水综合利用应在工程场地内最大可能利用施工降水所抽排的地下水，减少利用自来水等其他水源。地下水控制工程设计和工程施工组织方案都必须要考虑抽排水的综合利用，尽量减少地下水资源浪费。抽排水综合利用的前提是保障基坑降水效果及基坑和周边环境安全，地下水环境不恶化，水文地质条件、工程地质条件基本不变，地下工程施工不受影响。抽排水综合利用的水质标准要满足使用对象所要求的水质标准。

8.5.1 防沉降地下水回灌

当通过工程环境预测，施工降水将对周边建（构）筑物或地下管线等产生沉降危害影响时，可采取地下水回灌的措施防止地表沉降。而回灌地下水的场地应选择在基坑降水设置和需控制沉降的周边建构筑物或地下管线之间，且回灌井的控制范围应大于周边建构筑

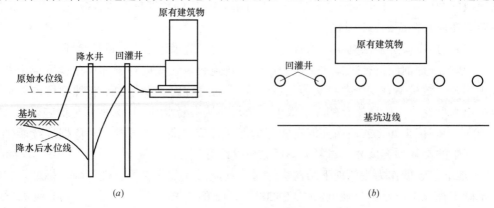

图 8-15 地下水回灌
(a) 地下水回灌示意图；(b) 回灌井布置示意图

物或地下管线等与基坑相邻侧的边上,如图 8-9。防沉降回灌井应以控制沉降地区地下水位保持不变为目的,采用同层回灌并控制回灌井水头高度,以保持控制沉降地区中孔隙水压力不发生变化。

8.5.2 资源性地下水回灌

地下水地下水回灌分地表回灌和井灌。根据工程建设场区的水文地质条件,施工场区可回灌性分级见表 8-20。对人工回灌地下水要严格控制回灌水量和回灌水质量标准,避免引起次生地质、环境问题;回灌水的水质标准应满足《地下水环境质量标准》中的Ⅲ类水水质标准,或不低于消纳含水层的水质标准;回灌水的物理堵塞指标主要考虑悬浮物浓度和含砂量,悬浮物浓度应控制在 20mg/L 以下,含砂量应小于 1/200000(体积比)。

施工场区可回灌性分级 表 8-20

水文地质条件	可 回 灌 性				
	强	较强	中	较弱	弱
地下水类型	潜水(强)承压水(弱)				
含水层厚度(m)	>40	30~40	20~30	10~20	<10
含水层渗透系数(m/d)	>80	40~80	20~40	10~20	<10
含水层埋深(m)	<10	10~30	30~80	80~150	>150

对于地表回灌应符合下列要求:

(1) 地表具有透水性较好的土层,比如卵砾石、砂土、裂隙发育层等;

(2) 接受补给的地下含水层应具有较大的孔隙和孔隙度,分布面积较大,并有一定的厚度;

(3) 入渗补给区域与抽水区应有一定的距离。

对于井灌宜根据场地水文地质条件采用管井、大口径或辐射井。根据场地条件和降水目的层与人工回灌地下水消纳目的层之间关系可选择同层回灌或异层回灌,并符合下列要求:

(1) 为防止降水引起地面沉降危害发生,或降水造成生态环境恶化时,应选择同层回灌;

(2) 为保护地下水资源时,可采用前抽后灌或浅抽深灌;

(3) 根据场地水文地质条件,当钱部含水层采用帷幕止水时可以采用深抽浅灌。

1. 回灌渗入量计算

根据含水层和地下水位埋深情况,地下水回灌入渗方式可选择真空回灌、压力回灌或重力回灌,其中真空回灌适用于地下水位埋藏较深,含水层渗透性能良好的地区;压力回灌适用于地下水位高、透水性差的含水层;重力回灌适用于地下水位较低,透水性较好,渗透系数较大的含水层。地表回灌入渗量计算可参考以下公式:

$$q=k(B+C_2 H_0) \tag{8-52}$$

式中 q——渠道单位长度渗漏量,m^3/d;

k——地层渗透系数,m/d;

B——渠道中水面宽度,m/d;

H_0——水面至渠底深度，m；

T——渠底至二个地层分界面的距离，m；

C_2——与 B/H_0、T/H_0 相关的系数，可从图 8-16 中查得。

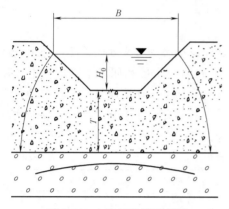

图 8-16 入渗量计算示意图

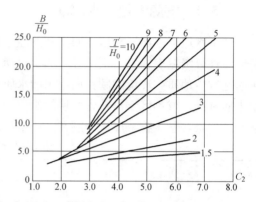

图 8-17 B/H_0、T/H_0 关系曲线

采用重力回灌时，可参考下列公式计算井灌入渗量：

潜水含水层
$$Q=1.366K\frac{h_\mathrm{w}-H_0^2}{\lg R/r_\mathrm{w}} \qquad (8-53)$$

承压水含水层
$$Q=2.732KM\frac{h_\mathrm{w}-H_0}{\lg R/r_\mathrm{w}} \qquad (8-54)$$

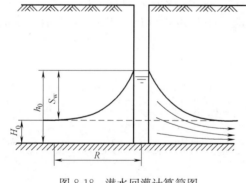

图 8-18 潜水回灌计算简图

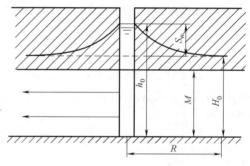

图 8-19 承压水井回灌计算简图

2. 回灌井结构

回灌井的结构设计应根据场区水温地质情况、成井工艺和回灌方式等条件来进行设计。回灌井井深一般应大于降水井的深度。当回灌场区有非饱和的砂卵砾石地层时，应充分利用，在增加回灌量的情况下可减少回灌井深度，对于同层回灌应根据回灌目的含水层厚度来确定，一般为该含水层的完整井深度为宜，对于异层回灌，应根据场区水文地质条件、回灌量、回灌井施工难度以及工程造价等综合因素来确定。回灌井的井径大于等于抽水管井的井径，且不宜小于 $\phi 600\mathrm{mm}$。在条件允许的情况下，可施工大口井或辐射井，在场地占用、回灌量、回灌过程管理等方面均优于管井。回灌井的过滤器总长度应大于抽水井的过滤器总长度 2 倍以上，过滤器孔隙率也应大于抽水井的孔隙率，并且过滤器长度根据回灌层的水文地质条件有所不同，在潜水含水层中过滤器长度应大于潜水含水层厚度，

可取透水层顶板至含水层底板，在承压含水层中，回灌井过滤器长度应与承压含水层厚度一致。回灌井的沉淀管应大于抽水井灌的沉淀总长度，对于大口井、辐射井的沉淀（管）池段长（深）度应满足抽水疏干回灌井的下泵深度，以便对回灌井随时清理。滤料应和场区水文地质条件相配，与抽水井滤料规格基本相同。

3. 回灌井数量

回灌回灌井数量宜根据场区水文地质条件、场区施工条件、回灌水量要求、场区排水条件等综合确定。当设计回灌井和抽水井结构基本相同，水文地质条件基本相同时，在缺乏经验数据时，可根据表 8-21 北京地区的单位回灌量经验灌采比来确定回灌井数量。

单位可回灌量与开采量比值　　　　　表 8-21

含水层条件	卵石层	粗砂	细砂
单位灌采比（回灌量/开采量）	60%	30%～50%	10%～30%

4. 回灌井布置

回灌井布置应符合下列要求：

（1）当采用同层回灌时，回灌井应布置在基坑降水影响范围之外，连接排水回灌的管（渠）应做好防渗漏保护；

（2）当采用异层回灌时，回灌井应布置在基坑降水场区地下水下游方向，回灌井应做好对应抽水含水层的止水防护。

（3）回灌井点间距应根据场区水文地质条件和回灌量来确定。

1）管井回灌宜采用等间距。对可灌性较强的场区，回灌井间距宜取 15～20m；

2）对可灌性较弱的场区，应适当控制回灌井间距，一般小于 10m；

3）大口径回灌井可根据场地条件来布置，间距不宜小于 15m。

回灌管路由沉淀池、输水管道、净水池、水表、阀门、注水管、回扬泵及泵管等组成。若采用压力回灌时还应配置加压水泵。地下水回灌的类型包括回灌井点、回灌砂沟砂井和回灌管井。

第9章 监控量测

9.1 监控量测重要性

在深基坑开挖的施工过程中，基坑内外的土体将由原来的静止土压力状态向被动或主动土压力状态转变，应力状态的心迹引起土体的变形，即使采取了支护措施，一定数量的变形总是难以避免的。这些变形包括：深基坑坑内土体的隆起，基坑支护结构以及周围土体的沉降和侧向位移。无论哪种位移的量值超出了某种容许的范围，都将对基坑支护结构造成危害。尤其在繁华的市中心进行深基坑开挖工程影响更为严重，施工场地四周有建筑物和地下管线，基坑开挖所引起的土体变形将直接影响这些建筑物和地下管线的正常状态，当土体变形过大时会造成邻近结构和设施的破坏。同时，基坑相邻建筑物又相当于较重的集中荷载，基坑周围的管线常引起地表水的渗漏，这些因素也是导致土体变形加剧的原因。

因此，在深基坑施工过程中，只有对基坑支护结构、基坑周围的土体和相邻的构筑物进行综合、系统的监测，才能对工程情况有全面的了解，确保工程顺利进行。

对深基坑施工过程进行综合监测的重要性主要表现为：

1. 验证支护结构设计，指导基坑开挖和支护结构的施工

当前我国基坑支护结构设计水平处于半理论半经验状态，土压力计算大多采用经典的侧向土压力公式，与现场实测值相比较有一定的差异，还没有成熟的方法计算基坑周围土体的变形情况。因此，在施工过程中迫切需要知道现场实际的应力和变形情况，与设计时采用值进行比较，必要时对设计方案或施工过程和方法进行修正。

2. 保证基坑支护结构和相邻建筑物的安全

在深基坑开挖与支护工程中，为满足支护结构及被支护土体的稳定性，首先要防止破坏或极限状态的发生。破坏或极限状态主要表现为静力平衡的丧失，或支护结构的构造性破坏。在破坏前，往往会在基坑侧向的不同部位上出现较大的变形，或变形速率明显增大。支护结构和被支护土体的过大位移，将引起邻近建筑物的倾斜或开裂，邻近管道的渗漏，有时会引发一连串灾难性的后果。如有周密的监测控制，无疑有利于采取应急措施，在很大程度上避免或减轻破坏。

3. 总结工程经验，为完善设计分析提供依据

支护结构的土压力分布受支护方式、支护结构刚度、施工过程和被支护土类的影响，并直接与侧向位移有关，往往是非常复杂的，现行设计分析理论尚未达到成熟的阶段，积累完整准确的基坑开挖经验与支护监测结果，对于总结工程经验，完善现有的设计分析理论都是十分宝贵的。

9.2 监控量测内容

9.2.1 监控量测等级

工程监测等级的划分有利于在监测设计工作量布置时更具针对性，突出重点，合理开展监测工作。根据现行相关规范、工程经验及相关研究成果，工程监测等级的确定需要考虑工程自身特点、周边环境条件和工程地质条件三大影响因素。工程监测等级应根据基坑、隧道工程的自身风险等级、周边环境风险等级和地质条件复杂程度按表 9-1 进行划分。

工程监测等级 表 9-1

工程监测等级 \ 周边环境风险等级 \ 工程自身风险等级	一级	二级	三级	四级
一级	一级	一级	一级	一级
二级	一级	二级	二级	二级
三级	一级	二级	三级	三级

工程自身风险是指工程自身设计、施工的复杂程度带来的风险。其中基坑工程的自身风险等级宜根据支护结构发生变形或破坏、岩土体失稳等的可能性和后果的严重程度，采用工程风险评估的方法确定，也可根据基坑设计深度按表 9-2 划分。

基坑工程自身风险等级 表 9-2

工程自身风险等级	等级划分标准
一级	设计深度大于或等于 20m 的基坑
二级	设计深度大于或等于 10m 且小于 20m 的基坑
三级	设计深度小于 10m 的基坑

周边环境风险等级宜根据周边环境发生变形或破坏的可能性和后果的严重程度，采用工程风险评估的方法确定，也可根据周边环境的类型、重要性、与工程的空间位置关系和对工程的危害性按表 9-3 划分。

周边环境风险等级 表 9-3

周边环境风险等级	等级划分标准
一级	主要影响区内存在既有轨道交通设施、重要建(构)筑物、重要桥梁与隧道、河流或湖泊
二级	主要影响区内存在一般建(构)筑物、一般桥梁与隧道、高速公路或重要地下管线；次要影响区内存在既有轨道交通设施、重要建(构)筑物、重要桥梁与隧道、河流或湖泊
三级	主要影响区内存在城市重要道路、一般地下管线或一般市政设施；次要影响区内存在一般建(构)筑物、一般桥梁与隧道、高速公路或重要地下管线
四级	次要影响区内存在城市重要道路、一般地下管线或一般市政设施

上表中的工程影响分区应根据基坑工程施工对周围岩土体扰动和周边环境影响的程度及范围划分，可分为主要、次要和可能等三个工程影响分区，划分标准依据基坑设计深度。主要影响区、次要影响区和可能影响区以 $0.7H$ 或 $H \cdot \tan(45°-\varphi/2)$ 和 $(2.0\sim3.0)H$ 作为分界点，影响区分别用符号Ⅰ、Ⅱ和Ⅲ表示，具体划分可参考图9-1。

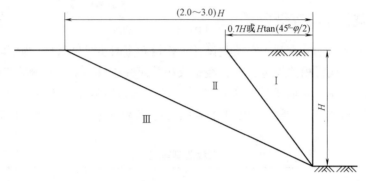

图 9-1　基坑工程影响分区
H—基坑设计深度；φ—岩土体内摩擦角

北京地区地层较为坚硬、稳定，根据 $H \cdot \tan(45°-\varphi/2)$ 计算结果接近 $0.7H$，主要影响区为基坑周边 $0.7H$ 范围内，次要影响区为基坑周边 $0.7H\sim2.0H$ 范围内，可能影响区为基坑周边 $2.0H$ 范围外。上海地区地层较为软弱，岩土性质较差，主要影响区根据 $H \cdot \tan(45°-\varphi/2)$ 计算确定，次要影响区范围适当扩大，为基坑周边 $H \cdot \tan(45°-\varphi/2)\sim3.0H$ 范围内，可能影响区为基坑周边 $3.0H$ 范围外。广州、重庆等存在基岩的地区，基岩微风化、中等风化岩层较为稳定，工程影响分区主要考虑覆盖土层和基岩全风化、强风化层的影响，H 可按土层和基岩全风化、强风化层厚度之和进行取值计算，综合确定工程影响分区。

9.2.2　监控量测项目分类

1. 仪器监测

仪器监测项目一般分为应测和选测项目，应测项目是指施工过程中为保证工程支护结构、周边环境和周围岩土体的稳定以及施工安全应进行日常监测的项目；选测项目是指为了设计、施工和研究的特殊需要在局部地段或部位开展的监测项目。

基坑支护结构和周围岩土体监测项目如下：

（1）支护桩（墙）、边坡顶部水平位移监测对反映整个基坑的安全稳定非常重要。支护桩（墙）顶部的竖向位移也是反映基坑稳定性的一个较为重要的指标，在工程实际中其变形量较小，软弱土地区变形量则相对较大。

（2）支护桩（墙）体水平位移监测可以反映出支护桩（墙）沿深度方向上不同位置处的水平变化情况，并且可以及时地确定桩（墙）体最大水平位移值及其深度，对于分析支护桩（墙）的稳定和变形发展趋势起着重要作用。

（3）支护桩（墙）体结构应力监测能够较好的反映出施工过程中桩（墙）体的受力状态，对验证或修改设计参数具有较好的指导作用。

（4）基坑内立柱的变形状态对反映支撑体系的稳定至关重要，立柱一旦变形过大会导致支撑体系失稳。

(5) 基坑水平支撑为支护桩（墙）提供平衡力，以使其在外侧土压力的作用下不至于出现过大变形，甚至倾覆。支撑轴力是反映基坑稳定性的重要指标。

(6) 基坑采用锚杆进行侧壁的加固，其拉力变化也是反映基坑稳定性的重要指标。

(7) 地表沉降是综合分析基坑的稳定以及地层位移对周边环境影响的重要依据，且地表沉降监测简便易行。

(8) 竖井井壁的净空收敛是直接反映井壁支护结构的受力特征及围岩和支护结构稳定的重要指标。

(9) 地下工程的破坏大都与地下水的影响有关，地下水是影响基坑安全的一个重要因素，当基坑工程受到承压水的影响时，还应进行承压水位的监测。

(10) 基坑开挖是一个卸载的过程，随着坑内土体的开挖，坑底土体隆起也会越来越大，尤其是软弱土地区，过大的基底隆起会引起基坑失稳。

(11) 对土钉拉力、支护桩（墙）外侧土压力、孔隙水压力、土体分层竖向位移和深层水平位移进行监测，可以了解和掌握桩（墙）体实际受力情况和支护结构的安全状态，对设计和施工具有较好的指导意义。

基坑工程支护结构和周围土体监测项目应根据表 9-4 选择。

监控量测项目总汇 表 9-4

序号	监测项目	工程监测等级		
		一级	二级	三级
1	支护桩(墙)、边坡顶部水平位移	√	√	√
2	支护桩(墙)、边坡顶部竖向位移	√	√	√
3	支护桩(墙)、边坡体水平位移	√	√	○
4	支护桩(墙)、边坡体结构应力	○	○	○
5	立柱结构竖向位移	√	√	○
6	立柱结构水平位移	√	○	○
7	立柱结构应力	○	○	○
8	支撑轴力	√	√	○
9	顶板应力	○	○	○
10	锚杆拉力	√	√	√
11	土钉拉力	○	○	○
12	地表沉降	√	√	√
13	竖井井壁支护结构净空收敛	√	√	√
14	土体深层水平位移	○	○	○
15	土体分层竖向位移	○	○	○
16	坑底隆起(回弹)	○	○	○
17	支护桩(墙)侧向土压力	○	○	○
18	地下水位	√	√	√
19	空隙水压力	○	○	○

注：√——应测项目，○——选测项目

当遇到下列情况时，应对工程周围岩土体进行检测：

（1）基坑深度较大、基底土质软弱或基底下存在承压水且对工程影响较大时，应进行坑底隆起（回弹）监测；

（2）基坑侧壁的地质条件复杂，岩土体易产生较大变形、空洞、坍塌的部位或区域，应进行土体分层竖向位移或深层水平位移监测；

（3）在软土地区，基坑邻近对沉降敏感的建（构）筑物等环境时，应进行孔隙水压力、土体分层竖向位移或深层水平位移监测；

（4）工程邻近或穿越岩溶、断裂带等不良地质条件，或施工扰动引起周围岩土体物理力学性质发生较大变化，并对支护结构、周边环境或施工可能造成危害时，应结合工程实际选择岩土体监测项目。

周边环境监测项目应根据表 9-5 选择，当主要影响区存在高层、高耸建构筑物时，应进行倾斜监测。

周边环境监测项目表　　　　　　　　　　　　　　　表 9-5

监测对象	监测项目	工程影响分区	
		主要影响区	次要影响区
建（构）筑物	竖向位移	√	√
	水平位移	○	○
	倾斜	○	○
	裂缝	√	○
地下管线	竖向位移	√	√
	水平位移	○	○
	差异沉降	√	○
高速公路与城市道路	路面路基竖向位移	√	○
	挡墙竖向位移	√	○
	挡墙倾斜	√	○
桥梁	墩台竖向位移	√	√
	墩台差异沉降	√	√
	墩柱倾斜	√	√
	梁板应力	○	○
	裂缝	√	○
既有城市及轨道交通	隧道结构竖向位移	√	√
	隧道结构水平位移	√	○
	隧道结构净空收敛	○	○
	隧道结构变形缝差异沉降	√	√
	轨道结构(道床)竖向位移	√	√
	轨道静态几何位移(轨距、轨向、高低、水平)	√	√
	隧道、轨道结构裂缝	√	○
既有铁路（包括城市轨道交通地面线）	路基竖向位移	√	√
	轨道静态几何位移(轨距、轨向、高低、水平)	√	√

在工程中选择监测项目时，应根据工程实际及环境需要而定。一般来说，大型工程均需测量这些项目，特别是位于闹市区的大中型工程；而中、小型工程则可选择几项来测。基坑工程中，测斜及支撑结构轴力的量测必不可少，因为它们能综合反映基坑变形、基坑受力情况，直接地反馈基坑的安全度。

2. 现场巡查

明挖法和盖挖法基坑施工现场巡查宜包括表 9-6 所列内容：

现场巡查内容 表 9-6

项 目	内 容
施工工况	a. 开挖长度、分层高度及坡度，开挖面暴露时间； b. 开挖面岩土体的类型、特征、自稳性，渗漏水量大小及发展情况； c. 降水或回灌等地下水控制效果及设施运转情况； d. 基坑侧壁及周边地表截、排水措施及效果，坑边或基底积水情况； e. 支护桩(墙)后土体裂缝、沉陷，基坑侧壁或基底的涌土、流砂、管涌情况； f. 基坑周边的超载情况； g. 放坡开挖的基坑边坡位移、坡面开裂情况
支护结构	a. 支护桩(墙)的裂缝、侵限情况； b. 冠梁、围檩的连续性，围檩与桩(墙)之间的密贴性，围檩与支撑的防坠落措施； c. 冠梁、围檩、支撑的变形或裂缝情况； d. 支撑架设情况； e. 盖挖法顶板的变形和开裂，顶板与立柱、墙体的连接情况； f. 锚杆、土钉垫板的变形、松动情况； g. 止水帷幕的开裂、渗漏水情况

对于基坑周边环境，现场巡查宜包括下列内容：

（1）建（构）筑物、桥梁墩台或梁体、既有轨道交通结构等的裂缝位置、数量和宽度，混凝土剥落位置、大小和数量，设施的使用状况；

（2）地下构筑物积水及渗水情况，地下管线的漏水、漏气情况；

（3）周边路面或地表的裂缝、沉陷、隆起、冒浆的位置、范围等情况；

（4）河流湖泊的水位变化情况，水面出现漩涡、气泡及其位置、范围，堤坡裂缝宽度、深度、数量及发展趋势等；

（5）工程周边开挖、堆载、打桩等可能影响工程安全的生产活动。

以上内容分别给出了明挖法基坑、盖挖法基坑施工所对应的对施工工况、支护结构以及周边环境进行巡视的主要对象及内容。实际现场巡视工作中应包括但不仅限于此内容，要根据实际情况进行适当增加。监测基准点、监测点、监测元器件的稳定或完好状况，直接关系到数据的准确性、真实性及连续性。因此，这也是现场巡查的内容之一。

3. 远程视频监控

远程视频监控是指利用图像采集、传输、显示等设备及语音系统、控制软件组成的工程安全管理监控系统，对在建工程进行监视、跟踪和信息记录。目前，远程视频监控是现场巡查最有力的补充，对于重要风险部位可以通过远程视频监控，实现 24h 全天候监控。

对明挖法和盖挖法基坑工程的岩土体开挖面、支护结构、周边环境等，工程施工中风险较大的部位宜进行远程视频监控，且远程视频监控现场应有适当的照明条件，当无照明条件时可采用红外设备进行监控。对这些部位进行远程视频监控有利于进一步地控制工程施工质量，避免事故的发生。

9.2.3 监控量侧重点

变形是自然界普遍存在的现象，它是指变形体在各种荷载的作用下，其形状、大小及位置在时间域和空间域中的变化，变形体的变形在一定范围内被认为是允许的，如果超出范围则能引发问题。

基坑变形监控量测工作是利用测量与专用仪器和方法对基坑围护结构本身及周边环境的变形现象进行监视观测的工作，主要任务是确定在基坑开挖的过程中，引起原有环境的形状、大小及位置变化的空间状态和时间特征。

在基坑工程中主要的监控量测项目以变形监测为主，受力监测作为辅助。

对于基坑结构内的变形监测工作主要有：围护结构整体变形、围护结构顶部水平变形、围护结构垂直位移及基坑底部隆起、基坑内渗水、基坑裂缝等项目。

对于基坑周边环境的变形监测工作包含有：地表垂直向位移、地下水变化、土体回弹变形、近基坑建筑物基础沉降、近基坑高层建筑倾斜、建筑物裂缝。

9.3 监控量测标准

基坑支护结构的变形允许值与土质条件、支护结构形式、地下水和基坑周围环境条件密切相关，各基坑环境复杂，特性很强，因此，基坑设计应对基坑围护结构进行验算，确定围护结构的变形与受力监控量测标准，基坑设计还应对影响范围内的建筑物进行安全验算，并提出监控量测工作的相应控制标准、安全预警、安全报警等。

在设计没有明确监控量测控制标准的前提下，可参考行业和地区性规范与标准中有关变形的预估值和允许值的规定。

(1) 中华人民共和国工程建设行业标准《建筑基坑工程技术规范》YB 9258—1997 中对重力式挡墙顶最大水平位移 δ_H 的预估值见表 9-7。

重力式挡墙顶最大水平位移 δ_H 的预估值　　　　表 9-7

墙的纵向长度		≤30m	30～50m	>50m
土层条件	良好地基	(0.005～0.01)H	(0.01～0.015)H	>0.015H
	一般地基	(0.015～0.02)H	(0.02～0.025)H	>0.025H
	软弱地基	(0.025～0.035)H	(0.035～0.045)H	>0.045H

注：H 为基坑的开挖深度。

(2) 上海市基坑工程设计规程变形监控标准见表 9-8。

变形监控标准　　　　表 9-8

基坑等级	墙顶位移(cm)	墙体最大位移(cm)	地面最大沉降(cm)	最大差异沉降
一级	3	6	3	6/1000
二级	6	9	6	12/1000

(3) 深圳地区建设深基坑支护技术规范中支护结构最大水平位移允许值见表 9-9。

支护结构最大水平位移允许值　　　　表 9-9

安全等级	支护结构最大水平位移允许值(mm)	
	排桩、地下连续墙坡率法、土钉墙	钢板桩、深层搅拌桩
一级	0.0025H	
二级	0.0050H	0.0100H
三级	0.0100H	0.0200H

注：H——基坑深度（mm）

(4) 地下连续墙支护结构开挖监测安全差别参考标准见表 9-10。

地下连续墙支护结构开挖监测安全差别标准　　　　表 9-10

量测项目	安全或危险的差别内容	差别标准	安全性差别 危险	安全性差别 注意	安全性差别 安全
侧压（水、土压）	设计时应用的侧压力	$F_1=\dfrac{\text{设计用侧压力}}{\text{实测测压力（或预测值）}}$	$F_1<0.8$	$0.8{\leqslant}F_1{\leqslant}1.2$	$F_1>1.2$
墙体变位	墙体变位与开挖深度之比	$F_2=\dfrac{\text{实测（或预测）变位}}{\text{开挖深度}}$	$F_2>1.2\%$ $F_2>0.7\%$	$0.4\%{\leqslant}F_2{\leqslant}1.2\%$ $0.2\%{\leqslant}F_2{\leqslant}0.7\%$	$F_2<0.4\%$ $F_2<0.2\%$
墙体应力	钢筋拉应力	$F_3=\dfrac{\text{钢筋抗拉强度}}{\text{实测（或预测）拉应力}}$	$F_3<0.8$	$0.8{\leqslant}F_3{\leqslant}1.0$	$F_3>1.0$
墙体应力	墙体弯矩	$F_4=\dfrac{\text{墙体容许弯矩}}{\text{实测（或预测）弯矩}}$	$F_4<0.8$	$0.8{\leqslant}F_4{\leqslant}1.0$	$F_4>1.0$
支撑轴力	容许轴力	$F_5=\dfrac{\text{容许轴力}}{\text{实测（或预测）轴力}}$	$F_5<0.8$	$0.8{\leqslant}F_5{\leqslant}1.0$	$F_5{\geqslant}1.0$
基底隆起	隆起量与开挖深度之比	$F_6=\dfrac{\text{实测（或预测）隆起值}}{\text{开挖深度}}$	$F_6>1.0\%$ $F_6>0.5\%$ $F_6>0.2\%$	$0.4\%{\leqslant}F_6{\leqslant}1.0\%$ $0.2\%{\leqslant}F_6{\leqslant}0.5\%$ $0.04\%{\leqslant}F_6{\leqslant}0.2\%$	$F_6<0.4\%$ $F_6<0.2\%$ $F_6<0.04\%$
基底隆起	沉降量与开挖深度之比	$F_7=\dfrac{\text{实测（或预测）沉降值}}{\text{开挖深度}}$	$F_7>1.2\%$ $F_7>0.7\%$ $F_7>0.2\%$	$0.4\%{\leqslant}F_7{\leqslant}1.2\%$ $0.2\%{\leqslant}F_7{\leqslant}0.7\%$ $0.04\%{\leqslant}F_7{\leqslant}0.2\%$	$F_7<0.4\%$ $F_7<0.2\%$ $F_7<0.04\%$

注：F_2 有两种差别标准，上行适用于基坑近旁无建筑物或地下管线，下行适用于基坑近旁有建筑物或地下管线；F_6、F_7 有三种差别标准，上、中行的适用情况同 F_2 的上、下行，而下行适用于对变形有特别严格要求的情况，一般对于中、下行都需要进行地基加固；支撑容许轴力为其允许偏心下，极限轴力除以等于或大于 1.4 的安全系数。

(5) 地铁工程监控量测值控制标准

为使地铁工程符合确保结构自身安全及周围建（构）筑物安全的原则，适应地铁工程建设需要，根据地铁施工经验及设计要求并参考相关规程，《城市轨道交通工程监测技术规范》GB 50911—2013 制定了相关地铁基坑监控量测值控制标准。

明挖法和盖挖法基坑支护结构和周围岩土体的监测项目控制值应根据工程地质条件、基坑设计参数、工程监测等级及工程经验等确定，当无地方经验时可参考表 9-11。

明挖法和盖挖法基坑支护结构和周围岩土体监测项目控制值　　　　表 9-11

监测项目	支护结构类型、岩土类型	工程监测等级一级 累计值(mm) 绝对值	工程监测等级一级 累计值(mm) 相对基坑深度(H)	工程监测等级一级 变化速率(mm/d)	工程监测等级二级 累计值(mm) 绝对值	工程监测等级二级 累计值(mm) 相对基坑深度(H)	工程监测等级二级 变化速率(mm/d)	工程监测等级三级 累计值(mm) 绝对值	工程监测等级三级 累计值(mm) 相对基坑深度(H)	工程监测等级三级 变化速率(mm/d)
支护桩（墙）顶竖向位移	土钉墙、型钢水泥土墙	—	—	—	—	—	—	30~40	0.5%~0.6%	4~5
支护桩（墙）顶竖向位移	灌注桩、地下连续墙	10~25	0.1%~0.15%	2~3	20~30	0.15%~0.3%	3~4	20~30	0.15%~0.3%	3~4
支护桩（墙）顶水平位移	土钉墙、型钢水泥土墙	—	—	—	—	—	—	30~60	0.6%~0.8%	5~6
支护桩（墙）顶水平位移	灌注桩、地下连续墙	15~25	0.1%~0.15%	2~3	20~30	0.15%~0.3%	3~4	20~40	0.2%~0.4%	3~4

续表

监测项目	支护结构类型、岩土类型		工程监测等级一级			工程监测等级二级			工程监测等级三级		
			累计值(mm)		变化速率(mm/d)	累计值(mm)		变化速率(mm/d)	累计值(mm)		变化速率(mm/d)
			绝对值	相对基坑深度(H)		绝对值	相对基坑深度(H)		绝对值	相对基坑深度(H)	
支护桩(墙)体水平位移	型钢水泥土墙	坚硬~中硬土	—	—	—	—	—	—	40~50	0.4%	6
		中软~软弱土	—	—	—	—	—	—	50~70	0.7%	
	灌注桩、地连墙	坚硬~中硬土	20~30	0.15%~0.2%	2~3	30~40	0.2%~0.4%	3~4	30~40	0.2%~0.4%	4~5
		中软~软弱土	30~50	0.2%~0.3%	2~4	40~60	0.3%~0.5%	3~5	50~70	0.5%~0.7%	4~6
地表沉降	坚硬~中硬土		20~30	0.15%~0.2%	2~4	25~35	0.2%~0.3%	2~4	30~40	0.3%~0.4%	2~4
	中软~软弱土		20~40	0.2%~0.3%	2~4	30~40	0.3%~0.5%	3~5	40~60	0.4%~0.6%	4~6
立柱结构竖向位移			10~20	—	2~3	10~20	—	2~3	10~20	—	2~3
支护墙结构应力			(60%~70%)f			(70%~80%)f			(70%~80%)f		
立柱结构应力											
支撑轴力			最大值:(60%~70%)f			最大值:(70%~80%)f			最大值:(70%~80%)f		
锚杆拉力			最小值:(80%~100%)f_y			最小值:(80%~100%)f_y			最小值:(80%~100%)f_y		

注: 1. H——基坑设计深度,f——构件的承载能力设计值,f_y——支撑、锚杆的预应力设计值;
2. 累积值应按表中绝对值和相对基坑深度(H);
3. 支护桩(墙)顶隆起控制值宜为20mm;
4. 嵌岩的灌注桩或地下连续墙控制值可按表中数值的50%取用。

地铁基坑周边建(构)筑物监测项目控制值的确定应符合下列规定:

1) 建(构)筑物监测项目控制值应在调查分析建(构)筑物使用功能、建筑规模、修建年代、结构形式、基础类型、地质条件等的基础上,结合其与工程的空间位置关系、已有沉降、差异沉降和倾斜以及当地工程经验进行确定,并应符合现行国家标准《建筑地基基础设计规范》GB 50007—2011的有关规定;

2) 对风险等级为一级、二级的建(构)筑物,宜通过结构检测、计算分析和安全性评估等确定建(构)筑物的沉降、差异沉降和倾斜控制值;

3) 当无地方工程经验时,对于风险等级较低且无特殊要求的建(构)筑物,沉降控制值宜为10~30mm,变化速率控制值宜为1~3mm/d,差异沉降控制值宜为0.001l~0.002l(l为相邻基础的中心距离)。

地铁基坑周边桥梁监测项目控制值的确定应符合下列规定:

1) 桥梁监测项目控制值应在调查分析桥梁规模、结构形式、基础类型、建筑材料、养护情况等的基础上,结合其与工程的空间位置关系、已有沉降、差异沉降和倾斜以及当地工程经验进行确定,并应符合现行行业标准《城市桥梁养护技术规范》CJJ 99—2003

的有关规定；

2）桥梁的沉降、差异沉降和倾斜控制值宜通过结构检测、计算分析和安全性评估确定。

地铁基坑周边地下管线监测项目控制值的确定应符合下列规定：

1）地下管线监测项目控制值应在调查分析管线功能、材质、工作压力、管径、接口形式、埋置深度、铺设方法、铺设年代等的基础上，结合其与工程的空间位置关系和当地工程经验进行确定；

2）对风险等级较高的地下管线，宜通过专项调查、计算分析和安全性评估确定其沉降和差异沉降控制值；

3）当无地方工程经验时，对风险等级较低且无特殊要求的地下管线沉降及差异沉降控制值可按表9-12确定。

地下管线沉降及差异沉降控制值　　　　表 9-12

管线类型	沉降		差异沉降(mm)
	累计值(mm)	变化速率(mm/d)	
燃气管道	10～30	2	$0.3\%L_g$
雨污水管	10～20	2	$0.25\%L_g$
供水管	10～30	2	$0.25\%L_g$

注：1. 燃气管道的变形控制值适用于100～400mm的管径；

2. L_g——管节长度。

地铁基坑周边高速公路与城市道路监测项目控制值的确定应符合下列规定：

1）高速公路与城市道路监测项目控制值应在调查分析道路等级、路基路面材料、道路现状情况和养护周期等的基础上，结合其与工程的空间位置关系和当地工程经验等进行确定，并应符合现行行业标准《公路沥青路面养护技术规范》JTJ 073.2—2001 和《公路水泥混凝土路面养护技术规范》JTJ 073.1—2001 的有关规定；

2）对风险等级较高或有特殊要求的高速公路与城市道路，宜通过现场探测和安全性评估等确定其沉降控制值；

3）当无地方工程经验时，对风险等级较低且无特殊要求的高速公路与城市道路，路基沉降控制值可按表9-13确定。

路基沉降控制值表　　　　表 9-13

监 测 项 目		累计值(mm)	变化速率(mm/d)
路基沉降	高速公路、城市主干道	10～30	3
	一般城市道路	20～40	3

城市轨道交通既有线监测项目控制值的确定应符合下列规定：

1）城市轨道交通既有线监测项目控制值应在调查分析地质条件、线路结构形式、轨道结构形式、线路现状情况等的基础上，结合其与工程的空间位置关系、当地工程经验，进行必要的结构检测、计算分析和安全性评估后确定；

2）城市轨道交通既有线路结构及轨道几何形位的监测项目控制值应符合现行国家标准《地铁设计规范》GB 50157—2013 的有关规定，并应满足线路维修的要求；

3) 当无地方工程经验时,城市轨道交通既有线隧道结构变形控制值可按表 9-14 确定。

城市轨道交通既有线隧道结构变形控制值表 表 9-14

监测项目	累计值(mm)	变化速率(mm/d)
隧道结构沉降	3~10	1
隧道结构上浮	5	1
隧道结构水平位移	3~5	1
隧道差异沉降	$0.4\%L_s$	—
隧道结构变形缝差异沉降	2~4	1

注:L_s——沿隧道轴向两监测点间距。

地铁基坑周边既有铁路监测项目控制值的确定应符合下列规定:

1) 既有铁路线路结构及轨道几何形位的监测项目控制值应符合现行行业标准《铁路轨道工程施工质量验收标准》TB 10413—2003 的有关规定,并应满足线路维修的要求;

2) 当无地方工程经验时,对风险等级较低且无特殊要求的既有铁路路基沉降控制值可按表 9-15 确定,且路基差异沉降控制值宜小于 $0.04\%L_t$(L_t 为沿铁路走向两监测点间距)。

既有铁路路基沉降控制值表 表 9-15

监测项目		累计值(mm)	变化速率(mm/d)
路基沉降	整体道床	10~20	1.5
	碎石道床	20~30	1.5

(6) 北京地区基坑监控量测值控制标准

北京地区基坑及支护结构监测报警值可根据土质特征、设计结果以及表 9-16 确定。

基坑及支护结构监测报警值 表 9-16

监测项目	支护结构类型、岩土类型	基坑侧壁安全等级					
		一级			二级		
		累计值(mm)		变化速率(mm/d)	累计值(mm)		变化速率(mm/d)
		绝对值	相对基坑深度(H)		绝对值	相对基坑深度(H)	
支护结构顶部水平位移	放坡、土钉墙、复合土钉墙、悬臂桩	—	—	—	50	0.4%	10
	护坡桩+锚杆、地下连续墙+锚杆、内支撑		0.2%	5		0.4%	10
支护结构顶部竖向位移	放坡、土钉墙、复合土钉墙、悬臂桩	—	—	—	40	0.3%	10
	护坡桩+锚杆、地下连续墙+锚杆、内支撑	20		5	30		10

监测项目	三级		
	累计值(mm)		变化速率(mm/d)
	绝对值	相对基坑深度(H)	
支护结构顶部水平位移(放坡、土钉墙、复合土钉墙、悬臂桩)	60	0.6%	15
护坡桩+锚杆、地下连续墙+锚杆、内支撑	—	—	—
支护结构顶部竖向位移(放坡、土钉墙、复合土钉墙、悬臂桩)	50	0.5%	15
护坡桩+锚杆、地下连续墙+锚杆、内支撑	—	—	—

续表

监测项目	支护结构类型、岩土类型	基抗侧壁安全等级								
		一级			二级			三级		
		累计值(mm)		变化速率(mm/d)	累计值(mm)		变化速率(mm/d)	累计值(mm)		变化速率(mm/d)
		绝对值	相对基坑深度(H)		绝对值	相对基坑深度(H)		绝对值	相对基坑深度(H)	
基坑周边地面沉降	放坡、土钉墙、复合土钉墙、悬臂桩	—	—	—	40	0.3%	10	50	0.5%	15
	护坡桩+锚杆、地下连续墙+锚杆、内支撑	—	0.2%	5	—	0.4%	10	—	—	—
支护结构深层水平位移	放坡、土钉墙、复合土钉墙、悬臂桩	—	—	—	50	0.4%	10	60	0.6%	15
	护坡桩+锚杆、地下连续墙+锚杆、内支撑	—	0.3%	5	—	0.4%	10	—	—	—
支撑立柱沉降		25		5	35		10	—		—
支撑轴力		70%f		5%f	60%f		5%f			
锚杆拉力										

注：1. H——基坑设计开挖深度，f——构建承载力设计值；
   2. 累计值取绝对值和相对基坑深度（H）值两者的小值；
   3. 当监测项目的变化速率连续2d达到表中规定值应报警。

基坑周边环境监测报警值应根据主管部门的要求确定，如主管部门无具体规定，可按表9-17采用。

建筑基坑工程周边环境监测报警值表 表9-17

监测对象	项目		累计值(mm)	变化速率(mm/d)	备注
1	地下水位变化		1000	500	—
2	管线位移	刚性管道 压力	10～30	1～3	直接观察点数据
		刚性管道 非压力	10～40	3～5	
		柔性管线	10～40	3～5	
3	邻近建(构)筑物		10～60	1～3	
4	裂缝宽度	建筑	1.5～3	持续发展	
		地表	10～15	持续发展	

注：建筑整体倾斜度累计值达到2/1000或倾斜速度连续3d大于$0.0001H/d$（H为建筑承重结构高度）时应报警。

当出现下列情况之一时，施工单位、第三方监测单位必须立即进行危险报警，并立即向建设方报告：

1）当监测数据达到监测报警值的累计值；
2）基坑支护结构或周边土体的位移值突然明显增大或基坑出现流砂、管涌、隆起、陷落或比较严重的渗漏等；
3）基坑支护结构的支撑或锚杆体系出现过大变形、压屈、断裂、松弛或拔出的迹象；
4）周边建（构）筑物的结构部分、周边地面出现较严重的突发裂缝或危害结构的变形裂缝；
5）周边管线变形突然明显增长或出现裂缝、泄露等。

9.4 变形监控量测

9.4.1 变形观测一般要求

监测方法应根据监测对象和监测项目的特点、工程监测等级、设计要求、精度要求、场地条件和当地工程经验等综合确定，并应合理易行。

1. 监测网布置

基坑开挖工程施工场地变形观测的目的，就是通过对设置在场地的观测点进行周期性的测量，求得各观测点坐标和高程的变化量，为挡土结构和地基土的稳定性评价提供技术数据。

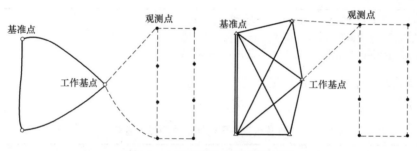

图 9-2 变形观测的测量点关系图

水平位移监测网可采用三角网、导线网、边角网和轴线等形式。宜按两级布设，由控制点组成首级网，由观测点和所连测的控制点组成扩展网。布网时应考虑图形形状，长短边不宜悬殊，宜采用独立的坐标系统。

平面控制点标石及标志的埋设如图 9-3 所示。对于一、二级及有需要的三级控制点宜采用有强制对中装置的观测墩，如图所示，其对中误差不应超过 0.1mm。控制点应便于长期保存、加密、扩展和寻找，相邻点之间应通视良好，不受旁折光的影响。

垂直位移的监测网，可布设成闭合环、结点或复合水准线等形式。起算点高程宜采用国家或测区原有的高程系统，也可采用假设的相对高程。

2. 观测测量点

一般分为基准点、工作基点和观测点三类，其布设应符合下列要求：①基准点为确定测量基准的控制点，是测定和检验工作基点的稳定性依据，或者直接测量变形观测点的依据。基准点应设在变形影响范围之外，并便于长期保存的稳定位置。②每个工程至少应有

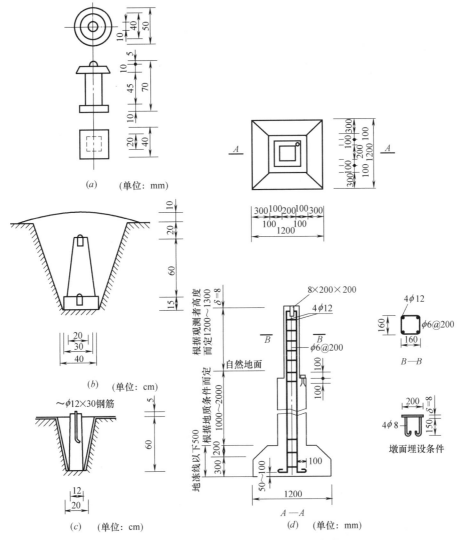

图 9-3 平面控制点标志及标石的埋设规格
(a) 金属标志图；(b) 二、三等三角点标石埋设图；
(c) 一、二级小三角点标石埋设图；(d) 变形测量观测墩图

3个稳定可靠的点作为基准点。使用时，应定期进行稳定性检查，以判断为稳定的点作为测量变形的基准点。工作基点是在变形观测中起联系作用的点，是直接测定变形测点的依据，应设在靠近观测目标，便于连测观测点的稳定位置。在通视条件较好，或观测项目较少的工程中，可不设工作基点，在基准点上直接观测变形观测点。③变形观测点是直接埋设在变形体上，且能反映变形特征的观测点。

水准基准点，应埋设在变形区以外的基岩或原状土层上，亦可利用稳固的建筑物、构筑物，设立墙上的水准点。当受条件限制时，亦可在变形区内埋设深层金属管水准基准点（图9-4）。

高程控制点应避开交通干道、地下管线、仓库堆栈、水源地、河岸、松散填土、滑坡体及其影响地段、机器振动区域、以及其他能使标石、标志遭腐蚀破坏的地点。标石要便

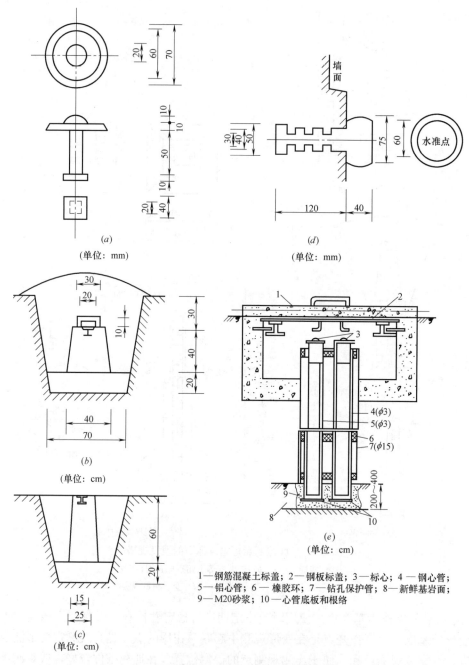

图 9-4 高层控制点标志及标石的埋设规格

(a) 金属标志图；(b) 二、三等水准点标石埋设图；
(c) 四等水准点标石埋设图；(d) 墙角水准点标志图；(e) 双金属标

1—钢筋混凝土标盖；2—钢板标盖；3—标心；4—钢心管；
5—铝心管；6—橡胶环；7—钻孔保护管；8—新鲜基岩面；
9—M20砂浆；10—心管底板和根络

于寻找、利用和保存，水准线路的坡度要小，便于观测。

3. 观测等级

按观测点必要精度、技术指标的高低，可划分为四个等级，如表 9-18 所示。水平位移监测网技术要求符合表 9-19，垂直位移监测网技术要求应符合表 9-20。

第 9 章 监控量测

变形测量的等级划分及精度要求　　　　　　　　　　　表 9-18

变形测量等级	垂直位移测量		水平位移测量	适　用　范　围
	变形点的高程中误差(mm)	相邻变形点高差中误差(mm)	变形点的点位中误差(mm)	
一等	±0.3	±0.1	±1.5	变形特别敏感的高层建筑、工业建筑、高耸构筑物、重要古建筑、精密工程设施等
二等	±0.5	±0.3	±3.0	变形比较敏感高层建筑、高耸构筑物、古建筑、重要工程设施和重要建筑场地的滑坡监测等
三等	±1.0	±0.5	±6.0	一般的高层建筑、工业建筑、高耸构筑物、滑坡监测等
四等	±2.0	±1.0	±12.0	观测精度要求较低的建筑物、构筑物和滑坡监测等

注：1. 变形点的高程中误差和点位中误差，系相对于最近基准点而言。
　　2. 当水平位移变形测量用坐标向量表示时，向量中误差为表中相应等级点位中误差的 $1/\sqrt{2}$。
　　3. 垂直位移的测量，可视需要按变形点的高程中误差或相邻变形点高差中误差确定测量等级。

水平位移监测网的主要技术要求　　　　　　　　　　　表 9-19

等级	相邻基准点的点位中误差(mm)	平均边长(m)	测角中误差(°)	最弱边相对中误差	作业要求
一等	1.5	<300	±0.7	≤1/250000	宜按国家一等三角要求观测
		<150	±1.0	≤1/120000	宜按本规范二等三角要求观测
二等	6.0	<300	±1.0	≤1/120000	宜按本规范二等三角要求观测
		<150	±1.8	≤1/70000	宜按本规范三等三角要求观测
三等	6.0	<350	±1.8	≤1/70000	宜按本规范三等三角要求观测
		<200	±2.5	≤1/40000	宜按本规范四等三角要求观测
四等	12.0	<400	±2.5	≤1/40000	宜按本规范四等三角要求观测

注：表中未考虑起始误差影响。

垂直位移监测网的主要技术要求　　　　　　　　　　　表 9-20

等级	相邻基准点高差中误差(mm)	每站高差中误差(mm)	往返较差、附合或环线闭合差(mm)	检测已测高差较差(mm)	使用仪器、观测方法及要求
一等	0.3	0.07	$0.15\sqrt{n}$	$0.2\sqrt{n}$	DS$_{05}$型仪器，视线长度≤15m，前后视距差≤0.3m，视距累积差≤1.5m。宜按国家一等水准测量的技术要求施测

续表

等级	相邻基准点高差中误差（mm）	每站高差中误差（mm）	往返较差、附合或环线闭合差（mm）	检测已测高差较差（mm）	使用仪器、观测方法及要求
二等	0.5	0.13	$0.30\sqrt{n}$	$0.5\sqrt{n}$	DS_{05}型仪器，宜按国家一等水准测量的技术要求施测
三等	1.0	0.30	$0.60\sqrt{n}$	$0.8\sqrt{n}$	DS_{05}或DS_1型仪器，宜按本规范二等水准测量的技术要求施测
四等	2.0	0.70	$1.40\sqrt{n}$	$2.0\sqrt{n}$	DS_{05}或DS_3型仪器，宜按本规范三等水准测量的技术要求施测

注：n为测段的测站数。

4. 观测周期

变形测量的观测周期，应根据变形速率、观测精度要求、不同施工阶段和工程地质条件等因素综合考虑。观测过程中，根据变形量的情况，作适当的调整。

5. 应注意的问题

①首次观测成果是各周期观测的起始值，应具有比各周期观测成果更准确可靠的观测精度，宜采取适当增加测回数的措施；②应定期对使用的基准点或工作基点进行稳定性检测，点位稳定后，检测周期可适当延长，当对变形成果发生怀疑时，应随时进行检核；③观测前，对所用的仪器设备必须按有关规定进行检校，并作好记录；④使用同一仪器和设备，固定观测人员；⑤采用相同的观测路线和观测方法；⑥尽可能在基本相同的环境和条件下工作；⑦原始记录应说明观测时的气象情况、施工进度和荷载变化，以供稳定性分析参考。

9.4.2 基坑侧向变形观测

1. 现场巡查

由有经验的工程技术人员按期进行施工现场巡视是一项重要的工作。许多影响基坑侧向位移，不利于支护结构稳定的因素，例如支护结构的施工质量，施工条件的改变，基坑四周堆荷的变化，管道渗漏和不适当的排水，以及气候条件变化等等，都可以在日常的巡视中被及时发现。此外，某些工程事故隐患，如基坑四周的地面裂缝，支护结构的裂缝，邻近结构和设施的裂缝、变形或渗漏也可以通过肉眼巡视及时发现，使出现的问题及时得到处理、消除或预防可能出现的事故。日常的巡视工作应正式列入监测计划，并保持正式的记录。

2. 光学仪器观测方法

这里所谓的光学仪器观测方法是指工程测量方法。

在基坑侧向位移观测中，在有条件下的场地，用视准线法比较简便。具体做法为：沿欲测某基坑边缘设置一条视准线，在该线的两端设置基准点A、B，在此基线上沿基坑边缘设置若干个侧向位移测点。基准点A、B应设置在距离基坑一定距离的稳定地段，各测点最好设在刚度较大的支护结构上，测量时采用经纬仪测出各测点对此基线的偏离值，两次偏离值之差，就是测点垂直于视准线的水平位移值。视准线法按观测偏离值的测法，又可分为活动觇标法和小角度法两种。用活动觇标法观测时，司觇者要根据司仪者的指挥移动觇标，直到觇标中心与经纬仪纵丝完全重合为止。然后，由司觇者在觇标游标上读取偏离值。小角度法采用经纬仪测出视准线与测点之间的小角度，从而算出测点的偏离值。

如果施工场地狭窄，通视条件较差，建立视准线比较困难时，可采用前方交会法。前方交会法是在距基坑有一定距离的稳定地段设置一条交会基线，或者高两个或多个基准点，用交会方法，测出各测点的位移值。前方交会分为测角交会、测边交会和测边测角交会三种。即在两个或两个以上的基点上，观测测点的方向或边长，算出测点的平面坐标，从而获得位移值。

3. 用测斜仪测量

测斜仪是一种可精确地测量沿垂直方向土层或围护结构内部水平位移的工程测量仪器。测斜仪分为活动式和固定式两种，在基坑开挖支护监测中常用活动式测斜仪。在基坑开挖之前先将有4个相互垂直导槽的测斜管埋入支护结构或被支护的土体中，测量时，将活动式测头放入测斜管，使测头上的导向滚轮卡在测斜管内壁的导槽中，沿槽滚动，活动式测头可连续地测定沿测斜管整个深度的水平位移变化。

9.4.3 围护结构变形

1. 工作原理

测斜仪的工作原理（图9-5）是根据摆锤受重力作用为基础测定以摆锤为基准的弧角变化。当土体产生位移时，埋入土体中的测斜管随土体同步位移，测斜管的位移量即为土体的位移量。放入测斜管内的活动测头，测出的量是各个不同分段点上测斜管的倾角变化 ΔX_i，而该段测管相应的位移增量 ΔS_i 为：$\Delta S_i = L_i \sin \Delta X_i$，式中 L_i 为各段点之间的单位长度。

当测斜管埋设得足够深时，管底可以认为是位移不动点，管口的水平位移值 Δ_n 就是各分段位移增量的总和：

$$\Delta_n = \sum_{i=1}^{n} L_i \sin X_i \tag{9-1}$$

在测斜管两端都有水平位移的情况下，就需要实测管口的水平位移值 Δ_0，并向下推算各测点的水平位移值 Δ，即：

$$\Delta = \Delta_0 - \sum_{i=1}^{n} L_i \sin X_i \tag{9-2}$$

测斜管可以用于测单向位移，也可以测双向位移。测双向位移时，由两个方向的测量值求出其矢量和，得位移的最大值和方向。

2. 测斜仪类型

活动式测斜仪按测头传感元件不同，又可细分为滑动电阻式、电阻片式、钢弦式及伺服加速度式四种，如图9-6所示。

（1）滑动电阻式

测头以悬吊摆为传感元件，在摆的活动端装一电刷，在测头壳体上装电位计，当摆相对壳体倾斜时，电刷在电位计表面滑动，遇电位计将摆相对壳体的倾摆角位移变成电信号输出，用惠斯顿电桥测定电阻比的变化，根据标定结果，就可进行倾斜测量。该测头优点是坚固可靠；缺点是测量精度不高（其性能受电位计分辨力限制）。

（2）电阻片式

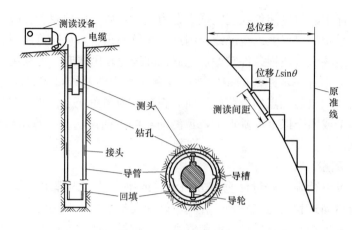

图 9-5 测斜仪原理

测头是用弹性好的铍青铜簧片下挂摆锤,弹簧片两侧各贴两片电阻应变片,构成差动可变电阻式传感器。弹簧片可设计成等应变式,使之受弹性限度内测头的倾角变化与电阻应变仪读数呈线性关系。

（3）钢弦式

钢弦式测头是双轴测斜仪,可进行水平两个方向测斜。通过四个钢弦式应变计测定重力摆运动的弹性变形,进而求得倾斜值。

（4）伺服加速度计式

它的工作原理是建立在检测质量块因输入加速度而产生的惯性力与特殊感应系统产生的反力相平衡,感应线圈的电流与此反力成正比的基础上,根据电压大小可测定斜度,所以将其中心叫作力平衡伺服加速度计。

以上四种类型的测斜仪,在国内外都有厂家定型生产,目前以生产伺服加速度式测斜仪的厂家较多,加速度计系用于惯性导航的元件,灵敏度和精度较高。我国地质和石油钻井测斜用的陀螺仪在土工监测中尚未看到应用的实例。

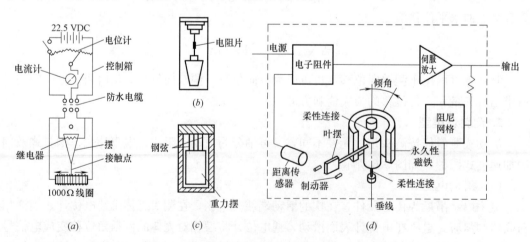

图 9-6 测斜仪原理示意图
(a) 滑动电阻式;(b) 电阻片式;(c) 钢弦式;(d) 伺服加速度式

活动式测斜仪式的组成大致可分为四部分：装有重力式测斜传感元件的测头、测读仪、连接测头和测读仪的电缆、测斜管。

(1) 测斜仪测头：倾斜角传感元件。

(2) 测读仪：测读仪应和测头配套选择与使用。其测量范围、精度和灵敏度，根据工程需要而定。在现场条件下，测斜仪测量结果的重复性，一般应等于或优于±0.01。

(3) 电缆：电缆作用包括：①向测头供给电源；②给测读仪传递量测讯号；③测头量测点距孔口的深度尺；④提升与下放测头的绳索。电缆除具有很高的防水性能，还不能有较大的长度变化。为此，电缆芯线中设有一根加强钢芯线。

(4) 测斜管：测斜管一般由塑料或铝合金制成，测斜管直径大小不一，长度每节2~4m，管接头有固定式和伸缩式两种；测斜管内有两对互成正交的纵向导槽，测量时，测头导轮坐落在一对导槽内并可上下自由滑动。

目前，测斜管如表9-21所示，经常使用的测斜仪如表9-22所示。

国内现有的四种断面形式相同的测斜管 表9-21

特性 \ 管类	ABS管	聚乙烯管	聚氯乙烯管	高压聚乙烯管
内径(mm)	60	60	58	52
外径(mm)	72	69	70	60
$E(kg/cm^2)$(平均值)	15200	8100	14600	1570
不均匀度	1.2	4.4	7.8	1.5

国内外部分测斜仪技术性能表 表9-22

型号	测头型式及尺寸(mm)	量程(θ)	位移方向	灵敏度（分辨力）	精度	温度（℃）	生产单位
CX-01型测斜仪	伺服加速度计式，$\phi 32 \times 660$	0°±53°	水平一向	±0.02mm/500mm	±4mm/15m	−10~50	水利水电科学研究院,航天部33研究所联合研制
BC-5型测斜仪	电阻片式 $\phi 36/650$	±5°	水平一向		≤±1% F.S	−10~50	水电部南京自动化设备厂
EHW型测斜仪	—	0°±11° 0°±30°	水平一向	0.1mm/1m			瑞士胡根伯(Huggenberger)公司
100型测斜仪	伺服加速度计式，$\phi 35.4 \times 660$	0°±53°	水平两向	±0.02mm/500mm	±6mm/30m	−18~40	美国辛柯(SINCO)公司
Q-S型测斜仪	伺服加速度计式，$\phi 25.5 \times 500$	0°±15°		(<40″)	0.5%		日本应用地质株式会社(OYO)
测斜仪	伺服加速度计式			1×10^{-4}基线长	±0.002%	−25~55	奥地利英特菲斯(Interfels)公司
MPF-1型测斜仪			水平两向	0.005%(零漂)	0.02%	−5~60	法国塔勒麦克(Telemac)公司

续表

型号	测头型式及尺寸(mm)	量程(θ)	位移方向	灵敏度(分辨力)	精度	温度(℃)	生产单位
测斜仪	伺服加速度计式，$\phi 28.5\times 750$	$0°\pm 30°$	水平一向两向	± 0.01F.S/℃（零漂）	$\pm 0.02\%$F.S	$-5\sim 70$	英国岩土仪器（GeotechnicalInstrum）公司
测斜仪	伺服加速度计式，$\phi 40\times 808$	$0°\pm 30°$	水平两向	(2″)	10″	$-10\sim 40$	意大利伊斯麦斯（ISMES）研究所

3. 测斜管安装或埋设

测斜管可安装在地下连续墙或支护桩钢筋笼上，随钢筋笼浇筑在混凝土中，也可钻孔埋设在支护结构或地基土体中。安装或埋设过程中注意事项如下：

（1）测斜管现场组装后，安装在地下连续墙或支护桩的钢筋笼上，随钢筋笼浇筑在混凝土中，浇筑混凝土之前应在测斜管内注满清水，防止测斜管在浇筑混凝土时浮起，并防止水泥浆渗入管内；

（2）在支护结构或被支护土体内钻孔，然后将测斜管逐节组装并下入钻孔内，测斜管底部装有底盖，管内注满清水，下入钻孔内预定深度后，即向测斜管与孔壁之间的间隙由下而上逐段灌浆或用砂填实，固定测斜管；

（3）安装或埋设时，应及时检查测斜管内的一对导槽，其指向是否与欲测量的位移方向一致，并应及时修正；

（4）测斜管固定完毕或浇筑混凝土后，用清水将测斜管内冲洗干净，用测头模型放入测斜管内，沿导槽上下滑行一遍，以检查导槽是否畅通无阻，滚轮是否有滑出导槽的现象。由于测斜仪的测头是贵重的仪器，在未确认测斜管导槽畅通时，不得放入真实的测头；

（5）量测测斜管导槽方位、管口坐标及高程，及时做好孔口保护装置，做好记录；

（6）对于安装在温泉或有地热地段的测斜管，应确定测斜管内的水温是否在测头容许工作范围内。如水温过高，应在孔口安装冷水洗孔装置。

4. 测量注意事项

（1）为保护测斜仪测头的安全，测量前先将测头模型下入测斜管内，沿导槽上下滑行一遍，检查测斜孔及导槽是否畅通无阻。

（2）联接测头和测读仪，检查密封装置、电池充电量、仪器是否工作正常。

（3）将测头插入测斜管，使滚轮卡在导槽上，缓慢下至孔底，测量自孔底开始，自下而上沿导槽全长每隔一定距离测读一次，每次测量时，应将测头稳定在某一位置上。测量完毕后，将测头旋转180°插入同一对导槽，按以上方法重复测量，两次测量的各测点应在同一位置上，此时各测点的两次读数应是数值接近、符号相反。如果测量数据有疑问，应及时补测。用同样方法可测另一对导槽的水平位移。一般测斜仪可以同时测量相互垂直两个方向的水平位移。

（4）侧向位移的初始值应是基坑开挖之前连续三次测量无明显差异读数的平均值，或取其中一次的测量值作为初始值。

(5) 观测间隔时间,应根据侧向位移的绝对值或位移增长速度而定,当侧向位移明显增长时,应加密观测次数。

9.4.4 基坑回弹观测

1. 布点原则

基坑开挖是一个卸荷过程,开挖愈深,土层应力状态的改变愈大,这就不可避免地会引起基坑底面土体的变形,基坑回弹变形又称隆起,它不只限于基坑的自身范围,而且会影响基坑外一定范围,深大基坑的回弹量大,对基坑本身和邻近建筑物都有较大影响,因此,需要进行基坑回弹观测,以确定其数值的大小。

回弹观测应根据基坑形状及工程地质条件,以最少的测点测出所需的各纵横断面回弹量为原则进行,按中华人民共和国行业标准《建筑变形测量规范》JGJ 8—2007,回弹观测点宜按下列要求,在有代表性的位置和方向线上布置:

①在基坑中央和距坑底边缘1/4坑底宽度处,及其他变形特征位置必须设点。方形、圆形基坑可按单向对称布点;矩形基坑可按纵横向布点;复合矩形基坑,可多向布点。地质情况复杂时,应适当增加点数。②基坑外的观测点,应在所选坑内方向线上的一定距离(基坑深度的1.5~2.0倍)布置。③当所选点位遇到地下管道或其他构筑物时应予避开,可将观测点移到与之对应方向线的空位上。④在基坑外相对稳定和不受施工影响的地点,选设工作基点(水准点),以及为寻找标志用的定位点。

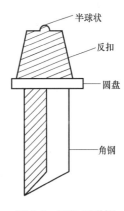

图 9-7 基坑回弹标

回弹观测方法通常采用几何水准法,高程中误差不超过1mm。基坑回弹可采用预埋回弹观测标和深层沉降标来测量。

2. 用回弹观测标测基坑回弹

(1) 回弹标规格

回弹观测标的头部用长约10cm的圆钢一段(其直径应与钻杆相配合),顶部加工成半球状(ϕ=20mm,高约20mm),其余部分加工成反丝扣方式与钻杆相接,尾部为长400~500mm的角钢(50mm×50mm×5mm),头部与尾部与一块ϕ100mm厚20mm的钢板焊接成整体,如图9-7所示。

(2) 回弹标埋设

1) 钻孔至基坑底面标高处,将回弹标旋入钻杆下端,顺钻孔徐徐放至孔底,并压入孔底土中400~500mm,即将回弹标尾部压入土中。旋开钻杆,使回弹标脱离钻杆,提起钻杆。

2) 放入辅助测杆,将回弹标压入坑底设计标高以下200mm。在辅助测杆上端的测头进行几何水准测量,确定回弹标顶面标高。

3) 观测完毕后,将辅助测杆、保护管(套管)提出地面,用砂或素土将钻孔回填。为了便于开挖后寻找回弹标,可先用白灰回填50cm左右。

(3) 观测基本要求

回弹观测的次数应不少于三次:第一次在基坑开挖之前;第二次在基坑挖好之后;第三次在浇注基础底板混凝土之前。

3. 用深层沉降标测基坑回弹

深层沉降标由一个三爪锚头，一根 1/4″ 的内管和一根 1″ 的外管组成，内管和外管都是钢管。内管联接在锚头上，可在外管中自由滑动。用光学仪器测量内管顶部的标高，标高的变化就相当于锚头位置土层的沉降（或隆起）。

（1）深层沉降标的安装

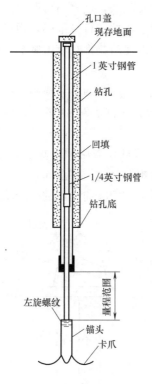

图 9-8 深层沉降标

1）用地质钻探钻机在指定位置打一个孔，孔底标高略高于欲测量土层的标高（约一个锚头长度）。

2）将 1/4″ 钢管旋在锚头顶部外侧的螺纹联按器上，用管钳旋紧。将锚头顶部外侧的左旋螺纹用黄油润滑后，与 1 英寸钢管底部的左旋螺纹相联，注意不得旋得太紧。

3）将装配好的深层沉降标慢慢地放入钻孔内，并逐步加长，直到放入孔底。用外管将锚头压入预测土层的指定标高位置。

4）在孔口临时固定外管，将内管压下约 15cm。此时锚头上的三个卡爪会向外弹开，卡在土层里。卡爪一旦弹开就不会再缩回。

5）顺时针方向旋转外管，使外管与锚头分离。上提外管，使外管底部与锚头之间的距离稍大于预估的土层隆起量。

6）固定外管，将外管与钻孔之间的空隙填实，做好测点的保护装置。

（2）深层沉降标的测量

深层沉降标的标高宜用光学水准仪测量。内管顶部标高的变化就相当于锚头位置土层的沉降（或隆起）。

当基坑开挖时，随着地表标高的下降，应及时将高出地表太多的外管和内管截短。一般管顶面高出地面 20～100cm 为宜。当拆除钢管时，拆除前后都应测一下孔口标高，并记下拆除的内管长度。如图 9-8 所示。

4. 用磁性深层沉降标测土层沉降（隆起）

磁性深层沉降仪由对磁性材料敏感的探头和带刻度的导线组成。当探头遇到预埋在钻孔中的磁性材料圆环时，沉降仪上的蜂鸣器就发出叫声。这时测量导线上标尺在孔口的刻度以及孔口的标高，就可获得磁性环所在位置的标高，测量精度可达 1mm。在基坑工程中预埋磁性深层沉降标不仅可获得基坑回弹的实测资料，还可获得场地内地基下各土层在施工过程中的沉降（或隆起）的情况。

磁性圆环靠附在它周围的弹性卡爪固定在预定标高的土层内。在安装之前，弹性卡爪是并拢的，有一条尼龙丝将卡爪绑在一起。圆环上有一特殊切割尼龙丝的装置，当磁性圆环放入钻孔中的预定位置时，将尼龙丝切断，卡爪就弹开。卡爪一旦弹开就无法再将其并拢了，磁性环就固定在预定的位置，随土层沉降或隆起。

磁性沉降标安装，应注意以下内容：

（1）用钻机在场地指定位置打一个孔，孔底标高略低于欲测量土层的标高；

(2) 将一个磁性圆环安装在作为磁性探头通道的塑料管的端部，放入钻孔中。当端部抵达孔底时，将磁性圆环上的卡爪弹开；

(3) 将要安装的磁性圆环套在塑料管上，从下到上，依次放入孔中预定位置，弹开卡爪；

(4) 固定探头导管，将导管与钻孔之间的空隙用砂或注浆填实；

(5) 固定孔口，做好孔口的保护装置；

(6) 测量孔口标高，测量各磁性圆环的初始标高。

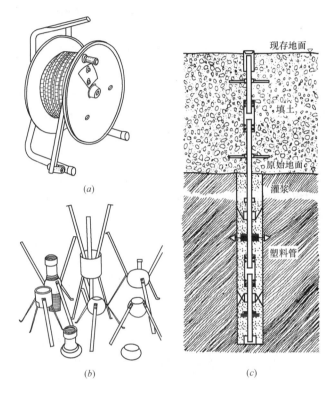

图 9-9　磁性沉层沉降标
(*a*) 磁性沉降仪；(*b*) 磁性沉降标；(*c*) 沉降标安装示意图

磁性沉降标的测量至少应满足：

(1) 基坑开挖前，至少应有二次孔口标高和各土层沉降标标高的稳定值；

(2) 基坑开挖过程中，应做好孔口的保护工作，根据基坑开挖进度，随时调整孔口标高。当调整孔口标高时，应在调整前后各测量一次孔口和各土层沉降标的标高。如图 9-9 所示。

9.5　受力监控量测

9.5.1　水土压力

1. 概述

土压力是基坑支护结构周围的土体传递给挡土构筑物的压力。在基坑开挖之前，挡土构筑物两侧土体处于静止平衡状态。在基坑开挖过程中，由于基坑内一侧的土体被移去，挡土构筑物两侧土体原始的应力平衡和稳定状态被破坏了，由相对静止的状态转化为变形运动的状态，在挡土结构物周围一定范围内产生应力重分布。在被支护土体一侧，由于挡土构筑物的移动引起土体的松动而使土压力降低，而在基坑一侧的土体由于受挡土结构的挤压而使土压力升高。

但是这种变化不会无休止地发展下去，当变形或应力超过了一定数值时，土体就产生结构性的破坏而使挡土结构坍塌。因此土压力的大小直接决定着挡土构筑物的稳定和安全。影响土压力的因素很多，如土体介质的物理力学性质及结构组成、附加荷载的数值、地下水位变化、挡土构筑物的类型、施工工艺和支护形式、挡土构筑物的刚度及位移、基坑挖土程序及工艺等等。

这些影响因素给理论计算带来一定的困难，因此，仅用理论分析土压力大小及沿深度分布规律无法准确地表达土压力的实际情况。而且土压力的分布在基坑开挖过程中是动态变化着，从挡土构筑物的安全、地基稳定性及经济合理性考虑，对于重要的基坑支护结构，要进行必要的现场原型观测。

基坑开挖工程经常是在地下水位以下土体中进行，地基土是多相介质的混合体，土体中的应力状态与地基土中的孔隙水压力和排水条件密切相关。静水压力不会使土体产生变形。当孔隙水渗流时，在孔隙水的流动方向上产生渗透力。当渗透力达到某一临界值时，土颗粒就处于失重状态，这就是所谓的"流土"现象。在基坑内采用不恰当的排水方法，会造成灾难性的事故。

另一方面，当饱和黏土被压缩时，由于黏性土的渗透性很小，因而孔隙间的水不能及时排出，而承受很大的压力，称为超静孔隙水压力。超静孔隙水压力的存在，降低了土体颗粒之间的有效压力。当超静孔隙水压力达到某一临界值时，同样会使土体失稳破坏。因此监测土体中孔隙水压力在施工过程中的变化情况，可以直观、快速地得到土体中孔隙水压力的状态和消散规律，作为基坑支护结构稳定性控制的依据。

通过现场土压力和孔隙水压力的原位观测可达到以下几条主要目的：①验证挡土构筑物各特征部位的侧压力理论分析值及沿深度分布规律。②监测土压力在基坑开挖过程中的变化规律。由观测到的土压力急剧变化，及时发现影响基坑稳定的因素，以采取相应的保证稳定的措施。③积累各种条件下的土压力规律，为提高理论分析水平积累资料。

土压力和孔隙水压力现场原型观测设计原则，应符合荷载与挡土构筑物的相互关系，应反映各特征部位（拉锚或顶撑点，土层分界面，滑体破裂面底部，反弯点及最大变形点等等）以及挡土构筑物沿深度变化规律。

2. 传感器

深基坑开挖支护工程现场土压力和孔隙水压力观测，在我国已进行多年，积累了不同类型工程的丰富经验，也促进了各类压力传感器的发展。

国内目前常用的压力传感器根据其工作原理分为钢弦式、差动电阻式、电阻应变片式和电感调频式等。其中钢弦式压力传感器长期稳定性高，对绝缘性要求较低，较适用于土压力和孔隙水压力的长期的观测。

第9章 监控量测

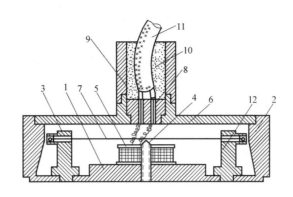

图9-10 钢弦丝式传感器示意图

1—量测薄膜；2—底座；3—钢弦夹紧装置；4—铁芯；5—电磁线圈；
6—封盖；7—钢弦；8—塞子；9—引线套筒；10—防水材料；
11—电缆；12—钢弦支架

如图9-10所示，当压力盒的量测薄膜上受有压力时，薄膜将发生挠曲，使得其上的两个钢弦支架张开，将钢弦拉得更紧。弦拉得愈紧，它的振动频率也愈高。当电磁线圈内有电流（电脉冲）通过时，线圈产生磁通，使铁芯带磁性，因而激起钢弦振动。电流中断时（脉冲间歇），电磁线圈的铁芯上留有剩磁，钢弦的振动使得线圈中的磁通发生变化，因而感应出电动势，用频率计测出感应电动势的频率就可以测出钢弦的振动频率。

常用的土压力传感、孔隙水压力以及相关测量仪器的型号及技术指标如表9-23~表9-25所示。

国内常用的土压力传感　　　　　表9-23

仪器名称及型号	主要技术指标	生产厂家
GJZ、GJM型钢弦式土压力计	量程：250~2000kPa；分辨率 0.2%F.S；精度：1%~2.5%F.S；温度误差：≤3Hz/10℃；零漂：2Hz；接线长度：≥1000m	南京水利科学研究院土工所
钢弦式土压力计	最大量程：1500kPa；分辨率：0.25%F.S；零漂：±2Hz；温度误差：0.3Hz/℃	南京水科院材料结构所
JXY、LXY-4型振弦双膜式压力盒	最大量程：8000kPa；分辨率：1%F.S；零漂：±0.1%F.S；温度误差：-0.42~0.28Hz/℃	丹东电器仪表厂
GYH-3型振弦式土压力盒	最大量程：5000kPa；分辨率 0.15%F.S；零漂：≤5%F.S；温度误差：0.1%F.S/℃	丹东三达测试仪器厂
YUA、YUB型差动电阻式土压力计	最大量程：1600；分辨率：<0.5kPa；精度 1.2%F.S	南京电力自动化设备厂
TT型电阻应变片式土压力计	最大量程：2000kPa；分辨率：0.5%F.S；精度：1%F.S；零漂：0.5%F.S	南京自动化研究所
TYJ20系列钢弦式土压力计	量程：0.2~3.2kPa；分辨率：0.2%F.S；不重复度≤0.5%F.S；综合误差≤2.5%F.S；工作温度0~40℃	金坛市儒林土木工程仪器厂
YCX型振弦式土压力计	最大量程：0~0.2MPa,0~1.5MPa；稳定误差±1.0%；温度误差0.25%；灵敏度0.1%	三航局科研所

国内常用的孔隙水压力计

表 9-24

仪器名称及型号	主要技术指标	生产厂家
SZ 型差动电阻式孔隙水压力计	量程:200,400,800,1600kPa;精度:2%F.S;接线任意长工作温度−25~60℃	南京电力自动化设备厂
GKD 型钢弦式孔隙水压力计	量程:250,400,600,800,1000,1600kPa;精度:2%F.S;零漂:±2Hz/三个月;温度误差:±2Hz/10℃	南京水利科学研究院
JXS-1,2 型弦式孔隙水压力计	量程:100~1000kPa;分辨率:0.2%F.S;零漂:<±0.1%F.S;温度误差:−0.25Hz/℃	丹东电器仪表厂,五经街74号
GSY-1 型弦式孔隙水压力计	量程:100~3000kPa;分辨率:0.1%F.S;零漂:<1%F.S;温度误差:−0.25Hz/℃	丹东三达测试仪器厂
KXR 型弦式孔隙水压力计	量程:200~1000kPa;零漂:<±1%F.S;温度误差:0.5Hz/℃	金坛传感器厂常州市儒林镇
TK 型电阻片式系列孔隙水压力计	量程:0~2000kPa;精度:≤1.5%F.S;分辨率:0.1%F.S;适用温度:−5~50℃	水电部南京自动化研究所
双管式孔隙水压力计	量程:0~1000kPa;精度:100kPa	南京水利科学研究院
水管式渗压计	量程:−100~900kPa;精度:200kPa	水利水电科学研究院

国内常用压力传感器量测仪

表 9-25

类别	仪器名称及型号	主要技术指标	生产厂家
钢弦式	SDP-Z 型袖珍钢弦频率仪	精度:±1Hz	常州市金坛儒林测试仪器厂
	多通道电脑振弦仪	精度:±1Hz;可对小32点(可扩展到100点)进行自动巡测或选点检测,并打印,记录	南京水科院材料结构所
	智能钢弦仪	精度:±1Hz;可对8个传感器(可扩展)直接测量频率及数据字显示或打印输出	南京水科院河港研究所
	JD1 型多路振弦仪	40点(可扩展到100点)定点,选点检测数字显示,打印输出。有接口与 PC-1500 机联机。	交通部第三航务工程局科研所
差动电阻式	SBQ-2 型水工比例电桥	量程:R:0~111.10Ω,Z:0~1.110 工作条件:相对湿度≤80%,绝缘电阻≥50MΩ	南京电力自动化设备厂
	SBQ-2 型水工比例电桥	量程:R:0~111.10Ω,Z:0~1.110 工作条件:相对湿度≤80%,绝缘电阻≥50MΩ	南京电力自动化设备厂
	SQ-1 型数字式电桥	量程:R:0~120Ω,Z:0.9~1.1 工作条件:温度:0~45℃,湿度<90%;基本误差:R:≤±0.02Ω,Z:≤±0.01%	南京电力自动化设备厂
	ZJ-4/5A 型电阻比检测仪	量程:Z:0.8000~1.20000,R:0.01~120Ω;精度:R:<0.02Ω,Z:≤±0.02%;显示数据 R_1,R_2,Z,Rt,遥测距离2000m	南京自动化研究所

3. 压力传感器安装

(1) 土压力盒的安装

土压力是作用在挡土构筑物表面的作用力。因此,土压力盒应镶嵌在挡土构筑物内,使其应力膜与构筑物表面齐平。土压力盒后面应具有良好的刚性支撑,在土压力作用下不产生任何微小的相对位移，以保证测量的可靠性。

1) 钢板桩或预制钢筋混凝土构件

对于钢板桩或钢筋混凝土预制构件挡土结构，施工时多用打入或震动压入方式。土压力盒及导线只能在施工之前安装在构件上，受震动冲击比较严重，保护措施至关重要，一般采用安装结构进行安装。土压力盒用固定支架安装在预制构件上，固定支架、挡泥板及导线保护管使土压力盒和导线在施工过程中免受损坏。如图 9-11 所示。

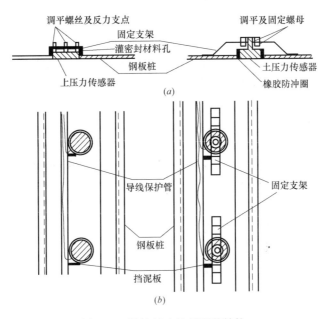

图 9-11 柔性挡土构筑安装结构
(a) 钢板桩土压力传感器安装；(b) 钢板桩导线保护管线设置

2) 现浇混凝土挡土结构

对于地下连续墙等现浇混凝土挡土结构，土压力盒采用幕面法安装，即在欲观测槽段的钢筋笼上布置一幅土工织布帷幕。帷幕上土压力盒安装位置事先缝制一些安装袋，土压力盒安装在帷幕上，随钢筋笼放入槽段内。帷幕使现场浇注混凝土后土压力盒在挡土构件和被支挡土体之间。为使土压力盒均匀受力，且有较大的受力面积，土压力盒宜采用沥青囊间接传力结构。

(2) 孔隙水压力计的安装

孔隙水压力应根据工程测试的目的、土层的渗透性和测试期的长短等条件，选用封闭或开口方式埋设孔隙水压力计进行监测，其量程应满足被测孔隙水压力范围的要求，可取静水压力与超孔隙水压力之和的 2 倍，精度不宜低于 $0.2\%F.S$，分辨率不宜低于 $0.2\%F.S$。

孔隙水压力计应在施工前埋设，并应符合下列规定：

1) 孔隙水压力计应进行稳定性、密封性检验和压力标定，并应确定压力传感器的初始值，检验记录、标定资料应齐全；

2) 埋设前，传感器透水石应在清水中浸泡饱和，并排除透水石中的气泡；

3) 传感器的导线长度应大于设计深度，导线中间不宜有接头，引出地面后应放在集线箱内并编号；

4) 当孔内埋设多个孔隙水压力计，监测不同含水层的渗透压力时，应做好相邻孔隙水压力计的隔水措施；

5) 埋设后，应记录探头编号、位置并测读初始读数。

孔隙水压力计的埋设可采用钻孔埋设法、压入埋设法、填埋法等。当在同一测孔中埋设多个孔隙水压力计时，宜采用钻孔埋设法；当在黏性土层中埋设单个孔隙水压力计，宜采用不设反滤料的压入埋设法；在填方工程中宜采用填埋法。

1) 压入法

如果土质较软，可将孔隙水压力计直接压入埋设深度。若有困难，可先钻至埋设深度以上1m处，再将孔隙水压力计压至埋设深度，上部用黏土球将孔封至孔口。

2) 钻孔埋设法

在埋设处用钻机成孔，达到埋设深度后，先在孔内填入少许纯净砂，将孔隙水压力计送入埋设位置。再在周围填入部分纯净砂，然后上部用黏土球封孔至孔口。如果在同一钻孔内埋设多个探头，则要封到下一个探头的埋设深度。每个探头之间的间距应不小于1m，且要保证封孔质量，避免水压力贯通。

采用钻孔法埋设孔隙水压力计时，钻孔应圆直、干净，钻孔直径宜为110～130mm，不宜使用泥浆护壁成孔。孔隙水压力计的观测段应回填透水材料，并用干燥膨润土球或注浆封孔。

孔隙水压力监测的同时，应测量孔隙水压力计埋设位置的地下水位。孔隙水压力应根据实测数据，按压力计的换算公式进行计算。

9.5.2 支护结构内力监测

1. 工作原理

钢筋计有振弦式和电阻应变式两种，接收仪分别为频率仪和电阻应变仪。如图9-12 (a) 和图9-13 (b)。

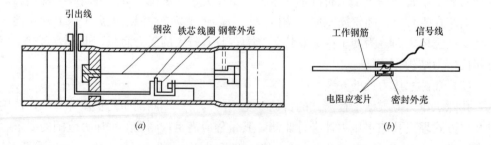

图 9-12 钢筋计构造示意图
(a) 振弦式；(b) 电阻应变式

振弦式钢筋计的工作原理是：当钢筋计受轴力作用时，引起弹性钢弦的张力变化，改变钢弦的振动频率，通过频率仪测得钢弦的频率变化即可测出钢筋所受作用力的大小，换算而得混凝土结构所受的力。

电阻应变式钢筋计的工作原理就是利用钢筋受力后产生变形,黏贴在钢筋上的电阻应变片产生应变,从而通过测出应变值得出钢筋所受作用力大小。

2. 钢筋计用途和使用方法

钢筋计在本工程中可以用于量测:在基坑支护结构中有代表性位置的钢筋混凝土支护桩和地下连续墙的主受力钢筋上,宜布设钢筋应力计,监测支护结构在基坑开挖过程中的应力变化。①基坑围护结构沿深度方向的弯矩;②基坑支撑结构的轴力、平面弯矩;③结构底板所受的弯矩。

在实际工程中,两种钢筋计的安装方法不相同。振弦式钢筋计与结构主筋轴心对焊,由于主钢筋多沿混凝土结构截面周边分布,所以一般情况下,应上下或左右对称布置一对钢筋计,或在 4 个角处布置 4 个钢筋计(方形截面);而应变式钢筋计不需要与主筋对焊,只要保持与主筋平行、绑扎或点焊在箍筋上,但感应仪两边的钢筋长度应不小于 35d(d 为钢筋计钢筋直径)。

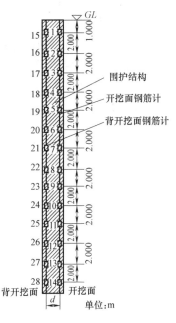

图 9-13 结构弯矩测试示意图

3. 应力传感器

基坑开挖工程的监测一般都要几个月的工期,宜采用振弦式应力传感器。振弦式应力传感器采用非电量电测技术,其输出是振弦的自振频率讯号,因此具有抗干扰能力强、受温度影响小、零漂小、受电参数影响小、对绝缘要求低、性能稳定可靠、寿命长等特点,适应在恶劣环境中长期、远距离进行观测。钢弦式钢筋计结构如图 9-14 所示。

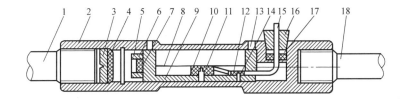

图 9-14 振弦式钢筋计

1—螺杆;2—外壳;3—端封板;4—橡皮垫;5—调弦螺母;
6—调弦螺杆;7—调弦端固定栓;8—钢弦;9—钢弦体;
10—线圈架;11—线圈铁芯;12—夹线卡;13—定位螺丝;
14—夹线螺丝;15—电缆;16—引线咀;17—橡皮垫圈;18—螺杆

4. 应力传感器安装

应注意以下几点:①将钢筋应力计焊接在被测主筋上。安装时应注意尽可能使钢筋应力计处于不受力的状态,特别不应使钢筋应力计处于受弯状态。将应力计上的导线逐段捆扎在邻近的钢筋上，引到地面的测试匣中。②支护结构浇筑混凝土后，检查应力计电路电阻值和绝缘情况，做好引出线和测试匣的保护措施。

测点布置应考虑以下几个因素：计算最大弯矩所在位置和反弯点位置，各土层分界面，结构变截面或配筋率改变截面位置，结构内支撑或拉锚所在位置等。

图 9-15 为钢筋计量测支撑结构的轴力、弯矩的安装示意图。测量弯矩时，结构一侧受拉，一侧受压，相应的钢筋计一只受拉，另一只受压；测轴力时，两只钢筋计均轴向受拉或受压。由标定的钢筋应变值得出应力值，再核算成整个混凝土结构所受的弯矩或轴力。

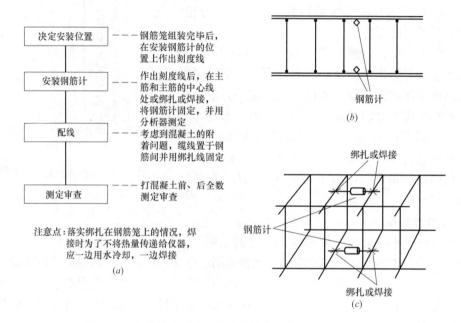

图 9-15 钢筋计量测支撑结构的轴力、弯矩的安装示意图

弯矩：
$$M = \phi(\sigma_1 - \sigma_2) \times 10^{-5} = \frac{E_c}{E_s} \times \frac{I_c}{d} \times (\sigma_1 - \sigma_2) \times 10^{-5} \tag{9-3}$$

轴力：
$$N = K \times \frac{\varepsilon_1 - \varepsilon_2}{2} \times 10^{-3} = \frac{A_c}{A_s} \times \frac{E_c}{E_s} \times K_1 \times \frac{\varepsilon_1 - \varepsilon_2}{2} \times 10^{-3} \tag{9-4}$$

式中 M——弯矩，t·m/m；

N——轴力，t；

σ_1、σ_2——开挖面、背面钢筋计应力，kg/cm^2；

I_c——结构断面惯性矩，cm^4；

d——开挖面、背面钢筋计之间的中心距离，cm；

ε_1、ε_2——上、下端钢筋计应变，$\mu\varepsilon$；

K_1——钢筋计标定系数，kg/$\mu\varepsilon$；

E_c、A_c——混凝土结构的弹性模量，kg/cm^2、断面面积，cm^2；

E_s、A_s——钢筋计的弹性模量，kg/cm^2、断面面积，cm^2。

9.5.3 土层锚杆监测

在基坑开挖工程中，锚杆要在受力状态下工作数月以上，为了检查锚杆在整个施工期间是否按设计预定的方式起作用，有必要选择特殊的试验锚杆进行长期的监测，确定锚杆荷载的变化量和锚杆的蠕变量。由于长时间测量微小的位移变化非常困难，所心锚杆的长期监测一月仅测量荷载的变化量。

锚杆受力状态的长期监测宜采用振弦式测力计。这种专用的锚杆测力计结构如图 9-14 所示。当锚杆进行预应力张拉时安装在承压板与锚头之间，记录下测力计的初始荷载。在整个基坑开挖过程中每天宜测读一次，监测次数宜根据开挖进度和测力计的荷载变化而适当增减。当基坑开挖至设计标高后，监测应继续进行，此时锚杆上的荷载应是相对稳定的。如果每周荷载的改变量大于 5% 锚杆所受的荷载，就应当查明原因，采取适当的措施，常用锚杆测力计如表 9-26 所示。

常用的锚杆测力计型号　　　　表 9-26

型号	测量孔深(m)	测量范围	精度	分辨力	测读仪表	生产单位
钢弦式应变计或锚杆应变计	任意	—	—	$2\sim4\mu\varepsilon$(Hz)	钢弦频率计	铁道部铁道科学研究院
电阻片式锚杆应变计	—	$73000\mu\varepsilon$	—	$<20\mu\varepsilon$	YJ-5 型电阻应变仪	冶金部马鞍山矿山研究院
52619 型钢弦式应变计	—	$-1500\sim+1500\mu\varepsilon$	$1\mu\varepsilon$	—	弦式扫描器	美国辛柯(SINCO)公司
杆式应变计	6	—	0.01(mm)	0.01(mm)	百分表孔品测读	奥地利英特匪斯(Interfels)公司

9.6　地下水监测

9.6.1　监测内容

基坑开挖中地下水的监测是指对地下水的水位、水量、水质、水温及流速流向等在人为降低地下水位，疏干基坑涌水以及采取的基坑支护、回灌等工程措施影响下，随时间的变化规律的监测。及时掌握降水疏干工程现状及发展趋势，调整降水疏干工程系统。预测可能出现的不良地质影响，及时建议、指导采取相应防护措施。保障基坑开挖施工顺利进行和保护周围地质环境不受影响。

地下水监测应根据工程具体情况进行水位、出水量、含砂量、水质及周边地面沉降等方面的监测，实施动态管理和信息化施工。地下水控制工程监测应综合考虑地下水控制设计方案、建设场地的工程地质和水文地质条件、周边环境条件、施工方案等因素，制定合理的监测方案,精心组织和实施监测。

监测实施前应编制监测方案。监测方案应包括工程概况、监测依据、监控目的、监测项目、监测方法及精度要求、监测点的布置、监测周期、工序管理和记录制度以及信息反馈系统等。并应经建设、设计、监理等单位认可后实施。

地下水具体监测项目为:

(1) 水位监测:静水位、动水位;

(2) 水量监测:单井点出水量、基坑总出水量;

(3) 水质监测:当地下水可能具有腐蚀性或可能出现不同含水层之间水力联系时,须进行水质监测。一般监测分析项目为:K^+、Na^+、Ca^{2+}、Mg^{2+}、Cl^-、SO_4^{2-}、HCO_3^-、NO_3^-、侵蚀性 CO_2 以及 pH 值。特殊需要时,可进行单项分析;

(4) 水温监测:有时配合气温观测,据需要而定。

基坑开挖过程中以水位监测为主,并设置地面沉降变形监测。

9.6.2 监测工作布设

监测工作布设以能达到监测目的为原则。在充分了解场地水文地质条件基础上,一般常以基坑为中心,分别平行和垂直地下水流向布置观测线。根据含水层的均匀性,观测线布设基本上可分为四种(图 9-16)。

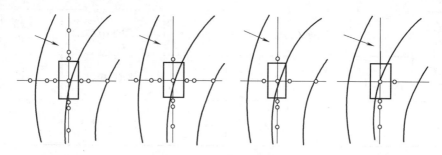

图 9-16 观测井孔布置图

如果只有一排观测孔时,则应选择垂直地下水流向的一条。当含水层不均匀,或基坑降水工程有特殊需要时,可根据需要调整布设,但基坑中心观测井应尽量保留。

地下水位观测孔应根据水文地质条件的复杂程度。降水深度、降水的影响范围和周边环境保护要求。在降水区域及影响范围内分别布设地下水位观测孔,观测孔数量应满足掌握降水区域和影响范围内的地下水位动态,变化的要求,当降水沉度内存在 2 个及以上含水层时,应分层布设地下水位观测孔,降水区靠近地表水体时,应在地表水体附近增加地下水位观测孔。

一般而言,观测井点应沿观测线布设。在抽水井点外侧的第一个观测点,应位于距抽水井三维流影响半径边界附近。每条观测线不少于 2 个点,相邻观测点的同时间的水位差不宜小于 0.1m。具体可参照表 9-27。当工程支护、回灌周围建筑物局部需要配合监测时,观测井孔也可偏离观测线布设。

观测井孔结构、施工工艺方法同抽水井孔,但井管口径、井深以满足监测需要即可。管径多为 50~76mm,进深达预测的最大下降水位以下 2~3m。

观测井孔距抽水孔距离　　　　表 9-27

含水层岩性	渗透系数(m/d)	地下水流特征	抽水孔与观测井孔距离(m) 第1个	第2个	第3个	影响半径近似值(m)
均匀中、粗砂、砾石、卵石	>60	承压水 潜水	8~10 4~6	15~20 10~15	30~40 20~25	200~300
细砂、不均匀的混合砂	5~20	承压水 潜水	3~5 2~3	6~8 4~6	10~15 8~12	80~150
含大量不均匀混合物的碎卵石	20~60	承压水 潜水	5~7 3~5	8~12 6~8	15~20 10~15	100~200
稍有裂隙基岩	20~60	承压水 潜水	6~8 5~7	10~15 8~12	20~30 15~20	150~250
裂隙发育基岩	>60	承压水 潜水	15~20 10~15	30~40 20~30	60~80 40~0	>500

9.6.3 监测方法

1. 水位监测

工程建设过程中，地下水水位可能对工程产生影响，需要进行地下水控制时，应进行地下水水位的监测。地下水位监测宜通过钻孔设置水位观测管，采用测绳、水位计等进行量测。地下水位应分层观测，水位观测管的滤管位置和长度应与被测含水层的位置和厚度一致，被测含水层与其他含水层之间应采取有效的隔水措施。水位观测管埋设稳定后应测定孔口高程并计算水位高程。人工观测地下水位的测量精度不宜低于 20mm，仪器观测精度不宜低于 0.5%F.S.。

水位观测管的安装应符合下列规定：

（1）水位观测管的导管段应顺直，内壁应光滑无阻，接头应采用外箍接头；

（2）观测孔孔底宜设置沉淀管；

（3）观测孔完成后应进行清洗，观测孔内水位应与地层水位一致，且连通良好。

利用测钟、电测水位仪、自记水位仪等进行水位量测。其要求是：

（1）降水开始前，所有抽水井、观测井统一时间联测静止水位。统一编号、量测基准点。

（2）选择典型代表性的一排观测井孔，从降水开始，水位观测按抽水试验观测要求进行，以复核、修正设计方案，并进行必要的调整。

（3）其他观测井孔的观测时间间隔宜分别采用 30min、1h、2h、4h、8h、12h，以后每隔 12h 观测一次，直到降水工程结束。前后两次观测水位差小于 5cm 时，可跳过下一时间间隔，直到降水工程结束。

采用降水方法进行地下水控制，地下水位监测点的布置应满足下列要求：

（1）水位监测点宜布置在监测范围中央和周边拐角处，监测点数量视具体情况确定，且不宜少于 3 点。

（2）水位监测管管底应在最低设计水位之下 3~5m。对于需要降低承压水水头的工程，水位监测管管底深度应根据设计需要确定。

(3) 基坑外地下水位监测点应沿基坑周边、被保护对象周边或在两者之间布置，监测点间距宜为 20~50m，且不宜少于 3 点。

采用阻截方式进行地下水控制，地下水位监测点应布置在截水帷幕外 2m 范围内，截水帷幕外的观测孔间距宜为 20~30m，且不宜少于 3 点。

当地下水控制对环境影响较大时，应在相邻建（构）筑物、重要的地下管线或管线密集处布置水位监测点。当影响范围内存在需要进行保护的建筑物、地下管线和道路时，应在临近基坑方向的一侧布置地下水位监测点。

在完成降水井和地下水位监测井施工并进行洗井作业后应及时进行地下水位的监测。监测频率应满足下列要求：

（1）抽水前的静止水位观测频率宜每天 1 次。

（2）抽水初期应对地下水监测点进行每天 2 次的观测，并对降水井水位进行监测。

（3）当水位稳定后可每天对地下水位监测点观测 1 次，如出现水位波动较大，应加密监测。

（4）水位监测频率可根据地下水动态类型与特征及监测工作研究程度等因素进行调整。

（5）当出现停电、潜水泵损坏等情况，造成地下水位变化异常，应采用较高频率测量地下水位，预测可能出现的工程问题，并采取有效措施，避免造成工程事故。

水位管的管口应高出地表并做好防护墩台，加盖保护，管位处应有醒目标识。监测过程中应绘制地下水水位降深曲线，及时分析地下水位变化的合理性，并及时向相关人员反馈。

2. 水量监测

出水量监测可采用流量表法、流量槽法进行监测。根据流量大小不同可分别采用三角堰、梯形堰和矩形堰进行监测，排水孔出水量宜用流速仪进行监测。出水量监测的同时，可采用水表法、电磁流量计法等监测方法，对总出水量进行监测。

水量监测分为：

（1）单井出水量：可采用量桶、堰箱、水表等。

（2）基坑总出水量

可采用单井出水量相加或在总排水渠中采用堰箱法和过水断面法。过水断面法可采用流速仪或浮标测出水流速度，从而计算出流量。常用浮标法，在排水沟渠的末端，选择断面规则平直、流速均匀的地段加注标记。在中心和边缘放置浮标，测出其平均流速。利用水尺测出过水断面面积，按下式计算流量 Q：

$$Q=KAV \tag{9-5}$$

式中 K——浮标系数，一般取 0.8~0.9；

A——水流断面面积，m^2；

V——水面流速，m/s；$V=\dfrac{l}{t}$

l——上下断面距离，m；

t——浮标流经上下断面的历时，s。

出水量监测应符合下列要求：

（1）出水量的监测宜与水位监测同步进行。以分析水位降低与出水量的变化关系，对水位变化进行预测。

（2）根据地下水位和抽水量的情况，在保证地下水位控制要求的前提下，可停止某些降水井的抽水，减少对地下水的抽取量。

（3）对出水量监测数据和降水运行情况应专项记录。

出水量监测过程中应及时绘制地下水水位降深曲线、抽水量曲线，分析地下水位变化与抽取水量的关系，及时对抽取水量做出调整，以减少对地下水的抽取。10.3.6 进行地下水抽降作业时，应对抽取地下水的含砂量进行监测。地下水抽降期间应根据含水层的特征、工程条件以及周边环境综合确定含砂量的监测频率。地下水抽降一段时间后，若抽排水始终浑浊或含砂量明显较多，应及时查清原因，必要时可废除降水井并在附近补打新的降水井。监测过程中出水量、含砂量发生突然变化等情况时，应立即向相关人员反馈。

3. 水质监测

当存在对工程有影响的地下水，地下水控制过程中可能对地下水水质产生影响，或在地下水已受到污染的区域进行地下水控制时，应进行水质简分析，水质简分析宜在工程地质勘察阶段进行。水质分析包括如下内容：

（1）一次采样：在降水水位流量基本稳定后采集代表井孔水样；

（2）二次采样：在一次采样后，于降水结束前在同一代表井孔中采样；

（3）多次采样：在水质化学成分随抽水时间而不断变化，可能对工程产生不良影响时，须进行多次采样对水质进行监控。

水质监测应在不同质量类别的地下水区域设立监测点进行水质监测，地下水水质监测点的布置应符合下列要求：

（1）监测点的布设，应考虑污染源的分布和污染物在地下水中的扩散形式，采取点面结合的方法，监测污染物质及其运移规律。

（2）监测点的布置应重点考虑易污染的浅层地下水和供水水源地保护区。

（3）监测点应沿不同深度多级布置。

水质监测样品的采取应根据工程条件、污染源种类、污染方式及污染途径的不同，确定采样次数和采样日期，样品应在排污前、后和雨季前、后采取。监测频率根据具体工程的需要确定，对于污染场地应适当增加监测频率。

4. 水温监测

一般与气温水位监测相配合，监测密度可大为减少，但地热异常区除外。

9.7 测点布置与监测频率

9.7.1 测点布置

1. 支护结构和周围岩土体监测点布设

支护结构和周围岩土体监测点的布设位置和数量应根据施工工法、工程监测等级、地质条件及监测方法的要求等综合确定，并应满足反映监测对象实际状态、位移、内力变化规律以及分析监测对象安全状态的要求。支护结构监测应在支护结构设计计算的位移与内力最大部位、位移与内力变化最大部位及反映工程安全状态的关键部位等布设监测点。监测点布设时应设置监测断面，且监测断面的布设应反映监测对象的变化规律以及不同监测对象之间的内在变化规律。监测断面的位置和数量宜根据工程条件及规模进行确定。

(1) 支护桩（墙）顶部水平和竖向位移测点布置

基坑工程的支护桩（墙）、边坡顶部水平位移和竖向位移监测操作简便，且可以较为直接地反映整个基坑的安全状态，其监测点应当沿基坑周边布设。其中，基坑各边中间部位、阳角部位、深度变化部位、邻近建（构）筑物及地下管线等重要环境部位、地质条件复杂部位等，在基坑开挖过程中这些部位最容易出现较大的位移变形，对这些部位的监测能够较好地反映基坑工程的稳定性，因此在类似关键部位应布有监测点控制。基坑工程的支护桩（墙）顶部水平位移和竖向位移监测点布设应符合下列规定：

1) 监测点应沿基坑周边布设，且监测等级为一级、二级时，布设间距宜为10~20m，监测等级为三级时，布设间距宜为20~30m；

2) 基坑各边中间部位、阳角部位、深度变化部位、邻近建（构）筑物及地下管线等重要环境部位、地质条件复杂部位等，应布设监测点；

3) 对于出入口、风井等附属工程的基坑，每侧的监测点不应少于1个；

4) 水平和竖向位移监测点宜为共用点，监测点应布设在支护桩（墙）顶或基坑坡顶上。

(2) 支护桩（墙）体水平位移测点布置

支护桩（墙）体水平位移变形是基坑支护结构体系稳定状态的最直接反映，该监测项目对判断桩（墙）体的安全性至关重要。支护桩（墙）体水平位移监测相对于桩（墙）顶水平和竖向位移监测难度要大，其监测点的布设间距可比桩（墙）顶的监测间距适当大些，可按后者2倍的间距布设，在相近部位其监测点最好与支护桩（墙）顶部水平位移和竖向位移监测点处于同一监测断面，以便于监测数据间的对比分析。在基坑各边中间部位及阳角部位等的桩（墙）体易发生较大的水平位移，应作为重要部位监测。基坑工程的支护桩（墙）体水平位移监测点布设应符合下列规定：

1) 监测点应沿基坑周边的桩（墙）体布设，且监测等级为一级、二级时，布设间距宜为20~40m，监测等级为三级时，布设间距宜为40~50m；

2) 基坑各边中间部位、阳角部位及其他代表性部位的桩（墙）体应布设监测点；

3) 监测点的布设位置宜与支护桩（墙）顶部水平位移和竖向位移监测点处于同一监测断面。

(3) 支护桩（墙）结构应力监测断面及监测点布置

支护桩（墙）结构应力监测的目的是检验设计计算结果与实际受力的符合性，监测点的布设需要根据支护结构内力计算结果、基坑规模等因素，布设在支护桩（墙）出现弯矩极值等特征点的部位。为便于分析应力与变形的关系，支护桩（墙）结构应力监测点与支护桩（墙）变形监测点对应布设。基坑工程的支护桩（墙）结构应力监测断面及监测点布设应符合下列规定：

1) 基坑各边中间部位、深度变化部位、桩（墙）体背后水土压力较大部位、地面荷载较大或其他变形较大部位、受力条件复杂部位等，应布设竖向监测断面；

2) 监测断面的布设位置与支护桩（墙）体水平位移监测点宜共同组成监测断面；

3) 监测点的竖向间距应根据桩（墙）体的弯矩大小及土层分布情况确定，且监测点竖向间距不宜大于 5m，在弯矩最大处应布设监测点。

（4）立柱结构竖向位移、水平位移和结构应力监测点布置

支护桩（墙）结构应力监测的目的是检验设计计算结果与实际受力的符合性，监测点的布设需要根据支护结构内力计算结果、基坑规模等因素，布设在支护桩（墙）出现弯矩极值等特征点的部位。为便于分析应力与变形的关系，支护桩（墙）结构应力监测点与支护桩（墙）变形监测点对应布设。基坑工程的立柱结构竖向位移、水平位移和结构应力监测点布设应符合下列规定：

1) 竖向位移和水平位移的监测数量不应少于立柱总数量的 5%，且不应少于 3 根；当基底受承压水影响较大或采用逆作法施工时，应增加监测数量；

2) 竖向位移和水平位移监测宜选择基坑中部、多根支撑交汇处、地质条件复杂处的立柱；

3) 竖向位移和水平位移监测点宜布设在便于观测和保护的立柱侧面上；

4) 水平位移监测点宜在立柱结构顶部、底部上下对应布设，并可在中部增加监测点；

5) 结构应力监测应选择受力较大的立柱，监测点宜布设在各层支撑立柱的中间部位或立柱下部的 1/3 部位，并宜沿立柱周边均匀布设 4 个监测点。

（5）支撑轴力监测断面及监测点布置

基坑工程中水平支撑与支护桩（墙）构成了一个完整的支护结构，水平支撑作为支护结构中的重要组成部分，平衡着基坑外侧土压力。支撑轴力随着基坑的开挖而变化，其大小与支护结构的稳定具有极为密切的关系。在同一竖向监测断面内的每道支撑均应进行轴力监测，特别是基坑距底部 1/3 深度处轴力最大，应加强监测。另外，若使用应变计进行轴力监测，应在支撑同一断面上布置 2~4 个应变计，以真实反映支撑轴力的变化。支撑轴力监测中应注意修正各方面的不利影响，根据工程施工监测经验，深基坑支撑轴力的观测数值的偏差往往较大，其主要原因是表面附着式传感器的布设位置不符合圣维南原理避开应力集中的位置，难以消除附加弯矩的影响。此外，长期室外高、低温恶劣环境带来的传感器温度飘移的影响。基坑工程的支撑轴力监测断面及监测点布设应符合下列规定：

1) 支撑轴力监测宜选择基坑中部、阳角部位、深度变化部位、支护结构受力条件复杂部位及在支撑系统中起控制作用的支撑；

2) 支撑轴力监测应沿竖向布设监测断面，每层支撑均应布设监测点；

3) 每层支撑的监测数量不宜少于每层支撑数量的 10%，且不应少于 3 根；

4) 监测断面的布设位置与相近的支护桩（墙）体水平位移监测点宜共同组成监测断面；

5) 采用轴力计监测时，监测点应布设在支撑端部；采用钢筋计或应变计监测时，可布设在支撑中部或两支点间 1/3 部位，当支撑长度较大时也可布设在 1/4 点处，并应避开节点位置。

（6）锚杆拉力监测断面及监测点布置

当基坑土层软弱并含有地下水时，锚杆施工质量难以达到设计要求，且容易发生蠕变。基坑较深或坑边有高大建筑时，锚杆往往承受较大拉力。因此，有必要对这些部位的

锚杆进行拉力监测，以确保工程安全。基坑工程的锚杆拉力监测断面及监测点布设应符合下列规定：

1) 锚杆拉力监测宜选择基坑各边中间部位、阳角部位、深度变化部位、地质条件复杂部位及周边存在高大建（构）筑物部位的锚杆；

2) 锚杆拉力监测应沿竖向布设监测断面，每层锚杆均应布设监测点；

3) 每层锚杆的监测数量不应少于3根；

4) 每根锚杆上的监测点宜设置在锚头附近或受力有代表性的位置；

5) 监测点的布设位置与支护桩（墙）体水平位移监测点宜共同组成监测断面。

（7）土钉拉力监测点布置

土钉拉力监测点应选择在受力较大且有代表性的位置，如基坑每边中部、阳角处、地质条件复杂、周边存在高大建（构）筑物的区段。监测点数量和间距视土钉的具体情况而定，各层监测点位置在竖向上宜保持一致。基坑工程的土钉拉力监测点布设应符合下列规定：

1) 土钉拉力监测宜选择基坑各边中间部位、阳角部位、深度变化部位、地质条件复杂部位及周边存在高大建（构）筑物部位的土钉；

2) 土钉拉力监测应沿竖向布设监测断面，每层土钉均应布设监测点；

3) 每根土钉杆体上的监测点应设置在受力有代表性的位置；

4) 监测点的布设位置与土钉墙顶水平位移监测点宜共同组成监测断面。

（8）周边地表沉降监测断面及监测点布置

在基坑周边的地表变形主要控制区布设不少于2排的沉降监测点，是为了控制基坑周边的最大地表变形。在有代表性的部位设置垂直于基坑边线的监测断面，是为了监测基坑周边地表变形的范围，分析基坑工程对周边的影响范围和影响程度。基坑工程的周边地表沉降监测断面及监测点布设应符合下列规定：

1) 沿平行基坑周边边线布设的地表沉降监测点不应少于2排，且排距宜为3～8m，第一排监测点距基坑边缘不宜大于2m，每排监测点间距宜为10～20m；

2) 应根据基坑规模和周边环境条件，选择有代表性的部位布设垂直于基坑边线的横向监测断面，每个横向监测断面监测点的数量和布设位置应满足对基坑工程主要影响区和次要影响区的控制，每侧监测点数量不宜少于5个；

3) 监测点及监测断面的布设位置宜与周边环境监测点布设相结合。

（9）坑底隆起（回弹）监测点布置

当基坑开挖深度及面积较大、基坑底部遇到有一定膨胀性的土层或坑边有较大荷载的高大建筑时，基坑的开挖卸载容易造成基底隆起。隆起值过大不仅对基坑支护结构有较大影响，而且会对周边建筑的稳定带来威胁。坑底隆起（回弹）监测点的埋设和观测较为困难，一般在预计隆起（回弹）量较大的部位布设监测点。基坑工程的坑底隆起（回弹）监测点布设应符合下列规定：

1) 坑底隆起（回弹）监测应根据基坑的平面形状和尺寸布设纵向、横向监测断面；

2) 监测点宜布设在基坑的中央、距坑底边缘的1/4坑底宽度处以及其他能反映变形特征的位置；当基底土质软弱、基底以下存在承压水时，宜适当增加监测点；

3) 回弹监测标志埋入基坑底面以下宜为20～30cm。

2. 周边环境监测点布设

周边环境监测点的布设位置和数量应根据环境对象的类型和特征、环境风险等级、所处工程影响分区、监测项目及监测方法的要求等综合确定，并应满足反映环境对象变化规律和分析环境对象安全状态的要求。周边环境监测点应布设在反映环境对象变形特征的关键部位和受施工影响敏感的部位，并应便于观测，且不应影响或妨碍环境监测对象的结构受力、正常使用和美观。

（1）建（构）筑物

为了能够反映建（构）筑物竖向位移的变化特征和便于监测结果的分析，监测点的布设应考虑其基础型式、结构类型、修建年代、重要程度及其与轨道交通工程的空间位置关系等因素。

1）建（构）筑物竖向位移监测点布设应反映建（构）筑物的不均匀沉降，并应符合下列规定：

① 建（构）筑物竖向位移监测点应布设在外墙或承重柱上，且位于主要影响区时，监测点沿外墙间距宜为 10~15m，或每隔 2 根承重柱布设 1 个监测点；位于次要影响区时，监测点沿外墙间距宜为 15~30m，或每隔 2~3 根承重柱布设 1 个监测点；在外墙转角处应有监测点控制；

② 在高低悬殊或新旧建（构）筑物连接、建（构）筑物变形缝、不同结构分界、不同基础形式和不同基础埋深等部位的两侧应布设监测点；

③ 对烟囱、水塔、高压电塔等高耸构筑物，应在其基础轴线上对称布设监测点，且每栋构筑物监测点不应少于 3 个；

④ 风险等级较高的建（构）筑物应适当增加监测点数量。

2）建（构）筑物水平位移监测点应布设在邻近基坑或隧道一侧的建（构）筑物外墙、承重柱、变形缝两侧及其他有代表性的部位，并可与建（构）筑物竖向位移监测点布设在同一位置。

3）建（构）筑物倾斜监测点布设应符合下列规定：

① 倾斜监测点应沿主体结构顶部、底部上下对应按组布设，且中部可增加监测点；

② 每栋建（构）筑物倾斜监测数量不宜少于 2 组，每组的监测点不应少于 3 个。

4）建（构）筑物的裂缝宽度监测，在开展之前应调查已有的裂缝，根据裂缝特点，选择有代表性的裂缝进行监测。当受工程施工影响出现新的裂缝时，应分析、判断新裂缝对建筑结构安全的影响，选择影响性较大、发展变化较快的裂缝增设监测点。当存在"Y"或"卜"形等异形裂缝时，在裂缝交口处可以增加 1 组监测点，监测点连线一般垂直于主要裂缝。建（构）筑物裂缝宽度监测点布设应符合下列规定：

① 裂缝宽度监测应根据裂缝的分布位置、走向、长度、宽度、错台等参数，分析裂缝的性质、产生的原因及发展趋势，选取应力或应力变化较大部位的裂缝或宽度较大的裂缝进行监测；

② 裂缝宽度监测宜在裂缝的最宽处及裂缝首、末端按组布设，每组应布设 2 个监测点，并应分别布设在裂缝两侧，且其连线应垂直于裂缝走向。

（2）桥梁

桥梁承台或墩柱是整个桥梁的支撑结构，城市轨道交通工程建设对地层的扰动通过桥梁承台或墩柱传递到桥梁上部结构，引起桥梁整体的变形和应力变化。桥梁承台或墩柱竖向位移是桥梁整体竖向位移的直接反映，在其上布设监测点可获得评价桥梁变形的数据。当承台尺寸较大时，可以适当增加监测点数量，以全面反映桥梁的竖向位移变化。桥梁墩台的沉降或差异沉降可导致桥梁结构内部应力的变化，当结构出现应力集中而超过其应力限值时，会导致结构开裂甚至破坏。桥梁结构应力监测点一般需要选择在墩台附近或跨中部位的中部和两侧翼板端部等代表性部位。

1) 桥梁墩台竖向位移监测点布设应符合下列规定：

① 竖向位移监测点应布设在墩柱或承台上；

② 每个墩柱和承台的监测点不应少于1个，群桩承台宜适当增加监测点。

2) 采用全站仪监测桥梁墩柱倾斜时，监测点应沿墩柱顶、底部上下对应按组布设，且每个墩柱的监测点不应少于1组，每组的监测点不宜少于2个；采用倾斜仪监测时，监测点不应少于1个。

3) 桥梁结构应力监测点宜布设在桥梁梁板结构中部或应力变化较大部位。

（3）地下管线

目前工程中地下管线监测是一个非常重要也是一个非常复杂和困难的工作，地下管线的监测主要有间接监测点和直接监测点两种形式。间接监测是指通过观测管线周边土体的变化，间接分析管线的变形。常设在与管线轴线相对应的地表或管周土体中。柔性管线或刚度与周围土体差异不大的管线，与周围土体能够共同变形，可以采用间接监测的方法。直接监测是通过埋设一些装置直接测读管线的变形，风险等级较高、邻近轨道交通工程或对工程危害较大、刚性较大的地下管线一般应布设直接监测点进行监测。直接监测点的埋设方法主要为位移杆法，即将硬塑料管或金属管埋设于所测管线顶面，将位移杆底端埋设在管线顶部并固定。量测时将标尺置于位移杆顶端，只要位移杆放置的位置固定不变，测试结果就能够反映出管线的沉降变化。

地下管线与工程的邻近距离不同，受施工的影响程度不同，扰动程度越大地下管线的破坏风险越高，监测点的布设密度应相应增大。因此，主要影响区监测点的布设密度应大于次要影响区。地下管线的节点、转角点、结构软弱部位（金属管线受腐蚀较大部位）、与工程较为邻近可能出现较大变形部位容易发生管线开裂或断裂，是地下管线监测的重点部位。由于地下管线的特殊性，难于调查获得上述部位时，可根据管线特点，利用窨井、阀门、抽气孔以及检查井等易于调查获得的管线设备作为监测点。

污水、供水、热力管线出现损坏会给工程安全带来巨大影响，实际工程建设过程中管线事故多由于污水或供水管线渗漏造成。同时，供水、热力管线的损坏对周边居民的生活会带来较大的影响。燃气管线可造成可燃气体泄露，如遇明火可出现爆炸，严重威胁周边人民生命财产安全。因此，当隧道下穿污水、供水、燃气、热力等地下管线且风险很高时，应布设管线结构直接监测点。

由于污水、供水、燃气、热力等管线自身刚性较大，其变形往往会滞后于下方土层，管线和下方土体可能出现较大的脱空。在管线上方土体的荷载作用下，使管线存在较大的损坏风险，严重时可导致管线的断裂。因此，对隧道下穿这类管线时，除布设管线结构直接监测点外，还应布设管侧土体监测点，对管线变形及管侧土体变形同时进行监测，以判断管线与管侧土体的协调变形情况。

工程影响区管线分布比较集中时,重点监测重要的、抗变形能力差的、容易出现渗漏的高风险管线。一方面,通过监测这类管线的变形能够满足要求时,其他管线也能满足,另一方面,这样也可减少监测的工作量。

(4) 高速公路与城市道路

城市道路下方多存在过街通道、地下管线等,路面和路基竖向位移监测点的布设时,应考虑与地下构筑物、地下管线等环境监测点的布设相互协调,适当优化、整合。

高速公路、城市道路的路面与路基刚度差异较大,路面与路基变形不能协调同步,已有工程实测案例表明路面与路基出现分离的情况时有发生,只进行路面竖向位移监测难以反映路基的竖向位移情况,特别是隧道下穿的情况,容易造成路面与路基的脱空,为道路交通带来重大安全隐患。因此,要适当增加路基竖向位移监测点的数量。

公路挡土墙主要有砌体、悬臂式、扶臂式、桩板式、锚杆、锚碇板和加筋土挡土墙等几种类型。根据道路挡墙结构形式、尺寸特征以及工程实际监测经验,道路挡墙竖向位移监测点主要沿挡墙走向布设。与基坑、隧道较为邻近或道路等级较高时,监测点布设间距取本条款规定间距的小值。

1) 高速公路与城市道路的路面和路基竖向位移监测点的布设应与路面下方的地下构筑物和地下管线的监测工作相结合,并应做到监测点布设合理、相互协调;

2) 隧道下穿高速公路、城市重要道路时,应布设路基竖向位移监测点,路肩或绿化带上应有地表监测点控制;

3) 道路挡墙竖向位移监测点宜沿挡墙走向布设,挡墙位于主要影响区时,监测点间距不宜大于 5~10m;位于次要影响区时,监测点间距宜为 10~15m;

4) 道路挡墙倾斜监测点应根据挡墙的结构形式选择监测断面布设,每段挡墙监测断面不应少于 1 个,每个监测断面上、下监测点应布设在同一竖直面上。

(5) 既有轨道交通

城市轨道交通隧道内和高架桥的轨道结构一般采用短枕式整体道床,地面正线的轨道结构一般采用混凝土枕碎石道床。轨道结构竖向位移监测主要是指监测整体道床或轨枕的竖向位移。轨道结构竖向位移监测按监测断面形式布设,并与隧道结构或路基竖向位移监测断面对应布设,便于分析隧道结构、路基与轨道结构竖向位移之间的关系以及差异变形情况,为分析线路结构变形及维护提供依据。

1) 既有轨道交通隧道结构竖向位移、水平位移和净空收敛监测应按监测断面布设,且既有隧道结构位于主要影响区时,监测断面间距不宜大于 5m;位于次要影响区时,监测断面间距不宜大于 10m,每个监测断面宜在隧道结构顶部或底部、结构柱、两边侧墙布设监测点;

2) 既有轨道交通整体道床或轨枕的竖向位移监测应按监测断面布设,监测断面与既有隧道结构或路基的竖向位移监测断面宜处于同一里程;

3) 轨道静态几何形位监测点的布设应按城市轨道交通或铁路的工务维修、养护要求等进行确定;

4) 既有轨道交通监测宜采用远程自动化监控系统。

9.7.2 监测频率

监测频率的确定是监测工作的重要内容，与施工方法、施工进度、工程所处的地质条件、周边环境条件以及监测对象和监测项目的自身特点等密切相关，尤其是与施工方法和施工进度。同时，监测频率与投入的监测工作量和监测费用有关，在制定监测频率时，既要考虑不能错过监测对象的重要变化时刻，也应当合理布置工作量，控制监测费用，选择科学、合理的监测频率有利于监测工作的有效开展。

工程监测是信息化施工的重要手段，监测频率在整个工程施工过程中要根据施工进度、施工工况及监测对象与施工作业面所处的位置关系进行不断调整，其基本要求应是监测频率能满足反映监测对象随施工进度（时间）的变化规律。

工程监测采用定时监测的方法，可以反映相同时间间隔下，监测对象的变形、变化大小，以便于计算监测对象的变化速率，判断监测对象的变化快慢，及时关注短时内发生较大变化的现象，从累计变化量和变化速率两个方面评价监测对象的安全状态。在监测对象累计变化量、变化速率超过控制值或出现其他异常情况时，应提高监测频率，减小监测时间间隔；监测对象变形、变化趋于稳定时，可适当增大监测时间间隔，减小监测次数。

对穿越既有轨道交通运营线路、建（构）筑物等周边环境，由于其重要性和社会影响性大，对变形控制要求较高，控制指标值相对较为严格，为确保安全，应提高监测的频率，必要时对关键的监测项目进行24h远程实时监测，以便及时发现问题，采取相应安全措施。

在工程施工过程中，为保证工程施工的安全或方便施工，往往都要采用其他的辅助工法，如施工降水或注浆加固等。这些辅助工法的实施也会对周围岩土体及周边环境产生影响。当采用辅助工法时，根据环境对象的重要性程度和预测的变形量大小调整监测频率，周边环境对象较为重要且预测影响较大时，应提高监测频率。

现场巡查是施工监测工作的重要组成部分，是现场仪器监测的最有效补充。在工程施工过程中，根据施工进度合理安排巡查频率，做好巡查记录，发现异常情况时，应立即报告。

国家标准《城市轨道交通工程监测技术规范》GB 50911—2013规定的监测频率，如表9-28所示。

基坑工程监测频率表　　　　　　表9-28

施工工况		基坑设计深度(m)				
		≤5	5~10	10~15	15~20	>20
基坑开挖深度(m)	≤5	1次/1d	1次/2d	1次/3d	1次/3d	1次/3d
	5~10		1次/1d	1次/2d	1次/2d	1次/2d
	10~15			1次/1d	1次/1d	1次/2d
	15~20				(1次~2次)/1d	(1次~2次)/1d
	>20					2次/1d

注：1. 基坑工程开挖前的监测频率应根据工程实际需要确定；
2. 底板浇筑后可根据监测数据变化情况调整监测频率；
3. 支撑结构拆除过程中及拆除完成后3d内监测频率应适当增加。

根据北京市地方标准《建筑基坑支护技术规程》DB 11/489—2007 施工监测频率宜按表 9-29 确定，第三方监测频率宜为施工监测频率的一半。对于桩（墙）锚支护，基坑开挖深度小于总深度的 1/2 时，支护结构顶部水平位移、基坑周边建（构）筑物、地下管线、道路沉降、基坑周边地面沉降可适当降低监测频率。

基坑监测项目选择表　　　　　　　　　　　　表 9-29

监测项目	基坑侧壁安全等级		
	一级	二级	三级
支护结构顶部水平位移	应测	应测	应测
基坑周边建(构)筑物、地下管线、道路沉降	应测	应测	可测
基坑周边地面沉降	应测	应测	可测
支护结构顶部竖向位移	宜测	应测(土钉墙及复合土钉墙)	应测(土钉墙及复合土钉墙)
支护结构深部水平位移	应测	可测	可测
锚杆拉力	应测	应测(桩锚)	—
支撑轴力	应测	应测(桩撑)	—
挡土构件内力	可测	可测	可测
支撑立柱沉降	应测	应测	应测
地下水位	应测	应测	应测
土压力	可测	可测	可测
孔隙水压力	可测	—	—

坑底隆起（回弹）监测不应少于 3 次，并应在基坑开挖之前、基坑开挖完成后、浇筑基础混凝土之前各进行 1 次监测，当基坑开挖完成至基础施工的间隔时间较长时，应增加监测次数。

监测数据经过详细分析出现异常时应有效进行加密监测工作。

9.8　监控量测信息处理与反馈

基坑工程监测成果主要包括现场实测资料和室内数据处理成果两大类。通过仪器监测、现场巡查和远程视频监控等手段获得各类现场实测资料后，需及时进行计算、分析和整理工作，将现场实测资料转化为完整、清晰的分析、处理成果。室内数据处理成果可以采用图表、曲线等直观且易于反映工程安全问题的表现形式，同时对相关图表、曲线也应附必要的文字说明。在某个阶段或整个过程的监测工作完成后，应形成书面文字报告，对该阶段或整个监测工作进行总结、分析，提出相关分析结论和建议。

9.8.1　工程经验分析

以往的监测工程大多以监测累计变化值进行控制，往往忽略累计变化值达到控制标准前的趋势，以致累计变化达到标准时，施工补救措施滞后，对安全控制是被动的。因此，提高安全监测工作中主动控制是非常必要的。

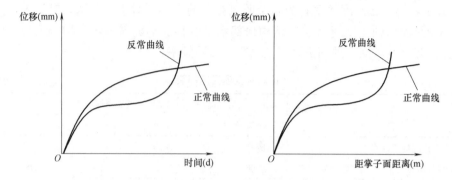

图 9-17 历时曲线反常表现示意图

监测工作过程通过累计值控制与变化速率的双重控制体系，更有效地抑制监测过程的突变事件发生，针对施工过程中监测点变化速率过大或沉降趋势不稳定的现象，在其累计量到达控制值之前根据变化速率实行控制，达到过程预警、过程控制、抑制风险发展、规避工程风险的目的。

数据反常可根据监测数据的历时曲线反应过程进行体现，监测数据理想状态下的反常过程如图 9-17 所示，反常数据是每日变化量的积累发展结果，因此应对日变化量进行有效监控。

9.8.2 数据处理

取得监测数据后，要及时进行整理和校对。施工监控量测的各类数据均应及时绘制成时态曲线（如位移-时间曲线和速率-时间曲线），同时应注明开挖方法、施工工序及开挖面距监测断面的距离等信息，监控量测数据的计算分析除对每个项目进行单项分析外，还要进行多项目的综合分析，以充分利用监控量测数据获得更多的反馈信息。

当监测时态曲线呈现收敛趋势时，应根据曲线形态选择合适的函数，对监测结果进行回归分析，以预测该测点可能出现的最终位移值和预测结构和建（构）筑物的安全性，据此确定施工方法并判定施工方法的适应性。

建议采用的回归函数有：

(1) 对数函数，如：

$$u = a \lg(t+1) \tag{9-6}$$

$$u = a + \frac{b}{\lg(t+1)} \tag{9-7}$$

(2) 指数函数，如：

$$u = a e^{-b/t} \tag{9-8}$$

$$u = a(1 - e^{-b/t}) \tag{9-9}$$

(3) 双曲函数，如：

$$u = t/(at+b) \tag{9-10}$$

$$u = a\left[1 - \left(\frac{1}{1+bt}\right)^2\right] \tag{9-11}$$

式中　　u——变形值（或应力值）；

　　　　a,b——回归系数；

　　　　t——测点的观测时间，d。

9.8.3　信息反馈管理

监控结果结合施工进度等进行分析，对暗涵开挖过程的既有桥梁结构影响因素进行原因分析，优化设计方案，指导施工工艺，根据沉降趋势加强监控措施，及时掌握桥梁变化状态，确保桥梁安全。

监测工作过程中的成果报告有日报、周报、月报、专题报告四种形式。监测数据正常情况下每周提交一次周报，每月提交一次月报。如遇紧急情况，及时上报日报，并应根据所涉及监测区间的测点历史数据作专题分析报告。

监测项目应按"分区、分级、分阶段"的原则制定监控量测控制标准，当实测数据出现任何一种预警状态时，监测组应立即向施工主管、监理和建设单位报告，获得确认后应立即提交预警报告。监控管理流程如图 9-18 所示。

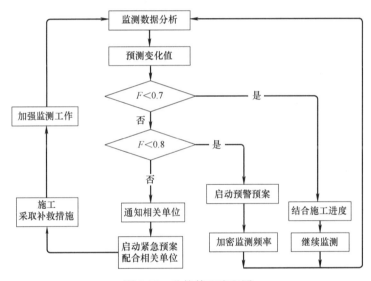

图 9-18　监控管理流程图

因此，应结合北京地区地下工程的特征，对三级管理体系进行完善，根据管理标准值 F（F=实测值/允许值）建立相应管理体系，并建立相应的紧急预案，具体管理体系如下：

(1) 安全状态（$F<0.7$），施工状态为安全，表明桥梁变化处于安全影响状态；

(2) 预警状态（$0.7 \leqslant F \leqslant 0.8$），通知甲方、施工方、管理部门等相关单位，同时加强观测，配合施工查找原因，对施工有效加强控制措施提出建议；

(3) 警戒状态（$F>0.8$），立即向甲方、管理部门、设计、施工方等相关单位报警，同时增加监测测点、加密监测频率、及时反馈信息，配合专项技术会议，根据实施特殊措施需要开展专项监测。

参考文献

1. 中国建筑科学研究院. JGJ 120—2012 建筑基坑支护技术规程. 北京：中国建筑工业出版社，2013.
2. 中国土木工程学会. DB 11/489—2015 建筑基坑支护技术规程. 北京：北京市住房和城乡建设委员会，2015.
3. 北京城建科技促进会. DB 11/940—2012 基坑工程内支撑技术规程. 北京：北京市住房和城乡建设委员会，2012.
4. 北京市勘察设计研究院有限公司. DB 11/1115—2014 城市建设工程地下水控制技术规范. 北京：北京市规划委员会，2014.
5. 北京城建勘测设计研究院有限责任公司. GB 50911—2013 城市轨道交通工程监测技术规范. 北京：中国建筑工业出版社，2014.
6. 陈肇元、崔京浩. 土钉支护在基坑工程中的应用（第 2 版）. 北京：中国建筑工业出版社，2000.
7. 孔德森，吴燕开. 基坑支护工程. 北京：冶金工业出版社，2012.
8. 丁克胜. 土木工程施工. 武汉：华中科技大学出版社，2009.
9. 高振峰. 土木工程施工机械实用手册. 济南：山东科学技术出版社，2005.
10. 张永波，孙新忠. 基坑降水工程. 北京：地震出版社，2000.
11. 刘国彬. 基坑工程手册. 北京：中国建筑工业出版社，2009.